Günter Fröhlich

Der Affe stammt vom Menschen ab

Philosophische Etüden über
unsere Vorurteile

Meiner

Bibliographische Information der Deutschen Nationalbibliothek

Die Deutsche Nationalbibliothek verzeichnet diese Publikation in der
Deutschen Nationalbibliographie; detaillierte bibliographische
Daten sind im Internet über ‹http://portal.dnb.de› abrufbar.
ISBN 978-3-7873-2988-5
ISBN eBook: 978-3-7873-2989-2

INHALT

Denken und Nachdenken sind genuin menschliche Fähigkeiten, und so ist es naheliegend, dass diese wie alle anderen Tätigkeiten geübt werden müssen. Doch ist diese Selbstverständlichkeit mindestens durch zwei beunruhigende Momente belastet:

Erstens geht das Rationalitätsideal der Aufklärung davon aus, dass sich ein Sachverhalt oder ein Urteil darüber entweder so oder anders verhält; in jedem zu entscheidenden Fall ließe sich allerdings eine eindeutige Aussage treffen. Das Verfahren, die Wahrheit über ein Problem zu finden, nennen wir Methode, deren Weg uns zum richtigen Ergebnis leitet. Etwas zu üben, bedeutet dagegen, Fehler zuzulassen, die sich, so die Hoffnung, erst im Fortschritt des Übens – wenigstens zum immer größer werdenden Teil – vermeiden lassen. Allein die positive, ja sogar gewünschte Möglichkeit, Fehler zu begehen, steht dem sicheren Weg zur Erkenntnis diametral entgegen. Zum Zweiten ist mit der Notwendigkeit, etwas zu üben, verbunden, dass es jeder selbst tun muss; zu erfahren, ob etwas wahr ist oder nicht, kann ich dagegen an jemanden delegieren, der sich auskennt, an eine Expertin oder einen Fachmann.

Die Philosophischen Etüden oder Denkübungen wenden sich an diejenigen, welche sich der Anstrengung des Nachdenkens unterziehen wollen. Grundsätzlich dem rationalen Ideal der Aufklärung verpflichtet, wissen sie um die Möglichkeit, Sachverhalte unterschiedlich zu betrachten, und um die Begrenztheit der menschlichen Vernunft, die nicht immer in der Lage ist, alle Hinsichten zu bedenken und zusammenzuhalten.

Die behandelten Vorurteile bestehen thematisch in Hintergrundannahmen, mit denen sich der moderne Mensch einen aufklärerischen Anstrich auf der Höhe der wissenschaftlichen Erkenntnis gibt. Gegenteilige Auffassungen gelten weitgehend als überwunden oder sind tatsächlich dem esoterischen Denken geschuldet. Schon nach Kant beruht die aufklärerische Denkungsart gewiss nicht in der unreflektierten Übernahme der Meinungen, die gerade in

Mode sind, sondern darin, sich selbst ein Urteil zu bilden und dies intellektuell zu verantworten. Das Nachdenken entlarvt die scheinbar wahren Ansichten als Vorurteile. Der Mensch, diese Einsicht verdanken wir der Aufklärung, eignet sich nicht für absolute und endgültige Wahrheiten – auch wenn er sich dadurch auszeichnet, dass er nach solchen sucht.

Mehrere der behandelten Vorurteile entstammen der Frage danach, was der Mensch ist. Andere erörtern das Verhältnis des Menschen zur Welt, wobei vor allem das szientistische Denken auf der einen Seite gleichermaßen als Voraussetzung wie als Ergebnis zur Feststellung neigt, dass alles so sein muss, wie es ist, während auf der anderen Seite mit dem gleichen Denken Kultur, Ethik, Ästhetik, Wahrheit, Recht und emotionales Leben möglichst große Relativität aufzuweisen scheinen: bei allem also, was irgendwie vom Menschen und seinem Denken abhängt, muss und kann nichts sein, wie es ist. Einige Themen sind darüber hinaus von kulturgeschichtlicher Relevanz. Das Vorspiel erklärt, was eine philosophische Etüde überhaupt ist.

Das Selbstdenken ist davon, worüber es nachdenkt, gar nicht abhängig. Es genügt, dass man sich für das Thema gerade zufällig interessiert – warum das so ist, spielt keine Rolle. Wichtig ist ihm nur, sich selbst im Urteil zu prüfen. Die Übung besteht darin, keinen Suggestionen oder vorgegebenen Assoziationen nachzugeben, mit denen wir tagtäglich konfrontiert werden. Der und dem Selbstdenkenden macht es einfach Freude, auf Unentdecktes zu stoßen, Noch-nicht-Bedachtes zu bedenken, auf Voraussetzungen aufmerksam zu werden oder solche zu machen, Selbstverständlichkeiten zu hinterfragen, das Wagnis, ja Abenteuer einzugehen, sich im Denken ungesichert aufs Drahtseil zu begeben, auch um dabei einmal abzustürzen und die eigene Blödigkeit eingestehen zu müssen. Der Schaden, mit dem eigenen Denken hinunter zu fallen, verletzt nur den eigenen Narzissmus, aber kein Körperglied.

In jeder einzelnen der folgenden philosophischen Denkübungen ist zunächst das behandelte Vorurteil möglichst stark gemacht, um es nach und nach zu hinterfragen und zuletzt erheblich zu erschüttern. Die Texte sind weder Abhandlungen, welche das Thema erschöpfend behandeln, noch eigentlich Essays, welche in einem freien Nachsinnen nur einen Aufriss bieten, sondern sie bringen jeweils geleitete Reflexionen, welche jederzeit dazu veranlassen sollen, die Lektüre zu unterbrechen und selbständig weiterzudenken, um durch die folgende Argumentation beim Weiterlesen aufs Neue in philosophisch-reflexive Bahnen gelenkt zu werden. Die Lösungen, welche die Texte bieten, sind sehr offen gehalten und verfolgen die Intention, keine neuen vorurteilsbehafteten Meinungen zu etablieren. Diese Form wird durch die Vielfalt der Themen und die Fülle der Auseinandersetzungen in beweglichen und bewegenden Reflexionen verlebendigt. Jedes einzelne Stück ist ohne Verkürzung auch der anspruchsvollen, philosophischen Gehalte relativ leicht und unabhängig von den anderen Stücken zu lesen.

Auch wer mit dem philosophischen Denken wenig vertraut ist, sich aber für das Weiterdenken interessiert, findet schnell hinein, weil es gar nicht darauf ankommt, schon beim ersten Lesen eines Übungsstücks alles, was darin ausgeführt ist, zu verstehen. Selbst wenn nur Weniges hängen bleibt, hat das Üben schon einen Sinn, zumal sich philosophische Fragen dadurch auszeichnen, dass man mit ihnen nie ganz fertig wird, soviel man auch darüber nachdenkt. Große Philosophen wie Platon und Kant sind in ihrem Denken nie stehen geblieben, sondern haben das, was sie im Denken schon geleistet haben, stets hinterfragt. So anstrengend das Selbst-Denken auch ist, es fesselt einen und man hat unentwegt Freude damit. Die Übungen zielen somit allein darauf, zum Selber-Denken anzuregen.

Da die Texte nicht aufeinander aufbauen, ist die Wahl, welches Stück zuerst und welche Reihenfolge der Lektüre gewählt werden, den Lesenden überlassen. Es kann vollständig nach Interesse geschehen, weil die einzelnen Teile ganz unabhängig voneinander sind. Auch während der Lektüre einer einzelnen Denkübung soll das Lesen ruhig unterbrochen, das Buch weggelegt und selbständig weitergedacht werden; ob man dann wieder von vorne beginnt oder weitermacht, wo man aufgehört hat, spielt ebenso keine Rolle wie die Häufigkeit, mit der man sich einzelne Passagen oder ganze Stücke vors eigene bewusste Nachdenken bringt.

Die Idee zu den Denkübungen entstand während einer Zugfahrt im Herbst 2011. Einige Themen waren gleich notiert und mit der Zeit kamen neue hinzu, andere wurden verworfen. Etwa die Hälfte der Etüden habe ich in einem Seminar an der Universität

Ulm im Sommersemester 2012 vorstellen und mit den Teilnehmenden diskutieren können. Die Suche nach einem Verlag gestaltete sich schwierig; die engen Programmvorgaben erlauben es nicht, eine ungewöhnliche literarische Textgattung herauszubringen. Umso erfreulicher ist es, dass ein so renommierter Fachverlag wie Felix Meiner bereit war, das Wagnis des Drucks eingehen zu wollen. Ich danke Marcel Simon-Gadhof sehr für die Aufnahme in die Blaue Reihe sowie seine engagierte Betreuung und stilsicheres Lektorat. Mein besonderer Dank gilt Dr. med. Dorothee Zacher, die sich nicht nur die Mühe gemacht hat, den Text akribisch zu lesen, sondern ihn auch zu durchdenken und mit mir intensiv zu besprechen; ich verdanke ihr zahllose Hinweise vor allem aus dem medizinischen und naturwissenschaftlichen Bereich, welche zur Verbesserung bei Verständlichkeit, Exaktheit und Schönheit ganz wesentlich beitrugen! Ulrike Angermeier, M. A. hat den Text ebenfalls durchgesehen; auch ihr verdanke ich sehr viele Anregungen und Korrekturen!

Regensburg, im August 2016   *Günter Fröhlich*

Was ist eine philosophische Etüde?

Der Mensch ist ein Lebewesen, das sich durch sein Handeln verändert. Alles, was wir tun, hinterlässt vielfältig verzweigte Spuren in unserem neuronalen System. Unsere Handlungen werden dabei sehr viel tiefer verankert als das, was wir sehen, hören und denken. Wenn wir einmal etwas tun, so können wir das beim zweiten Mal schon etwas besser. Und je öfter wir eine Tätigkeit wiederholen, je mehr wir diese üben, desto besser gelingt uns das, was wir uns damit vorgenommen haben.

Dennoch ist auch das bewusste und kontrollierte Nachdenken eine Art des Handelns. Wir können auch das Denken üben, wenn wir häufig, bewusst und geregelt über etwas nachdenken. Besonders anstrengend ist das, wenn es sich um eingefleischte (ein ausgesprochen sprechendes Wort) Vorurteile handelt – Urteile über Sachverhalte in der Welt, die sich so in die Routinen unseres alltäglichen Urteilens eingegraben haben, dass wir kaum noch davon loskommen wollen. Das, was uns anstrengt, tun wir meistens auch bewusst. Wie beim sportlichen Training ist es aber wichtig, nicht einfach drauflos zu denken.

Das geregelte und wiederholte Üben, auch wenn einmal etwas nicht klappt oder nicht verstanden wird, ist wichtiger, als gleich alle Pokale zu gewinnen. Es kommt auch bei den philosophischen Übungen auf das an, was selbst gedacht wird, nicht auf das, was andere vor uns schon gedacht haben. Die alten Meister geben nur die Leitfäden, weil gescheite Menschen durch mehrere Jahrhunderte hindurch befunden haben, dass es sich bei ihnen wirklich um Meisterdenker handelt. Wir üben uns an ihnen und sehen, was wir davon im Nachdenken haben. Wir müssen aber nicht alles genau so denken, wie sie es gedacht haben, und auch nicht immer alles bis ins Letzte verstehen. Entscheidend beim Denkenüben ist, dass wir überhaupt etwas verstehen, weniger wichtig, immer alles vollkommen und schon beim ersten Mal zu begreifen.

Der Begriff der »Études Philosophiques« ist im französischen Sprachraum weit verbreitet. Es gibt mehrere Zeitschriften dieses Namens und an Universitäten werden Veranstaltungen unter einem solchen Titel angeboten. Der erste, der diesen Begriff explizit gebraucht, ist wohl der französische Literat Honoré de Balzac, der zweifelsohne den Begriff der »Étude« wiederum von Jacques-Henri Bernardin de Saint-Pierre und seiner *Étude de la Natur* von 1784 übernahm.[1]

In der Vorrede zur *Menschlichen Komödie* gibt Balzac darüber Auskunft, dass die *Sittenstudien*, der erste Teil von *La Comédie humaine*, die Wirkungen und Anwendungen der menschlichen Eigenart in der Gesellschaft schildern, die Geschichten im zweiten Teil, eben der *Études philosophiques*, sollten die Ursachen dafür erforschen. Er schreibt:»Das ist das von Gestalten, von Komödien und Tragödien belebte Fundament, auf dem die *Philosophischen Studien* aufbauen, der zweite Teil des Werkes, in dem die sozialen Ursachen aller Wirkungen aufgezeigt werden, wo die Verheerungen des Denkens geschildert sind, Gefühl auf Gefühl, und dessen erster Band, *Der Talisman* [*Das Chagrinleder*; GF], gewissermaßen die *Sittenstudien* mit den *Philosophischen Studien* durch das Bindeglied einer fast orientalischen Phantasie verknüpft; das Leben an sich wird darin im Kampf mit der Begierde dargestellt, dem Prinzip aller Leidenschaft«.[2] Die *Analytischen Studien*, der dritte Teil der *Comédie humaine*, knüpfen offenbar das Band zwischen *Sittenstudien* und *Philosophischen Studien*. Balzac hat davon aber nur wenig ausgeführt.

»Études philosophiques« sind in diesen Beispielen nichts anderes als »Philosophische Studien«. Das Wort wird offensichtlich nicht wörtlich und wie in der Musik als »Übung«, sondern als Untersuchung verwendet. Balzac hat unabhängig davon mehrere philosophische Abhandlungen verfasst. Was eigentlich Studien in unserem Sinne sind, nannte er *Essais*, etwa in dem Verständnis, wie es Montaigne für die Philosophie begründet hat. In seinen *Essais* beschreibt Montaigne das menschliche Denken in all seiner Begrenztheit und angesichts der täglichen Nöte. Die Form ist eine freie Reflexion, das, was ihm, Montaigne, gerade in den Sinn kommt, was ihn beschäftigt und bedrückt. In seinen *Versuchen* – die bei genauerem Hinsehen allerdings dann doch als ganz bewusst konstruiert erscheinen – wird deutlich, dass es um *sein* Nachdenken geht, um *seine* Beschäftigung mit der Welt.

Die Verwandtschaft mit diesen beiden Formen literarischen Tuns will ich in den *Philosophischen Etüden* nicht verhehlen. Dennoch soll es nicht um Studien und im eigentlichen Sinn auch nicht um »Versuche« gehen, also um Essays, sondern tatsächlich um Übungen, denn das ist mit Etüden ihrem ursprünglichen Begriff nach gemeint. Auch in der Musik wurde der Begriff so verwendet, selbst noch bei Chopin, der allerdings aus seinen Etüden eine Kunstform machte, die bei allem Anspruch aber nicht verbergen konnte, dass sich jedes Stück auch einer bestimmten technischen Herausforderung widmet.

»Etüde« als Klavierstück bedeutete vor Chopin Fleiß und Anstrengung. Die mechanischen Möglichkeiten des Spiels waren schon von Beethoven erheblich erweitert worden. Chopin wollte mit seinen *Douze Grandes Études* op. 10 (1829–32) und seinen *Douze Études* op. 25 (1833–37) offenbar ausloten, was überhaupt mit menschlichen Fingern am Pianoforte alles möglich ist, ohne anschließend jedes Mal gleich einen Chirurgen konsultieren zu müssen. Technische Schwierigkeiten gibt es beim Klavierspiel *en masse*: Folgen von gleichmäßigen Intervallen, Strecken und Kontrahieren beider Hände, unterschiedliche Rhythmen, der schwache, ungelenke vierte Finger und natürlich bestimmte Fingersätze, wenn mit jedem Finger gleich locker oder gleich kraftvoll gespielt werden soll, oder beim Über- und Untersetzen des Daumens oder des kleinen Fingers, das Staccato- und das Arpeggiospiel.

Was vorher als technisch unmöglich galt, unterwarf Chopin in den Etüden dem Dienst an seiner Musik. Nicht die Technik sollte hörbar sein, sondern allein seine Harmonien, die sich gegen die enormen technischen Finessen zu behaupten hatten. Die anspruchsvollste Technik, die man endlos üben kann, sollte vollständig hinter der Musik verschwinden – zugegebenermaßen in Harmonien, die bis heute den wenigsten verständlich sind, auch wenn diese beim bloßen Hören einen ganzen Kosmos eröffnen.

Einen solchen Anspruch, für das Denken zu leisten, was Chopin für die Klavierliteratur schuf, werde ich hier nicht erheben mögen. Es ist schon des Öfteren hervorgehoben worden, dass bereits Platon ausgelotet hat, was im philosophischen Denken möglich ist, welche

Probleme auftauchen können, welche Argumentationsschemata es gibt und welche davon angesichts eines bestimmten Themas jeweils angewendet werden sollten. Die Methoden des Denkens sind vielfältig, und nicht jede Art passt zu jedem Gegenstand. Die Gegenstände scheinen sich sogar zu ändern, wenn ich sie von einer anderen Seite her betrachte, oder gar nicht mehr dieselben zu sein wie beim Wasser, dessen Bedeutung für unser Leben nicht im lapidaren H_2O des Chemikers enthalten ist, oder wie beim Morgenstern und Abendstern.

Die Philosophie gilt als schwierig, weil wir mit ihr nicht einzelne Aspekte der Gegenstände und Begriffe verstehen wollen, sondern deren Kern herausgehoben werden soll, in dem – egal, wie man die Sache dreht und wendet – alle unterschiedlichen Betrachtungsweisen zusammengehen und sich gleicherweise differenzieren. Die Etüden Chopins können wir alle hören – ob sie uns gefallen oder nicht –, nur wenige werden sie aber auch selber spielen können und niemand ohne langes, konzentriertes Üben. Aber auch zum Hören brauche ich das Wiederholen, wenn ich mich nicht oberflächlich nur dem ersten Eindruck überlasse, sondern wirklich etwas hören will, mehr, anderes und immer wieder Neues. Ganz so sind auch die Stücke in diesem Buch lesbar, ohne schon viel über die tradierten Schriften der großen Philosophen gebrütet zu haben.

Dennoch verlangt einem das Denken mehr ab, noch mehr, wenn das, über was man nachdenkt, auch noch Freude macht. Während mir das wiederholte Hören von Chopins Etüden leicht fällt, sollten diese mir gefallen, muss ich im Denken immer selber denken. Ein bisschen bin ich gezwungen, beim Lesen immer auch die Stücke selbst zu spielen, auch wenn niemand, der philosophisch denken will, immer auch alles verstehen muss. Da es bei den philosophischen Etüden auf das eigene Denken ankommt, ist allerdings nur dieses selbst das Maß und nicht, an was es sich entzündet. Da hat es das Denken leichter als das Spielen am Klavier, weil es sich nicht mit dem gesetzten Notentext im Kampfe messen muss.

Philosophische Denk-Übungen, so könnte man zunächst meinen, sind ein Widerspruch in sich. Entweder man hat etwas begriffen oder eben nicht. Eine Einsicht, das hat schon Aristoteles gesagt, lernen wir nicht nach und nach, sondern sie kommt uns plötzlich.

Und doch scheint ein Sinn in der Behauptung zu liegen, man müsse auch das Denken üben. Sein Zweck liegt offenbar darin, Wissen zu erlangen. Die Schwierigkeit besteht dabei darin, das Wissen vom Meinen zu unterscheiden, worin ich eben nur vermeine, etwas zu wissen, wie Platon den Sokrates sagen lässt.

Meinungen und Ansichten kann ich zu allem Möglichen haben. Beanspruche ich aber, etwas zu wissen, so muss ich Auskunft darüber geben, woher ich es habe, wie ich es gewonnen habe, ich muss es so begründen, dass derjenige, dem ich es mitteile, es dann auch hat, den Gegenstand kennt und auch weiß. Das ist aber gar nicht immer möglich. Häufig muss ich demjenigen, der mir sein Wissen kund gibt, vertrauen, dass er es wirklich hat. Gut ist es, wenn er mir über den Wissensinhalt hinaus auch noch versichern kann, dass er weiß, dass er es weiß, z. B. indem er mir mitteilt, woher er sein Wissen hat. Erscheint mir das glaubwürdig, trage ich das Wissen in mir fort, aber es ist dann nicht mehr als ein Meinen, wenn ich nicht in der Lage bin, es selbst zu gewinnen.

Wir tragen viele solche Meinungen mit uns herum. Und manche davon sind irrig. Diese sind dann keine überprüften, sondern vermeinte Urteile, eben Vorurteile. Wenn am Wissen etwas liegt, wenn es irgendwie bedeutend für unser Leben ist, dann wäre es besser, es überprüfen zu können. Dieses Überprüfen aber nennen wir Denken. Und wenn wir das Überprüfen unserer Meinungen üben, dann üben wir auch das Denken.

Philosophische Fragen zeichnen sich dadurch aus, dass sie sich dem Menschen gerade insofern stellen, als er ein Mensch ist. Ihr Gehalt und ihre Bedeutung liegen darin, dass wir sie gar nicht lösen *können*. Vorurteile der grundsätzlichen Art dagegen bieten gerade immer eine einfache Lösung für philosophische Fragen. Die Mühe, sich solchen zu stellen, wird durch die Bequemlichkeit ersetzt, das Vorurteil einfach zu glauben. Manchmal gehört nicht nur ein anstrengendes Aufraffen dazu, sich unbequeme Fragen über das eigene Dasein zu stellen, sondern auch Mut. Das hat Kant gemeint, als er das *sapere aude* zum Wahlspruch der Aufklärung erhob: Habe Mut, heißt das, dich deines eigenen Verstandes zu bedienen. Zu was, so können wir fragen, führt das Nachdenken? Entweder es gibt eine Lösung für das Problem oder keine. Wenn sich die Frage auflösen lässt, kann auch ein anderer darüber nachdenken und mich dann informieren, und wenn nicht, ist es doch müßig, sich darüber noch zu quälen.

Das Missliche an der Philosophie ist gerade, dass sie zumeist nur Fragen stellt. Die Antworten, welche sie im Verlauf der Geistesgeschichte gegeben hat, sind dagegen allesamt und immer wieder aufs Neue kritisiert worden. Auf der anderen Seite steht der Mensch aufgrund seiner Existenz vor grundlegenden Problemen, welche die Philosophie gerade thematisiert. Nicht die Antworten sind es, die das Philosophische daran ausmachen, sondern wie sich der Philosophierende zum jeweiligen Problem verhält! Es geht also um die Fragen selbst, nicht so sehr um Antworten und Lösungen.

Unphilosophisch wäre die Annahme, dass es auf jedes Problem, das sich der Mensch stellen kann, auch eine Antwort gibt. Der Mensch würde sich nämlich gar keine Fragen stellen, wenn er so konstituiert wäre, dass es für alles Lösungen gibt. Wir kommen mit unseren Fragen aber zuletzt nie an ein Ende, wir haben weder die Welt noch uns selbst vollständig in der Hand und im Verstand.

Einige Probleme des Menschen sind dann doch aus der Philosophie ausgelagert worden: Jede Frage, die eine empirische Lösung erwarten lässt, also alles, was wir aufgrund von Erfahrungen und Experimenten beantworten können, ist nicht mehr Teil der Philosophie, sondern der Physik, der Biologie, der Psychologie oder der Ökonomie. Wir wissen dann zwar noch nicht unbedingt und genau, wie die Wirklichkeit sich verhält, wir wissen aber, wie wir fragen müssen, damit uns die Natur, wie Kant gemeint hat, eine Antwort geben muss – wenn auch nicht sofort.

Wenn man sich das Heraustreten dieser Probleme aus dem Kreis der philosophischen Fragen ansieht, kommt man nicht umhin, der Philosophie ein enormes Innovationspotential zuzusprechen. Nachdem diese Fragen keine philosophischen mehr sind, entsteht leicht der Eindruck, dass die Philosophie überflüssig und nutzlos geworden wäre. Zuweilen meint man dann auch, dass bestimmte Fragen mit naturwissenschaftlicher Präzision beantwortet werden können, ohne die dahinterliegenden Probleme tatsächlich zu verstehen. Naturwissenschaften können keine Ergebnisse erzielen, wenn sie ihre Gegenstände nicht auf bestimmte Aspekte reduzieren, die sie untersuchen können. Hat ein Phänomen wesentlich mehr Aspekte, durch die es bestimmt wird, kann man immer nur

Teilantworten liefern. Und wenn man anschließend meint, man hätte alles erklärt, sitzt man zwangsläufig einem Vorurteil auf.

Gegen Vorurteile gibt es nur das Kraut des philosophischen Nachdenkens. Ich habe gesagt, dass dabei zumeist keine Antworten gegeben werden. Was wir aber durch philosophisches Reflektieren erhalten, sind noch mehr Fragen, auch wenn wir dadurch die Probleme besser verstehen. Ganz in diesem Sinn schreibt Geert Keil über philosophische Schwierigkeiten: »Es gibt bekanntlich kein philosophisches Problem, so kompliziert es auch sein mag, das nicht, wenn man es nur richtig angeht, noch komplizierter würde«.[3]

Solche Sätze richtig zu lesen, ist bereits selbst ein philosophisches Problem. Das »bekanntlich« ist, wie wir gesehen haben, falsch, denn nicht jeder weiß oder akzeptiert, dass Philosophie nur Fragen aufwirft, ohne Antworten oder nur vorläufige oder revidierbare zu geben. Recht hat Keil, wenn er meint, dass keiner der großen Philosophen mit seinen eigenen Lösungen der philosophischen Fragen, die er sich vorgelegt hat oder die ihn zeitlebens beschäftigten, zufrieden war, sondern immer weiter nach neuen Antworten gesucht, neue Probleme gesehen oder den eigenen Ansatz als zu begrenzt wahrgenommen hat, so z. B. Platon oder Kant. Keil spricht weiter vom Komplizierten der philosophischen Probleme, das sich erweitert, sobald man – und in diesem Konditional liegt der eigentliche Kern der Aussage – »es richtig angeht«.

Was heißt das aber: ein philosophisches Problem richtig angehen? Gibt es eine bestimmte Methode, welche die Richtigkeit des Herangehens garantiert? Die Philosophie hat im Laufe der Zeit verschiedene Methoden entwickelt und angewendet, wie die begriffliche Analyse, die phänomenologische Beschreibung, den hermeneutischen Wechsel zwischen »Vor«urteil und seiner Revision, die transzendentale Rückbeziehung des Denkens auf sich selbst usf.; ja ihre Methodenvielfalt ist geradezu ihr Grundzug und unter heutigen wissenschaftstheoretischen Verhältnissen mitunter sogar ihr Fluch. Denn für manchen scheint es so zu sein, dass nur eine einzige Methode, nämlich die empirische Beobachtung und die Abstraktion vom Besonderen unter Betrachtung des Allgemeingültigen allein, zur Erkenntnis verhilft. Zwar kommt keine empirische Wissenschaft ohne ihre leitenden Theoriebildungen und ohne ihre

Messmethoden aus, aber diese sind meist zu kompliziert, um eine Öffentlichkeit damit zu belästigen. Der Rechtfertigungszwang trifft allein das bloße Denken. Denn zu was verhilft uns dieses, zumal es zuletzt immer wieder nur sich selbst zum Gegenstand macht?

Die Philosophie versteht unter dem richtigen Herangehen den *sachlich adäquaten Umgang*. Damit ist freilich nicht viel gesagt. Denn: Was erfordert die Sache? Sokrates, wie ihn Platon schildert, fragt häufig danach, was eine Sache ist. Eine solche Frage ist nicht selbstverständlich. Der amerikanische Pragmatismus, der sich von der langen geistesgeschichtlichen Tradition befreien wollte – obwohl seine frühen Vertreter, der junge Peirce, James oder Dewey, diese noch ganz bewusst mitschleppten –, meinte, dass wir die Wahrheit zwar nicht erfahren könnten, im Umgang mit den Dingen werde uns aber nach und nach klar, was es mit den Sachen auf sich habe.

Der adäquate Gebrauch, das ist immer nur derjenige, der sich bewährt hat, er kann uns also sagen, was eine Sache und wie diese beschaffen ist. Die philosophische Frage dagegen geht nicht auf den Umgang mit den Gegenständen, sondern darauf, was einen möglichen Umgang mit diesen schon voraussetzt, schlicht eben die Frage, was eine Sache als eben diese Sache ist. Die philosophischen Probleme sind allerdings nicht nur inhaltlicher Art. Sie beziehen sich also nicht nur darauf, was das Problem ist. Die Philosophie reflektiert vielmehr immer auch auf den Akt des Denkens selbst, auf die Frage also, was wir da eigentlich tun, wenn wir die Sache so auffassen, wie wir sie gerade auffassen.

Bei physischen Gegenständen, an denen wir uns den Kopf anrennen können, scheint das kein größeres Problem zu sein. Ein realer Gegenstand besteht aus einem bestimmten Material, hat eine bestimmte Form und Größe und widersteht unseren Aktionen gegen ihn mehr oder weniger, je nachdem, um was es sich handelt. Was aber ist mit Gegenständen des Rechts oder des Staats, mit Vorstellungen, Ideen, Theorien, mathematischen Wahrheiten, logischen Gesetzen, mit Klängen von Musikinstrumenten, mit unseren Empfindungen wie Geschmack oder Gefühlen oder gar mit Gerechtigkeit, Menschenrechten, Schönheit und dem menschlichen Handeln? Das sind alles keine physischen Gegenstände. Was aber ist dann deren »Sache«?

Nach so etwas zu fragen, ist typisch für die Philosophie, und sie begnügt sich nicht damit, dass jemand Beispiele für diese Sachen anführt, also z. B. sagt: Der *Modus Barbara* ist ein bekanntes logisches Gesetz, das besagt, dass aus Prämissen, die allesamt All-Aussagen sind, also die Form haben:»Für alle Gegenstände dieser Klasse gilt x« oder:»Alle Elemente dieser Klasse haben die Eigenschaft y«, wieder eine All-Aussage folgt. Die Aussage, was der *Modus Barbara* besagt, ist zwar prinzipiell richtig, sagt aber nichts darüber aus, warum das ein logisches Gesetz ist, sondern eben nur, *dass* der *Modus Barbara* ein logisches Gesetz ist, also einen bestimmten formalen Zusammenhang beschreibt. Wir können aus dem Satz also nicht entschlüsseln, was ein logisches Gesetz selbst ist.

Im Alltag helfen wir uns über dieses philosophische Problem, die Frage nach der Sache, häufig hinweg, indem wir auf die Dinge zeigen: Das ist ein Stein. Oder: Dieser Gegenstand ist blau. Auf »Staaten« z. B. können wir zwar nicht zeigen, aber wir versuchen dann eine Struktur zu erklären, welche aus Elementen besteht, auf die wir dann wiederum zeigen können, wie z. B. bestimmte Gebäude, Amtspersonen, Gesetzbücher – Dinge also, welche ein manifester, physischer Bestandteil des Gebildes sind.

Diese Gegenstände oder Personen mit ihren Funktionen erklären allerdings den Sachverhalt durch ihre physische Existenz keineswegs. Wir müssen immer etwas hinzudenken, die Struktur, die Funktion, was das mit mir zu tun hat, wie ich mich diesen Einrichtungen gegenüber verhalten muss usf. Bei komplexeren Gegenständen wie Gerechtigkeit oder Moral sind allerdings mehrere solcher Zwischenschritte notwendig, bis ich die Bedeutung erfasse. Und dann greift genau das, was Keil meint: Die philosophischen Probleme werden immer komplexer, wenn wir sie richtig angehen.

Eine Methode für die Lösung aller philosophischen Fragen wird es also nicht geben können, eben weil die Gegenstände so verschieden sind und weil wir diese aus unterschiedlichen Blickwinkeln oder von unterschiedlichen Voraussetzungen ausgehend betrachten können. Die traditionellen Lösungen für philosophische Fragen mit ihren mitunter starken metaphysischen Voraussetzungen, wie z. B.:»Es gibt Gott, eine Seele und Freiheit« oder:»Alles hat einen Grund«, oder:»Alles ist kausal determiniert« wollte Edmund Husserl zu Beginn des 20. Jahrhunderts umgehen, indem er als Motto aufwarf: »Zu den Sachen selbst!« Aber auch das hat freilich nur eine Methode, nämlich die Phänomenologie, zur Folge gehabt, der nicht alle folgen mögen. Die Ausarbeitung der Methode, die Husserl schließlich zu einem Forschungsprogramm ausbaute, das die Wissenschaftlichkeit der Philosophie sichern sollte, hat ihn dann auch erhebliche Mühe gekostet und immer wieder die Frage aufgeworfen, ob das, was der Phänomenologe sieht, auch den realen Gegenständen entspricht oder ob wir uns im Denken nicht generell zu weit von diesen entfernen.

Der Ausdruck: »Wenn man das Problem richtig angeht« hat einen systematischen und einen historischen Sinn, auch wenn sich in der Philosophie diese beiden Blickrichtungen auf eine Frage miteinander verschränken: Philosophie beansprucht, etwas über die Dinge, die Welt und den Menschen zu erfahren, also ein Wissen darüber zu erwerben. Dabei gehen wir immer von den Dingen aus, wie sie vor uns liegen. Wir fragen dann, was das eine vom anderen unterscheidet, geben unterschiedliche Eigenschaften an, fragen nach den Ursachen, wie es dazu gekommen ist, dass das Ding vor uns liegt, fragen in der begrifflichen Bestimmung aber auch, was uns dazu befähigt, über die Dinge zu sprechen, und was darin wieder für Voraussetzungen liegen. Viele Philosophen haben behauptet, dass jeder Mensch sich bestimmte Fragen stellt. Was garantiert uns aber, dass wir die richtigen Fragen und diese wiederum in der richtigen Weise stellen?

Wir fragen dann andere oder versuchen, uns in Büchern darüber zu unterrichten, wie andere diese Fragen gestellt oder gelöst haben. Wenn diese anderen die Probleme »richtig angegangen« sind, haben sie sich auch wieder mit den Meinungen anderer auseinandergesetzt. Wiewohl es dabei zu Missverständnissen kommen kann oder gekommen ist, so greifen wir bei diesem Vorgehen auf die historische Behandlung dieser Probleme zurück.

In der Folge werden aber nicht nur die Probleme immer komplizierter, sondern die unterschiedlichen Behandlungen und Antworten, welche in der Geistesgeschichte gegeben wurden, lassen uns erkennen, dass wesentlich dafür ist, wie die Frage und die Antwort ausfallen, wie wir an die Fragestellung überhaupt herangehen, aus welchem Blickwinkel wir diese aufgreifen. Wir sehen dann nicht nur, dass es diese Unterschiede gibt, sondern auch, dass es *eine* Methode, *einen* bestimmten *richtigen* Blickwinkel nicht geben kann.

Die Voraussetzungen, welche wir im Denken machen – und wir müssen solche nun einmal immer machen, d. h. es gibt kein voraussetzungsloses Denken oder Erfahren –, bedingen also das Ergebnis. Die Kenntnis der historischen Tradition vermittelt uns diesen Umstand, genauso wie sie die verschiedenen, möglichen Herangehensweisen in eine gewisse Ordnung bringt. Die Einholung der Tradition, die Kenntnis also, wie etwas geworden ist und welche Alternativen schon diskutiert wurden, kann ebenso helfen, unseren eigenen Standpunkt zu relativieren, wenn wir also sehen, dass andere Blickwinkel auf die Dinge auch plausible Fragestellungen erlauben.

Nun scheint das eine arge Sache zu sein: Seit fast dreitausend Jahren schreiben Menschen über diese Probleme (und man billigt dem, was man schreibt und in Umlauf und öffentliche Rezeption bringt, ja eine gewisse Wichtigkeit zu) und offensichtlich scheint, dass dabei nichts herausgekommen ist, das wir heute für derart gültig erachten, dass sich die Fragen erledigt hätten. Das legt den Verdacht nahe, dass es müßig war, sich darüber den Kopf zu zerbrechen, sinn- und nutzlos. Wenn wir noch hinzunehmen, dass Philosophie gerade in einem solchen Fragen besteht, das keine allgemeingültigen Antworten erwarten lässt, ist nicht nur das Fragen, sondern auch die Philosophie sinn- und nutzlos.

Thales von Milet, einer der vorsokratischen Naturphilosophen – nach Aristoteles sogar der erste Philosoph überhaupt – und der erste der »sieben Weisen« (es gibt verschiedene Listen, zählt man alle zusammen, kommt man auf 21 Weise oder mehr) soll die Sonnenfinsternis am 28. Mai 585 v. Chr. vorhergesagt haben. Wir wissen nicht, wie er das geschafft hat, deswegen ist die Information wertlos und die Geschichte wird schnell ins Reich der Legenden verwiesen, wahrscheinlich hatte er Eklipsenlisten aus Babylon, aber die reichten für eine exakte Vorhersage über Zeit und Ort der Sonnenfinsternis sicher nicht aus.

Herodot schreibt, Thales habe nur das Jahr der Sonnenfinsternis vorhergesehen. Es wird aber auch berichtet, dass die Lyder durch Thales von der Sonnenfinsternis wussten und an diesem Tag in der Schlacht gegen die Meder vorgewarnt waren und deswegen gewonnen hätten, weil die Meder die Verdunkelung des Himmels als böses Omen deuteten. Wenn das tatsächlich so gewesen ist, war die Information für die Lyder wenigstens nicht ohne Wert. Und weil damit die Philosophie nicht bloße Spekulation ist, sondern in die Weltgeschichte eingriff, hat sie, wie Günther Bien meint, an diesem Tag, dem 28. Mai, Geburtstag. So steckt er auf dem Pult, wenn er an diesem Tag Vorlesung hält, immer eine Kerze an.

Das Verhältnis zur Wirklichkeit war für das philosophische Denken immer wieder ein sehr gespanntes. Aristoteles berichtet, dass Thales aufgrund seiner meteorologischen Kenntnisse eine reiche Olivenernte voraussah und daraufhin alle Ölpressen für dieses Jahr anmietete, um sie anschließend mit beträchtlichem Gewinn weiterzuvermieten. Das Geld soll er allerdings gleich verschenkt haben, um zu beweisen, dass Philosophen, wenn sie wollten, viel Geld verdienen könnten, daran aber kein Interesse hätten.

Thales war es auch, wie Platon schreibt, der einmal von zu Hause fortging, um den Himmel zu beobachten, bepackt mit seinen Fernrohren und anderen Gerätschaften, und dann in einen Brunnen fiel, weil er nicht auf den Weg achtete und mit Augen und Sinn schon am Himmel hing. Ihn soll »eine artige und witzige thrakische Magd ... verspottet haben, dass er, was im Himmel wäre, wohl strebte zu erfahren, was aber vor ihm läge und zu seinen Füßen, ihm unbekannt bliebe«.[4] Das Lachen der Magd steht freilich für das Lachen der Welt über den unbeholfenen und weltfremden Gelehrten. Philosophen hören dieses Lachen nicht nur als das Lachen von anderen, sondern auch in ihrem Inneren, so dass Heidegger die typische Art des philosophischen Denkens so charakterisiert: »Philosophie ist jenes Denken, womit man wesensmäßig nichts anfangen kann und worüber die Dienstmägde notwendig lachen«.[5]

Für die alten Griechen war es ganz selbstverständlich anzunehmen, dass es Betätigungen im Leben der Menschen gibt, die uns unter rein instrumentellem Blickwinkel betrachtet nichts nutzen, die aber dennoch sinnvoll sind. Heute glauben viele, dass es dem Menschen nur um das gehen darf, was ihm nutzt, und zwar unmittelbar und zudem materiell. Platon war bestimmt nicht dieser Meinung und trotzdem schrieb er, dass der Mensch immer nur das tut, was ihm nützlich erscheint. Allerdings bezieht Platon den Begriff des Nutzens auf einen Gesamtnutzen, der insbesondere die menschliche Seele mit einschließt. Weil diese unsterblich ist, dehnt sich der Nutzen auf ein jenseitiges Leben aus, von dem Platon überzeugt war. Wir müssen also verschiedene Begriffe des Nutzens unterscheiden, die sich hinsichtlich der Verwendung des Nutzenbegriffs differenzieren.

Ein Nutzen kann sich auf ein Ding beziehen, auf eine Person oder wir können den Gesamtnutzen von etwas angeben. In genau derselben Weise unterscheiden wir auch den Begriff des Guten: Etwas kann gut für etwas anderes sein, wie z. B. das Öl für die Kolbenschmierung eines Otto-Motors; etwas kann gut für jemanden sein, wie das Auto für seinen Nutzer oder der Rat eines Freundes, oder wir fragen nach dem Guten überhaupt, sozusagen nach dem Guten in jeder Hinsicht. Dem letzteren Begriff liegt eine dezidiert metaphysische Frage zugrunde, weil diese nicht irgendwelche empirischen Bedingungen thematisiert, die im Falle ihrer positiven Funktion ihren Zweck erfüllen, sondern weil sie ein Gesamtgutes voraussetzt, ein *summum bonum*, das gar nicht eindeutig bestimmt werden kann, weil es sich sonst in eben diese Bestimmungen auflösen würde.

Wir können auf die Frage nach einem solchen abgehobenen Guten aber auch nicht einfach verzichten, weil in der Thematisierung des Guten die metaphysische Dimension letztlich schon enthalten ist. Wir haben gewissermaßen einen starken Wunsch danach, dass es einen Gesamtsinn des Guten gibt. Der Utilitarismus, eine im 19. Jahrhundert aufgekommene Strömung in der Ethik, wollte es sich einfach machen und hat das Gute schlichtweg mit dem Nutzen für alle identifiziert und daraus die Konsequenz gezogen, dass dieses Gesamtwohl auch das ganze Glück des Menschen ist, nach dem wir ohnehin alle streben.

Wenn etwas »nur« gut für etwas ist, ihm also nützt, sprechen wir von einem funktionalen oder instrumentellen Nutzen. Wenn einer Person etwas nützt, sagen wir, dass diese einen pragmatischen Nutzen davon habe. Auch Kant geht in seiner Ethik von einer solchen Struktur aus: Unsere technischen Zwecksetzungen bringen einen Nutzen für etwas anderes, unsere pragmatischen dienen einer Person bzw. ihrem Streben nach Glück.

Nun ist die Frage, ob sich irgendwelche Gegenstände ihrem ontologischen Status nach von Personen unterscheiden. Ontologische

Differenz bedeutet hier nur, dass eine Person etwas ganz anderes ist als ein Ding. Ein solcher Unterschied ist tief in unserem Bewusstsein, unserer Sprache und unserem Denken und Fühlen verankert. Das heißt aber nicht schon, dass diese Unterscheidung in jedem Fall berechtigt ist. In seiner Morallehre fasst Kant die technischen und pragmatischen Orientierungen als bedingte Zwecksetzungen zusammen und unterscheidet diese von den unbedingten (kategorischen) der moralischen Lebensausrichtung. Bedingt heißt hier wiederum, dass der Zweck eine Gegebenheit voraussetzt, entweder also bestimmte Gegenstände, welche wir begehren, oder eben das Glücksstreben von Lebewesen, an dem wir ein sogar noch grundsätzlicheres Interesse haben.

All das ist beim Menschen durch die Sprache und die sozialen Organisationsformen, in denen er leben muss, komplizierter. Damit besteht aber nur ein komparativer, also quantitativer Unterschied zwischen Gegenständen und Personen und kein ontologischer. Unter einem instrumentellen Blickwinkel spielt es dann keine Rolle, ob etwas für etwas oder für einen oder mehrere Menschen nützlich ist.

In dieser Hinsicht fragen wir also, ob die Philosophie für den Menschen einen Nutzen hat. John Stuart Mill, der im 19. Jahrhundert einen Essay zur Verteidigung des Utilitarismus geschrieben hat, nahm an, dass der Mensch auch ein Bedürfnis nach Einsicht, Wissen, geistiger Betätigung, Kultur usf. habe.

Da die Philosophie diesen Bedürfnissen dient, ist sie auch nützlich für den Menschen. Erst die Reduzierung auf rein materielle Bedürfnisse und die Behauptung, dass nur diese es seien, welche uns interessierten und von denen wir einen Nutzen hätten, würde die Philosophie also unnütz erscheinen lassen. Freilich können wir fragen, ob – selbst wenn Mill recht hätte – die Philosophie nur einem menschlichen Bedürfnis entspricht und, wenn das so ist, von welcher Bestimmung des Menschen wir dann reden. Offensichtlich ist, dass geistige Neigungen andere Bedürfnisse darstellen als materielle, also z. B. genug Nahrung, Schutz vor Umweltbedingungen, soziale Nähe usf. Sind aber diese materiellen Bedürfnisse nicht wichtiger und elementarer als alle bloßen Kontemplationen und Spekulationen, wie sie die Philosophie gerne anstellt?

Gewiss! Doch sind die menschliche Existenz und ihr Überleben zunächst einmal darauf angewiesen, sich zu organisieren und zu rationalisieren. Der Werkzeuggebrauch und die Bildung und Einrichtung von Institutionen dienen zwar diesem Überleben, sie können aber allein daraus nicht erklärt werden, denn dass sich auf unserem Planeten ein Lebewesen wie der Mensch entwickelt, ist alles andere als zwingend. Es ist umgekehrt allerdings gar nicht zu bestreiten, dass der Mensch auf der Bühne der Welt aufgetreten ist und diese Welt vollständig verändert hat.

Wenn Philosophien von ihrer eigenen Nutzlosigkeit sprechen, dann hat das immer etwas Kokettierendes. Inhaltlich ist gemeint, dass wir die menschliche Vernunft nicht nur auf ihre instrumentellen Zwecke beschränken sollten, dass wir in theoretischer Hinsicht nicht nur immer danach fragen sollten, wozu etwas dient, und in praktischer Hinsicht danach, was es mir einbringt, sondern auch danach, was es ist und warum es ist. Zwar hat der Mensch ein Vermögen, das ihn befähigt, technisch-instrumentell zu denken und zu handeln, aber diese Fähigkeit beschränkt sich nicht nur auf diesen Zweck.

Unser Denken macht bei seinen Errungenschaften und Erfindungen nicht halt, sondern fragt immer weiter. Wir haben, wie wir daraus ersehen können, ein tiefes Interesse nicht nur daran, gerade zu überleben, sondern auch zu verstehen, was die Welt ist, wer wir selber sind, warum die Welt ist und nicht vielmehr nichts, worin das Glück liegt und warum wir sterben müssen. Selbst wenn wir einsehen, dass die letzten Fragen unseres Menschseins nicht gelöst werden können, gehören diese Fragen notwendig zum Menschen, seinem Nachdenken und seinem Orientieren in der Welt. Da aber die Lösungen niemals eindeutig sein können, müssen wir solche in immer neuen Anläufen versuchen, schon um dem Bedürfnis danach gerecht zu werden.

Das ständige Versuchen, das im Nachdenken geschieht, nennen wir ein Üben, bis wir eine gewisse Höhe der Fertigkeit erreicht haben, die wir uns aber auch ständig durch weiteres Üben bewahren müssen. Deswegen ist es geradezu erforderlich, auch das Denken zu üben. So erscheint der Umstand, dass es noch keine philosophischen Etüden gibt, außerordentlich verwunderlich.

ETÜDE 1

Der Mensch stammt vom Affen ab!

Es gibt einen gleichermaßen mit psychologischen wie philosophischen Dimensionen belasteten Witz: Kommt ein Junge aus der Schule nach Hause und erzählt seinem Vater: »Wir haben heute in der Schule gelernt, dass der Mensch vom Affen abstammt. Stimmt das denn, Papa?« worauf der Vater erwidert: »Ich nicht, du schon!«[6]

Witze zu erklären, ist eine unangemessene Unternehmung. Aber hier geht es ja nicht darum, jemandem etwas zu erläutern, was er nicht verstanden hat. Der dilemmatische Hintergrund der Geschichte liegt in der allgemeinen und besonders bei Vätern verbreiteten Ansicht begründet, dass die Verhältnisse immer schlechter werden, die Geschichte sozusagen eine Rückentwicklung des menschlichen Geschlechts bezeichnet. Früher waren die Verhältnisse besser, die Menschen anständiger, gescheiter, gewandter usf.

Das Dilemma dieser Ansicht ist die ebenso verbreitete Aufklärungsidee, dass die Menschheit kontinuierlich voranschreitet, immer fortschrittlicher wird, mehr Wissen anhäuft, die Menschenrechte und den Weltfrieden auch weltweit durchsetzt usf. Die Fortschrittsidee der Aufklärung ist durch die Entwicklung der Naturwissenschaften im 19. Jahrhundert bestätigt worden und hat sich freilich auch auf das biologische Denken erstreckt. Der Mensch unterlag demnach, wie jedes andere Lebewesen auch, einer fortschreitenden Entwicklung aus Vorformen von Lebewesen, welche aus ihm durch Selektion und Anpassung biologisch und genetisch das machte, was wir heute sind.

Diese beiden Ebenen bezieht der Witz auf die Individuen: Der Sohn muss freilich dämlicher sein als der Vater, wenigstens aus dessen Sicht, weil das Ei nicht schlauer sein kann als die Henne. Dabei verstrickt er sich in die Begriffe und ihre Bedeutungen angesichts der Evolution, weil er wörtlich nicht mehr sagt, als dass er selbst im Gegensatz wiederum zu seinem eigenen Vater auf der unterentwickelten Stufe der Evolution steht.

Die Aussage »Der Mensch stammt vom Affen ab« ist eine historische und keine individuelle. Ihr Gegenstand ist die biologische Entwicklung; schon an dieser Stelle vermischen sich unterschiedliche Ebenen. Das »Stammen« scheint darüber hinaus einen Kausalnexus anzudeuten. Aus dem Affen wird kausal ein Menschenaffe und aus dem wiederum ein Mensch. Um die Behauptung philosophisch zu prüfen – oder auch um einen allgemeinen Sinn darin zu entdecken –, müssen wir die beiden Begriffe »Affe« und »Mensch« untersuchen. Diese werden in unterschiedlichen Kontexten etwas Verschiedenes bedeuten.

Der Vater in der Geschichte unterlegt den Begriff mit einem Pejorativ, der ihn am Ende selber trifft. Zu einem Menschen »Du Affe!« zu sagen, kann aber auch wiederum Unterschiedliches meinen. Gerhard Roth schreibt: »Daher hat im Vergleich zu den anderen Affen der Mensch einen besonders großen Stirnlappen«.[7] Das soll zwar eine wissenschaftliche Aussage sein, die für Roth selbstverständlich aus biologischen Tatsachen folgt, gleichzeitig kann man das aber auch als Beleidigung des Lesers auffassen.

Die Beleidigung trifft allerdings nicht nur den Leser, sondern ist an jeden Menschen gerichtet. In diesem Sinne sprechen wir von vier anthropologischen Kränkungen: Nach Kopernikus ist der Mensch nicht mehr der Mittelpunkt des Universums, nach Darwin ist er keine Krönung der Schöpfung mehr, sondern nur deren späte, wenn auch komplexeste Entwicklung, nach Freud ist der Mensch nicht Herr im eigenen Haus und nach dem mechanischen Determinismus ist der Mensch durch sein neuronales System im Denken, Fühlen und Handeln vollkommen durch Stoffwechselprozesse festlegt.

Aber in dieser Aufzählung kommen auch die Affen schlecht weg, nachdem sie seit Descartes wie alle Tiere nur als komplizierte Maschinen bzw. Automaten gelten. Ihrer Natur fehlt die dem Menschen allein vorbehaltene »denkende Sache«. Wahrscheinlich würden sich Tiere allerdings heftig gegen diese Abwertung verwahren, wenn sie dazu in der Lage wären.

Der »Affe« ist eine biologische Verwandtschaftsgruppe von Säugetieren, den so genannten Primaten. Man unterscheidet die Prosimiae und die Anthropoidea. Zu den ersten gehören die heutigen Halbaffen (Tarsier, Lemuren, Loris, Galagos, die Bezeichnung »Halbaffen« ist aus biologischen Gründen umstritten) und normalerweise die fossilen Primaten (die im Übrigen keine Lebewesen sind, sondern es allenfalls waren). Die Anthropoidea unterteilt man in die Altweltaffen (Languren, Colobus, Meerkatzen, Paviane, Mandrills, Makaken), Neuweltaffen (Krallenaffen, Kapuzinerartige, Nachtaffen, Klammerschwanzaffen, Sakiaffen, mit zahlreichen Unterarten), Menschenaffen (die Hominidae: Gibbons, Siamangs, Orang-Utans, Schimpansen, Zwergschimpansen, Gorillas) und den Menschen (Gattung homo). Der Affenmensch, den Ernst Haeckel als Bindeglied zwischen Affe und Mensch gefordert hatte, existierte dagegen zu keiner Zeit.[8]

Was als biologisches Ordnungsschema zur Unterscheidung und Klassenzuordnung von Lebewesen gedacht ist, wird der vergangenen Entwicklung überstülpt. Unter Hinzunahme der Evolutionstheorie übertragen Biologen und Paläoanthropologen die Unterscheidungsmerkmale von Lebewesen (Genotyp, Ontogenese, Phänotyp und Verhalten) auf ausgestorbene Varianten und kommen so zu Übersichten von vertikalen Verwandtschaftsbeziehungen und horizontalen Entwicklungslinien.

Mit den sogenannten Hominini, der Entwicklungslinie ab der Trennung von den Menschenaffen, beschäftigt sich die Paläoanthropologie, die in den letzten fünfzehn Jahren den sogenannten menschlichen Stammbaum mehrmals vollständig umschreiben musste.[9] Diese Wissenschaft will die biologischen Verwandtschaftsbeziehungen, die Abzweigungen der Stammeslinien, die evolutionsökologischen Rahmenbedingungen dieser Prozesse, die Anzahl der Vorläufer und die biologische Entwicklung der spezifisch menschlichen Merkmale untersuchen.[10]

Die Paläoanthropologie ist heillos unübersichtlich, die Zunft zerstritten. Dennoch arbeitet sie mit wissenschaftlich korrekten, d. h. klar nachvollziehbaren und methodisch abgesicherten Befunden und Daten, die sich freilich nicht nur einer Disziplin verdanken, sondern eine Fülle von geologischen, klimatischen, mikro- und makrobiologischen, anatomischen usf. Erkenntnissen zusammentragen. Aus wissenschaftstheoretischer Sicht sind zwei Voraussetzungen der Paläoanthropologie zu nennen: Die Evolutionstheorie ist sakrosankt. Und: Die Datenlage ist spärlich. Darin ist man sich einig.

Da es nur wenig untersuchtes Material gibt und wir schon diese wenigen Daten in Rahmenbedingungen der zeitlichen Zuordnung und der biologischen Verhältnisse (Nahrungsangebot, Lebensraum, Fortpflanzung, Klima etc.) einpassen müssen, sind wir mit Notwendigkeit auf Hypothesen angewiesen. Diese werden durch die Evolutionstheorie einschränkt. Die Frage also ist, ob auf der Grundlage dieser Theorie eine umfassende Erklärung der menschlichen Entwicklung möglich ist.

Die Evolutionstheorie besagt nun, dass die Natur keine Sprünge macht, dass sich Lebewesen genetisch verändern (Mutation) und dass diese Veränderung Auswirkungen hat, die mit der Umwelt des Lebewesens rückgekoppelt sind (Selektion). Jenseits dieser Voraussetzungen gibt es keinen wissenschaftlichen Ansatz, den die Paläoanthropologen gegen Ansprüche der auf Aristoteles zurückgehenden Teleologie und von religiös-ideologisch fundierten Kreationsvorstellungen verteidigen. Alles, was gegen die spezifisch verstandene Evolutionstheorie geht, seien »inkonsistente Spekulationen«.[11] Das Grundproblem liege dabei im Zufall: Die evolutionären Veränderungen sind völlig offen, erst nachträglich erweisen sie sich als zweckmäßig.

Nun wird die Teleologie heute (im Anschluss an Kant) als eine Erklärungsmethode verwendet, wenn wir keine kausale Erklärung haben. Sie umfasst alles Vor- und Zurückrechnen, die Annahme von Handlungen und damit auch historische Betrachtungen. Die aristotelische Lehre davon, dass sich Lebewesen nach einem inneren Prinzip, ihrem Telos, entwickeln (*entelecheia*), steht auf einem anderen Blatt, weil dies eine Art der Erklärung ist, die metaphysisch-ontologische Annahmen machen muss. Dass die Kausalverhältnisse in der Paläoanthropologie geklärt sind, davon kann freilich keine Rede sein. Die physischen Vorgänge werden interpoliert, d.h. es wird angenommen, dass die Veränderungen und der Lebensprozess kausalen Bedingungen unterliegen. Das ist eine für biologische Vorgänge, welche eine naturwissenschaftliche Erklärung geben wollen, höchst sinnvolle, ja unabdingbare Voraussetzung; dennoch ist es eine Hypothese, eine Annahme.

Der Paläoanthropologe sagt, er wolle die Vorgänge erklären. Dabei geht es nicht um ein kausales Geschehen, sondern in der Erklärung wird ein Ziel formuliert. Der Erkenntnisgewinn in sämtlichen mit naturwissenschaftlichen und mathematischen Methoden arbeitenden Wissenschaften ist selbstredend teleologisch verfasst. Die Methoden, welche dabei verwendet werden, haben das Ziel, etwas über die Sache herauszubekommen. Ihr Einsatz bestimmt aber grundsätzlich, welche Ergebnisse dabei zu erwarten sind und welche sich tatsächlich ergeben. Die teleologische Erklärung dessen, was wir jeweils tun, lässt sich nicht einfach so herauskürzen. Und das liegt an der Natur der Sache, am menschlichen Erkenntnisstreben und an der notwendigen Organisationsstruktur der Wissenschaft und ihrer Begriffsbildung.

Jede Hypothesenbildung – und die Paläoanthropologie ist voll von solchen – hat das Ziel, etwas zu erklären, im vorliegenden Fall die Entstehung des Menschen, und zwar als biologische Erscheinung wie als Kulturwesen. Wenn also die Daten mit kausal abgesicherten Methoden gewonnen werden, so lässt sich diese kausale Interpretation auf die Erklärungen nicht ohne weiteres übertragen, weil diese eine Fülle von Hypothesen enthalten. Dass diese ausgewiesen, also expliziert, dargestellt und begründet werden, ist keine Frage, aber die Ergebnisse sind ebenso eindeutig durch die Hypothesen belastet, deren erste eben die evolutionstheoretische ist.

Nun kann man fragen, was gegen die Evolutionstheorie einzuwenden ist. Als Hypothesenbildung ist sie in der verwendeten Form völlig unstrittig. Aber reicht sie aus, um das spezifisch Menschliche und wie es sich entwickelt hat zu erklären? Innerhalb der Paläoanthropologie stellt sich die Frage vor allem in Bezug auf die kulturelle Entwicklung und deren Bedeutung für die menschliche Evolution. Wir können auch fragen: Unterliegt die Kulturbildung ebenfalls der Evolutionstheorie mit ihren Prinzipien der Mutation und Selektion?

Sollte sich zeigen, dass die Kulturbildung beim Menschen einen entscheidenden Unterschied zu allen anderen Säugetieren, insbesondere zu den Affen, ausmacht, dass das spezifisch Menschliche eben in der Ausprägung von Sprache, Mythos, Religion, Geschichte, Wissenschaft und Kunst liegt, so ist die These, dass der Mensch als Mensch, und eben nicht als biologisches Wesen – dass er das auch ist, ist freilich unstrittig – vom Affen abstammt, kaum haltbar.

Die *Prima-facie*-Erklärung, nach der es offensichtlich ist, dass der Mensch im Wesentlichen durch seine Sprache und Kulturbildung erst zum Menschen wird und dass die Unterschiede zu anderen Lebewesen in kultureller Hinsicht enorm sind, wollen wir hier nicht anwenden. Wir wollen viel eher fragen, wie die Paläoanthropologie versucht, die kulturelle Entwicklung in ihr biologisches Schema einzupassen – und zuletzt natürlich, ob das plausibel ist oder ob man nicht doch wieder Anleihen an die faktische Vollendung des bisher kulturell Erreichten macht und damit teleologische Erklärungsweisen verwendet.

So etwas wie Kultur war nicht von heute auf morgen da. Und auch die Bedingungen dafür entwickelten sich erst nach und nach. Es ist offensichtlich, dass für die spezifischen körperlichen Ausprägungen beim Menschen viele Einzelentwicklungen zusammenwirken. So schreibt Schrenk: »Doch beruht der Erfolg der menschlichen Kultur hauptsächlich auf einem Synergieeffekt …«.[12]

Das Zusammenspiel erfolgt aus körperlichen, sozialen und unmittelbar kulturellen Elementen, die wir für die menschliche Entwicklung nicht unabhängig voneinander betrachten dürfen. Für die Anatomie und die Fortbewegung waren der aufrechte Gang, die Entwicklung der Hand mit dem opponierbaren Daumen und relativ spät das Gehirn einschlägig. Sozialstrukturen haben sich schon sehr früh ausgeprägt, dann aber immer feiner differenziert. Durch die körperlichen Nachteile haben sie in der menschlichen Entwicklung wohl eine entscheidende Rolle gespielt. Das war nur möglich, nachdem sich eine Kommunikation entwickelt hatte, die die Möglichkeiten der Hand zur präzisen Werkzeugbearbeitung zudem tradierbar machte.

Die Trennung von der Primatenlinie in der Entwicklung geschah vor etwa 7–8 Millionen Jahren. Ein unmittelbarer Vorfahre ist nicht bekannt, obwohl es diesen natürlich gegeben haben muss. Die ersten Exemplare der Hominidenlinie sind nur dürftig zu greifen. Es gibt ein paar Funde, von denen nur schwer zu sagen ist, in welcher Weise die Exemplare, von denen die Fragmente stammen, in phylogenetischer Hinsicht voneinander abhängig sind. Greifbar werden erst wieder der Australopithecus anamensis vor etwa 4,5 Millionen Jahren und der Australopithecus afarensis vor etwa 3,5 Millionen Jahren.

Die Australopithecinen gelten aufgrund ihrer Gehirngröße gemeinhin noch als menschenaffenartig. Sie waren aber schon in der Lage, aufrecht zu gehen. Friedemann Schrenk nimmt an, dass wechselnde Klimaverhältnisse diese Anpassungsleistung zur Folge hatten, da Nahrung in nahen Uferbereichen von Flüssen gefunden werden konnte. Affen können nicht schwimmen. Der Name Affe für diese Wesen ist klassifikatorisch kein Problem; das sind aber offensichtlich keine Affen mehr im heutigen Sinne, sondern eine eigene Spezies. Denn während ein Affe niemals ins Wasser gehen würde, diese Wesen aber gerade dadurch überlebt haben, dass sie im Wasser Nahrung suchten, kann es sich – rein logisch – nicht mehr um Affen handeln.

Es besteht die Neigung – und das wird dann auch als Forschungsziel definiert –, eine lückenlose Ahnenreihe zu rekonstruieren, in der eine Art der anderen folgt unter genau anzugebenden genetischen und phänotypischen Änderungen und deren Umweltbedingungen. Schrenk schreibt dagegen: »Es gab das eine *missing link* in Wirklichkeit gar nicht. Es bestand eine Verflechtung unterschiedlicher geographischer Varianten von Ursprungspopulationen«.[13] Das heißt es gibt keine eindeutige Linie. Wanderungsbewegungen von wenigen Kilometern pro Generation lassen eine Gruppe dieser Lebewesen im Verlauf z. B. von 100 000 Jahren große Distanzen zurücklegen. Der neue Lebensraum und die Änderung der klimatischen Bedingungen führten zu unterschiedlichen Anpassungsleistungen, durch welche sich die Arten genetisch voneinander wegbewegten.[14]

So etwas wie der aufrechte Gang hat sich also mehrmals parallel entwickelt. Das Gleiche gilt später für die Gehirnentwicklung und den Werkzeuggebrauch. Dafür gibt es zwei Beispiele, bei deren Interpretation man freilich vorsichtig sein muss, weil die Datenlage so dünn ist: Der *homo australopithecus habilis* erscheint als ein merkwürdiges Zwischenglied zwischen den Australopithecinen, aus denen er sich wohl entwickelt hat, und der sich etwa eine halbe Million Jahre vorher abgespaltenen Homo-Linie, die zuerst mit dem *homo rudolphensis* greifbar ist.[15] *Habilis* hat den Körperbau der Australopithecinen, weist ihnen gegenüber aber ein deutlich größeres Gehirn als seine Verwandten auf und wohl schon einen differenzierteren Werkzeuggebrauch, und er hatte offenbar neuronale Anlagen, Sprache zu verstehen und zu äußern[16] – auch wenn das eine sehr rudimentäre Form war, ging diese Fähigkeit wohl weit über heute lebende Primaten hinaus.

Das zweite Beispiel beruht wieder auf einer Abspaltung, einer späteren, die vom *Homo erectus* ausgeht, der sich in die Linien des *homo neanderthalensis* und des *homo sapiens* vor nicht ganz einer halben Million Jahren aufspaltet. Der *homo sapiens* ist kein Nachfahre des Neandertalers, beide haben aber den gemeinsamen, biologischen Vorfahren *Erectus*. Der Neandertaler hatte einen speziellen Werkzeuggebrauch, Speere, Bestattungsriten, eine ausgeprägte Sozialstruktur und ein sehr großes Gehirn (größer als das von *homo sapiens*!). Der Sapiens übertraf diese Fähigkeiten quantitativ erheblich, war aber weniger kräftig und nicht so widerstandfähig, er kam aus den Steppen Afrikas, während der Neandertaler möglicherweise nur eine europäische Weiterentwicklung des aus Afrika ausgewanderten *homo erectus* war.

Der ganze Stammbaum von homo der letzten sieben Millionen Jahre ist äußerst lückenhaft, die Rekonstruktion der Lebens- und Kulturbedingungen ebenso. Dennoch bringt die Paläoanthropologie so manches weitere Vorurteil zu Fall. Nach Schrenk »… ist es wahrscheinlich, dass unsere eigenen Vorfahren nie vor allem ›auf den Bäumen‹ gelebt haben …«.[17] Außerdem waren sie aufgrund ihrer körperlichen Unzulänglichkeiten existentiell auf eine enge Kooperation angewiesen. Die frühen Menschen gehörten zu den Gejagten, nicht zu den Jägern, sie waren wahrscheinlich friedlich und extrem sozial.[18] Dass der Mensch von seiner Natur her gegen seine Artgenossen eingestellt ist und diese als Feinde betrachtet, wie Hobbes meinte, ist also sicher ebenso falsch wie Rousseaus Bild vom Menschen als Einzelgängerwesen, der niemand anderen braucht.

Mit dem Menschen verbinden wir in allererster Linie seine kulturelle Entwicklung. Schrenk betont die Verschränkung und Rückkopplung verschiedener Merkmale, welche die biologische und kulturelle Evolution ermöglicht hat.[19] In welchem Verhältnis aber steht die biologische zur kulturellen Entwicklung?

Die Evolutionsbiologie behauptet freilich, dass beide auf einer Linie liegen – eine andere kennt sie auch gar nicht. Dabei scheint klar zu sein, dass die biologische Entwicklung erst die Fähigkeiten bereitstellt, Kultur zu entwickeln, also dass wir den opponierbaren Daumen brauchen, um Werkzeuge herzustellen, oder die entsprechenden neuronalen Areale und den Kehlkopf, um Sprache als Bedeutungszuweisung zu verstehen und zu artikulieren.

Umgekehrt gilt für die etablierte und spezialisierte Kultur, dass sie den Menschen gegenüber den Umweltbedingungen unabhängiger macht, ihn im Verhalten weniger spezialisiert, ihn von der Umwelt zum Teil entkoppelt und ihm dadurch einen Selektionsvorteil verschafft.[20] Dass die Kultur umgekehrt auf die biologisch-phylogenetische Entwicklung (die freilich eine genetische sein muss) einwirkt, muss dabei immer recht als Zufall verstanden werden, weil sonst der von den Evolutionstheoretikern arg verhasste Lamarckismus vorliegt.[21] Dass unsere Welt wegen der kulturellen Entwicklung des Menschen völlig anders aussieht und bestimmte Umweltbedingungen (und eben auch solche kultureller Art) auch erst geschaffen hat, ist freilich unbestreitbar; dass dieser Umstand wiederum biologische Auswirkungen hat, ebenso.

Offenbar ist noch ungeklärt, was diese Entkopplung von den Umweltbedingungen eigentlich bedeutet. Die Evolutionstheorie erklärt die Entwicklung eines Lebewesens durch die enge Verzahnung zwischen genetischer Mutation und an die jeweiligen Umweltbedingungen angepasster Selektion.[22] Wie ist dabei aber das Element zu bewerten, dass sich ein Lebewesen von diesen Bedingungen emanzipiert und dabei immer spezifischere Ausprägungen aufweist? Greift die Evolutionsbiologie noch, wenn eines ihrer wesentlichen Elemente, die Selektion durch Umweltanpassung, wegfällt – oder wenigstens in seiner Bedeutung stark eingeschränkt wird? Vor welchem Hintergrund erklärt sie dann eigentlich die manifesten Sachverhalte? Wenn jemand dagegen auf die Idee kommt, von einer »kulturellen Umwelt« zu sprechen, würde er die Tatbestände vermischen, dass sich der Mensch in seiner biologischen Entwicklung nicht einer bestimmten Umwelt anpasst, sondern dass er die Umwelt an seine Bedürfnisse anpasst.

Man kann nicht alles erklären! Allerdings erhebt sich die Aufgabe, nach Alternativen Ausschau zu halten. Für Evolutionsbiologen gibt es nur zwei Varianten »inkonsistenter Spekulationen«, die religiöse und den scheinbar veralteten Aristotelismus. Ob man sich vor allem mit Letzterem etwas genauer auseinandergesetzt hat, weiß ich nicht. Gefunden habe ich in der Literatur bisher dazu nichts. Umgekehrt gibt es in der Philosophie eine aktuelle und sehr breite Aristoteles-Rezeption. Manche Philosophen machen sich z. B. Gedanken darüber, wie wir die typisch aristotelische Redeweise von den »Eigenschaften der Dinge« für aktuelle Probleme wieder fruchtbar machen können, ohne dass mit einem solchen Unterfangen die komplette und heute als sehr problematisch empfundene aristotelische Metaphysik übernommen werden müsste.[23]

Ich glaube tatsächlich, dass das evolutionstheoretische Dogma mit seiner Diffamierung jeder Alternative als »inkonsistente Spekulation« den Blick verstellt. Philosophen haben sich demgegenüber ab den Zwanzigerjahren des vergangenen Jahrhunderts – lange vor den Entdeckungen der neueren Paläoanthropologen – mit der Entwicklung des Menschen im Hinblick auf die biologische Begriffsbildung auseinandergesetzt. Max Scheler, Helmuth Plessner (selbst Biologe), Ernst Cassirer und Arnold Gehlen haben dabei einen Punkt herausgearbeitet, der ihres Erachtens das Entscheidende bei der Bestimmung des Menschen ausmacht: Es ist die Entkoppelung von den Umweltbedingungen, was freilich nur in einer bestimmten kognitiven Hinsicht gilt und sozusagen das Absehen von den konkreten Umweltbedingungen in der Vorstellung meint.

Das Kriterium bedeutet freilich keine vollständige Unabhängigkeit des Menschen von der Welt. Der Mensch bleibt als Lebewesen auf seine Umwelt unmittelbar angewiesen. Er kann sich nur im *Betrachten* und *Denken* von der Umwelt distanzieren, in welche die Tiere noch vollständig eingebunden sind. Die mit dieser Ansicht eingeleitete Neubegründung der Philosophischen Anthropologie wird immer noch rege diskutiert.

Dieser Umstand – den jeder der vier Genannten ganz anders aufgefasst und interpretiert hat – ist der Dreh- und Angelpunkt, von dem ausgehend die gesamte menschliche Kultur erklärt werden soll. Man geht dabei durchweg geisteswissenschaftlich oder eben kulturwissenschaftlich vor, d. h. mit den Mitteln der rationalen Rekonstruktion, deren Möglichkeit freilich ebenso durch die Umweltunabhängigkeit und sicher noch viel mehr durch die Kulturabhängigkeit bedingt ist.

Wenn wir ein biologisches Wesen im Sinne der Evolutionstheorie definieren, als ein durch langsame Mutation entstandenes Exemplar einer Art, deren Phylogenese sich an Umweltsituationen angepasst hat, dann fällt eine Entkopplung von dieser Umweltsituation zwangsläufig aus der Betrachtung der Theorie heraus.

Die Umweltunabhängigkeit wird dabei mit der Kulturbildung gleichgesetzt, die eine bestimmte Rückwirkung auf die biologische Phylogenese hat. Das Kulturwesen vermag zu überleben, insofern es seine Kulturbildung dazu benutzt, die Umweltbedingungen seinen Vorstellungen entsprechend zu gestalten, auch wenn das immer wieder an Grenzen stößt. Wenn die Umweltbedingungen aber ein entscheidendes Element evolutionstheoretischer Erklärungen sind, sind die kulturellen Erscheinungen, auch wenn sie bedeutsam für die biologische Entwicklung sind, nicht im Rahmen ihrer Begriffsbildung verhandelbar.

Die genetische Nähe der Spezies zueinander ist dann ebenso aussagekräftig wie die Gehirngröße. Biologisch gesehen stammen wir nämlich nicht nur vom Affen, sondern auch von diesen kleinen Nagetieren (*Jurameia sinensis*), dessen fossiles Exemplar vor kurzem in China ins Licht der Wissenschaft gehoben wurde, von Wasserlebewesen, von den ersten Einzellern ab. Höhere Lebewesen, also keine Bakterien oder Archaeen, sind allesamt Eukaryoten, also Lebewesen, die aus Zellen mit einem Zellkern bestehen. Wie informativ sind solche Aussagen? Homologe und hominine Gene finden sich zu fasst 99 % in Schimpansen oder Gorillas, zu 80 % in der *Drosophila melanogaster*, der Fruchtfliege, und noch zu 23 % in der Bierhefe, mit der wir eben auch biologisch verwandt sind.

Nun hat sich auch die Kultur entwickelt. Die Philosophische Anthropologie versucht, den entscheidenden Punkt ausfindig zu machen – also sozusagen das kulturtheoretische *missing link* –, von dem aus die Kulturbildung überhaupt möglich wurde, um in einem zweiten Schritt die Vielfalt der kulturellen Erscheinungen daraus zu erklären. Kausale Aussagen sind unter den Voraussetzungen der Entkopplung von der Umwelt nur bedingt möglich, und immer nur mittels statistischer Streuungen.

Dieser Ursprungspunkt der menschlichen Kultur, wie ihn die Philosophische Anthropologie auffasst, ist eng mit der Umweltentkoppelung verknüpft, gewissermaßen sogar mit ihr identisch (es besteht also eine analytische Beziehung): Er liegt in der Möglichkeit zum Absehen von den Lebens- und Überlebenskontexten, in einem einfachen und unmittelbaren »Auf-einen-Gegenstand-Sehen«. Der Gegenstand wird sozusagen isoliert von seiner Einpassung in die

Umwelt, wodurch für das Lebewesen gleichzeitig etwas nicht mehr »Umwelt« ist, sondern »Welt«.

Diese Möglichkeit ist ein universales Instrument, das auf alles angewendet werden kann, auf jeden Gegenstand (der physischen Welt wie der Vorstellungs- und Bilderwelt), auf den anderen, auf sich selbst. Gleichzeitig ist damit gegeben, diese Abhebungen in neue Relationen zu bringen und »etwas für etwas« zu nehmen. Der Mensch beginnt also mit seiner Fähigkeit zum Zeichengebrauch.

Wenn der Mensch durch seine Kultur zum Menschen wird, ist er kein Affe mehr und im Grunde nicht mehr direkt, sondern allenfalls biologisch verwandt mit allen Lebewesen – ob deren Gattung ausgestorben ist oder nicht –, welche die Fähigkeit zur Kultur nicht haben. In einer biologischen Systematik der Entwicklung mag er aus Lebewesen entstanden sein, die affenähnliche Merkmale hatten, die also selbst wiederum biologische Vorfahren auch der anderen Primatenlinien waren, zu welcher Spezies diese sich auch immer entwickelt haben.

Schon die Möglichkeit zum Rekonstruktionsversuch der biologisch-anthropologischen Entwicklung setzt die Möglichkeit zur Begriffsbildung voraus, die wiederum keine biologische Kategorie sein kann, sonst müsste die Biologie ihre eigene Metasprache enthalten. Das heißt, dass die Erklärungen von Entwicklungen niemals identisch sind mit den Entwicklungsverläufen. Wenn wir etwas erklären, verwenden wir Begriffe, welche eine ganz andere Bedeutung haben als empirische Fakten; und zudem verwenden wir dann Begriffsrelationen, die wir Theorien nennen, welche wiederum nicht identisch mit den biologischen Systemen, z. B. Lebewesen, sind.

Die Kulturbildung aber ist unter den charakteristischen Merkmalen, die den Menschen vom Rest in der Natur unterscheiden, der qualitative Unterschied, der evolutionsbiologisch nicht einzuholen ist. Das ist keine Kritik an der Evolutionsbiologie – diese selbst halte ich für unverzichtbar –, sondern nur der Aufweis ihrer theoretischen Begrenzung. Der prinzipielle Ausschluss der Möglichkeit, dass die Natur Sprünge macht, ist biologisch sinnvoll – man sucht schließlich nach kausalen Erklärungen –, angesichts der Kultur des Menschen dagegen versagt die Hypothese und wird unter ihrer Beibehaltung zum Dogma.

Was den Menschen zum Menschen macht, ist das, was wir in der Natur nicht finden. Dies ist definitiv keine biologische Kategorie, auch wenn es zur Welt gehört, in der wir leben. Was den Menschen zum Menschen macht, hat nichts mit seinen biologischen Vorfahren zu tun, auch wenn sich die Fähigkeiten zur Sprache, zum Werkzeug, zur Technik und Wissenschaft und zur Kunst in einem biologischen Prozess zunehmend ausgeweitet haben.

ETÜDE 2

Der Weltlauf ist determiniert!

Im Jahre 1814 veröffentlicht Pierre Simon de Laplace einen Text, der gleich zu Beginn folgenden programmatischen Satz enthält: »Wir müssen also den gegenwärtigen Zustand des Weltalls als die Wirkung seines früheren und als die Ursache des folgenden Zustands betrachten. Eine Intelligenz, welche für einen gegebenen Augenblick alle in der Natur wirkenden Kräfte sowie die gegenseitige Lage der sie zusammensetzenden Elemente kennte und überdies umfassend genug wäre, um diese gegebenen Größen der Analysis zu unterwerfen, würde in derselben Formel die Bewegungen der größten Weltkörper wie des leichtesten Atoms umschließen; nichts würde ihr ungewiss sein und Zukunft wie Vergangenheit würden ihr offen vor Augen liegen«.[24]

Was Laplace da behauptet, bedeutet, dass sich der Lauf der Welt bis in seine Einzelheiten hinein nach feststehenden Gesetzen richtet, die unabänderlich sind. Er sagt nicht, dass der Mensch jemals in der Lage ist, Ereignisse in der Zukunft vollständig vorherzusehen oder die der Vergangenheit aus dem gegenwärtigen Zustand zu errechnen. Und er beansprucht schon gar nicht, dass er selbst dazu in der Lage wäre. Er spricht dennoch offenbar über Dinge, die er nicht wissen kann.

Aus der These ergeben sich aber auch schon nach kurzem Nachdenken einige Sonderbarkeiten: Wenn der gesamte Weltverlauf eindeutig feststeht, können wir aus der Kenntnis eines beliebigen Zustandes und aller wirkenden Gesetze – die Zwischenfrage, auf welche Weise Gesetze etwas bewirken, da sie keine Gegenstände, Ereignisse oder Akteure sind, lassen wir einmal beiseite – jeden beliebigen Zustand aller Zeiten vor- und zurückrechnen; und genau das sagt Laplace ja auch.

Es ergeben sich daraus schnell sonderbare Folgerungen: Wenn ich heute am Morgen Orangensaft zum Frühstück getrunken habe, müssen andere Naturgesetze gelten, als wenn ich Apfelsaft getrunken hätte.[25] Außerdem steht die jeweilige Behauptung in unmittelbarem und kausal geschlossenem Zusammenhang mit der faktischen Länge von Kleopatras Nase. Wenn alles mit allem kausal geschlossen in Verbindung steht, sind auch alle Einzelheiten, die jemals aufgetreten sind und in Zukunft auftreten werden, voneinander abhängig. Nichts in der Welt darf anders sein, sonst wäre der Determinismus nicht gültig. Das aber ist eine sonderbare Vorstellung, denn was ich in der Früh trinke und welche Größe Kleopatras Nase aufwies, sind offenbar kontingente Sachverhalte, die, wären sie andere, die Weltgeschichte und den Weltverlauf nicht geändert haben dürften.[26]

Wir sagten, dass Laplace über Dinge spricht, die er nicht wissen kann. Das tun Menschen häufig. Die Hypothese vom determinierten Weltlauf ist inzwischen aber so verbreitet und festgesetzt, dass jemand, der daran zweifelt, als Narr gilt, als Kritiker der Naturwissenschaft, als religiös, esoterisch oder schlichtweg als verrückt. Nachdem die These aber niemand bewiesen hat, wird sie als Annahme gelten müssen, als eine Form des Glaubens oder der Überzeugung. Wie sollen wir aber Glaubenssätze bestreiten?

Eine andere Frage ist die, ob der Determinismus in der Welt überhaupt beweisbar ist und welche Form ein solcher Beweis haben soll oder haben kann. Der einfache empirische Beweis, dass also ein Mensch tatsächlich alles vorhersagt, nach was wir ihn auch immer fragen, wird uns nicht genügen. Es gibt eine Geschichte von einem englischen Wahrsager, der die Lottozahlen vorhergesagt haben soll und diese – zum Beweis – vorher bei einem Notar hinterlegte.

Wir können die Geschichte glauben oder nicht, solange wir diese nicht überprüfen können, bestehen Zweifel. Sollte eine Überprüfung stattfinden, die uns davon überzeugt, dass sich alles genau so zugetragen hat, ist das aber im wissenschaftlichen Sinne immer noch kein Beweis, selbst wenn wir die Möglichkeit haben, das Experiment mit der Vorhersage der Lottozahlen unendlich oft zu wiederholen. Ein Beweis liegt erst dann vor, wenn wir und jeder andere im Prinzip in der Lage sind, die Zahlen wie der Wahrsager schon vorher zu ermitteln, was diesen, wenn seine Methode funktionierte, zu einem Wissenschaftler machen würde.

Das liegt an Folgendem: Die Methode zur Vorhersage muss nämlich auch noch bestimmten Standards entsprechen; sie müsste, um als wissenschaftliche Methode anerkannt zu werden, einen kausalen Zusammenhang zwischen der Vorhersage und dem Ergebnis herstellen. Das ist freilich absurd. Der Sinn einer Lottoveranstaltung liegt in der Unabhängigkeit der Ereignisreihen, von denen die eine die Entscheidung des Spielers oder Wahrsagers für bestimmte Zahlen ist, die andere in der Ziehung des Ergebnisses liegt. Ein kausaler Zusammenhang zwischen den Ereignissen würde den Sinn der Veranstaltung aufheben. Experimente, welche die ihnen zugrunde liegende Theorie widerlegen, bringen aber keinen Erkenntnisfortschritt, weder für die verwendete Theorie noch für eine Alternative. Wir können damit nichts erklären.

Nun gibt es weitere Beispiele dafür, dass Vorhersagen bestimmten Bedingungen unterliegen. In der Quantenmechanik, beim Doppelpendel oder beim Drei-Körper-Problem ergeben sich keine eindeutigen Lösungen.[27] Die Ergebnisse sind entweder statistische oder die Gleichungen, welche wir zur mathematischen Lösung verwenden müssen, sind nicht-linear. Dennoch werden wir im Grundsatz nicht daran zweifeln, dass es sich um determinierte Ereignisse handelt, um Ereignisse also, die einen bestimmten, eindeutigen Verlauf nehmen, der im Grundsatz vorhergesehen werden kann, den wir aber im Besonderen nicht vorhersehen können, weil wir die Bedingungen nicht oder nicht exakt kennen bzw. kennen können.

Die Beispiele zeigen aber alle, dass das Wissen um einen bestimmten Sachverhalt in der Zukunft und das Eintreten dieses Sachverhalts offenbar etwas Verschiedenes sind. Das mag trivial klingen! In der Laplace'schen Idee vom allwissenden Dämon sind diese Sachverhalte aber offenbar nicht voneinander getrennt: Zukunft und Vergangenheit liegen ihm nämlich offen vor Augen, nichts ist ihm ungewiss. Inwiefern besteht da noch eine Trennung des Wissens um den Sachverhalt von seinem Eintreten?

In der These vom determinierten Weltlauf wird offenbar vorausgesetzt, dass die Welt aus der Summe ihrer vergangenen und zukünftigen Zustände und aus dem gegenwärtigen Zustand besteht. Die Zustände lassen sich in eindeutigen Sachverhalten formulieren, die aus einer Reihe von propositionalen Aussagen bestehen, die also einfache Feststellungen der Art »Es ist der Fall, dass …« machen. Im Fall der Existenz des Dämons stellt sich die Frage, ob sein Wissen um alle Sachverhalte die Anzahl der Sachverhalte in der

Welt nicht verdoppelt: Denn zu jedem tatsächlichen Sachverhalt, wann immer der stattfindet, kommt ja noch der Sachverhalt um das Wissen dieses Sachverhalts hinzu. Daran schließt sich die Frage an, ob diese Sachverhalte des Wissens zur Welt dazu gehören oder eine zweite Welt bilden, welche mit der ersten, tatsächlichen nichts zu tun haben. Einen solchen exzentrischen Standpunkt kann freilich kein Mensch einnehmen, denn ein Mensch ist immer auch ein Teil der Welt.

Was ist das nun aber für ein Wissen, das der Dämon unabhängig von der Welt hat? Wissen ist für uns immer ein »Wissen von …« oder ein »Wissen über …«, aber keines, das für sich steht, so dass wir das, auf was es sich bezieht, nicht zu beachten brauchen. Mit der Idee vom allwissenden Dämon kommen wir ständig in das Dilemma, das entsteht, wenn wir nicht zuordnen können, ob der Dämon zur Welt gehört oder nicht. Wenn wir uns dafür entscheiden, dass er ein Teil der Welt ist, dann geraten wir in Konflikt mit der Verdoppelung von Sachverhalten; jedes Wissen über die Zukunft würde die Welt verändern, indem es ihr Sachverhalte hinzufügt, eine veränderte Welt hätte aber auch andere Zustände zur Folge.

Entscheiden wir uns, den Dämon aus der Welt herauszunehmen, können wir fragen, was er weiß, wenn er sich nicht auf die Welt bezieht, mit ihr nichts zu tun hat. Freilich sind wir schon länger an den Gedanken gewöhnt, dass ein allwissender Gott alles vorher schon weiß, wie wir und die Dinge sich verhalten, aber das ist keine naturwissenschaftliche Idee, welche beweiskräftig die Vorstellung von Laplace erhärten würde.

Nun hat Geert Keil darauf hingewiesen, dass der Dämon gar nicht sagt, wie die Zukunft sein wird. Die Vorstellung von Laplace meint nur, dass die Zukunft notwendig ist.[28] Der Ausdruck »notwendig« verändert den Inhalt einer Aussage in modaler Hinsicht. Die »Modalität« gibt die Art und Weise an, in der ein theoretisches Urteil erscheint, ob der darin festgestellte Sachverhalt möglich, unmöglich, wirklich, unwirklich, notwendig oder zufällig ist. Wenn wir urteilen, die Welt nimmt einen notwendigen Verlauf (das ist die zentrale These des Determinismus), müssen wir zunächst einmal fragen, warum die modale Interpretation gerade die von der Notwendigkeit sein muss. Modale Leerstellen können wir genauso gut als »Möglichkeit« oder als »Wirklichkeit« interpretieren: Wir würden dann sagen: Möglicherweise sieht die Zukunft so aus. Oder: Die Zukunft wird so aussehen.

Der Laplace'sche Determinismus aber sagt: Die Zukunft sieht notwendig so aus, sie muss so aussehen, sie kann gar nicht anders aussehen. In der Philosophiegeschichte sind drei Möglichkeiten erwogen worden, diese modale Kraft des Determinismus als Notwendigkeit zu belegen: Als Garant für die Notwendigkeit im Naturverlauf diente Gott in der christlichen Prädestinationslehre, das Schicksal (*fatum*) in der Stoa und die Naturgesetze in der Neuzeit.

Nun besteht jeweils das Problem, wo die modale Kraft dieser Instanzen herrührt. Und wichtiger noch ist die Frage, weil diese aus der Binnenperspektive der Physik heraus entsteht: Verstehen wir unter Naturgesetzen kausale Notwendigkeiten? Im Grund schreiben Naturgesetze nicht vor, was geschehen soll, sondern was geschieht, die Modalität ist dann eine der Wirklichkeit. Naturgesetze haben offenbar einen rein deskriptiven Sinn und sicher keinen präskriptiven, wie das bei juristischen oder moralischen Gesetzen der Fall ist.

Keil fasst Naturgesetze nach einer langen Tradition als deduktiv-nomologische Gesetze auf:[29] Sie beschreiben, was aus einem Anfangszustand, der Ursache, als Wirkung folgt, wenn wir diesen ersten Zustand bzw. die Reihe der Ereignisse von der Ursache auf die Wirkung den Gesetzen der Natur unterwerfen. Von einer begrenzten Anzahl von Fällen, in denen wir korrekte Voraussagen geliefert haben, können wir freilich nicht auf alle möglichen Fälle schließen. (In der philosophischen Tradition nennt man diese Schwierigkeit das Induktionsproblem). Aus einzelnen Fällen kann man die Hypothese des Determinismus also nicht beweisen. Aus dem Sachverhalt, dass noch keine kontrafaktischen Fälle beobachtet wurden, können wir nicht ableiten, dass es solche, davon abweichenden Fälle grundsätzlich nicht geben kann.

Die Möglichkeit, den Prozess eines natürlichen Vorgangs empirisch zu beschreiben, liegt nicht einfach in diesem natürlichen Vorgang selbst begründet. Ich habe schon betont, dass das Wissen um einen Sachverhalt etwas anderes ist als der Sachverhalt selbst. »Wissen« nämlich hängt an verschiedenen Voraussetzungen, welche keine Bestandteile dessen sind, worauf sich das Wissen bezieht. Das Wissen um Naturgesetze setzt erstens die formalen Rahmenbedingungen voraus, die für jedes Wissen gelten, zweitens die besonderen und inhaltlichen Rahmenbedingungen, welche für das Unternehmen, Naturwissenschaften zu betreiben, gelten.

Die formalen Bedingungen liegen in der Möglichkeit der Betrachtung von isolierten Gegenständen. Der Mensch hat die Fähigkeit, Gegenstände vor ihrem Hintergrund abzuheben, diese als einzeln zu betrachten, um sie dann wieder in Relation mit anderen, zunächst als für sich und vereinzelt betrachteten Gegenständen einzufügen. Dieses Herausheben ist nichts Natürliches. Etwas, das aus seinem Zusammenhang gelöst wird, verändert seine Eigenschaften. Betrachtet man diese neue Relation, in die der Gegenstand im zweiten Schritt gefügt wird, dann betrachtet man nur noch bestimmte Verhältnisse. Wissenschaftstheoretisch spricht man dabei von einer Reduktion.

Die inhaltlichen Voraussetzungen für die Naturwissenschaften liegen in den spezifischen Theoriebildungen und vor allem in den Messmethoden. Das Einfügen der Gegenstände in neue Bezüge vollzieht sich in den Naturwissenschaften nicht regellos. Der Wissenschaftler konstruiert vorher einen theoretischen Rahmen, der die Bedingungen vorgibt, wie die Gegenstände in ihre Zusammenhänge eingepasst werden. Die dabei relevanten Eigenschaften müssen außerdem noch eindeutig und klar (in der Wissenschaftssprache heißt das auch: extensional) bestimmt werden. Dazu dienen die Messmethoden.

Um diesen Sachverhalt ein wenig zu verdeutlichen, vergleichen wir dieses Vorgehen einmal mit dem eines Künstlers, eines Schriftstellers oder eines Malers. Auch diese Tätigkeiten beruhen grundsätzlich auf der Fähigkeit des Menschen, Gegenstände zu isolieren und sie in neue Zusammenhänge einzuordnen. Die Regeln, nach denen wir in der Kunst dabei vorgehen, sind aber nicht so streng wie bei der naturwissenschaftlichen Theoriebildung. Zwar muss sich auch der Künstler an bestimmte Plausibilitäten halten, die Relationen können aber wesentlich assoziativer sein. Eine Metapher überträgt einen Gegenstand in ein anderes Gebiet, wodurch wir assoziative Bezüge herstellen, unter denen wir den Gegenstand anders betrachten. Natürlich passt der Gegenstand nie vollständig in das neue Metier, an irgendeiner Stelle hinkt dann jeder Vergleich. Aber wir können verstehen, wie die Übertragung gemeint ist.

Naturgesetze als Aussagen über den Zusammenhang bestimmter Parameter von Gegenständen sind ebenso solche Relationsbildungen. Wenn wir von den Gegenständen nur die Größenverhältnisse betrachten, wird es uns möglich, diese in eine mathematische Korrelation einer Funktionsgleichung einzufügen. Die Naturgesetze beschreiben dann die Größenverhältnisse der betrachteten (bzw. der in den Formeln und Funktionen vorkommenden) Parameter. Ändert sich ein Parameter, gibt die naturgesetzlich-mathematische Funktion an, wie sich die anderen Parameter in ihren Größenverhältnissen verändern. Ein Naturgesetz kann sich aber nur auf die in den Funktionen vorkommenden Größen und ihre Verhältnisse untereinander beziehen.

Das Problem liegt dabei darin, dass mathematische Lösungen nur möglich sind, wenn die Anzahl der Variablen nicht zu groß ist. Das heißt, dass Naturgesetze nicht beschreiben, wie sich die Gegenstände in ihren natürlichen Verhältnissen, in die sie immer eingebettet sind, verhalten, sondern nur, wie diese sich verhalten, wenn ausschließlich die funktional verbundenen Parameter eine Rolle spielen würden. Vorhersagen sind möglich, wenn die anderen Parameter, die im natürlichen Verlauf eine Rolle spielen, unter so genannten Laborbedingungen ausgeschaltet werden oder wenn ihre Effekte so klein sind, dass uns die Ungenauigkeit des Messergebnisses nicht weiter stört. Eine solche Näherung genügt oftmals in technischen Zusammenhängen, wenn das technische Artefakt funktioniert.

Die Theoriebildung gibt immer Idealvorstellungen wieder, die zunächst nichts mit natürlichen Verläufen zu tun haben. Ihre mathematischen Formulierungen sind eindeutig, stehen in einem rein analytischen Zusammenhang und beschreiben so perfekt die Zustände der funktionalen Größen. Übertragen wir diese Modelle auf natürliche Verläufe, kommt es zu den geschilderten Unangepasstheiten, weil im natürlichen Verlauf weitere Bedingungen eine Rolle spielen, die im mathematischen Formalismus nicht berücksichtigt werden können.

Je weiter die funktionale Beschreibung sich von den natürlichen Bedingungen entfernt, desto wahrer und eindeutiger erscheint sie uns. Sie ist aber dann nicht »empirisch gehaltvoll«. Je mehr wir uns den Bedingungen in der Natur annähern, desto komplexer wird der mathematische Formalismus und wir erhalten keine eindeutigen Aussagen mehr. Eine durchgängige Gültigkeit, in der eine »wahre« Beschreibung sich »empirisch gehaltvoll« mit allen Bedingungen natürlicher Zustände und Verläufe paart, gibt es nicht. Kein Naturgesetz gibt einen »strikten« Verlauf unter Betrachtung aller für die natürlichen Verläufe relevanten Größen an.[30]

Bei einer solchen Sicht der Dinge fragt sich, wie die Naturwissenschaften nur so erfolgreich sein können. Beruhen unsere Einwände nicht samt und sonders auf philosophischen Spitzfindigkeiten, die dazu offenbar noch so komplex sind, dass niemand auf Anhieb die Sache verstehen kann? Was uns hilft, diese Schwierigkeit zu begreifen, zuzuordnen und zu überwinden, ist der Begriff der »Näherung«, der allerdings zwei Dimensionen hat, weil er sich einmal auf die technische Anwendung und einmal auf die Grundlagenforschung bezieht: Die Technik begnügt sich mit der Näherung, soweit der entwickelte Apparat weitgehend funktioniert. Es muss darin weder alles verstanden sein noch absolute Zuverlässigkeit herrschen, wenn unter bestimmten Bedingungen das Gerät seine Bestimmung erfüllt. Der technische Fortschritt hängt damit davon ab, was ihm an Erkenntnissen zur Verfügung gestellt wird, und davon, dass für Bedingungen gesorgt wird, innerhalb derer die instrumentelle Anwendung einer Erfindung gewährleistet ist.

Anders sind die Verhältnisse in der Grundlagenforschung. Die Näherungen, welche man vornimmt, um einen bestimmten Sachverhalt zu beschreiben, werden zwar vorgenommen, um auf den Punkt zu kommen, diese sind letztlich aber unbefriedigend. Man strebt danach, den Sachverhalt noch genauer zu beschreiben, grundlegendere Relationen ausfindig zu machen, welche die bisher betrachteten umschließen und erklären. Die Näherung ist hier immer eine vorläufige, wohingegen die technische Näherung eine endgültige ist, deren Maß die Funktionalität des Geräts ist, das immer durch ein neues Gerät, nie aber durch eine neue Theorie ersetzt wird.

Diese Zusammenhänge sind nicht einfach zu verstehen und zu durchschauen. Hinzu kommt noch ein weiteres, nicht unwesentliches Detail: Wir nehmen gemeinhin an, dass Naturgesetze den Verlauf eines natürlichen Geschehens tatsächlich beschreiben. Nun wendet Keil – und unseres Erachtens ganz zu Recht – ein, dass unsere Naturgesetze keine Verlaufsgesetze oder, wie man auch sagen kann, Sukzessionsgesetze sind, sondern Koexistenzgesetze über Universalien, Erhaltungssätze oder Aussagen über Kräftegleich-gewichte angesichts der betrachteten und in den Funktionen vor-kommenden Parameter. Es sei dabei ausdrücklich zugestanden, dass diese Gesetze einen Zustand korrekt beschreiben, dass der Weltverlauf deterministisch beschrieben werden kann, ist darin aber nicht enthalten. Dazwischen klafft sozusagen eine Erklärungs-lücke.

Keil behauptet, die Physik kenne kein einziges Verlaufsgesetz.[31] Wenn wir also aufgrund naturgesetzlicher Erklärungen Aussagen über einen Zustand in der Zukunft machen, dann können wir diesen nur interpolieren, d. h. wir betrachten nur die Parameter, welche in der Formel vorkommen, und schließen alle anderen aus. Sollten diese eine Rolle spielen, wird sich ein anderer Verlauf erge-ben und der Zustand wird ein anderer sein als der, den wir erwartet haben, wenn wir nur von der Relevanz der betrachteten Größen ausgehen.

Der Unterschied zwischen Verlaufs- (Sukzession) und Zustands-gesetzen (Koexistenz) ist nicht ganz einfach und wird bestritten. In mathematischen Funktionsgleichungen werden Zahlwerte aus extensional, also eindeutig definierten Zielbereichen einander zu-geordnet. Betrachten wir diese Zahlbereiche selbst, entsteht das so-genannte Kontinuumsproblem: Wir gehen bei der Definition der reellen Zahlen von einer doppelten Unendlichkeit aus: Zum einen sind diese nach oben hin offen, es gibt also eine unendliche Menge reeller Zahlen, weil sich immer eine größere oben hinzufügen lässt und eine kleinere gegen die Null hin. Zum zweiten gibt es keine Zwischenräume zwischen reellen Zahlen, zwischen zwei reellen Zahlen lassen sich immer unendlich viele weitere reelle Zahlen platzieren.

Wenn wir diese für jeden ihrer Bereiche unendliche Aneinan-derreihung von Zahlen in Gedanken durchgehen oder diese in ei-nem Koordinatensystem durch eine durchgehende Linie darstellen, entsteht für uns der Eindruck, dass die Gleichung, welche diese Linie algebraisch ausdrückt, kontinuierlich ist. Da Naturgesetze in der Physik die Darstellungsform solcher Gleichungen hat, glauben wir, dass das Gesetz einen Verlauf beschreibt. Tatsächlich aber gibt es nur für jeden einzelnen Punkt die Korrelationsgröße angesichts der betrachteten und in der Gleichung vorkommenden Parameter an. Die Gleichung ordnet Zahlwerte einander zu, welche der Größe der Parameter ihrer Variablen entspricht. Nirgendwo aber ergibt sich tatsächlich die Beschreibung eines Verlaufs.

Der Laplace'sche Determinismus erweist sich schon generell als metaphysische Annahme, welche empirisch nicht zu belegen ist; es spricht gar nichts mehr für diese These, wenn Naturgesetze gar keine Aussage über den Verlauf von Naturereignissen machen, sondern immer nur Zustandsgesetze sein können. Physikalische Gesetze beschreiben z. B. korrekt die Bewegung eines Pendels, kein Physiker aber würde behaupten, dass es ein physikalisches Gesetz zur Änderung in den Bedingungen, z. B. die Verlängerung der Pendelschnur, gibt; erst die Bewegung des verlängerten Pendels lässt sich dann wieder korrekt beschreiben, nicht aber der Vorgang, wie ich die Pendelschnur verlängere.

Ein anderes Beispiel: Ich lasse von einem überhängenden Felsen einen Stein herunterfallen. Das Fallgesetz beschreibt die Beschleunigung angesichts der zurückgelegten Strecke und gibt mir die Geschwindigkeit des Steins angesichts einer bestimmten Höhe an. Sollte sich aber unter dem Felsen Wasser befinden und der Stein bereits ins Wasser eingetaucht sein, gibt es zwar auch eine Formel zur Berechnung der Geschwindigkeit zu einer bestimmten Fallhöhe, den beiden Gesetzen aber ist es kontingent, wann der Stein ins Wasser fällt, sie machen dazu freilich keine Aussage. Dass der Stein unterschiedliche Geschwindigkeiten hat, je nachdem, wann er ins Wasser eintaucht, stellt also keine Durchbrechung der Naturgesetze dar, weil die Naturgesetze über solche Bedingungen gar keine Aussagen machen.

Naturgesetze sind gültig, solange – um eine Formulierung Keils zu verwenden – nichts dazwischen kommt.[32] Der Laplace'sche Determinismus ist nun aber keine Aussage über physikalische Zustände, sondern eine Aussage über den gesamten Weltverlauf! Er geht deswegen weit über das hinaus, was uns Naturgesetze ihrem Selbstverständnis nach sagen.

Die Frage nach der Determiniertheit der Welt hängt freilich auch mit dem Problem der Willensfreiheit zusammen. Man darf die beiden Sachverhalte aber nicht gleich aufeinander beziehen oder miteinander vermischen. Ob wir frei sind und was das genauer bedeutet, ist eine ganz eigene Frage, die sinnlos ist, wenn die Welt determiniert wäre, die aber nicht schon beantwortet ist, wenn der Laplace'sche Determinismus sich als irrig erweist. Wir haben aber schon gesehen, dass Naturgesetze keineswegs alle natürlichen Verläufe beschreiben können. Genau besehen beschreiben Naturgesetze immer nur Zustände, von denen ich auf bestimmte Verläufe schließen kann, aber eben nicht mit Notwendigkeit. »Wenn etwas dazwischen kommt«, ergibt sich die Möglichkeit oder sogar die Notwendigkeit alternativer Verläufe der betrachteten Prozesse. Wenn es keine streng physikalischen Verlaufsgesetze gibt, ist vielmehr kein einziges Ereignis determiniert.[33]

Wir können, ja wir müssen deswegen sagen, dass sich der Determinismus der Welt erstens nicht beweisen lässt; zweitens ergibt sich, dass der Determinismus angesichts dessen, was wir wissen und angesichts der tatsächlichen Verhältnisse in der Physik und unserer Beschreibung der Welt mittels Naturgesetzen eine höchst unplausible Annahme ist. Zwar dient uns diese Hypothese dazu, etwas über die naturgesetzlichen Zusammenhänge herauszubekommen, und sie hilft uns bei der Umsetzung technischer Innovationen, das alles macht sie aber noch nicht wahr. Drittens heißt das nicht, dass der Mensch frei ist. Denn die Bedingtheiten, denen wir im Handeln unterliegen, sind nicht nur solche der Naturgesetze – das wären sie wieder nur bei der universalen Gültigkeit des Laplace'schen Determinismus –, sondern ebenso solche der logischen Möglichkeit und unserer individuellen Fähigkeiten.[34]

Naturgesetze beziehen sich auf bestimmte angebbare Größen. Wir können offensichtlich nicht einfach annehmen, dass es, wenn wir für einen bestimmten natürlichen Verlauf kein oder noch kein Naturgesetz kennen, eines geben muss, das diesen Vorgang genau beschreibt, weil ja der Laplace'sche Determinismus in jedem Fall wahr sein muss. Wenn es aber keines gibt, müssen wir ein solches auch nicht außer Kraft setzen oder annehmen, dass Naturgesetze die Zustände nicht korrekt beschreiben.[35]

Die These von der Determiniertheit der Welt ist eine sehr starke These, und das unabhängig davon, dass viele Menschen tatsächlich glauben, sie sei wahr. Umgekehrt widerspricht dies unserem menschlichen Selbstverständnis, denn wenn die Aussage wahr wäre, hätte der Mensch keine Freiheit, wir könnten dann in den Weltverlauf gar nicht bewusst eingreifen, wie ohnehin viele Neurowissenschaftler behaupten, die sagen, die menschliche Freiheit sei eine Illusion. Dennoch: Bei einer Überzeugung, die so extreme Auswirkungen auf unser Bild von der Welt hat, wollen wir uns nicht mit der bloßen Behauptung zufrieden geben. Wir fragen nach, was für die These spricht und ob sie auch beweisbar ist. Weil die Überzeugung vom notwendigen Weltverlauf so stark ist, müssen wir zu ihrem Beweis aufpassen, dass wir nicht den logischen Fehler begehen, dass wir im Beweis die These selbst schon voraussetzen. Gerade das aber geschieht schnell, wie wir eben gesehen haben, wenn wir sagen: Wir können die Welt in ihrem Verlauf zwar nicht vorhersehen, aber im Prinzip muss dieser vorhergesagt werden können, weil die Welt ja determiniert sein muss.

Aus dieser Diskussion bzw. der angedeuteten Lösung ergeben sich viele weitere Fragen, die wir hier nur stellen können: Wie verhält es sich mit der Kausalität, also der eindeutigen und notwendigen Verbindung eines ursächlichen Ereignisses und eines bewirkten Ereignisses? Welchen Status haben Naturgesetze, wenn diese keine determinierten Verläufe angeben? Handelt es sich dabei tatsächlich nur um »nichtstrikte, störbare Regularitäten«?[36]

ETÜDE 3

Gehirne arbeiten wie Computer!
Der Mensch ist eine Maschine!

Wenn wir die Ansicht verstehen wollen, dass das menschliche Gehirn wie eine Maschine arbeitet, z. B. wie ein Computer, müssen wir zuerst wissen, was Maschinen sind und wie diese funktionieren, dann, wie das menschliche Gehirn aufgebaut ist und was da vor sich geht, weiter, den darin enthaltenen Vergleich analysieren, nämlich, was ein neuronales Netz ist, und erst dann können wir uns ein Urteil in der Frage erlauben, ob die Ansicht richtig ist.

Eine Maschine ist ein menschliches Artefakt, das Energie in irgendeine Form der Bewegung umsetzt oder umgekehrt. Die Bewegung kann mechanisch sein wie bei den klassischen Maschinen oder elektronisch wie beim Computer. Bei rechnergestützten Maschinen spricht man von Informationsverarbeitung, aber das ist im Grunde ein sehr unglücklich gewählter Begriff. Die binären Codes, die logischen Recheneinheiten eines Computers, kann man zwar als Informationsträgereinheiten ansehen, diese verhalten sich aber irrelevant zu den Informationen, welche sie tragen, so wie ein Buch nur für denjenigen Informationen enthält, der es liest und versteht.

Solche Prozesse werden üblicherweise als »mechanisch« beschrieben. Das sind sie aber nicht im Sinn der klassischen Mechanik, wie sie von Newton begründet wurde. Zur exakten Erklärung dieser Vorgänge müssen wir inzwischen Anleihen an quantenmechanischen und thermodynamischen Modellen nehmen, wodurch wir nicht mehr von einem determinierten Geschehen sprechen können, weil sein Verlauf aus prinzipiellen Gründen nicht exakt vorhergesagt werden kann.[37] Aber vernachlässigen wir das einmal kurz.

Ein Computerprogramm steuert einen elektronischen Prozess, indem es diesem einen Algorithmus vorgibt, der die binären Codes in eine bestimmte Ordnung und Reihenfolge ihres Ablaufes bringt. In diesem Vorgang muss alles verstanden und erklärt werden können, auch wenn die heute teilweise verwendeten Programme inzwischen hohe Komplexitätsgrade annehmen und mehrere, komplexe und ganz unterschiedliche Programme integriert werden können, so dass kein Mensch mehr weiß, was da genau passiert. Für jeden einzelnen dieser Schritte wird der Vorgang wohl aber rekonstruierbar sein.

Diesen Vorgang stellen wir uns als streng mechanisches System vor, das wie ein grobmechanisches Räderwerk die einzelnen Teile ineinandergreifen lässt, um am Ende einen erwünschten Effekt zu haben. Nun brauchen diese Maschinen Energie und abhängig von ihren Prozessen ist das nicht nur Energie, die zur Durchführung der Rechenoperationen notwendig ist, sondern die Vorgänge produzieren Abwärme, die bei elektronischen Rechnern im Vergleich zum Verbrauch bei den Operationen sogar enorm ist. Das System funktioniert nicht, wenn diese Wärme nicht durch geeignete Lüftungssysteme abtransportiert wird; es würde sehr schnell überhitzen und die Rechenoperationen unmöglich machen.

Wenn wir meinen, das Problem mit der Abwärme ist nur ein technisches auf einer anderen Ebene, für das die einfache Lösung in einem geeigneten Lüftungssystem liegt, das aber weiter mit den Rechenoperationen nichts zu tun hat, unterschreiten wir das Mensch-Maschine-Modell so erheblich, dass sich damit von vornherein gar nichts mehr anfangen lässt. Wir betonen damit also ausdrücklich die Vergleichbarkeit zwischen derlei Maschinen und biologischen neuronalen Netzen von Zentralnervensystemen; auch diese produzieren eine enorme Abwärme: Die Masse des Gehirns beträgt gerade einmal 2 % der Körpermasse, verbraucht aber 20 % der vom Körper aufgenommenen Energie – und wie sich vermuten lässt, verpufft das Meiste davon als Abwärme.

Während Descartes den Mechanismus als Weltanschauung vorbereitete, indem er die *res extensa* von der *res cogitans* vollständig trennte, ist nach Hobbes das Gehirn wie die gesamte Welt jeweils eine bloße Rechenmaschine[38], die nach mechanischen Gesetzen funktioniert und beschrieben werden kann. Diese Vorstellung prägte die Naturforschung bis zum Ende des 19. Jahrhunderts vollständig, erst die Physik ab Max Planck kehrte dem einseitigen Weltbild tendenziell den Rücken.[39] Das lag zum einen an den Ergebnissen der Quantenmechanik, die generell nur statistische Rechnungen zulassen, und zum anderen am *Zweiten Hauptsatz der Thermodynamik*, nach dem die Energieverteilung in einem geschlossenen System immer regelmäßiger wird, die Energie sich also innerhalb des Systems immer gleichmäßiger verteilt. Die Prozesse, die dabei ablaufen, sind dann irreversibel. So ist für jeden Zustand zwischen zwei miteinander verbundenen Wasserbehältern, deren Flüssigkeiten jeweils andere Temperaturen haben können, statistisch jede Verteilung möglich. Es ist aber empirisch nicht zu erwarten, dass in einem Behälter auf einmal das Wasser friert und im anderen zu kochen beginnt. Auch ist nicht zu erwarten, dass das Wasser, das gerade auf der Herdplatte verdampft ist, sich wieder im Topf sammelt. Und schließlich ist es unsinnig, einen Kühlschrank zu öffnen, um das Zimmer zu kühlen.[40]

Die kausal-determinierte Interpretation dieser Vorgänge, dass z. B. in einem Gasgemisch die Moleküle sich durch Stoß immer gleichmäßiger im geschlossenen Raum verteilen, ist eine extrapolierte; was in diesen Prozessen genau vor sich geht, wissen wir nicht. Die Verteilung von Gasmolekülen richtet sich dabei nach dem Impulserhaltungssatz, der im Fall von zwei Billardkugeln relativ korrekte Ergebnisse liefert, im Fall von drei Körpern bei mehreren Stößen aber schon nicht mehr berechenbar ist; in einem Gas, das wir beobachten können, beträgt die Anzahl etwa 10^{23} Körper.[41]

Das Entscheidende ist, dass Maschinen zwar mechanisch erklärt werden können, ihre Funktionsweise beruht aber immer auch auf thermodynamischen Prozessen, da Energie in diese hineingesteckt werden muss – das gilt für einen Kühlschrank genauso wie für eine Uhr.[42] Auch für Lebewesen mit ihren Prozessen vom Stoffwechselsystem bis zur neuronalen Aktivität gelten die Regeln der Thermodynamik, die, um das noch einmal zu betonen, keine mechanischen Gesetze darstellen, sondern statistische, die zudem unumkehrbar sind. In einem Positronen-Emissions-Tomographen wie in einem funktionellen Magnetresonanz-Tomographen wird immer nur der Energieverbrauch im Gehirn gemessen und nicht die neuronalen Prozesse.[43]

Die Irreversibilität thermodynamischer Prozesse ist möglicherweise auch für unser Zeitbewusstsein von Relevanz. Denn es besteht die Frage, wie unser Gehirn, wenn es rein nach mechanischen Gesetzen verläuft, den Zeitpfeil von der Vergangenheit in die Zukunft codieren soll. Die Unumkehrbarkeit der Prozesse, welche nur durch die thermodynamische Relevanz zustande kommt, würde dafür eine Erklärung liefern. Und so schreibt Brigitte Falkenburg zu Recht: »Ohne den Zweiten Hauptsatz der Thermodynamik lässt sich weder der Stoffwechsel von Lebewesen noch das Funktionieren technischer Geräte, noch das Feuern der Neurone, noch der Mechanismus der mentalen Uhr in unserem Gehirn verstehen.«[44]

Die Welt mit Zeitpfeil ist mit dem Determinismus, dessen Annahme immer nur zu reversiblen Prozessen führt, generell unvereinbar. Der Laplace-Determinismus nimmt an, dass sich alle Zustände des Weltalls aus einem gegebenen Zustand und der Kenntnis aller wirkenden Gesetze *vor* wie *zurück* rechnen lassen. Bei thermodynamischen Vorgängen ist das Zurückverfolgen, also die Bestimmung eines Zustandes aus einem späteren Zustand, nicht möglich.[45]

Ein interpretatorischer Hinweis sei gestattet: Was Falkenburg behauptet, läuft darauf hinaus, dass es keine Maschinen gibt. Sie vergleicht Gehirne mit Maschinen und kommt im obigen Zitat zu dem Schluss, dass der Zweite Hauptsatz der Thermodynamik für jedes technische Gerät genauso wie für jeden Organismus usf. gilt. Freilich wird sie zugeben, dass es technische Artefakte gibt, von diesen Maschinen funktioniert aber keine einzige rein kausal in unserem üblichen Verständnis von Maschinen.

Welche Vorstellung wir von technischen Maschinen und Automaten haben, dürfte relativ klar sein, deswegen wenden wir uns den sogenannten neuronalen Netzen zu, die beanspruchen, die Arbeitsweise des Gehirns mit dem Computer zu simulieren. Zwar haben diese auch eine technische Anwendung, wir glauben aber, wenn wir einen bestimmten Prozess nachbauen können, dass wir diesen dann auch verstanden hätten. Das gilt für die Arbeitsweise des Gehirns genauso wie für andere biologische Prozesse.

Wenn wir die Dynamik solcher Systeme erklären wollen, beschreiben wir zunächst ihre Bestandteile und dann deren Wechselwirkungen – unter Zuhilfenahme von naturgesetzlichen Zusammenhängen. Die Festkörperphysik erklärt uns, dass die physischen Dinge aus Molekülen bestehen, diese sind eine Ansammlung von Atomen, die aus Elektronen, Protonen und Neutronen und diese wiederum aus Quarks zusammengesetzt sind. Dabei werden die Zustände jeweils durch andere Prozesse beschrieben.[46]

Als festgestellt wurde, dass im Gehirn elektrische Signale verarbeitet werden, entwarfen Alan L. Hodgin und Andrew F. Huxley ein Modell des Gehirns, nach dem dieses nach dem Muster elektronischer Schaltkreise funktioniert: »Das Modell beschreibt den Zusammenhang von Strom und Spannung im Axon als elektrischen Schaltkreis; es enthält biologische Entsprechungen für Kondensatoren, Widerstände und Batterien in der Zellwand. Die Hodgin-Huxley-Gleichung, die aus dem Modell folgt, beschrieb den Verlauf des Aktionspotentials sehr genau. Der Erfolg dieses Modells war einer der Anstöße dafür, das neuronale Geschehen durch Netzwerk-Modelle zu erfassen und die Theorie neuronaler Netze zu entwickeln«.[47] Daraus abgeleitet lässt sich auf verschiedenen Ebenen die neuronale Vernetzung erläutern: Aus den elektrischen Vorgängen im Axon und seinen Verbindungen (Synapsen) schließt man auf die nächst höhere Ebene der Neurone, die sich in Zellverbänden zu Arealen zusammenschließen und den Kortex bilden, der wiederum ein Teil des Gehirns ist, das letztlich unser Erleben und Verhalten festlegt.[48]

Die große Frage besteht nun darin, ob die Prozesse auch umgekehrt einen Einfluss haben, also z. B. dass die Netz- und Organisationsstruktur die Aktivität der Neurone beeinflusst, was wiederum Auswirkungen auf die elektrische Weiterleitung zur Folge hätte, und dann können wir auch fragen, ob Erleben, Wahrnehmen oder Verhalten einen Einfluss auf diese Prozesse haben.

Das Problem besteht schon darin, dass im Gehirn nicht nur elektrische Signale verarbeitet werden, sondern auch chemische Prozesse der Reizweiterleitung stattfinden. Erst eine bestimmte Konzentration von Kalzium-Ionen kann eine elektrische Weiterleitung im Axon aktivieren. Wie Carl F. Craver festgestellt hat,[49] ist das aber ein stochastischer Prozess: »Nur bei 10–20 Prozent der experimentell untersuchten Einzelprozesse führt das Aktionspotential dazu, dass der Neurotransmitter tatsächlich freigesetzt wird«.[50] Es besteht damit eine geringe Wahrscheinlichkeit dafür, dass ein ankommendes Signal weitergeleitet wird.

Das ganze System ist folglich ausschließlich als stochastisches zu beschreiben, niemals aber als ein mechanisch-determiniertes. Im Gehirn ist es also schon eher der Normalfall, dass an den Verzweigungspunkten vorliegende Signale im Nichts versiegen. In den meisten Fällen unterbleibt die Reaktion, manchmal, genauer in jedem fünften bis zehnten Fall, passiert einmal etwas, das wieder mechanisch nach dem Modell des elektrischen Schaltkreises kausal beschrieben werden kann:»Wenn die Neurone feuern, neue Dendriten und Synapsen ausbilden und sich in enormer Plastizität immer wieder neu vernetzen, so ist dies immer auch ein thermodynamisches Geschehen. Dieser Punkt wird in der Debatte um den neuronalen Determinismus gern übersehen«.[51]

Ein neuronales Netz soll nun bestimmte Erfahrungsprozesse und Lernprozesse in einem rechnergestützten System simulieren:[52] Das System hat eine Input-, eine Verarbeitungs- und eine Outputsphäre. Der Verarbeitungsbereich ist mehrstufig. Die ankommenden Signale werden nicht sofort weitergeleitet, sondern intern mit bestimmten Wahrscheinlichkeitswerten belegt, die der Rechner entweder aus einem Zufallsgenerator nimmt oder die ihm vom Programmierer vorgegeben werden. Das Entscheidende ist, dass somit auf mehreren Stufen und, da die Einheiten untereinander vernetzt sind, so etwas wie ein simuliertes»Lernen« für den Rechner möglich wird: Die Wahrscheinlichkeiten müssen sich nach und nach aufsummieren, sonst kommt es zu keinem Ergebnis. Erst wenn eine kritische Schwelle überschritten ist, wird ein Ergebnis festgehalten, das dann entweder weiterverarbeitet werden kann oder ausgegeben wird. Dadurch erreicht das System eine gewisse Plastizität, es verändert sich intern durch die Wahrscheinlichkeitsgewichte, die sich dem aktuellen Input immer wieder anpassen.

Das Problem besteht darin, dass bei bestimmten Werten das System in eine Endlosschleife gerät. Weil der Programmierer weiß, dass das passieren kann, bricht das System, wenn es immer wieder die gleichen Wahrscheinlichkeiten produziert, ab und fängt mit Zufallswahrscheinlichkeiten von vorne an. Ohne diese Funktion würden sich die Netze sehr schnell erschöpfen. Ein Neustart des Systems ist freilich in der Natur nicht vorgesehen. Außerdem werden hier auch die»alten« Zustände mitgeschleppt, während das neuronale rechnergestützte Netz diese»vergisst«.

Aus diesen Grundlagen lassen sich einige Parallelen zwischen den Vorgängen im Gehirn und den Prozessen, die in einem elektronischen Rechner vor sich gehen, ableiten. Diese können im Sinne von partiellen strukturellen Gemeinsamkeiten interpretiert werden und lassen sich dadurch erklären. Unterschiede bestehen allerdings insofern, als erstens der Computer aus völlig gleichartigen Schaltelementen besteht, und zweitens, als diese von ihrer Steuerung, der Software getrennt sind. Beides trifft auf das Gehirn definitiv nicht zu.[53]

Die Entdeckung solcher struktureller Gemeinsamkeiten hat einen hohen heuristischen Wert. Das heißt: Sind die Strukturen formal-identisch, lassen sich die Ergebnisse aus dem einen Bereich vollständig in den anderen Bereich übertragen. Da die Vorgänge im Computer mathematisch-analytische Funktionen sind, lassen sich die Prozesse im Gehirn ebenso mathematisch-funktional beschreiben. Die formale Strukturgleichheit ist aber nicht alles, wenn die tatsächlichen Strukturen im Gehirn ganz andere sind, und das sind sie nun einmal. Um tatsächlich das neuronale Geschehen im Gehirn zu erklären, müssen wir über die formale Analogie hinaus auch noch eine semantische oder begriffliche Beschreibung finden.

Ohne diese formale Analogie hätte die Forschung niemals Zugang zu Phänomenen wie Lernen, Mustererkennen oder Gedächtnis. Da wir die dazu notwendigen Prozesse aber im Computer simulieren können, haben wir eine Erklärung auch für die Vorgänge im Gehirn. Ob das da genauso stattfindet, spielt keine Rolle, da wir es geschafft haben, eine technisch erfolgreiche Lösung zu finden, um bestimmte Aspekte dieser Vorgänge rechnergestützt zu simulieren. So sind die Konstruktionsbedingungen von Computerspeichern auf das menschliche Gehirn übertragen worden. Die Forscher haben also einfach angenommen, dass das Gehirn (Gedächtnis) und der Computer (Speicher) identisch funktionieren. Aus dieser Annahme lässt sich ein vollständig operationalisierbares Modell der Gedächtnisvorgänge ableiten, von dem einzelne und daraus abgeleitete Hypothesen empirisch in Versuchen zu den Gedächtnisleistungen von menschlichen Probanden überprüft werden können.

Die semantische Komponente der Analogie zwischen Rechner und Gehirn liegt dagegen im Begriff der »Information«. Da das Gehirn elektrische Signale verarbeitet und der Rechner ebenso, wir beim Rechner aber von der Verarbeitung von Informationen sprechen, scheint es, als ob auch das Gehirn nichts anderes ist als eine komplexe Informationsverarbeitungsmaschine, auch wenn die Prozesse im Rechner andere sind als im Gehirn, auch wenn wir also mit dem Verstehen von Informationen etwas ganz anderes meinen als binäre Codes. Die Analogie ist nur verständlich, wenn wir die Phänomene massiv reduzieren und z. B. behaupten: Der Funktionswert eines Rechners liegt ausschließlich in der Verarbeitung von Informationen und der Funktionswert des Gehirns besteht ebenso nur in der Verarbeitung von Informationen.

Der Begriff der Information wird darin allerdings inflationär gebraucht. Wir haben uns inzwischen daran gewöhnt, jede Übertragungsleistung als Austausch von Informationen anzusehen, das Genom eines Lebewesens ist dann ebenso eine Information wie die Nachricht in einer Zeitung, »und am Ende ist dann alles Information: Das Leben, das Bewusstsein, das physikalische Universum insgesamt«.[54]

Wenn der Begriff der Information aber alles umfasst, ist er nicht mehr trennscharf. Daraus können wir deutlich sehen, dass es sich um eine semantische Analogie handelt, also eine Übertragung von einem System (Informationsverarbeitung im Computer) zum anderen (kommunikativ-sozialer Austausch zwischen Menschen), ohne zu bedenken, dass in den unterschiedlichen Systemen ganz andere semantische Bedingungen herrschen. Als Heuristikon ist das unproblematisch. In der Aussage, die beiden Systeme seien identisch, werden aber die Grenzen der Übertragung nicht beachtet. Erst auf Grundlage einer solchen Analogie können wir zu dem Schluss kommen, dass das Gehirn identisch mit einem rechnergestützten System ist.

Aber können wir die Sache nicht auch folgendermaßen betrachten: Der Prozessor als Herzstück des Rechners besteht ja nicht für sich. Er weist Verbindungen auf zu Input- und Outputschnittstellen, die mit Peripheriegeräten gekoppelt sind, für die Eingabe mit einer Tastatur, einer Kamera oder einem Mikrophon, für die Ausgabe mit einem Bildschirm, Drucker oder Speichermedium. Der Prozessor wandelt diese Informationen in Daten um, verarbeitet sie und gibt wieder Daten aus. Beim Menschen ist das offensichtlich nicht anders: Über seine Wahrnehmungsorgane nimmt er Informationen aus der Umwelt auf, das Gehirn und besonders der Kortex verarbeiten diese und der Mensch reagiert auf der Grundlage dieser Daten.

Einer solchen Lesart steht entgegen, dass das Gehirn eben nicht nur elektrische Signale verarbeitet, die Anzahl der Neurone mit 10^{11} (und etwa 10^{14} Synapsen) enorm ist, die innere Struktur extrem verschachtelt, hoch plastisch (d. h. veränderlich) und offensichtlich auf mehreren Stufen vollzogen wird, die untereinander wiederum vernetzt sind (wir können also kaum sagen, wie sich verschiedene kognitive Leistungen voneinander trennen lassen, um jede für sich in psychologischen Experimenten untersuchen zu können). Die Übergänge von z. B. einer neuronalen Aktivierung von Erinnerung und ihrem Bewusstwerden sind dementsprechend auch völlig unklar. Hier kann man nicht nur von Phasenübergängen sprechen, wie wir das aus der Physik kennen, wenn z. B. Wasser vom festen Zustand des Eises flüssig wird und sich dann der Übergang in ein Gas vollzieht. Denn das sind nur »*unterschiedliche* Organisations*formen* derselben Organisations*stufe*«.[55] Nicht die Atome werden flüssig, sondern nur ihre Verteilung ändert sich.

Wenn wir von Wahrnehmungs- und Denkleistungen sprechen, haben wir aber eine ganz andere Qualität vor uns, als wenn wir von elektrischen Weiterleitungen im Gehirn reden. Diese Qualität lässt sich nicht gleichermaßen in »Informationen« auflösen, ohne äquivok zu sprechen, also zwei verschiedene Sachverhalte mit dem gleichen Begriff zu belegen, um dann zu behaupten, die Sachverhalte seien identisch. Wir haben aber definitiv keine kausale Erklärung, um uns den Übergang aus der Weiterleitung der Signale zu höheren kognitiven Leistungen verständlich zu machen, gewissermaßen nicht einmal eine Idee, wie das funktionieren kann, es sei denn, wir reduzieren alles auf »Information«, was aber wegen der semantischen Äquivokation als Erklärung nicht tragfähig, sondern allenfalls heuristisch brauchbar ist. Wenn wir im Umgang mit einem Rechner den Eindruck haben, dass dieser nach unseren Denkschemata funktioniert, so dürfen wir freilich auch nicht vergessen, dass er von Menschen und vor allem dem Programmierer so eingerichtet wurde, und dass seine Verwendungsweise auf uns als Benutzer abgestellt ist.[56] Wir nehmen dabei aber nicht an, dass der Rechner oder das Internet etwas »weiß«.

So kommt auch Falkenburg zu dem Schluss: »Der Schritt vom neuronalen Netz zu den kognitiven Leistungen des Gehirns beruht auf einer Analogie der Informationsverarbeitung durch den Computer bzw. das Gehirn. Die semantische Brücke ist hier der Informationsbegriff, der auf der höheren Stufe des Mechanismus durch eine nicht-formale, begriffliche Analogie von der Computer-Information auf den Geist übertragen wird. Diese Analogie führt dazu, kognitive Leistungen als eine Art Rechenergebnis des Gehirns zu betrachten, und sie erweckt den Anschein einer kausalen Erklärung«.[57]

Nun besteht immer noch die Frage, ob, wenn wir annehmen, dass die neuronale Struktur die höheren, kognitiven Leistungen irgendwie kausal hervorbringt, ob dann eine Verursachung von der höheren auf die untere Ebene ebenso möglich ist, ob also bewusste Vorstellungsinhalte sich derart kombinieren können, dass diese einen Einfluss auf die elektrische Signalverarbeitung im Gehirn haben.

Wenn wir eine strukturelle Verschiedenheit der Bewusstseinsebene von der neuronalen Ebene annehmen und glauben, dass die obere Ebene auf die untere einwirken kann, setzen wir einen starken Dualismus voraus,[58] also die Ansicht, nach der es einen unüberbrückbaren Graben zwischen phänomenalem Bewusstsein und physikalisch-neuronalen Prozessen gibt. Wir werden das Phänomen aber dadurch nie erklären können: Die Verschiedenheit der Komponenten, welche wir dabei annehmen müssen, führt dazu, dass diese sich nicht mehr vermitteln lassen. Wenn wir dagegen einen Maßstab der Vermittlung fänden, wären die Ebenen nicht mehr streng voneinander geschieden.

Eine schwächere Variante besteht in der Annahme, dass die obere Ebene nur die Rahmenbedingungen festsetzt, unter denen dann die elektrische Signalverarbeitung unabhängig kausal vonstattengeht. Aber wie sollen wir uns solche Rahmenbedingungen vorstellen? Ein Bewusstsein, das dem kausalen Geschehen vorschreibt, wie es abzulaufen hat, ist in sich schon widersprüchlich und lässt sich sinnvoll deshalb nicht annehmen. Die dritte, schwache Version einer Klärung nehmen wir an, wenn wir sagen, dass die kausale Verarbeitungsebene zwar alle Bedingungen dafür zur Verfügung stellt, dass sich darauf die Bewusstseinsebene aufbauen kann, diese aber so komplex ist, dass sie nicht aus den physischen Zuständen erklärbar ist. Dann gehen wir aber von verschiedenen

Komponenten des Gehirns aus, die sich letztlich in seinem Aufbau nicht nachweisen lassen.

Es schließt sich daran die weitere Frage an, in welchem Verhältnis mentale Phänomene zu physischen stehen. Eine radikale Verschiedenheit würde letztlich auf einen ontologischen Dualismus hinauslaufen, mit dem schwierig umzugehen ist, weil er so viele Implikationen hat, dass wir damit kaum etwas erklären können – insbesondere keine Wechselwirkungen zwischen Bewusstsein und neuronalen Prozessen bzw. zwischen Leib und Seele, Geist und Körper. Den qualitativen Unterschied der beiden Phänomenbereiche macht Falkenburg fest am Begriff der Inkommensurabilität. Sie schreibt: »Mentale Phänomene sind inkommensurabel zu physischen Phänomenen. Sie lassen sich nicht durch die experimentellen Methoden isolieren, messen und kausal analysieren, die auf physische Phänomene anwendbar sind«.[59]

Auch wenn sich bestimmte kognitive Fähigkeiten wie Mustererkennen, Lernen oder Erinnern in rechnergestützten Systemen simulieren lassen, heißt das letztlich nicht, dass die Vorgänge identisch sind, zumal der kausale Mechanismus im Rechner zweifelsfrei geklärt, im Gehirn aber völlig unbekannt ist. Darüber hinaus dürften reflexive oder kreative Leistungen von Menschen noch ganz anders strukturiert sein als die erinnernden, wahrnehmenden oder lernenden.[60] Falkenburg betont zusätzlich, dass die Ergebnisse von solchen kognitiven Fähigkeiten auch nicht feststehen.[61]

Wir fassen die wesentlichen Argumente noch einmal zusammen, die dagegen sprechen, das Gehirn als identisch mit einem elektronischen Rechnersystem aufzufassen:

Zunächst gilt grundsätzlich, dass der Begriff der Kausalität nicht geklärt werden kann. Kausale Prozesse sind Regelmäßigkeiten, welche wir für physische Prozesse konstatieren können, ihnen liegen aber begriffliche Rekonstruktionen zugrunde, die eben am Konzept der Kausalität hängen, das semantisch nicht eindeutig ist.

Zweitens spielen im Gehirn – und insgesamt in der ganzen biologischen und physischen Welt – irreversible Prozesse eine Rolle. Das Gehirn funktioniert nicht nach dem thermodynamischen Gleichgewicht, sondern unterliegt dem Zweiten Hauptsatz der Thermodynamik, es braucht Energie, die unumkehrbar verloren geht. Die Struktur des Gehirns »lebt« aber von diesem Energieverbrauch.

Zum Dritten hat das Gehirn eine andere Struktur als ein Rechner. Die enorme Plastizität, die Verzweigungsstellen vor allem in seinen statistisch zu beschreibenden chemischen Prozessen, die komplexe Vernetzung der Areale und die Anzahl der Neurone mit ihren synaptischen Verbindungen finden im Rechner keinerlei Entsprechung.

Viertens sind die mechanischen Prozesse, die von der elektrischen Signalübertragung (das ist auch schon wieder ein Computomorphismus) zu Lern-, Gedächtnis- oder Wahrnehmungsleistungen führen, nicht bekannt oder kausal erklärbar. Zu höherstufigen kognitiven Leistungen wie Kreativität, Reflexion, Selbstbewusstsein reichen diese überhaupt nicht hin.

Der Informationsbegriff ist zum Fünften eine Analogie, die zwar heuristisch fruchtbar ist, aber semantisch zu kurz greift.

Sechstens besteht, um den Ausdruck Falkenburgs zu verwenden, eine Inkommensurabilität der mentalen und der physischen Phänomene. Die mentalen Eigenschaften lassen sich nicht isolieren und messen. Insofern können wir diese nicht in einen analytisch-funktionalen Formalismus integrieren, ohne sie in ihrem Umfang erheblich zu reduzieren. Daraus folgt, dass experimentelle Methoden, welche auf diese Operationen angewiesen sind, bei der Erklärung von Leistungen des menschlichen Gehirns versagen müssen.

Abschließend können wir ganz alltagsweltlich hinzufügen, dass Maschinen, wenn wir sie verwenden, einem Verschleiß unterliegen. Sie gehen mit der Zeit kaputt, wenn wir sie benutzen. Sollte jemand behaupten, er verwende sein Gehirn besser nicht zum Nachdenken, da alle Welt wisse, dass dieses Organ eine Maschine sei und sich solche bei Gebrauch abnutzen, würde uns allenfalls die Dreistigkeit der Begründung verwundern.

ETÜDE 4

Die Physik sagt uns, wie die Welt wirklich aussieht!

Wann der Mensch auf die Idee kam, dass die Wirklichkeit anders aussieht, als er diese unmittelbar mit seinen Sinnesorganen wahrnimmt, liegt wohl in einer fernen Vergangenheit, von der wir nichts mehr wissen. Die Frage, wie die Wirklichkeit wirklich aussieht, hängt aber ebenso von der Frage ab, was wir unter »der Wirklichkeit« verstehen. Und die Differenz zu dem, was wir mit unseren Sinnesorganen wahrnehmen, setzt voraus, dass wir wissen, was sinnliche Wahrnehmung ist, wie diese funktioniert, was uns da vermittelt wird und ob das, was wir wahrnehmen, das ist, was vor uns liegt.

Die Frage nach der Wirklichkeit soll uns vermitteln, wie die Welt aussieht. Wir setzen dabei voraus, dass wir nicht nur etwas wahrnehmen, das von unseren afferenten Neuronen produziert wird, sondern dass irgendwelche Inhalte von außen, aus der Welt, auf uns einwirken. Es gab im 20. Jahrhundert tatsächlich die Idee, dass wir keinen Bezug zur Außenwelt haben, dass es eine solche gar nicht gebe, dass alles, was wir unter »Welt« verstehen, ein Produkt unseres Gehirns sei. Diese Hypothese ist im Grunde sogar noch viel älter. Schon in der Antike gab es Philosophen, welche einen so genannten Außenweltskeptizismus vertraten, der entweder besagt, dass wir nichts von der Außenwelt wissen können oder dass eine solche gar nicht besteht.

Das war immer schon ein rein theoretisches Problem. Der Mensch aber ist ein handelndes Wesen, und im Handeln lässt er sich von einer bestimmten Vorstellung über die Welt, seine Umgebung und Situation leiten, er nimmt also an, dass so etwas wie die Welt tatsächlich vorhanden ist. Kant hat gemeint, es sei der große Skandal der Philosophie, dass es dieser bisher nicht gelungen sei, die Existenz der Außenwelt zu beweisen. Heidegger hat dagegen wohl zu Recht eingewendet, dass der Skandal vielmehr darin liege, überhaupt nach einem solchen Beweis zu fragen; wir befinden uns ohnehin in einer Welt, und die Frage nach einer Alternative zur Vorstellung, dass wir uns in einer Welt finden und in dieser handeln, ist völlig sinnlos. Die Annahme, wir lebten in keiner Welt und unsere Wahrnehmungen gaukelten uns eine Wirklichkeit vor, die überhaupt nicht vorhanden ist, lässt sich im Handeln nicht durchhalten – und insgesamt scheint sie jedem von uns *prima facie* höchst unplausibel.

Wenn wir uns also darauf verlassen können, dass es die Welt, in der wir leben, gibt, stellt sich aber immer noch das Problem, was das für eine Welt ist und ob diese so ist, wie sie aussieht, wie sie uns also erscheint. Der Mensch hat eine eigenartige Neigung, in Zusammenhängen zu denken. Ihm reicht es nicht, wenn er Einzelnes wahrnimmt und dieses Wahrgenommene nebeneinander stellt, sondern er konstruiert sich Verbindungen, wenn er solche nicht vorfindet. Die Sprache tut ein Übriges: Wir bezeichnen nicht jedes Ding mit einem eigenen Namen, sondern verwenden Begriffe, welche sich auf verschiedene Dinge, manchmal auch auf ganz verschiedene Sachen beziehen.

Nehmen wir alle Einzelheiten zusammen, die wir wahrnehmen *könnten*, sprechen wir von der Welt. Nun können wir nicht alles wahrnehmen. Aber das spielt für den Menschen keine Rolle. Er spricht schon beim Bemerken und Bezeichnen eines einzigen Dinges von einer Welt. Das gehört offenbar mit dazu, wenn wir Gegenstände aus ihren Zusammenhängen lösen können, um diese zu betrachten, um uns diese gegenüber zu stellen (das ist offenbar der Begriff von Gegenstand), dass wir damit schon die Idee von einer Totalität der Welt haben, von der wir die Einzelheiten freilich gar nicht kennen.

Wenn das tatsächlich der Fall ist, gibt es für uns keine Gegenstände für sich, sondern es gibt sie nur als Inhalte einer Welt. Der Gegenbegriff zu Welt ist in der Philosophischen Anthropologie dann auch nicht »keine Welt«, sondern »Umwelt«. In einer Umwelt haben die Dinge einen eindeutigen Verweisungszusammenhang auf das Verhalten eines Lebewesens. Sobald ich aber ein Ding für sich ansehe, bricht sein bloßes Umweltdasein, in das wir eingebettet sind, zusammen, und wir sind mit einer »Welt« konfrontiert.

Ob der erste Mensch vor etwa zweieinhalb Millionen Jahren, der ein Werkzeug benutzte und sich dessen bewusst war, dass er das tut, sich über den Sachverhalt klar war, kann gewiss bezweifelt werden. Aber irgendwie musste sich damit etwas verändert haben im Blick auf die Dinge. Den Werkzeuggebrauch selbst gibt es freilich auch bei Tieren, aber es besteht dabei immer ein Umweltbezug, auch wenn dieser wie bei Schimpansen schon sehr komplex sein kann. Die Beziehung zu einem Gegenstand, der mir selbständig gegenübertritt, ist damit aber noch nicht geleistet. Sobald es aber dazu kommt, gibt es eine Welt.

Gegenstände, Objekte, Dinge, Sachen sind also immer auch Weltinhalte. Die Idee, welche damit verbunden ist, liegt offensichtlich nicht an den Eigenschaften der Dinge, sondern dass es überhaupt Dinge sind. Wer das begriffen hat, wem eine Welt entsteht, ordnet kein Nebeneinander in Umweltbezüge mehr ein, sondern ordnet diese Vorstellung jedem Wahrnehmen eines Gegenstandes oder einem Sachverhalt vor. Es kommt dabei nicht mehr darauf an, was wir wahrnehmen, sondern wir nehmen alles als Weltinhalt war. Wir schieben die Idee davon im Grunde zwischen uns und die Welt, die freilich erst durch diese Idee entsteht. Da dreht sich alles im Kreis, weil wir erst mit der sonderbaren Idee auf eine bestimmte Weise wahrnehmen, durch diese bestimmte Wahrnehmung uns aber erst bewusst werden kann, dass wir eine solche Idee haben.

Wenn wir darüber nachdenken, kann uns der Umstand selbst bewusst werden. Wir müssen folglich einsehen, dass wir eine bestimmte Vorstellung von der Welt haben, unter der wir die Gegenstände in ihr wahrnehmen. »Wahrnehmen« ist dabei aber nichts Unschuldiges, Unmittelbares und Unvermitteltes. Die Vorstellung von einem Zusammenhang der Welt wird uns dann nicht mehr loslassen. Da wir den tatsächlichen Zusammenhang aber nicht erkennen können, müssen wir ihn deuten, also interpretieren. Das heißt nichts anderes, als dass wir dieser Form der Weltbetrachtung einen Inhalt geben. Die Wirklichkeit, welche wir wahrnehmen, ist nicht die Wirklichkeit der Welt, wie sie ist, sondern dahinter muss eine vollkommenere, eine eindeutige Wirklichkeit versteckt sein. Aber was ist das für eine Wirklichkeit und wie können wir über diese reden, wenn wir sie offenbar nicht wahrnehmen?

Eine solche Deutung von den Zusammenhängen einer einheitlichen Wirklichkeit führte dazu, dass der Mensch sich diese wahre, hinter allem, was wir wahrnehmen können, stehende Welt irgendwie zurechtzimmerte bzw. konstruierte. Es gab auch noch andere Erfahrungen: irgendwelche Erscheinungen (auch wenn wir uns täuschten), Stimmen, die zu einem sprechen (und wenn es der Wind war), einen erlebten Bezug zu den Verstorbenen (auch wenn wir wissen, dass die nicht mehr zu uns in Beziehung treten können) usf. Man suchte nach einem Bezug zu dieser höheren Wirklichkeit und kam auf Riten, Geheimnisse, Parallel- und Götterwelten; und man erzählte Geschichten, sogenannte Mythen, dass die Welt nicht alles ist, was wir sehen, sondern dass es da noch viel mehr gibt.

Es mag immer Menschen gegeben haben, denen das nicht recht plausibel vorkam. Wir wissen von solchen Menschen aber erst, wenn sie irgendwelche Spuren hinterlassen haben, Zeugnisse, Geschriebenes oder eben wieder in Geschichten Erzähltes, Überliefertes. Unsere Vernunft strebt nach einer Regelmäßigkeit in der Weltordnung und nicht nach willkürlichen Geschichten. Nun hatten die Geschichten freilich auch den Sinn, Ordnung in kontingente Erfahrungen zu bringen. Wenn etwas Unerklärliches geschieht, erfinden wir eine Geschichte, um es zu erklären, irgendwelche konstruierten Zusammenhänge, die uns dann überzeugen sollen. Ein solcher Mythos mag auch geglaubt werden, weil er Ordnung stiftet, aber diese Ordnungsstiftung ist nicht sehr stabil. Der Mensch fragte also weiter: Wenn die Ordnung nicht so beschaffen ist, wie sie die Geschichte darlegt, dann muss es eben eine andere Ordnung geben, eine, die tatsächlich überzeugt.

Thales hat dann behauptet, die Göttergeschichten über die Welt seien erfunden, die Welt sei vielmehr aus dem Wasser entstanden. Das Wasser ist der gemeinsame Urgrund aller Körper und Lebewesen. Ich will gleich einräumen, dass das so nicht stimmt. Erstens wissen wir von Thales nur, was andere, lange, nachdem er gestorben war, über ihn geschrieben haben, und zweitens war Thales bestimmt noch kein Aufklärer, der eine vollständige Kritik an den alten Geschichten in unserem modernen Sinn geübt hat. Dennoch beginnt mit ihm eine neue Art der Weltdeutung,[62] auch wenn er diese in die alte eingefügt hat.

Offenbar hat Thales nach Erklärungen gesucht, die irgendwie stofflicher waren, die darauf Bezug nehmen, was wir beobachten können. Er sucht nach natürlichen Ursachen und begründet damit eine Tradition, die sich mit anderen Naturphilosophen (Anaximander, Anaximenes, Xenophanes, Heraklit, Empedokles, Anaxagoras bis hin zu Aristoteles) fortsetzt, auch wenn diese den Ursprung der Welt jeweils anders bestimmt haben. Schon Herodot, der Geschichtsschreiber aus dem fünften Jahrhundert v. Chr., kritisiert die Erklärungen, die Thales für die Nilüberschwemmungen gibt, weil diese mit den Tatsachen und Beobachtungen nicht übereinstimmen. Leukipp und Demokrit meinen zuletzt, dass es eine »unendliche Menge der Atome [gebe; GF], die sich im leeren Raum in ewiger Bewegung befinden«.[63]

Die Erklärungen haben sich nur langsam aus ihren mythischen Zusammenhängen gelöst. Noch Platon arbeitet mit Geschichten, wenn er keine rational belegbaren Wege für die Lösung eines Problems weiß – doch ist er sich des Unterschieds schon voll bewusst. Die Wirklichkeit, welche wir hinter der Welt vermuten, wird einfach anders als vorher gedeutet. Es spielen natürliche Verhältnisse eine Rolle, physische Ursachen und Wirkungen, und wir müssen Belege oder Beweise aufgrund von Beobachtungen für unsere Behauptungen erbringen. Diese Tendenz hat sich in den letzten zweieinhalbtausend Jahren immer mehr verstärkt; wir täuschen uns aber, wenn wir naiverweise glauben, dass wir die mythischen Zusammenhänge als Teil der Voraussetzung für unsere Erklärungen der Welt vollkommen hinter uns gelassen haben. Die alte Tradition ist also keineswegs abgebrochen.

In der Neuzeit hat man sich dieser alten Argumentationen aus der Antike wieder erinnert, diesen aber ab dem siebzehnten Jahrhundert eine wiederum neue Deutung zu geben versucht. Es kommt, wenn wir die Welt erklären wollen, wenn wir Wissen über die Welt erhalten wollen, so hat Descartes argumentiert, allein auf die quantitativen Größenverhältnisse an. Die Dinge sind nur von dieser Seite aus zu betrachten. Was sich nicht quantifizieren lässt, ist nur ein subjektiver Eindruck, den wir von den Dingen haben, dem aber nichts Wirkliches, nichts Objektives entspricht. Galilei hat da schon seine Versuche mit dem Fallgesetz und der schiefen Ebene gemacht und ebenso versucht, die Größenverhältnisse in mathematische Funktionsgleichungen zu bringen.

Dieser Weg ist immer fester beschritten worden. Newton hat dann die von Descartes und anderen geforderte Idee von der mechanischen Bewegung ausgeführt. Obwohl er sich noch als Naturphilosoph verstand, sind alle, die ihm gefolgt sind, der Meinung, die Welt lässt sich auf objektive Weise nur quantitativ und mechanisch erklären, und zwar von den Bewegungen der Planeten bis zum kleinsten Atom, und ebenso jede menschliche Seelenregung.

Man begann dann, diese Idee auf die Welt und ihre Gegenstände anzuwenden, Beobachtungen und Versuche zu machen, diese zu quantifizieren und daraus Schlüsse abzuleiten. Die Physik, die Chemie, die Biologie und die Technik nahmen davon ausgehend ihren Aufschwung, auch wenn eine ganze Reihe von Lösungen zu mathematischen Problemen erst bis zum Ende des 19. Jahrhunderts entwickelt wurden, durch welche die Idee von der Mechanik der Welt auch analytisch-funktional gedeutet werden konnte.

Auf Newton geht letztlich auch die Idee zurück, dass es keine Farben gibt. Was Farben sind, ist zugegebenermaßen ein schwieriges Problem.[64] Newton wollte eine Erklärung dafür liefern, dass sich weißes Licht an Prismen brechen lässt und dadurch in Farben aufspaltet. Man ordnete den einzelnen Farben später bestimmte Wellenlängen zu und untermauerte so die Ansicht, Farben gäbe es gar nicht, sondern nur die entsprechenden physikalisch messbaren und berechenbaren Wellenlängen.

Nun ist gewiss nicht zu bestreiten, dass wir Farben sehen. Aber das sind halt dann nur subjektive Eindrücke, die kein Pendant zur physikalischen Wirklichkeit haben; offenbar ebenso, so Thomas Fuchs, wie »die Fruchtbarkeit von Obstbäumen, das Brutpflegeverhalten von Graugänsen, die Verfassung der USA oder der deutsche Exportüberschuss im Jahr 2006«.[65] Eine solche Einteilung von primären Qualitäten, welche wir physikalisch messen und mathematisch formulieren können, und von sekundären Qualitäten, welche nur auf unseren subjektiven menschlichen Eindrücken beruhen, stammt schon von Descartes.

Es scheint zwischen der Art und Weise, wie die Physik die Welt beschreibt, und unseren alltäglichen Wahrnehmungen offenbar ein tiefer Graben zu liegen.[66] Das spricht noch nicht für die Wahrheit der einen oder der anderen Seite. In der Physik kommen Ausdrücke wie Farbe, Härte usf. nicht vor, sondern abstrakte Größen wie Quarks, schwarze Löcher, Felder, Kräfte, Massen, Geschwindigkeiten, Wellenlängen usf. Viele sind der Ansicht, dass uns erst die Physik aufzeigt, wie die Dinge wirklich sind, die festen Gegenstände bestehen aus Molekülen, die Farben sind elektromagnetische Wellen. Zeigt uns erst die Physik die »wahre Natur« der Dinge?[67]

Nun verwendet die Physik eine künstliche Sprache und mathematische Modelle. Das hat sicher den Sinn, exaktere, eindeutigere, allgemeinere, fruchtbarere und informativere Aussagen und Systematisierungen über bestimmte Seiten unserer Welt zu formulieren. Dass sie uns über die wahre Natur der Dinge aufklärt, ist im Grunde nicht ihr Ziel. Beschreibungen von natürlichen Sachverhalten sind brauchbar, wenn sie uns aufzeigen, wie diese wirklich sind. Dazu ist die Physik nicht unmittelbar tauglich.

Wir können also nicht sagen, dass die Aussagen der Physik wahrer sind als die in unserer normalen Sprache. Im Grunde gibt es nicht einmal eine einzige physikalische Erkenntnis, ohne dass vorher nicht von der natürlichen Anschauung ausgegangen wird: »Ohne Bezug auf die normale Dingsprache hätte die Sprache der Physik keinen empirischen Gehalt, und ohne schlichte Wahrnehmung könnte der Physiker seine Instrumente nicht ablesen«.[68] Wir sind also auch in der Physik auf die normale Sprache bzw. einen Teil von dieser und auf einfache Wahrnehmungen angewiesen. Wir halten die Physik für exakt, und ihrem mathematischen Anteil nach ist sie das gewiss auch; ihre Ergebnisse aber könnten ohne die natürliche Anschauung und die durchweg metaphorische Sprache unserer Alltagswelt weder zustande kommen noch verstanden werden. Aber das wissen die Allerwenigsten.

Sicher sind unsere Wahrnehmungen nicht immer gleich für wahr zu halten. Es gibt durchaus so etwas wie Sinnestäuschungen, auch wenn diese eine angebbare Erklärung oder eine biologisch-funktionale Bedeutung haben. Wir erklären uns den Eindruck des Knickes in einem geraden Stock, der ins Wasser gehalten wird, mit den Brechungen in unterschiedlichen Medien wie Wasser und Luft; oder die Müller-Lyer'sche Täuschung, in der zwei gleich lange Linien unterschiedlich lang erscheinen, weil unser Wahrnehmungssystem die an die Linien angefügten Kanten räumlich auffasst und damit den normalen Kontext unserer Lebenswelt miteinbezieht. Außerdem besteht grundsätzlich ein Unterschied zwischen einer Wahrnehmung und einem Urteil über den Sachverhalt, den wir wahrnehmen. Dieser Unterschied hat z. B. Kant dazu veranlasst, zu behaupten, es gebe keinen Irrtum in der Wahrnehmung, sondern generell nur in unserem Urteilen.

Das legt freilich den Gedanken nahe, dass auch die Physik aus solchen Urteilen besteht. Auf einer zweiten Stufe können wir dann sogar noch davon sprechen, dass wir auch diese physikalischen Urteile beurteilen, eben in dem Sinn, dass diese uns vermitteln, wie die Welt wirklich aussieht, oder in dem Sinn, dass die Physik andere Interessen hat, als uns über die Wirklichkeit der Dinge aufzuklären. Entscheidend ist also die Frage, wie wir dazu kommen, ein wirkliches Bild von der Welt zu bekommen, und ob die Physik mit ihren Methoden ein besseres Bild von der Wirklichkeit liefert als unser alltägliches Verständnis, das auf unseren Wahrnehmungen beruht.

Eine erste Unterscheidung ergibt sich aus der Überlegung, ob die Physik und ihre wissenschaftliche Theoriebildung ein in sich selbst voranschreitendes Unternehmen ist oder ob diese mit kreativen Leistungen von Physikern verknüpft ist.[69] Weiter ist zu entscheiden, ob zwischen den Beobachtungen, dem Feststellen von Sachverhalten und der sprachlich-theoretisch-mathematischen Beschreibung streng analytische Beziehungen bestehen, sich also das eine aus dem anderen zwangsweise und rein logisch ergibt, oder ob darin jeweils ein Interpretationsraum ausgefüllt wird. Wenn das der Fall ist, müssen wir fragen, woher die Vorstellungen stammen, nach denen die vorliegenden Beobachtungen, Sachverhalte und Begriffe interpretiert werden.

Physikalische Aussagen werden nicht einfach so getroffen, sondern unter bestimmten Rahmenbedingungen. Schon die Messdaten setzen eine Theorie darüber voraus, was überhaupt gemessen werden soll. Die Theorie und die Beobachtung stehen damit in einem wechselseitigen Bedingungsverhältnis. Da der Physiker seine Messinstrumente so einrichtet, dass diese bestimmte Daten liefern, erwartet er außerdem bestimmte Ergebnisse.

Diese Erwartungen stammen aus dem theoretischen Modell und daraus, was er eigentlich messen will. Zuletzt müssen wir bedenken, dass in der Physik nicht einzelne, unstrittige Wahrheiten nebeneinander stehen, die irgendwann zu komplexen Aussagesystemen zusammengesetzt werden, sondern dass ein theoretisches Modell selbst schon ein komplexes System von Hypothesen, Traditionen, möglichen Beobachtungen, Interpretationen und Spekulationen über die Welt ist. Solche Annahmen beruhen zuletzt auf allgemeinen Weltsichten, auf Bewertungen, Wünschen, Interessen (auch solchen der Erkenntnis), auf bisher gemachten Erfahrungen, auf apriorischen Bedingungen der biologischen Entwicklung und der übernommenen Sprache. Aus diesen leitet der Physiker bedingte Wahrscheinlichkeiten für das Bestehen und Beobachten von Sachverhalten ab.[70]

Wenn die Voraussetzungen der physikalischen Theoriebildung und die Beobachtung der physikalischen Sachverhalte schon insgesamt hypothetischen Charakter haben, sind die Schlüsse zwangsläufig ebenso hypothetisch. Physiker sagen uns also gar nicht, wie die Wirklichkeit aussieht – die allermeisten bestreiten sogar ausdrücklich, sie würden darüber etwas aussagen –, sondern sie interpretieren bestimmte Phänomene angesichts ihrer Voraussetzungen.

Die Weite dieser Vorannahmen legt nun einen Verdacht nahe: Üblicherweise gehen wir davon aus, dass unsere psychischen Erscheinungen eine physikalische Ursache haben, nicht aber davon, dass unsere psychischen Dispositionen einen Einfluss auf die Physik hätten. Ich habe schon den Unterschied klar gemacht zwischen unserem Urteil über einen Sachverhalt und dem Sachverhalt selbst. Diesen beziehen wir zwar auf die Wirklichkeit, wir sagen also, dass der Sachverhalt in der realen Welt besteht, dennoch müssen wir auch für solche Feststellungen theoretische Annahmen und Beobachtungsgrundlagen voraussetzen, welche immer einen mentalen Gehalt aufweisen und damit psychisch, historisch usf. bestimmt sind. Das gilt auch für die Behauptungen der Physik.

Dabei müssen wir allerdings noch einen Kategorienfehler ausräumen: Die physikalischen Ursachen verstehen wir in dem eben angeführten Satz als objektive Verläufe z. B. eines neuronalen Prozesses. Wir haben aber gerade nur gezeigt, dass die Physik und ihre Theoriebildung auf psychischen Voraussetzungen beruht, nicht aber freilich, dass ihr Gegenstand selbst etwas mit psychischen Dispositionen zu tun hat. Wenn wir diese Unterscheidung aber wiederum für plausibel halten, setzen wir darin implizit etwas voraus: Die Wirklichkeit und was sie ist sind etwas von uns und unseren Wahrnehmungen völlig Unabhängiges.

Nun glauben viele, dass die Physik diese von uns unabhängige Welt beschreibt. Das ist dann die wirkliche Welt im Unterschied zu unseren Wahrnehmungen. Wenn nun aber die Physik nicht unabhängig von unseren Wahrnehmungen ihre Erkenntnisse und Fortschritte entwickeln kann, sondern diese voraussetzt, ist die Welt, wie sie wirklich ist, unerkennbar. Es gibt auf irgendeine Weise etwas, das sich unserem Zugriff entzieht, auch wenn wir uns wiederum irgendwie darauf beziehen, eben die wahre Wirklichkeit.

Diese Umschreibung treibt die Paradoxie zwischen objektiver Beschreibung und subjektiver Betrachtung freilich auf die Spitze. In der neueren Physik (etwa seit Planck, Einstein, Bohr, Heisenberg und Schrödinger) hat sich inzwischen auch ein deutlicher Richtungswandel vollzogen. Man hat sich vom alten kausal-mechanischen Modell, für das exemplarisch Newton steht, längst verabschiedet. Die Welt der Physik ist inzwischen völlig unanschaulich geworden und dennoch beruht sie auf unseren alltäglichen Verwendungsweisen von Raum, Zeit, Objekten, Ursachen und Wirkungen, auch wenn sie diesen Größen eine völlig andere Bedeutung gibt. Für uns stellt sich bei all dem die Frage: Was bedeutet hier »Wirklichkeit«?

Letztlich wohnt der Tatsache, dass die Physik ihre Ergebnisse den Rahmenbedingungen verdankt, sogar eine normative Frage inne: Wenn das theoretische Modell die faktischen Ergebnisse auch von Experimenten bestimmt, die, wenn die Vorhersagen mit den gewonnenen Fakten übereinstimmen, die Theorie wiederum bestätigen, so fungiert das Modell nicht nur als theoretischer Rahmen, sondern als normative Instanz. Die Daten *sollen*, wenn die Theorie korrekt ist, so aussehen wie die Vorhersagen. Das ganze Geschehen wird damit nicht nur einer Theorie, sondern auch einem normativen Grundsatz unterworfen. Die Welt ist zunächst nicht so beschaffen, wie das Experiment erwarten lässt (sonst könnte man es sich sparen), sondern so, wie die Theorie behauptet. In der Ethik gilt nichts anderes: Die Welt ist nicht so, wie die Ethik sagt, sondern die Ethik behauptet, sie solle so sein, wie ihr normativer Rahmen (es geht also auch nicht um Einzelnormen, sondern immer um Normenkomplexe) aussieht. – Aber das ist gewiss ein anderes Thema.

Es scheint, bedenkt man die vielfältigen Voraussetzungen physikalischer Erklärungen, offenbar zu sein, dass uns die Physik nicht sagen kann, wie die Wirklichkeit aussieht. Ihre Methoden und Modelle bewegen sich letztlich weit weg von dem, was wir überhaupt »die Wirklichkeit« nennen können. Nun mag man zugeben, dass die Physik nur bestimmte Aspekte der Welt einholen kann, die mit unserem alltäglichen Verständnis nicht kompatibel sind – wobei wir hier auch wieder voraussetzen, dass unser alltägliches Verständnis etwas damit zu tun hat, was die Wirklichkeit ist.

Es gibt aber nicht nur die Physik, sondern auch noch andere naturwissenschaftliche Methoden, welche sich den Phänomenen der alltäglichen Erscheinungen nähern wie z. B. die Neurophysiologie, die Psychologie oder die Ökonomie. Wenn uns die Physik nicht sagen kann, wie die Wirklichkeit aussieht, weil sich ihre Methoden dazu nicht eignen, dann könnten das aber die anderen Wissenschaften leisten.

Dieses Herangehen an die Wirklichkeit unterliegt zwei Problemen: Jede Wissenschaft muss Voraussetzungen machen, damit man überhaupt zu theoretischen Modellen über die Wirklichkeit kommt. Bei vielen Experimenten werden zudem Ergebnisse aus der Physik vorausgesetzt, die wiederum aus eigenen theoretischen Modellen hervorgegangen sind. Diese stellen technische Geräte zur Verfügung, mit denen andere Wissenschaften arbeiten, wie z. B. die Neurophysiologie mit ihren Methoden der bildgebenden Verfahren. Der Tomograph zur Untersuchung des Gehirns ist eine physikalische Errungenschaft. Er produziert Bilder, die immer so aussehen, wie es das physikalische Modell vorgibt. Jede Wissenschaft muss ihren Untersuchungsbereich einschränken und ihre Messverfahren an ihre Theorien anpassen. Diese Reduktionen aber führen wieder nur zu Teilaussagen über die Wirklichkeit.

Das andere Problem ist ein wissenschaftstheoretisches: Physik, Chemie und Biologie sind Naturwissenschaften. Ihre Methoden sind das Experiment und die Interpretation von Daten in kausalen Zusammenhängen. Das Gleiche gilt für die Neurophysiologie. Die theoretische Physik stellt darüber hinaus noch gesteigerte Ansprüche an Beschreibungen in mathematischen Funktionsgleichungen, welche auch von der Psychologie und der Ökonomie verwendet werden, auch wenn die Letzteren zur Entwicklung ihrer Modelle sich in erster Linie an statistischen Methoden orientieren, die auch nur zu statistischen Aussagen führen können.

Die Frage aber ist, ob die Arbeitsweisen in den einzelnen Wissenschaften nicht sehr unterschiedlich sind, so dass man nur sehr vage davon sprechen kann, dass man sich überall des Methodenideals, das in der Physik verwendet wird, bedient. In der Identifikation eines Fachs, das sich als Naturwissenschaft versteht, kann man mit Sicherheit nicht davon sprechen, dass man exakt und identisch das Methodenideal der Physik erfüllt. Für die Ökonomie ist das sogar auszuschließen, wenigstens aus empirischen Gründen, denn die Vorhersagen dieser Wissenschaft sind mitnichten so exakt, wie mitunter insinuiert und vorgegeben wird.

ETÜDE 5

»Die Welt ist alles, was der Fall ist!«

Reinhard Brandt betitelt eines seiner kleinen philosophischen Prosagedichte mit der Behauptung, die Welt sei zu Fall gebracht.[71] Wir müssen uns fragen, welche Welt er meint. Das ist allerdings paradoxerweise seine eigene Frage, denn gegen das Vorurteil, dass nur, was der Fall sei, zur Welt gehöre und es nichts anderes in der Welt gebe als das, was der Fall ist, wendet er implizit – er stellt die Frage also nicht direkt – ein, dass wir erst einmal angeben und wissen müssten, was wir meinen, wenn wir Aussagen über die Welt und über diese als ein Ganzes machen. Es ist einleuchtend, dass es so etwas wie Tatsachen gibt. Eine Tatsache ist eine Behauptung oder ein Urteil über einen Weltsachverhalt. Wenn wir sagen, eine Tatsache besteht wirklich oder tatsächlich, dann ist das Urteil wahr und die Tatsache damit sozusagen der Fall.

Nun fragt Brandt zunächst danach, was alles zu diesem »Es ist der Fall« dazugehört. Zeugnisse der Vergangenheit gehören zweifellos dazu. Aber wie ist das mit all dem, was nicht mehr gegenwärtig ist, sondern vergangen und verschwunden ist? Irgendwie gehört das wohl auch zur Welt. Und »die Narbe am Bein des Odysseus«? Die war auch einmal vorhanden oder ist es immer noch im zweiten homerischen Epos. Das Zukünftige ist eher noch nicht der Fall. Allerdings haben wir Pläne für den nächsten Tag oder für den Sommer. Die sind doch tatsächlich vorhanden? Und der Fall ist, was sich auf eine Tatsache bezieht! Ist die Welt also alles, was war, ist und sein wird?[72]

Es gibt aber noch mehr Tatsachen: Die bestehen z. B. darin, was tatsächlich alles nicht war, ist und sein wird. »Die erkannte Welt ist … sicher mehr als alles, was der Fall war, ist und sein wird, sie ist auch das, was sie nicht war, nicht ist und nicht sein wird«.[73] Es kommt noch schlimmer: Brandt erwähnt unsere Gedanken, Halbgedanken, Träume, Wünsche, Atmosphären in Situationen, die nur ein Einzelner hat. Vielleicht ist der Satz ganz anders gemeint und bezieht sich nur auf die Dinge der Außenwelt. So formuliert er: »Die Außenwelt ist alles, was positiv der Fall ist«.[74] Man ahnt es schon: Was ist mit den Schatten, mit der Unwissenheit, die Folgen hat, mit der Theateraufführung, die ausgefallen ist, mit anderen, möglichen Welten, mit den Tatbeständen, die im Konjunktiv oder Optativ ausgedrückt werden, was ist mit Schulden (die als »Nichtbesitz« immerhin unser Wirtschaftssystem dominieren), mit einem Phantomschmerz, mit dem Satz darüber, dass die Welt alles ist, was der Fall ist? Wenn Letzterer nicht mehr zur Welt der Tatsachen zählen soll, dann könnten wir diesen genauso gut weglassen.

Der Satz aber hatte viele Folgen; vielleicht die meisten glauben, dass er unbedingt wahr ist. Was sollte die Welt auch sonst sein? Und wenn der Satz geglaubt wird, dann ist dieser in der Welt und somit wohl auch eine Tatsache. Brandt meint: Im Grunde sei der Satz Wittgensteins (von dem stammt nämlich der Satz und mit diesem leitet er seine *Logisch-philosophische Abhandlung*, den *Tractatus logico-philosophicus*, ein) der »Fall« einer großen Einladung für alle Sätze und Tatbestände, die wir ersinnen können.

Was aber hat Wittgenstein tatsächlich gemeint? Das ganze Buch ist, das dürfen wir zunächst feststellen, schwierig zu lesen. Jeder Satz oder kurze Sinnabschnitt ist durchnummeriert. Das Buch enthält exakt sieben Sätze, deren erster eben: »Die Welt ist alles, was der Fall ist«[75] lautet und deren letzter: »Wovon man nicht sprechen kann, darüber muss man schweigen«.[76] Einzelaspekte dieser Hauptsätze werden in manchmal mehreren Untersätzen erläutert, die wiederum jeweils zu Untersätzen führen, die Erläuterungen enthalten. Das geht häufig bis in die vierte, manchmal auch in die fünfte Stelle hinter dem Hauptsatz. Das macht den Eindruck eines sehr logisch-mathematischen Aufbaus, in dem eins aus dem anderen folgt. Um eine Stelle zu zitieren, gibt man einfach die entsprechende Nummer an.

Das begriffliche Schema, das Wittgenstein verwendet, besteht in den Relationsverhältnissen von »Tatsache«, »Sachverhalt«, »Gegenstand«, »Form«, »Bild«, »logischer Raum«, und dann noch »Namen«, »Elementarsätze« sowie »Sätze«. Die Fragen nach diesen Elementen resultieren aus Wittgensteins Interesse dafür, »was wir mit unserer Sprache tun und was wir nicht mit ihr tun können«.[77]

Für Wittgenstein besteht die Welt nicht aus selbständigen Dingen, auf die wir uns in unseren Bildern, Vorstellungen und Gedanken beziehen, sondern diese Dinge gibt es nur in Relationsverhältnissen oder Strukturen zu Sachverhalten,[78] die zu Tatsachen führen,[79] welche die Gegenstände, Sachen, Dinge miteinander verbinden.[80] Die Möglichkeit der Struktur dagegen nennt er »Form«.[81] Ein Schraubenzieher, der im Werkzeugkasten liegt, ist ein anderer Sachverhalt als der Schraubenzieher in meiner Hand, mit dem ich gerade eine Schraube drehe, auch wenn wir meinen, es handle sich um dasselbe Ding. In welchem Relationsverhältnis sich der Schraubenzieher gerade befindet, drückt den bestehenden oder tatsächlichen Sachverhalt aus, der alle anderen Sachverhalte, in denen sich der Schraubenzieher befinden könnte, ausschließt; diese Sachverhalte sind dann nicht-bestehend und also nicht der Fall. Die Wirklichkeit setzt sich zusammen aus allen bestehenden und aus allen nicht-bestehenden Sachverhalten.[82] Die Wirklichkeit enthält offenbar viel mehr Sachverhalte als die Welt Tatsachen.

Die Gegenstände sind nach Wittgenstein einfach,[83] nicht zusammengesetzt, also elementar, und sie bilden »die Substanz der Welt«.[84] Mehr erfahren wir über das, was die Dinge sind, nicht.

Nun machen wir uns »Bilder von den Tatsachen«[85] – bzw. ein »Modell der Wirklichkeit«[86] –, welche den »logischen Raum« bilden, der im »Bestehen und Nichtbestehen von Sachverhalten« liegt.[87] Wie die Gegenstände sind auch die Elemente des Bildes nur in Strukturen vorhanden[88] und Sachen und Bildelemente entsprechen sich.[89] Das Bild insgesamt ist dann wieder »eine Tatsache«.[90]

Das nächste Problem, mit dem Wittgenstein den *linguistic turn* begründet hat, liegt in der Bedeutung und der Sprache. Was ein Bild nun darstellt, ist sein ganzer Sinn.[91] Insofern ein Sinn mit der Wirklichkeit übereinstimmt oder nicht, ist er wahr oder falsch[92] und um das festzustellen, müssen wir das Bild mit der Wirklichkeit vergleichen.[93] Über seinen dritten Satz: »Das logische Bild der Tatsachen ist der Gedanke« kommt Wittgenstein auf den Zusammenhang, nach dem »im Satz … sich der Gedanke sinnlich wahrnehmbar aus[drückt]«.[94]

Das Denken besteht für Wittgenstein also darin, dass wir Tatsachen in Bildern vorstellen und diese in Sätzen formulieren. Die Vorstellung von Tatsachen, welche aus Sachverhalten zusammengesetzt sind, geschieht in Bildern, die aus Elementen bestehen, welche die Struktur von Gedanken enthalten, welche wir in Sätzen sinnlich feststellbar ausdrücken. Grundbestandteil der Sätze sind nun Namen, die Sachverhalte werden zu Elementarsätzen, die Tatsachen zu Sätzen.

Wenn wir das alles zusammen nehmen, folgt daraus, dass die »Namen« für sich keine Bedeutung haben, wenn sie nicht in Elementarsätze eingefügt werden, um so das Relationsverhältnis auszudrücken, genauso wie die Gegenstände für sich keine Bedeutung haben, wenn sie nicht in Sachverhalten ausgedrückt werden. Oder, wie es im vierten Satz heißt: »Der Gedanke ist der sinnvolle Satz.« Wann immer das nicht beachtet wird, entstehen »unsinnige Scheinsätze«.[95]

Nun bilden für Wittgenstein sinnvolle Sätze Tatsachen oder »Sachlagen« ab,[96] sinnlose Sätze bestehen dagegen in Kontradiktionen oder Tautologien[97] und der Rest aller verbleibenden Sätze besteht aus »unsinnigen Sätzen«, wenn diese sich z. B. auf sich selbst und nicht auf die Wirklichkeit oder die Welt beziehen, also der Satz »Sokrates ist identisch«[98] oder der Skeptizismus, der zweifelt, ohne angeben zu können, was in Frage steht.[99] Dazu gehören fast alle philosophischen Sätze, weil der Sinn der Welt immer außerhalb ihrer selbst liegen muss[100] oder transzendental ist, wie die Ethik.[101]

Das gilt alles freilich nur für deskriptive Sätze, denn Fragen, Befehle, Tathandlungen, Normen – die sind alle »unsinnig«[102] – usf. beziehen sich ja nicht auf einfache Gegenstände, Sachverhalte oder Tatsachen. Wir haben weiter gehört, dass die Wirklichkeit in allen bestehenden und nicht bestehenden Sachverhalten besteht, die Welt enthält aber nur die bestehenden,[103] auch wenn Wittgenstein dann wieder behauptet: »Die gesamte Wirklichkeit ist die Welt«.[104] Für jemanden, der behauptet, was er geschrieben habe, sei unantastbar und definitiv, und dass er »die Probleme im Wesentlichen endgültig gelöst«[105] habe, wirkt das, will man ganz unvoreingenommen sein, etwas verworren.

Wie steht es aber um den *Tractatus* selbst? Enthält er Sachverhalte oder Tatsachen? Ist die Schrift nicht selbst eine Tatsache? Es entsteht ja der Verdacht, dass es sich gerade aufgrund der inhaltlichen Ausführungen um eine Ansammlung von unsinnigen Sätzen handelt. Und tatsächlich schreibt Wittgenstein: »Meine Sätze erläutern dadurch, dass sie der, welcher mich versteht, am Ende als unsinnig erkennt, wenn er durch sie – auf ihnen – über sie hinausgestiegen ist. (Er muss sozusagen die Leiter wegwerfen, nachdem er auf ihr hinaufgestiegen ist.) Er muss diese Sätze überwinden, dann sieht er die Welt richtig«.[106] Das Werk endet mit dem siebten, oben schon zitierten Satz, dass man schweigen »muss«, worüber man nicht reden »könne«.

Wittgensteins Fragestellungen und seine Antworten erscheinen uns eigenartig. Wir leben doch in einer Welt und beziehen uns in der Sprache auf diese und die in ihr enthaltenen Gegenstände und zudem auf unsere inneren Zustände. Die Sprache sagt etwas aus und wir machen uns untereinander damit verständlich, versuchen, die Bezüge des anderen, welche er im Denken vornimmt, aufzunehmen und zu verstehen, vergleichen diese mit unseren eigenen Bezügen und machen unserem Gesprächspartner klar, an welchen Punkten wir etwas anders sehen, und begründen das dann.

In diesem wechselnden Hin und Her geht uns dann selbst etwas auf, was wir noch nicht bemerkt haben. Dann können wir unser eigenes Denken und Vorstellen über die Welt ändern. Wir können auch die Wirklichkeit direkt prüfen, sehen, ob sich die Dinge so oder anders verhalten, und daraus unsere Schlüsse ziehen. Anderen können wir wiederum von diesen Erfahrungen berichten und in einen Austausch mit ihnen eintreten. Wittgenstein dagegen meint, es gibt diese Dinge, über die wir zu reden vermeinen, gar nicht, die Wahrheit liegt nur in den Sätzen, welche die Dinge in einer bestimmten Weise enthalten. Es kommt dabei aber gar nicht darauf an, auf was wir uns beziehen, sondern relevant ist allein die logische Form, in welche der Satz gekleidet ist.

Wittgenstein behauptet später (im Vorwort zu seinen *Philosophischen Untersuchungen*), der *Tractatus* enthalte viele Irrtümer. Die Wirklichkeit, das Denken und die Sprache hängen in diesem Werk gewissermaßen einfach zusammen und sind untereinander durch die logische Form verbunden. Die Wirklichkeit und die Welt sind bei ihm in seinen späteren *Untersuchungen* dagegen ausschließlich in ihrer sprachlichen Form gegeben: »Das Wirkliche ist sprachlich gegeben und das Sprachliche ist nunmehr das Wirkliche, so wie es ist, nicht mehr so, wie es möglich ist. Die Veränderung [gegenüber dem *Tractatus*; GF] besteht darin, daß es keine transzendentale Bedingung der Wirklichkeit mehr gibt. Die Sprache zeigt ohne Logik, allein, autonom das Wirkliche. Was wirklich ist, zeigt sich im sprachlichen Raum«.[107]

Für alle Probleme, die wir mit der Welt noch haben können, sind allein die »Regeln« und ihre Anwendung zu befragen. Wittgenstein meint allerdings, dass die »Regeln« nicht angegeben werden können, sondern sich nur im sprachlichen Vollzug finden. Das »System« dieser wechselseitigen Bezüge nennt er dann Sprachspiel. Das von uns verwendete Sprachspiel müssen wir lernen. Es gibt vorher keine Sprache. Sobald wir die Regeln einer Sprache anzuwenden lernen, verwenden wir bereits eine Sprache und bewegen unser Wirkliches immer nur in dieser Sprache. Innerhalb eines solchen Sprachspiels ist eine sinnvolle Aussage möglich. Unterschiedliche Sprachspiele sind inkommensurabel bezüglich in ihnen enthaltener Aussagen. Die spätere Entwicklung verschärft freilich die oben angegebenen Probleme mit der Welt, was alles zu dieser gehört und was wir darüber aussagen können.

Meine vorher gegebene Rekonstruktion, wie wir Menschen die Welt auffassen, über diese nachdenken und uns mit anderen darüber sprachlich austauschen, hat, so plausibel sie klingen mag, etwas sehr Naives an sich. Die Gegenstände, über die wir reden, sind keineswegs so klar und eindeutig in unseren Wahrnehmungen gegeben, wie wir bei oberflächlicher Betrachtung meinen könnten. Im Beispiel mit dem Schraubenzieher klang das an: Je nachdem, wie ich ein Ding verwende, ist es offenbar ein anderes. Dass es sich um dasselbe handelt, unterstellen wir einfach.

Die Dinge finden sich aber immer in Kontexten, welche den Bezug des Gegenstandes zu unserer Welt festlegen. Ein Ding für sich ist sozusagen gar nichts. Die Identität in wechselnden räumlichen, zeitlichen und kontextualen Bezügen entsteht durch den Namen, den wir dem Ding geben und der im wechselnden Gebrauch derselbe bleibt. In Platons *Kratylos* wird die Frage diskutiert, ob die Namen der Dinge etwas über diese aussagen oder ob sie bloße Konventionen der sprachlichen Verständigung sind. In letzterem Fall bedeuten sie sozusagen nichts.

Namen sind eine bestimmte Begriffsklasse. Wir stellen mit ihnen einen Bezug zur Wirklichkeit her, wenn wir den Dingen, Tieren und Menschen Namen geben und uns dann in einer Rede darauf beziehen. Der Bezug ist aber immer durch den Kontext vermittelt, die Namen beziehen sich auf verschiedene Gegenstände oder Personen usf. Aus einer Bezeichnung oder dem Zeigen auf einen Gegenstand erfahren wir nichts über die Welt. Gottlob Frege hat im neunzehnten Jahrhundert darauf aufmerksam gemacht, dass wir immer in Kontexten sprechen. Die Bedeutung der Begriffe erfassen wir nur in Satzzusammenhängen.

Solche Strukturen sind aber nicht beliebig. In analytischen Systemen, wie z. B. der Mathematik, sind die Bezüge untereinander eindeutig festgelegt, der Zusammenhang der betrachteten Größen besteht in der Funktion. Rational ist eine Aussage, wenn eindeutig ist, über was überhaupt gesprochen wird. Das lässt sich aber nicht über die bloße Beziehung feststellen, die das Satzsubjekt zum Prädikat hat, denn daraus lassen sich auch unsinnige Sätze basteln wie z. B.: Die Ecken des Mondes sind rund. Oder: Alle Kreise sind gelb.

Wenn es nun gelingt, die Aussagen über Gegenstände oder Sachverhalte so umzuformulieren, dass sie wie die Sätze in der Mathematik analytisch eindeutig sind, erkennen wir auch ihre logische Form. Frege schaffte es dann tatsächlich, die Sätze der klassischen Aussagelogik, wie sie sich schon bei Aristoteles findet, in ein logisches Kalkül zu überführen. Das gesamte Informationszeitalter beruht darauf, weil Maschinen nur logisch Eindeutiges verarbeiten können. Die Entdeckung der logisch-analytischen Seite der Sprache macht deren Verarbeitung in rechnergestützten Systemen erst möglich.[108]

Kurz darauf hat sich Frege mit einigen mathematischen Grundbegriffen, wie z. B. der »Zahl«, beschäftigt. Mit der formalen Logik sollte jede Wissenschaft und die von ihr verwendeten Begriffe auf eine streng analytisch-formale Basis gestellt werden, weil nur diese Form der Rationalität die Berechenbarkeit erlaubt. Das hat damals allerdings niemanden wirklich interessiert. Erst knapp 20 Jahre später, 1913, erschienen die *Principia Mathematica* von Bertrand Russell und Alfred North Whitehead, welche sämtliche Grundlagen der Mathematik auf die Logik zurückführten und Freges Einfluss auf diese These kräftig unterstrichen. Russell war fest davon überzeugt, dass mit Hilfe der logisch-analytischen Methode ein sicherer Weg zu Wissen und Wahrheit beschritten wird.

Bei Frege bezogen sich die Bedeutungen der Namen, Begriffe oder Klassen solcher Elemente allerdings noch auf etwas, auf bestimmte Sachverhalte. Der Abendstern und der Morgenstern haben deswegen die gleiche »Bedeutung«, weil beide Ausdrücke sich auf den Planeten Venus beziehen; sie haben aber einen verschiedenen »Sinn«, weil die Kontexte und damit die sprachliche Kodierung eine ganz andere ist.

Russell war der Meinung, dass man hier eine eindeutige Lösung finden muss. Es gibt eben Sätze, die sich auf gar nichts beziehen lassen; und wenn keine Referenzgröße angegeben werden kann, macht der Unterschied zwischen Sinn und Bedeutung eben keinen Sinn mehr. Spricht man z. B. von einem runden Quadrat, erweckt die darin enthaltene Kennzeichnung den Eindruck, dass damit eine Klasse definiert wird, auch wenn deren Bedeutung für alle Aussagen nicht relevant ist, weil die Elementklasse von runden Quadraten notwendig null ist. Für Russell geht daraus aber hervor, dass solche Bedeutungszuschreibungen *generell* nicht und in keinem Fall auf Gegenstände verweisen. Klassen sind deswegen auch keine Gegenstände. Sie können »nicht unabhängig von ihren Elementen verstanden werden«.[109]

Das Entscheidende für die ganze Frage, welche in Wittgensteins Satz endet, dass die Welt alles sei, was der Fall ist, liegt darin, dass als sinnvolle Sätze nur noch diejenigen in Frage kommen, die sich logisch rekonstruieren lassen. Jeder syntaktischen Struktur, welche Subjekt und Prädikat miteinander verbindet, liegen komplexe logische Strukturen zugrunde, die sich für Russell in die logischen Zeichen »es gibt« (der Existenzquantor), »für alle … gilt« (der Allquantor), »wenn …, dann …« (die konditionale Operation), »nicht« (die Negation) usf. auflösen lassen müssen. Alle Sätze und Aussagen, welche sich nicht in diese logische Form übersetzen lassen, sind dann nicht mehr von dieser Welt.

Einem solchen Denken wohnt eine exzessive Radikalität inne. Wittgenstein ist wahrscheinlich derjenige, welcher die radikalsten Konsequenzen daraus zieht. Dennoch paart sich dieses Denken mit einer ganz eigenen Unsicherheit. Er ist nie zufrieden mit seinen Ergebnissen, zweifelt alles immer wieder an und zum Ende seines Lebens hin werden ihm offenbar religiöse Fragen immer wichtiger, auch wenn er bereits in seinen frühen Tagebüchern über solche

Themen spricht. Manche Forscher sehen den ganzen oder den entscheidenden Wittgenstein in den Äußerungen über die Religion, andere wollen das alles lieber vollständig streichen, weil seine logischen Sprachanalysen mit seinem religiösen Glauben gar nichts zu tun hätten. Wir können seine Texte tatsächlich auf beide Weisen lesen. Sein grundsätzlicher und umfassender Zweifel an allen seinen Überlegungen und Ergebnissen, der von so vielen hervorgehoben und gelobt wird, steht freilich in merkwürdigem Kontrast zur Apodiktizität und scheinbaren Unumstößlichkeit seiner Äußerungen.

Die logische Analyse der Sprache, ihre Rückführung auf rein logische und damit mathematische Begriffe, die Möglichkeit ihrer Berechenbarkeit durch die Umformulierung in Funktionsgleichungen werten auf der einen Seite alle Urteile über die Welt ab, welche nicht der logischen Form genügen können, und verdammen diese zur Sinnlosigkeit; auf der anderen Seite suggeriert dieses Unternehmen, dass die gesamte Welt einschließlich ihrer sprachlichen Deskriptionen in rein mathematischen Zusammenhängen sinn- und gehaltvoll ist.

Diese exakten mathematischen Beschreibungen identifiziert man im nächsten Schritt mit dem Kausalmechanismus. Denn wenn alle Wahrheit in logisch einwandfreien Sätzen besteht, wenn die Wirklichkeit selbst logisch einwandfrei ist und die Mathematik beides eindeutig ausdrücken kann, so lässt sich für jeden Zustand der Welt eine Formel, eine mathematische Funktion oder Gleichung finden, mit deren Hilfe sich nicht nur alle möglichen Zustände, sondern exakt der eine zukünftige Zustand vorhersagen lässt, der notwendigerweise eintreten wird.

Ein solches Unternehmen wäre verhindert, wenn es sinnvolle Aussagen über die Welt gäbe, die sich nicht eindeutig in ihre logische Struktur zerlegen lassen, weil die in ihnen enthaltenen Terme nicht exakt bestimmbar sind. Russell hatte Frege kritisiert, weil bei diesem die Namen eine indexikalische Bedeutung haben, ihm ging es aber allein um die logische Struktur. Wittgenstein übernimmt diese Kritik Russells, behauptet aber, dass der Index oder der Name innerhalb der logischen Struktur nur ein logisches Argument ist, also ein Bestandteil einer logischen Schlussfolgerung. Die Bedeutung der Indices sei dagegen völlig unabhängig von der logischen Struktur.[110]

Da die Wahrheit bei Wittgenstein auch schon im *Tractatus* allein in Sätzen bestehen (und in und mit ihnen gezeigt werden) kann, gibt die logische Struktur der Sprache alle wahren Sätze.[111] Aber sie gibt eben nur die Sätze, nicht die Sachverhalte. Zwar besteht im *Tractatus* ein Zusammenhang zwischen der Struktur der Wirklichkeit und der Struktur der Sprache, es lässt sich aber aus sprachlich-logischen Schlüssen nicht auf Aussagen in Sätzen wiederum über Sachverhalte schließen. »Auf keine Weise kann aus dem Bestehen irgendeiner Sachlage auf das Bestehen einer, von ihr gänzlich verschiedenen Sachlage geschlossen werden«.[112] Und er fährt fort: »Einen Kausalnexus, der einen solchen Schluss rechtfertigte, gibt es nicht«.[113] Und deswegen gilt: »Die Ereignisse der Zukunft können wir nicht aus den gegenwärtigen erschliessen. Der Glaube an den Kausalnexus ist der Aberglaube«.[114]

Dabei hat Wittgenstein gar nichts gegen mechanistische Erklärungen. Er »verurteilt« nur deren »generelle Anwendung auf alle Phänomene, Probleme und Rätsel«,[115] also den positivistischen Szientismus. Die Notwendigkeit, mit der natürliche Ereignisse kausalmechanisch aufeinander folgen sollen, gibt es seiner Ansicht nach gar nicht, denn Notwendigkeit ist eine rein logische Kategorie.[116] Schon für seine Zeit konstatiert er: »Der ganzen modernen Weltanschauung liegt die Täuschung zugrunde, dass die sogenannten Naturgesetze die Erklärungen der Naturerscheinungen seien«.[117] Der Unterschied zwischen religiösen Erklärungen und naturwissenschaftlichen sieht er dann darin, dass beide eine Art »Enderklärung« sind, die er nicht für sinnvoll hält; während aber die Religion einfach abbricht, um einen unerklärlichen Schlusspunkt zu setzen, hält die Naturwissenschaft ihre Erklärung für abschließend und vollständig – man meint, man habe »alles erklärt«.[118]

Der Wissenschaftsglaube ist für Wittgenstein ein Aberglaube, während der religiöse Glaube nur »grundlos« ist. »Wittgensteins ganze philosophische Arbeit versucht, das Fehlen der sicheren Fundamente in allen Bereichen des Lebens, Denkens und Glaubens klar zu machen und uns davon zu überzeugen, dass uns deswegen nichts abgeht«.[119]

Für Wittgenstein gibt es nach wie vor die »Narbe am Bein des Odysseus« nicht, keine Schatten und keine ausgefallenen Theaterabende. Die Sprache selbst, die Religion, die Wissenschaft, alles das ist uns nach ihm unerklärlich, das, um was es darin geht, ebenso wie bei der Ethik und der Ästhetik, transzendent. Den Grund dafür sieht er generell in der Form der Sprache, welche ihm im *Tractatus* die logische ist und in den späteren *Philosophischen Untersuchungen* die grammatische. Jede Bedeutung, welche ein Ausdruck haben kann, findet sich immer nur in seiner sprachlichen Form und im gegenseitigen Verweisungscharakter.

Die Ausdrücke für die Dinge, die Sachverhalte, das Ich, das Innere – auch in seinem Verhältnis zum Äußeren –, seelische Phänomene usf. haben dagegen keinen Referenzbezug, wir können auf sie zeigen, diese empfinden, aber dadurch transformieren sie sich nicht in grammatische Bedeutungen, über welche wir allein etwas aussagen können. Wittgenstein sieht es generell als Fehler an, irgendetwas zu vergegenständlichen und sich dann darauf zu beziehen. Das gilt nicht nur für das Ich, sondern bereits für die Dinge der Welt. Dass diese alles ist, was der Fall ist, erhält seine Bedeutung ausschließlich aus solchen Überlegungen. Für die Welt, wie wir sie üblicherweise verstehen, ist der Satz bei Wittgenstein irrelevant.

Die Behauptung, sinnvoll sei nur, was sich in logische oder in eng gefasste grammatische oder mathematische Strukturen zerlegen lässt, setzt die These, welche dadurch bewiesen werden soll, schon voraus. Alles andere ist dahingehend ein Rätsel, unbegreiflich, nicht auszudrücken, eben grammatisch bzw. logisch falsch. In der rein logisch verfassten Welt gibt es so viele Dinge nicht, mit denen wir tagtäglich umgehen. Aber auch schon die Beschränkung auf Sachverhalte, selbst wenn wir sie auf die Welt beziehen, wie wir das unabhängig von Wittgenstein selbstverständlich tun, lässt vieles weg, was für uns gewohnt ist.

Die menschliche Sprache hat sich sicherlich nicht am Maßstab entwickelt, den uns die Logik seit Frege oder auch schon seit Aristoteles vorschreibt, und sie bezieht sich auf alles, was sich wahrnehmen, vorstellen, denken und tun lässt, auch wenn sich diese oftmals auf etwas bezieht, das es nicht gibt. Häufig ist das sogar der uns sehr viel mehr interessierende Fall.

Es gibt einen grundlegenden Unterschied zwischen den Tatsachen, die sich auf die Wirklichkeit beziehen, und den Erklärungen, die wir in sprachlicher Form ausdrücken und die sich auf die Welt beziehen. Eines der Grundparadoxa besteht schon darin, dass wir unsere Vorstellungen nicht mit der äußeren oder inneren Wirklichkeit vergleichen können, weil wir davon auch immer nur Vorstellungen haben. Wir können also nur Vorstellungen mit Vorstellungen vergleichen. Dieser Umstand hat zum Außenweltskeptizismus und zum Solipsismus geführt, also zu der Behauptung, es gebe die Welt nicht oder eben nur meine eigene innere Welt. Vor die Wahl gestellt, welche Hypothese wir annehmen, erstens: Es gibt eine äußere Welt, in der wir leben und handeln; zweitens: Es gibt diese nicht, ist die erstere offenbar nicht nur wesentlich plausibler, sondern wir sind vielmehr in unseren Handlungen sogar gezwungen, dieser zuzustimmen.

Die Welt als Ansammlung von Tatsachen stellt man sich als eine Art Liste vor, die alle Tatbestände enthält. Russells Antinomie, mit der er Freges Rückführung der Logik und Mathematik auf die Mengenlehre kritisierte, besteht gerade darin, dass man nicht entscheiden kann, ob diese Liste selbst mit der Aufzählung aller Tatsachen zur Welt gehört: Sie müsste sich also selbst enthalten bzw. als Vorhandenes aufführen, oder eben nicht. Aber das sind im Grunde logische oder mathematische Probleme oder Spielereien, welche die Welt nicht anders machen, als sie ist.

Das Verhalten des Menschen ist durch seine Gene, seine Instinkte oder seine Sozialisation festgelegt!

Eine zentrale Lehre vom Menschen besagt, dass dieser in erster Linie ein handelndes Wesen ist. Handeln verstehen wir im Unterschied zum bloßen Sich-Verhalten. Wo aber liegt der Unterschied? Ist das menschliche Handeln nur komplexer als das aller anderen Lebewesen oder zeichnet es sich durch ein spezifisch anderes Moment aus, das es sonst in der Natur nicht gibt? Was den Menschen zum Menschen macht, ist der *logos*, was so viel heißt wie »Vernunft«, »Sprache« oder allgemein die Fähigkeit meint, etwas Sinnganzes aufzufassen, was sich dahingehend auswirkt, dass der Mensch beliebige Kombinationen bilden kann von allem, was er in irgendeiner Form vor seiner Nase hat, der er zugegebenermaßen meistens folgt.

Die Frage ist, ob dieser Umstand den Menschen über seinen und den allgemeinen Naturzusammenhang hinaushebt und inwiefern der Mensch dahingehend nicht mehr Teil der Natur ist. Der Naturzusammenhang besteht in den natürlichen Erklärungen aller Verhaltensweisen, seine Instanzen sind die Gene, die Instinkte und die Sozialisation, d. h. die Bedingungen und Einflüsse seines Heranwachsens in sozialen Verbänden, und die materielle Ausprägung dieser Einflüsse in seinem Gehirn. Daneben sind unterschiedliche Kombinationen dieser Instanzen als Erklärungen zulässig, wenn wir die Sachlage rein biologisch interpretieren.

Wir wollen hier danach fragen, wie weit diese Erklärungen reichen, ob sie schon in ihrer begrifflichen Struktur Anleihe an vorausgesetzte Vorstellungen nehmen, die sie nicht eindeutig klären können oder gar in ihrer Reichweite so begrenzt sind, dass ihre Erklärungen nicht genügen, um das menschliche Verhalten zu bestimmen. Dann müssen wir annehmen, dass wir beim Menschen eben nicht nur von einem Verhalten sprechen, sondern auch von einem Handeln.

Nehmen wir uns als erstes die Gene vor. Was stellen wir uns darunter vor und wie erfolgt der Übergang von ihren Sequenzen auf die Handlungen des Menschen in die Welt hinein? Als Genom bezeichnet man den materialen Träger der Desoxyribonukleinsäure (DNS), also die Chromosomen, Gene und Basenpaare, genauso aber den »Informationsgehalt«, der auf diesen Molekülen »gespeichert« ist.[120] Wenn wir dabei von »Speicher« oder »Information« sprechen, so verwenden wir schon technische Begriffe, die nahelegen, dass hier Bedeutungsgehalte vorliegen. Zunächst meinen wir aber nur den physischen Aufbau der DNS.

Die DNS besteht in einer langen Kette von Molekülen, die zwei schraubenartig miteinander verwobene Stränge bildet. Sogenannte Phosphorsäurereste verbinden jeweils zwei Desoxyribosemoleküle (ein Zucker) miteinander, an die sich stickstoffhaltige Basen andocken. Eine Struktur von Phosphorsäurerest, Desoxyribose und Base nennen die Biologen »Nukleotid«. Von den Basen gibt es nur vier verschiedene Varianten: Adenin, Guanin, Cytosin und Thymin. Über Wasserstoffbrücken (sozusagen die inneren Kettenglieder, welche die Doppelhelix zusammenschließen) sind entweder die Basen Thymin und Adenin (die von einer doppelten Wasserstoffbrücke zusammengehalten werden) oder Cytosin und Guanin (die eine dreifache Wasserstoffbrücke aufweisen) miteinander verbunden. Wer davon noch nie gehört hat, ist von der Überschaubarkeit der Bestandteile eines Genoms überrascht.

Drei Basenpaare, die hintereinander geschaltet sind, bilden ein Triplett (oder Codon), das in der Transkription die Bestandteile der Aminosäuren anlagert, die zusammengeschlossen ein Peptid, eine solche Aminosäure, aufbaut. Mehrere solcher Aminosäuren verschachteln sich dann in der Translation aneinandergelagert zu einem Protein, aus dem sich das Lebewesen gleichsam zusammensetzt. Solche Aminosäuren gibt es wiederum nur zwanzig verschiedene, mehrere davon sind unterschiedlich durch die Basentripletts codiert. Die Kombinationsmöglichkeiten für unterschiedliche Proteine sind freilich enorm, da sich die zwanzig Aminosäuren fast beliebig kombinieren könnten. Den DNS-Abschnitt, der ein solches Protein codiert, nennt man ein Gen.

Bei der Replikation wird der gesamte DNS-Strang kopiert, indem sich die Wasserstoffbrücken auflösen und sich an jedem Teilstück exakt die gleichen Basenreihen wieder anschließen. Wenn sich dabei z. B. eine Base von ihrer Desoxyribose löst und eine andere Base sich dort einfügt, sprechen wir von Mutation. Diese sollten erstens selten sein und zweitens an Stellen, an denen die Veränderung keinen großen Schaden anrichtet. Eine andere Base an einer Stelle verhindert nämlich, dass sich genau die Aminosäure bilden kann, die für den spezifischen Eiweißaufbau benötigt wird.[121]

Das menschliche Genom besteht etwa aus 3 Milliarden solcher Basenpaare, die insgesamt wiederum wohl knapp 30.000 (oder auch nur 23.000, und wie die letzten Forschungsergebnisse lauten, vielleicht sogar nur 10.000 – so genau weiß man das aber nicht) Gene codieren. Die Gendichte, also die Anzahl der Gene bezogen auf die Anzahl der Basen insgesamt, ist beim Menschen äußerst gering. Das heißt, dass entweder sehr lange Gensequenzen (Exons) vorliegen oder dass die Abschnitte, welche keine Proteine codieren (Introns), länger sind als bei anderen Lebewesen oder häufiger auftreten. Am Anfang und Ende der Gensequenzen liegen sogenannte Promotor- und Terminatorregionen, welche die Eiweißbildung anlaufen und stoppen lassen. Die Introns haben darüber hinaus, wie die Forscher vermuten, weitere Organisations- und Regulationsfunktionen, die allerdings zum Teil oder sogar Großteil auch von der die Gene umgebenden Epigenetik übernommen werden. Viele Abschnitte werden aber z. B. etwas populistisch auch als »Datenmüll« bezeichnet, da sie offenbar Sequenzen enthalten, die keine Auswirkungen auf das Lebewesen haben und vielleicht Reste früherer Entwicklungen sind. Sonst steht offenbar die Genomgröße in keinem eindeutigen Zusammenhang mit dem Organisationsgrad des Lebewesens. Die Fruchtfliege hat etwa halb so viele Gene wie der Mensch, der Gemüsekohl mindestens vier Mal so viele, obwohl sein Genom nur etwa halb so lang ist. Das Genom des Teichmolchs ist gegenüber dem Menschen viermal so lang.

Die Introns heißen auch »nicht-codierte Sequenzen«. Die Codierung meint in der Biologie also nur den Vorgang der Proteinbildung. Wenn wir schon von Informationen und Informationsgehalten sprechen, müssten die Steuerungsabschnitte ebenso eine große Rolle spielen, wenn nicht sogar eine vielleicht noch größere. Auffällig ist beim Menschen ja die geringe Gendichte. Ein »Baukasten« von zwanzig Aminosäuren ist relativ überschaubar, zumal man die Vorgänge auf dieser untersten Ebene, soweit ich das beurteilen kann, relativ gut versteht. Etwas komplexer sind freilich die Techniken, wie Gensequenzen bestimmt und manipuliert werden können (ein ganz wichtiger Forschungszweig, die sogenannte Gentechnik), und die enorme Anzahl der Möglichkeiten für die Proteinbildung.

Aber die Gene scheinen offenbar eine nur untergeordnete Rolle zu spielen. Viel entscheidender sind doch wohl die Steuerungselemente, über die man relativ wenig weiß. So enthält z. B. das Dystrophin-Gen (ein Protein, das im Muskelfaseraufbau vorkommt) gerade einmal knapp 0,5 Prozent kodierte Basen-Abschnitte. Zwar ist die Prozentangabe dahingehend irrelevant, als keine Rolle spielt, wie viele Abschnitte die Expression des Eiweißes kodieren, solange diese korrekte und nicht dystrophe Bausteine zur Verfügung stellt. Offensichtlich ist aber, dass für den korrekten Körperaufbau, also die Ontogenese des Individuums, wesentlich mehr für eine korrekte Expression nötig ist. Die Aussage, der Mensch wird von seinen Genen determiniert, stimmt damit klarerweise schon nicht für die biologisch-ontogenetische Entwicklung des Lebewesens Mensch, weil die Gene zwar die Conditio sine qua non für die Zellentwicklung sind, diese allein aber noch nichts über das Wachsen eines Lebewesens verrät.

Was den Prozess der Entwicklung eines Lebewesens bestimmt, kann also allenfalls das Gesamtgenom sein. Dass wir davon hochgradig abhängen und genetische Mutationen eine erhebliche Auswirkung auf unsere Lebensweise und Lebensführung haben, kann freilich nicht bestritten werden. Dass aber etwas eine Auswirkung hat, heißt noch längst nicht, dass das Genom vollständig und auf kausal-determinative Weise die Lebensführung eindeutig bestimmt. Angesichts der Komplexität der Aminosäuren- und Eiweißexpression, ihrer Zusammenfügung zu unterschiedlichen Zellen und ihrer korrekten Anordnung, der Bedeutung früher Entwicklungen, der Umwelt- und Sozialstruktur wäre eine Aussage, man könne diese ganze Verkettung lückenlos erklären, sogar hochgradig unseriös.

Es schließt sich dann die Frage an, in welchem Verhältnis die genetische Grundlage zur Umwelt steht. Inwiefern »weiß« das Genom, in welcher Umwelt sich das Lebewesen befindet? Von der tatsächlichen Umwelt – hier steht der Baum, dort der Strauch, hier befindet sich Wasser – ist die genomische Codierung so himmelweit entfernt, wie man es sich nur vorstellen kann. Wir erklären uns das aber folgendermaßen: Ein Lebewesen empfängt einen bestimmten Reiz, z. B. ein Eichhörnchen von einem Nüsslein. Der Reiz – das ist natürlich ein komplexes Konstrukt und nicht nur eine Art Schalter – führt zu einer intern über das Zentralnervensystem verarbeiteten Reaktion des Lebewesens. Das Eichhörnchen nimmt das Nüsslein auf und vergräbt es an einer Stelle, von der es weitere Reize empfangen hat, die wiederum und reziprok immer wieder intern verarbeitet und abgeglichen werden. Wir nennen ein solches Verhalten »Instinktverhalten«.

Ein solches Instinktverhalten (der »Instinkt« ist für die heutige Verhaltensbiologie kein gebräuchlicher Ausdruck mehr, weil sich nicht exakt definieren lässt, was damit gemeint ist; ich bediene mich der Einfachheit halber dennoch dieses Begriffs) stellt eine interpolierte Vorstellung dar, die angesichts des Verhaltensspektrums eines Lebewesen, seines Überlebenstriebs und der konkreten Umsetzungen in eine mögliche Umwelt hinein gebildet wird. Instinktverhalten ist sozusagen gesteuert, das Verhaltensspektrum und die Wahrnehmungsmöglichkeiten sowie deren Koppelungen resultieren aus den genomischen Anlagen.

Eine konkrete Vorstellung davon, wie im Genom eines Lebewesens sein Verhalten codiert ist, gibt es nicht. Das liegt schon an den unterschiedlichen Begriffsebenen: der physischen DNS, ihre Auffassung als Informationsspeicher, daran, was wir unter Wahrnehmung und Handlung bzw. Verhalten, Überleben, Trieb usf. verstehen, den überall dazu querstehenden Prinzipien Darwins von der Mutation und der Selektion, den diesen zugrunde liegenden Mechanismen der Epigenetik usf. Der Genetiker spricht auch noch von »Ablesen«, »Um- und Aufbau«, »Codes«, »Prozessen«, von »Schaltungen«, »Regulierungen«, davon, dass Prokaryonten keine »Introns besitzen«, dass Körperzellen funktional programmiert sind usf.

Begriffe aus der Technik vermischen sich hier reihenweise mit Bedeutungträgern, von Begriffen also, die aus ganz anderen Zusammenhängen stammen und damit Bedeutungsgehalte übertragen, die im Übertragungsgebiet keine Entsprechung haben. In der

Alltagswelt können wir mit solchen Bedeutungsverschiebungen relativ gut umgehen, in der wissenschaftlichen Begriffswelt müssten wir für jeden verwendeten Terminus eine eigene, rein extensionale Definition aufstellen, die den Begriffsumfang exakt festlegt. Wenn jemand zu einem anderen Menschen sagt: »Deine Augen leuchten wie die Sterne!«, dann wird das nicht wörtlich verstanden. Zwar sind Sterne heiß, aber sie bestehen aus Gas und sind weit weg. Das ist freilich nicht gemeint, sondern das Funkeln der Sterne am Himmel, wenn wir nachts drauf blicken, mit den Assoziationen von Herrlichkeit des Universums (Kants »bestirnter Himmel«), der darin enthaltenden Romantik, dem Kompliment, das man machen will, usf.

Fatalerweise werden in den Wissenschaften solche Begriffe ebenso verwendet. Innerhalb der eigenen Binnenperspektive wissen die Beteiligten sicher, was damit jeweils gemeint ist, aber wenn die Begriffe wieder in die Alltagssprache übertragen werden, sind Missverständnisse vorprogrammiert. Wenn ich die Vorgänge aus Anlass eines vorhandenen Genoms mit Metaphern der Maschinensprache belege, mit Beschreibungen von durch menschliche Tätigkeiten hervorgebrachten Artefakten, und am Ende behaupte, das funktioniere alles auch wie eine Maschine – das sehe man ja schon an den verwendeten Begriffen –, weil ohnehin alles in der Natur mechanisch funktionieren müsse, stiftet das mehr Verwirrung als Klarheit.

Wenn also die Gene und das Genom unser Verhalten nicht erklären können – und nicht einmal das von Tieren –, muss man sich einen Begriff suchen, der mehr Bezug zur Umwelt des Lebewesens hat. Wir nennen diese Steuerung Instinkt. Nun sind Biologen und Psychologen von diesem Konstrukt, das ohnehin nie eindeutig definiert wurde, längst wieder abgekommen, im Alltag hält es sich aber weiter. Diese unbekannte, innere Ursache ist im Alltagsverständnis dann irgendwann mit den Genen identifiziert worden, manchmal auch mit den durch diese verursachten neuronalen Strukturen.

Das Problem liegt überall darin, zu erkennen, was mit einer bestimmten Hypothese erklärt werden soll. Unser Wissen ist nicht voraussetzungslos, deswegen sind wir auf Hypothesen angewiesen. Wir müssen aber zwischen Einzelhypothesen und generellen Hypothesen unterscheiden. Eine generelle Annahme ist z. B. die von der Existenz der Welt. Die Erklärung eines bestimmten angeborenen, unreflektierten, dem Überleben dienenden und gattungsabhängigen Verhaltens mit dem Instinkt ist dagegen eine Einzelhypothese, die jederzeit ersetzt werden kann durch andere Erklärungshypothesen.

Wenn der Instinkt – der wieder im Alltag eine Reihe von Vorstellungsassoziationen mitträgt – eine unbekannte Ursache darstellt, dann reden wir nicht mehr von der gleichen Erklärung, wenn wir behaupten, die Ursache sei gar nicht unbekannt, sondern die Ursache des Verhaltens liege in diesem und jenem neuronalen Muster oder in den Genen. Wenn wir dann wieder sagen, so genau wüssten wir ja gar nicht, wie eine neuronale Struktur auf das Verhalten wirkt oder wie die Gene unser Verhalten steuern – das ist zwar eine Tatsache, die aber zumeist mit dem Hinweis versehen wird, zukünftige Forschungen würden das »Rätsel« lösen –, also sei die Ursache ja wieder unbekannt, verschleiert dies nur die Erklärungshypothese. Es erklärt also letztlich nichts.

Für solche Verschleierungen gibt es zahllose Beispiele. So spricht Darwin von einer »natürlichen Zuchtwahl (*natural selection*)«. »Zucht« ist aber eine intentionale Tätigkeit: Erwünschte Eigenschaften von Lebewesen sollen durch Auswahl und bestimmte Kreuzungen verstärkt, ungewollte reduziert werden, sie enthält also ausdrücklich ein *telos*, eine Zielvorstellung. Die Natur, so sagt der Evolutionsbiologe, mache im Grunde das gleiche wie der Mensch, nur »brauche« sie mehr Zeit. Dass die Natur dabei offenbar als Akteur mit einem Willen auftritt, wird durch die Behauptung verhindert, dass die Richtung ungeregelt und die Wirkungen zufällig seien, denn den teleologischen Zusammenhang will man ja gerade eliminieren. Diese »Lösung« entspricht aber nicht mehr unserem Verständnis von Selektion, die eben eine bewusste Auswahl meint.

Der sogenannte natürliche Verlauf hat aber nichts mit einer Wahl zu tun, seine Zufälligkeit ist sein entscheidendes Kriterium. Ein »zufälliger« Verlauf versperrt sich wiederum einer Erklärung. Also denken wir, der Zufall liege nur im Ergebnis, der Vorgang selbst sei streng durch Mutationen, die dadurch bewirkten Veränderungen des Lebewesens und die sich ändernden Umweltbedingungen determiniert. Für eine wirkliche Erklärung der »Entstehung der Arten« müssten wir diese Bedingungen, Mutation, Änderung und

Umwelt, im Bezug aufeinander streng kausal erklären. Das ist bisher niemandem gelungen. Daraus folgt, dass es sich um eine bloße Hypothese handelt, was sich sofort erschließt, wenn wir nach den Bedingungen der Erklärung fragen.

Die Möglichkeiten einer exakten Erklärung für die angesprochenen Vorgänge wären also gegeben, wenn wir exakt sagen könnten, was Kausalität ist. Das können wir aber nicht. Es gibt sehr viele Gründe dafür, anzunehmen, dass Kausalität entweder ein subjektives Gefühl aus der gewohnheitsmäßigen Fixierung der Annahme ist (das hat David Hume gemeint) oder ein Erklärungskonstrukt, das uns eine gewisse Verlässlichkeit der Erklärung eines Vorgangs bietet (wie Kant zu beweisen versuchte).

Dieselben Probleme ergeben sich beim dritten Konstrukt der Erklärung von menschlichen Verhaltensweisen, den Sozialisierungsvorgängen. Gegenüber den rein physikalischen und mikrobiologischen Vorgängen in den Genen und gegenüber dem gattungsabhängigen Instinkt ist ein Sozialisierungsvorgang immer etwas Individuelles. Zu wissenschaftlichen Aussagen kann es deswegen kommen – wissenschaftliche Erklärungen sagen etwas über generelle und nichts über einzelne Verläufe, es sei denn als einzelnes Beispiel, das nur der Veranschaulichung von generellen Prozessen dient –, weil jeder Einzelne im gleichen Maß von diesen Vorgängen betroffen ist, insofern sei auch das eine Determinierung, die uns bestimmt und der wir nicht entkommen können.

Bezeichnend ist, dass die Gene, die Instinkte und die Sozialisierung letztlich das Gleiche erklären wollen. Wie die Instinkte irgendwann mit den Genen identifiziert wurden, so geschieht auch die Sozialisierung letztlich auf angeborenen Grundlagen, die durch den sozialen Austausch und die entsprechenden Übernahmen nicht ersetzt, sondern nur ergänzt werden. Die Sozialisierungshypothese erweitert die Prägung, die uns in unserem Verhalten festlegt, allerdings wesentlich. Dennoch beruht ihre Entwicklung auf der Gegentendenz zur Erklärung mit den Instinkten, da diese die Umweltbedingungen vernachlässigt und teilweise die Ansicht vertreten wird, dass der Mensch gerade durch seine Instinktarmut gekennzeichnet sei, die es notwendig mache, dass er in einem Sozialisierungsprozess die Verhaltensweisen erlernt, die ihm das Überleben erst ermöglichen.

Hinter all diesen Ansichten stehen wieder Erklärungshypothesen, welche unterschiedliche Vorstellungen zusammenmengen. Schon Aristoteles hatte beim Menschen eine »zweite Natur« angenommen. Diese baut auf seine erste auf. Die erste beschreibt das grundlegende Fähigkeitsspektrum des Menschen. Weil die Sozialgemeinschaft bestimmte Reaktionen von uns erwartet und teilweise auch durchsetzt und weil wir uns mit dem eigenen Handeln auseinandersetzen, über es nachdenken, Ziele und Zwecke bewerten, gewöhnen wir uns an bestimmte Handlungsweisen.

Aus den vergangenen Handlungen prägt sich beim Menschen nach und nach eine innere Haltung aus, die ihn bei seinem zukünftigen Verhalten gleichsam führt. Dabei kann er allerdings ständig neue Überlegungen anstellen und somit ist eine weitere Anpassung des Menschen an seine Welt nicht auszuschließen. Aber diese ganze Erklärung vom »übenden und sich gewöhnenden Menschen« steht bei Aristoteles unter dezidiert teleologischen Voraussetzungen, indem er annimmt, dass das Ziel des menschlichen Handelns in der Glückseligkeit (*eudaimonia*) liegt, die im Grunde aber den Handlungsvollzug selbst meint und kein Ergebnis, obwohl sie das Handlungsziel ist. Das Ziel vollzieht sich also im Prozess der Handlung, die in ihrem Verlauf dem »Telos« ständig hinterherhinkt.

Diese aristotelischen Vorstellungen sollen in den neueren (wissenschaftlich-biologischen) Erklärungen des Menschen und seines Verhaltens gerade ausgeschlossen werden. Wenn der Mensch sich aber bereits seit über zwei Millionen Jahren an Zielvorstellungen orientiert, ist fraglich, ob wir sein Verhalten adäquat ohne den teleologischen Handlungsbegriff erklären können. Gewiss können wir Handlungen nicht direkt beobachten, weil wir immer nur das Verhalten eines anderen sehen. Wir unterstellen sozusagen einen intentionalen Zweck, den sich der sich verhaltende Mensch vorgenommen hat. Aber wir verstehen sein Verhalten erst, wenn wir tatsächlich annehmen, dass er intentional handelt. Das war gerade unser Ausgangsproblem.

Dass der Mensch von seinen genetischen Grundlagen, die zu bestimmten Dispositionen führen, abhängig ist, dass ihn seine frühkindliche und spätere Sozialisation prägt, ist freilich nicht zu bestreiten. Dass wir dadurch festgelegt und in unserem Verhalten vollkommen determiniert sind, kann daraus nicht abgeleitet werden, weil die kausalen Bedingungen der Prozesse auf den verschiedenen Ebenen nicht geklärt sind. Die Erklärungsgrundlagen, welche dafür verwendet werden, reichen dazu einfach nicht hin.

Nun führten wir die Unmöglichkeit einer Rekonstruktion des determinierten Verlaufs des menschlichen Verhaltens generell auf die damit verbundenen Erklärungen zurück. Erklärungen von Sachverhalten sind nicht die Sachverhalte selbst. Es ist also durchweg möglich, dass sich auf der Ebene der Sachverhalte ein kausal-determinierter Verlauf findet, wir diesen aber mit unseren beschränkten Mitteln nicht erkennen und erklären können. Auch wenn dann die Behauptung, das menschliche Verhalten sei vollkommen durch determinierte Prozesse bestimmt, auf wackeligen Füßen steht, ist die gegenteilige Annahme, die Prozesse verliefen nicht-determiniert, ebenso unsicher. In welchem Verhältnis stehen also Erklärungen zu den erklärten Sachverhalten?

»Erklärungen« sind sprachlich formulierte und mit verschiedenen Vorstellungsgehalten durchsetzte Übertragungen auf die zu erklärenden Sachverhalte. Wir verweisen also in Erklärungen immer auf diese Sachverhalte. Der semantische Ausdruck dafür ist »Bedeutung«, sein Vermittlungselement das »Zeichen«. Die Sprache, die Bedeutung, der Sinn,[122] das Zeichen schiebt sich gleichsam zwischen die Vorstellung und den vorgestellten Sachverhalt.

Schon bei Platon (im *Kratylos*) wird diskutiert, ob Begriffe irgendetwas mit den Gegenständen zu tun haben, die sie bezeichnen, oder einer bloßen Konvention entspringen.[123] Schlüssige Antworten sind auf dieses Problem noch nicht gefunden worden. Wir können den Ausdruck »Bedeutung« auf die Vorstellung oder auf die Sachverhalte beziehen. Sprache hat den Sinn, dass wir uns über die Sachverhalte und uns selbst austauschen können. Das verbindet immer eine Vorstellung mit einem Sachverhalt in einem Ausdruck, mit dem wir etwas Bestimmtes meinen, was grundsätzlich über den Ausdruck hinausgeht, indem wir annehmen, dass der Ausdruck nicht bloß eine Aussage darstellt, sondern dass die Sache sich auch so verhält.

Erklärungen bestehen nun ebenfalls in solchen Übertragungen, die Vorstellungen, welche wir damit verbinden, sind aber meist weitgehender, als es die Erklärung vermuten lässt. Dieses Problem ist aber nur eine Verlängerung des Bedeutungsproblems, da schon bei sprachlichen Formulierungen gefragt werden kann, ob ein Begriff schon für sich etwas bedeutet oder ob seine Bedeutung erst aus dem ganzen Satz folgt, in den wir diesen einfügen. Zudem muss der Satz verstanden werden, d. h. dass seine Bedeutung auch noch auf allgemeine Vorstellungen bezogen sein muss, welche sowohl vom Sprecher als auch vom Hörer des Satzes geteilt werden müssen.

Bei einfachen Sachverhalten, die aus dem allgemeinen Vollzug des menschlichen Lebens stammen, ist das kein großes Problem. Je elementarer das Bedürfnis, desto leichter lässt es sich verständlich machen. Wenn ich jemandem mitteilen will, dass ich Hunger habe, reichen schon Gesten ohne Worte hin, um mich verständlich zu machen. Einem *homo erectus* zu erklären, wie ein Mobiltelefon funktioniert, ist, selbst wenn wir die gleiche Sprache sprächen, ein hoffnungsloses Unterfangen, weil unsere Lebensweisen völlig verschieden sind, so dass keine Vermittlung über derart komplexe Sachverhalte möglich ist. Inwiefern ein *homo erectus* lernfähig ist, so dass wir ihm nach und nach unsere gesamte Lebenswelt nahebringen könnten und er so dann – nach langer Zeit – auch die Funktionsweise eines Mobiltelefons verstehen kann, vermag ich freilich nicht zu sagen.

In all diesen Fragen steckt dennoch ein formulierbares Grundphänomen: Wenn wir sprachlich etwas ausdrücken und darin einen vorliegenden Sachverhalt erklären, so beziehen wir uns auf etwas, das entweder ein physischer Gegenstand oder eine soziale Beziehung (im weitesten Sinn) ist. Dieser, so behaupten wir im sprachlichen Ausdruck, hat ein bestimmtes Aussehen, besteht aus bestimmten Elementen und Eigenschaften, die eine Relation zueinander haben, und er unterliegt einer Konstanz oder einem Wandel in der Zeit. Bei einer Bewegung sprechen wir von einem Verlauf, der freilich auch einen Sachverhalt darstellen kann. Das alles geschieht auf einer deskriptiven Ebene, wir beschreiben also nur, was vorliegt oder was uns eben auf eine bestimmte Weise erscheint.

Der Sachverhalt nun, dass wir das mitteilen, kann ebenso deskriptiv beschrieben werden. Wir können dabei aber fragen, warum wir den Sachverhalt überhaupt beschreiben und mitteilen. Diese Frage nach dem Warum können wir nun auch auf den Sachverhalt selbst beziehen, um dann – zum Beispiel beim Billard – bei einer bestimmten Lage der Billardkugeln zu fragen, warum die Kugeln hier so liegen, um dann die Antwort zu erhalten: weil sie vorher so und so lagen und durch den Stoß ihre Lage verändert haben.

Nun unterscheiden wir bei diesen Redeweisen eine Verlaufsebene und eine Bedeutungsebene. Die Bedeutungsebene liegt immer in irgendwelchen menschlichen Zwecksetzungen, die Erklärungen für uns haben. Wir fragen dann nicht mehr nur nach den Fakten oder ihren Verläufen, sondern wir verbinden damit einen bestimmten Sinn, der nicht in den Fakten oder ihren Verläufen liegt, sondern in den Rekonstruktionen der Fakten und Verläufe, derer wir uns bedienen. Wie beim Bedeutungsproblem in der Sprache schieben sich diese Erklärungen zwischen unser Verstehen von Sachverhalten und die Sachverhalte selbst. Wenn wir das nicht beachten, nehmen wir für wahr, was nur eine Erklärung ist.

Der Ausgangspunkt unserer Frage bestand im Problem, eine Antwort darauf zu finden, was den Menschen zu seinem Handeln treibt. Das weitverbreitete Vorurteil geht davon aus, dass unser Verhalten festgelegt ist, dass wir uns nicht entscheiden können, sondern alle Wahrnehmungs- und Bewegungsaktionen des Menschen durch deren Rahmenbedingungen exakt bestimmt sind. Ich habe auf den Unterschied hingewiesen, dass, selbst wenn das so wäre, es eine ganz andere Frage ist, ob wir das menschliche Verhalten und Handeln auch in kausalen Zusammenhängen von Ursache-Wirkungs-Beziehungen beschreiben können. Es hat sich gezeigt, dass das nicht möglich ist. Diese Antwort wirkt gewissermaßen zurück auf die Ursprungsfrage: Wenn keine kausale Rekonstruktion möglich ist, besteht für uns kein Grund, eine solche anzunehmen.

Ich habe darüber hinaus darauf hingewiesen, dass eine eigenartige Überdeterminiertheit in der Vorstellung davon besteht, durch was wir angetrieben werden. Denn die Gene, der Instinkt oder die Sozialisation sind jeweils ganz unterschiedliche Sachverhalte, die, auch wenn sie als identisch angesehen werden – was freilich nicht sinnvoll ist –, z.B. über die Idee, dass die kausalen Prozesse alle im Gehirn zusammenlaufen, unser Verhalten keineswegs besser erklären können. Weil dafür eine Erklärungsgrundlage nicht vorhanden ist, weichen die Vertreter des Vorurteils gerne auf allgemeine Vorstellungen, auf uneingestandene Teleologismen und technische Metaphern aus, um ihr Vorurteil aufrecht zu erhalten.

Es hat sich zuletzt noch ein weiteres Problem herausgeschält: Erklärungsgrundlagen erheben generell einen Bedeutungsanspruch. Wir glauben, das, was wir erklären, sei wahr. Die mentalen oder kognitiven Grundlagen von Erklärungen sind aber niemals identisch mit den Sachverhalten, welche wir erklären. Unsere Bewusstseinslagen, die auf Bedeutungsgehalte gehen, sind in ihrem Kern inkommensurabel mit den physischen Prozessen, auf welche sie sich beziehen. Das hat eine Zwei-Reiche-Lehre zur Folge, die alles andere als modern ist: auf der einen Seite die physisch-manifeste Welt und auf der anderen Seite unsere Wahrnehmungsbilder, Bewusstseinszustände, Gefühle, Erklärungen, Theorien und Vorstellungen. Die beiden Ebenen bilden die Grundlage für den philosophischen Unterschied zwischen Natur und Kultur, der nicht zu überbrücken ist – wenigstens nicht für unser Bewusstsein, auch wenn wir darin davon ausgehen, dass es nur eine Welt gibt, in der die Kultur eben Teil unserer natürlichen Umwelt ist.

Der Mensch ist ein rationales Wesen!

Um die Behauptung zu untersuchen, der Mensch sei ein rationales Wesen, müssen wir zuerst wissen, was darin »rational« überhaupt bedeutet oder bedeuten kann. Wenn wir eine Definition gefunden haben, können wir prüfen, ob das, was damit gemeint ist, auf den Menschen zutrifft, ob der Mensch also dadurch charakterisiert ist, dass er »rational« ist, d. h. »vernünftig« denkt und handelt – oder zumindest in der Lage ist, das zu erfüllen oder wenigstens so zu tun, als wäre er es.

Die Definition des Menschen als eines *animal rationale* entspricht dem Diktum des Aristoteles vom Menschen als dem *zôon logon echon*. Der Mensch ist also das Lebewesen, das Vernunft hat. Mehr besagt diese Definition zunächst nicht. Nun bedeutet *logos* ebenso auch »Verstand«, »Sinn« und »Sprache« und das lateinische Bedeutungsfeld von *ratio* erweitert noch zu »Grund« und »Rechnung«, ja sogar zu »Rechenschaft«, »System«, »Zustand« und »Einsicht«. Vernunft heißt also offenbar Verschiedenes, aber immerhin scheint diese von der »Wahrnehmung« und von allem »Verstehen«, das eher auf intuitivem Wissen beruht, abgegrenzt.

Als Rationalismus bezeichnen wir die Idee, dass dem Menschen im Prinzip aufgrund seiner Vernunft kein Wissen verborgen bleiben muss. Die Realisierung eines damit verbundenen Forschungsprogramms war allerdings immer schon durch eine Ahnung oder ein Wissen davon durchdrungen, dass die menschliche Vernunft ihren Ursprung zwar von einer übermenschlichen oder göttlichen Instanz hergenommen haben musste, dass sie aber letztlich nur begrenzt ist, sich also nur teilweise in die Tat umsetzen lässt. Da das Wissen dem Begriff nach aber auf Wahrheit geht, ist diese Bescheidung eine vollständige Aufgabe des Ideals. Denn wenn der Mensch nur einen Teil der Wahrheit kennen kann, hat er im Grunde gar keinen Anteil daran, da der halben Wahrheit, ja selbst, wenn ihr nur ein Promille fehlt, diese, wenn vielleicht auch haarscharf, dennoch vollkommen abgeht.

Die Vernunft kann deswegen nicht für sich alleine stehen. Ihr Rahmen muss der Kosmos, Gott, das Leben oder sonst eine Instanz sein, in die der Mensch selbst eingebunden ist. Für den Rückgang auf einen solchen Rahmen ist es allerdings wiederum entscheidend, dass dieser selbst abgesichert wird, denn woher nähme sonst die menschliche Vernunft ihre Verbindlichkeit. Wenn die übergeordneten Instanzen als Rechtfertigungsgrund der Wissensinhalte scheitern, weil sie selbst immer nur unzureichend bestimmt werden können, die greifbaren Instanzen, wie z. B. Methode und Mathematik, aber wiederum keine andere Absicherung erlangen können als eine solche, die immer vernünftig begründet werden muss, dreht sich das Problem im Kreis. Sollte die Philosophie diejenige Unternehmung sein, welche sich mit diesem Kreisen beschäftigt, so thematisieren wir das, was Philosophen als Selbstreflexivität der Philosophie bezeichnet haben.

Trotz aller Brüchigkeit scheint es für den Menschen keinen anderen Weg zu geben: Aus der Wissenschaftstheorie wissen wir, dass es keine wissenschaftlichen Aussagen ohne einen theoretischen Rahmen geben kann, der von Voraussetzungen abhängt, die selbst wieder nicht rational vollkommen begründet werden können. Rationalität erscheint von daher als eine Form des Begründens und Argumentierens, welche ihre Vorgaben im vollen Bewusstsein ihrer Angreifbarkeit, Austauschbarkeit und Unverbindlichkeit offenlegt.

Die Begründungspflicht verschiebt sich dann auch sofort: Nicht mehr derjenige, der eine Annahme macht, muss diese begründen, sondern derjenige, welcher diese angreift, hat darzulegen, warum ihre Voraussetzungen unzutreffend sind oder warum das angenommene Ziel nicht sinnvoll ist. Wenn wir schon wissen, dass es keinen absoluten Anfang des Wissens geben kann, sind wir theoretisch frei in unseren Annahmen. Im anderen Fall müssen wir auf den Begriff des Wissens verzichten – und das ist nicht nur ein theoretisches Problem (denn es gibt dann keine Theorie), sondern ein eminent praktisches, denn worauf sollen wir unsere Handlungen stützen, wenn wir weder wissen können, was ist, noch wissen können, was passieren wird, wenn wir handeln. Wir können sagen, es gibt keinen Anfang und keine Vollendung des Wissens, aber das ist für uns Menschen eben der Normalfall.

Offensichtlich aber ist, dass von allen Lebewesen, die wir kennen, nur der Mensch dieses methodische Vorgehen, das wir rational nennen, reflektieren und anwenden kann. Von allen Vermögen, die er hat, sei dies, so die antiken Denker, das oberste. Doch schon bei Aristoteles spalteten sich die konkreten Ausrichtungen dieses Vermögens auf, auch wenn er immer noch daran festhielt, dass die Vernunft nur eine ist. Denn unter die dianoetischen Tugenden, welche allesamt durch die direkte Ausübung der Vernunft möglich sind, zählt er so etwas wie das Wissen um Fertigkeiten, das allgemeine Wissen über die Welt und die anderen, das Wissen in speziellen Bereichen, das Wissen, das über den Menschen hinausgeht sowie das Wissen um Handlungsbedingungen und ihre Erfolgsaussichten; die Vernunft teilt sich darin auf in einen wissenden Teil, der durch Erfahrung und Überlegung zustande kommt, und einen berechnenden Teil, dessen Ergebnisse unsicher sind, weil sie sich erst in der Zukunft realisieren.

Die andere Vernunft, welche Aristoteles voraussetzt, wirkt auf die Bereiche des Strebens ein und regelt damit den Umgang mit unseren Leidenschaften und Trieben. Die gesamte praktische Philosophie bei Aristoteles steht unter dem Diktat der Vernunft, weil diese im Menschen diejenige Einrichtung ist, die ihn von allen anderen Lebewesen unterscheidet. Nur, wenn wir diese auf die jeweilige Situation anwenden, können wir »am besten« (das ist der aristotelische Ausdruck für »tugendhaft«) handeln.

»Rational« kann also ganz Verschiedenes bedeuten: Wenn gesagt wird, der Mensch sei ein rationales Wesen, dann meinen wir offenbar seine Fähigkeit, zu überlegen und diese Überlegungen auf die Inhalte seines Denkens und Handelns anzuwenden. Wir sagen aber auch vom Ergebnis des Denkens, dem Gedanken, und vom Ergebnis des Handelns, dem Handlungszweck oder seinem Ziel, dass diese vernünftig sein können. Der Mensch ist dann deswegen rational, weil er zu vernünftigen Ansichten kommen und weil er seine Handlungen der Planung unterwerfen kann, so dass das, was er sich wünscht oder was andere für angemessen oder eben vernünftig halten, dabei herauskommt.

Wir sehen schon: Jede Bestimmung darüber, was als rational gilt, erfordert eine weitere Begründung, die selbst rational sein muss und diese Vernünftigkeit auf das überträgt, was sie begründet. Es gibt offenbar zwei Grundbegriffe vom Rationalen: den emphatischen Begriff, nach dem der Mensch Anteil an einer Vernunft hat, die seine eigene übersteigt, und den instrumentellen Begriff, nach dem der Mensch in der Lage ist, in seiner Lebensführung, zu der Denken und Handeln gleichermaßen gehört, sich vernünftig zu verhalten – und das heißt offensichtlich, dass er begründen kann, was er tut und denkt.

Die Schwierigkeit besteht allerdings darin, dass man die beiden Begriffe nicht vollständig voneinander trennen kann. Die pragmatische Vernünftigkeit ist auf das bezogen, was wir nützlich nennen. Was dem Menschen im Denken und Handeln nützt, ist vernünftig. Wenn wir uns überlegen, was dem Menschen am meisten nützt, haben wir aber keinen instrumentellen Begriff mehr von dieser Vernünftigkeit, sondern einen emphatischen. Dieses Grundproblem überträgt sich auf die Begründungsebene, auf der wir eine rationale Rechtfertigung angeben müssen für das, was wir meinen und tun.

Die Auflösung dieses Dilemmas könnte dadurch gelingen, dass wir den instrumentellen Begriff reduzieren: Platon hatte den Begriff des Nutzens sehr allgemein gefasst: Nützlich ist für den Menschen das, was gut für seine Seele und deren Ordnung ist, weil in dieser alle Momente des Seins des Menschen und seiner Lebensführung zusammenfließen. Die Ordnung kann aber nur durch die Vernunft geschehen, weil alle anderen Seelenfunktionen, die vegetativen und animalischen, kontingent sind, d. h. nicht zusammengefasst (synthetisiert) werden können, untereinander zu wenig Ähnlichkeit haben, als solche einfach nur vorliegen, keinen Ordnungsprinzipien genügen. Wenn wir den Begriff des Nutzens davon ablösen und erstens nur danach fragen, was sich der Mensch wünscht, was er also zufällig als seinen Nutzen ansieht, und zweitens fragen: Wie muss der Mensch handeln, damit er die selbst gesteckten Ziele auch erreicht, verwenden wir einen eingeschränkten Begriff vom Nutzen. Der Nutzen aber bezieht sich auf die Zwecke, während die Rationalität sich auch noch auf die Mittelwahl erstrecken muss.

Dieser eingeschränkte Begriff, der seine Grundlage in den Wünschen und Bedürfnissen, Interessen, Präferenzen usf. findet und dann auf die Planung nach Regeln geht, hat in der Moderne tatsächlich eine enorme Rolle gespielt. Schon der große deutsche

Schul-Metaphysiker des 18. Jahrhunderts, Christian Wolff, fasste die Vernunft als die Fähigkeit, längere Gedankenreihen zu übersehen, also theoretisch komplexe Gebilde in einzelne Sinnabschnitte zu unterteilen und dann wieder zusammenzufassen oder mögliche Handlungswege mit ihrem Für und Wider zu überblicken und abzuwägen.

Kant hat diese Fähigkeit dann näher dadurch beschrieben, als er die Inhalte dieses Übersehens und die Regeln ihrer Verknüpfung voneinander trennte. Wir verwenden also dieselben, d. h. allgemeine Regeln, wenn wir unterschiedliche Gehalte miteinander in Verbindung setzen. Dadurch wird das Allgemeine selbst so bestimmbar, dass es immer unter Regeln steht.

Karl Popper hat im 20. Jahrhundert gemeint, dass sich Rationalität in den modernen Naturwissenschaften generell auf die Methode bezieht: Darauf verfiel allerdings im 17. Jahrhundert auch schon Descartes. Die allgemein verbindlichen Regeln, sozusagen die formale Seite der Vernunft, stehen also schon fest (sie folgen im Wesentlichen aus dem logischen Prinzip vom Widerspruch), während die Inhalte wechseln. Rationalität kommt in eine Argumentation, wenn wir die Regeln, die wir begründen können, auf beliebige Inhalte anwenden. Die Vernunft hat mit den Dingen danach nur mittelbar zu tun, eben über ihre Rekonstruktion durch die allgemeinen Regeln. Daran hängt dann alles, was wir über die Welt wahrhaft wissen können.

Popper und der Kritische Rationalismus haben dieses Problem aber noch verschärft. Danach gibt es gar keine Methode, die wirklich verbindlich wäre. Die Sätze wie die Methoden können sich immer nur bewähren. Es gibt nur Hypothesen, welche sinnvoll sind, wenn sie sich widerlegen lassen, und diese sind sozusagen erkenntnistheoretisch gehaltvoll, wenn sie noch nicht widerlegt worden sind. Jeder Begründungsversuch außerhalb der bloßen falsifizierbaren Hypothesenbildung endet in dem, was man das Münchhausen-Trilemma genannt hat: Entweder liegt ein Zirkelschluss vor, bei dem die Folgerungen schon in den Begründungsannahmen enthalten sind; oder das Begründungsverfahren geht ad infinitum, ohne jemals zum Ende zu kommen; oder man bricht das Begründungsverfahren an einer Stelle willkürlich ab und setzt den letzten Grund als dogmatisch gegeben fest. Nach dem Lügenbaron ist dieses Trilemma deswegen benannt, weil sich die Vernunft dabei sozusagen am eigenen Schopf aus dem Sumpf zu ziehen versucht.

Die Lehre von der Zweckrationalität hält dann generell nicht nur die Gründe, sondern auch die Ziele unseres Handelns für beliebig. Ihr Grund besteht allein in den zufälligen Wünschen, die ein Mensch gerade hat. Rationalität kommt dann dadurch in seine Handlungen, dass er in der Lage ist, die entsprechenden Mittel zu finden, das Ziel auch erreichen zu können. Das Ziel ist dadurch nicht ganz beliebig, denn ich sollte schon ausschließlich die Ziele wählen, für die ich auch die Mittel kenne und habe, um diese zu erreichen. Nun werden viele Ziele nicht direkt und unter Kenntnis aller Bedingungen, der entsprechenden Kausalverhältnisse, Störungen oder Hilfestellungen von anderen, Zufälle usf., bestimmbar sein.

In der rationalen Entscheidungstheorie spricht man dann von Entscheidungen unter Sicherheit, unter Risiko oder unter Unsicherheit. »Risiko« meint dabei keine Unsicherheit, wie wir das im Alltagsverständnis auffassen, sondern dass die Bedingungen des Zielerreichens nur mit statistischer Wahrscheinlichkeit angegeben werden können. Aus den gegebenen quantitativen Werten sollte sich allerdings dann auch die Wahrscheinlichkeit, das Ziel zu erreichen, errechnen lassen. Bei Entscheidungen unter Unsicherheit entfällt diese Möglichkeit. Für diese kann es dann auch kein rationales Entscheidungsverfahren geben.

Die Frage ist, ob nicht weitreichendere Entscheidungen im Leben generell solche unter Unsicherheit sind. Rational könnte der Mensch dann nur für kleine überschaubare Handlungseinheiten sein, dass, wenn wir die Gabel zum Munde führen, diesen auch treffen; dagegen wären soziale Interaktionen, Berufswahl, Planungen für den nächsten Tag rational überhaupt nicht rekonstruierbar. Darauf allerdings bezieht sich gerade die Rede vom *animal rationale*.

Im Grunde passt die Zweckrationalität nur für die Ökonomie mit ihren Bilanzen und prozessualisierten Arbeitsabläufen und die Verwaltung mit ihren Anweisungen zum formellen Verrichten von Tätigkeiten. Die Ziele sind dort Gewinn und hier Kontrolle. Zwar wollen wir auch im Leben nicht immer verlieren (obwohl uns das zumeist viel weiter bringt) und nicht ganz planlos und ohne Sicherheit dem Morgen und Übermorgen entgegen sehen, aber die Unwägbarkeiten sind hier viel größer. Zumeist hören wir rückblickend die Urteile, diese Entscheidung sei gut gewesen, wenn wir Erfolg damit hatten, der sonst völlig auf Kontingenzen beruhte, oder diese Entscheidung war schlecht, wenn das Unternehmen schief ging, auch wenn wir alles getan haben, was zur Erreichung des Zieles menschenmöglich war, und, wie wir dann sagen könnten, »rational«. Das Problem ist aber gerade, dass wir die Zukunft nicht in der Hand haben. In welchem Sinne können wir dann noch von »Rationalität« beim menschlichen Handeln sprechen?

Gescheit ist wohl, sich möglichst an die Verhältnisse, die gerade bestehen, anzupassen, nicht in den Widerstand zu gehen, die gängigen Meinungen zu vertreten, Konfrontationen immer zu vermeiden, alles zu tun, was die anderen von einem verlangen, damit man sich keinen Vorwurf einhandelt, den Mund zu halten usw. Zumindest ist das die Art des Lebens, welche die Zweckrationalität empfiehlt. Wir verstehen den Sinn dahinter, wir halten das auch unter Umständen für »klug«, wir können uns aber nicht wirklich mit solch einem Verhalten identifizieren, zumal die Verhältnisse mit ihren unterschiedlichen und widersprechenden Orientierungen und Anforderungen selbst zumeist nur rückblickend betrachtet werden, wenn sich also der Erfolg des Verhaltens bereits gezeigt hat.

Legen wir diese Art des Verhaltens einmal beiseite, so sprechen wir dennoch bezogen auf einzelne Menschen davon, dass sie »klug« sind, dass sie sich in den jeweiligen unterschiedlichen Situationen »richtig« verhalten, und was soll damit anders gemeint sein, als dass sie sich »rational« verhalten? Wenn wir davon sprechen, dass Menschen grundsätzlich zu solch einem Verhalten in der Lage sind, sagen wir, dass die Rationalität eine Disposition des Menschen ist. Wir sind danach zur Rationalität fähig, auch wenn wir uns irrational verhalten.

Gleichermaßen können wir einzelnen Handlungen, Ansichten, Wünschen usf. so etwas wie Rationalität zugestehen, wenn wir diese für begründet halten. Es stellt sich sofort die Frage nach der Art dieser Gründe. Liegen diese nur in der einzelnen Person, die sie anführt, sind es allgemeine Gründe, die jeder anerkennt, oder die meisten, oder die klugen? Welche Vorinformationen sind nötig, um zu verstehen, dass das tatsächlich ein Grund ist? Und was ist die spezifische Art der Gründe: ein Wissen? eine Meinung? Und wie sind diese wieder begründet?

Sicher gibt es hier ein paar Kriterien, die wir anwenden, wenn wir prüfen wollen, ob die angeführten Gründe stichhaltig sind. Im Gegensatz zu einer weit verbreiteten Meinung muss ich die Gründe nicht zu meinen eigenen machen; ich kann einen anderen Menschen und seine Ansichten verstehen, ohne sie mir anzueignen.

Wenn jemand nur einen einzelnen Grund für eine Handlung oder Meinung angibt, werden wir immer versuchen, die Sicherheit zu bestimmen, mit der dieser Grund stichhaltig ist. Wir überprüfen diese entweder mit allgemeinen Überlegungen oder weil wir demjenigen, welcher den Grund vorgibt, vertrauen. Bei mehreren Gründen stellt sich die Frage, ob diese untereinander konsistent sind oder ob sie sich widersprechen. Schwierig ist es, die Performanz zu beurteilen, das also, was aus den Gründen, Ansichten und Wünschen alles folgt. Um deutlich zu machen, dass wir etwas wollen können, was wir nicht tun, hat Harry Frankfurt angenommen, dass es Wünsche auf unterschiedlichen Ebenen gibt, die nicht unbedingt miteinander kompatibel sind.[124]

Eine solche Rekonstruktion legt freilich nahe, dass jemand zwar den Wunsch äußern kann, etwas zu tun, das aber gar nicht will und ein solches Verhalten dennoch rational genannt werden kann. Bei den Werten, die wir vertreten, ist es noch komplexer, weil diese eine Art von Prinzipien darstellen, deren Konsistenz ebenso geprüft werden muss wie ihre Übertragung auf normative Einzelurteile.

Insgesamt spielen bei diesem ganzen Problemfeld der Begründung auf der einen Seite auch die kommunikativen Strukturen eine Rolle, in denen solche Urteile vorgebracht werden, und auf der anderen Seite, welchen Stellenwert solche Begründungsstrukturen überhaupt haben, ob dabei Letztbegründungen zugelassen werden, weil wir bei jedem Wissen, dem theoretischen wie dem normativen, Anfangsbedingungen voraussetzen müssen, oder ob wir diese Bedingungen als Annahmen, zu prüfende Hypothesen oder als willkürliche Setzungen verstehen.

Während der emphatische Vernunftbegriff seine Rechtfertigung immer durch die höhere Instanz fand, die selbst keiner menschlichen Begründung fähig ist, dreht sich die instrumentell-konstruktive Vernunft der Planung und wissenschaftlichen Rekonstruktion ständig um ihre eigenen Bedingungen. Die Kritische Theorie hat versucht, hier einen Ausweg zu wählen: Auf der einen Seite wollte man sich dabei nicht von einer höheren Vernunft abhängig machen und versuchte dazu in jedem Fall »nicht-metaphysisch« zu denken, auf der anderen Seite kritisierte man die instrumentelle Vernunft als einseitig und eben als in sich verfangen. Jürgen Habermas sprach von einem »positivistisch halbierten Rationalismus«,[125] der um die Vollzüge des Sprechens, des Handelns und Eingestelltseins,[126] insgesamt also um das »Praktische« ergänzt werden müsse.[127]

Das tragende Ziel dabei ist das aufgeklärt-emanzipatorische Interesse, der Mensch eben, der sich den formalisierten Zwecksetzungen entzieht. Das hatte zuletzt die Konzeption von verschiedenen Rationalitätstypen zur Folge, die jeweils einen begrenzten Anwendungsbereich hätten: nämlich die technisch-instrumentelle Vernunft, die auf Unterwerfung und Beherrschung zielt, die historisch-hermeneutische, welche auf das Verstehen geht, und die kritisch-emanzipatorische, die auf die Befreiung des Menschen angelegt ist.

Wie wir gesehen haben, hat eine genauere Bestimmung von Rationalität entweder zur Folge, dass der Begriff reduziert wird, oder aber, dass dieser dermaßen ausgedehnt wird, dass wir immer neue und dezidiert zu unterscheidende Formen von Rationalität annehmen müssen. Habermas hatte noch versucht, eine Rangfolge in die Erkenntnisinteressen zu bringen, deren oberste die Emanzipation des Menschen ist, der in seiner kommunikativen Verständigung über die Grundlagen und die Ergebnisse sozusagen entscheidet. Damit ist dennoch ein inhaltlicher Relativismus gegeben, denn nicht-relativ sind bei Habermas nur die kommunikativen Umgangsformen.

Ein solcher Relativismus ist in der modernen Wissenschaftstheorie schon länger im Schwange. Zuletzt hatte Thomas S. Kuhn Ende der 60er Jahre des 20. Jahrhunderts die Theorie vertreten, dass sich die wissenschaftlichen Weltbilder wandelten, ohne dass dabei auf eine einheitlich rationale Grundlage zurückgegangen werden könne. Schon 1928 unterschied Hans Leisegang verschiedene Denkformen, die sich nicht aufeinander zurückführen lassen, sondern unterschiedliche Formen der wissenschaftlichen Erkenntnis repräsentieren.

Denkformen sind nach Leisegang unterschiedliche Denksysteme, die nebeneinander bestehen und nicht ineinander auflösbar sind.[128] Sie legen fest, was innerhalb ihres Rahmens untersucht werden und was als wahr gelten kann. Er unterscheidet im Wesentlichen vier solcher Denkformen, die bei ihm gleichberechtigt nebeneinander stehen:

erstens: der zyklische Gedankenkreis, der polare Gegensätze aufeinander bezieht und miteinander vermittelt, wobei vorausgesetzt wird, dass unsere begrifflich-logischen Rekonstruktionen und die Ordnung in der Welt irgendetwas miteinander zu tun haben;

zweitens: die dialektische Denkform, die ganz ähnlich wie der Zyklus nicht mit Kontradiktionen, sondern mit konträren Gegensätzen umgeht, diese aber nicht ineinander zurückführt, sondern in einem dynamischen Prozess der Synthesen hochschraubt, die das Verbindende der inhaltlichen Entgegensetzungen zusammenfassen;

drittens: die lineare Begriffspyramide, die über spezifische Unterschiede in den Begriffen zu immer höheren Abstraktionen aufsteigt, um so eine begriffliche Struktur zu bilden, welche syllogistische Schlussweisen zulässt, die als Grundlage einer begrifflichen Erkenntnis dienen;

viertens: die axiomatische Denkform, welche nicht auf die begrifflichen Strukturen geht, sondern Aussagesysteme konstruiert, welche axiomatische Systeme erlaubt (entweder als Definitionen oder wie beim Mathematiker Hilbert als impliziert definiert genommen – wie etwas verstanden werden muss, geht danach aus den Grundaxiomen selbst schon hervor, wie z. B. die Verwendung von »Punkt« und »Gerade«), um die Welt nach Prinzipien zu erklären bzw. unmittelbar daraus zu deduzieren (wie Descartes im Sinne einer *mathesis universalis* oder wie Leibniz als *scientia generalis*), wobei die Prinzipien heute nur noch in sich logisch widerspruchsfrei sein müssen, ohne dass notwendigerweise hinzutritt, dass ihnen irgendetwas in der Welt entspricht. Leisegangs Unterscheidung dient ihm letztlich dazu, die Alleinansprüche einzelner Denkformen als verbindlichen Weg zur Wahrheit zu kritisieren und zurückzuweisen.

Einen gewissen, wenn auch verzögerten Einfluss hatte auch Ludwik Fleck, der in seinem erstmals 1935 erschienen Werk *Entstehung und Entwicklung einer wissenschaftlichen Tatsache* die Meinung vertritt, Erkenntnis bestehe nicht darin, dass ein Subjekt eine bestimmte Sache (Objekt) weiß, sondern das Subjekt ist abhängig von einem bestimmten sozialen Denkkollektiv und einem bestimmten Denkstil, den es mit anderen teilt. Wissen und Wahrheit und entsprechende Ansprüche gibt es also immer nur innerhalb von sozialen Gemeinschaften. Denkstile verändern sich langsam und nur unter Widerstand, sie determinieren aber innerhalb der sozialen Gemeinschaft, was als wahr und damit als Wissen gilt.

Mit der Aufspaltung von Wissens- und Erkenntnisformen verzweigt sich auch das, was wir unter Rationalität verstehen. Zum Relativismus kommt es, wenn die unterschiedlichen Formen des Rationalen gleichursprünglich nebeneinander stehen. Es gibt dann verschiedene Wahrheiten, die gleichberechtigt nebeneinander stehen, ihrem Sinn nach aber nichts miteinander zu tun haben, weil ihre Begründung jeweils eine ganz andere ist, die die anderen möglichen Wege zum Wissen ausschließen. Poser betont, dass ihre Gemeinsamkeit nur noch darin besteht, wenigstens die »Wahrheit« zu suchen.[129] Das ist im Übrigen auch das Bestreben der antiken Skeptiker, die nur dahingehend einschränken, dass sie diese bisher nicht gefunden haben, während die modernen behaupten, wir können diese gar nie finden.

Was bleibt angesichts dieser Diskussion um den Begriff der Rationalität und seine inzwischen schier unendliche Ausdehnung (die mit Paul Feyerabends *Anything goes* gewissermaßen ihren unübertreffbaren Höhepunkt erreicht hat), wenn wir an die Definition des Menschen als rationales Wesen denken? Können wir etwas (den Menschen als rational) definieren, wenn das Definiens sich keiner rechten Bedeutung erschließt? Wir können noch sagen: Der Mensch hat die Fähigkeit zur Rationalität, die aber ist etwas Verschiedenes. Aber wie Aristoteles gemeint hat: Fähigkeiten sind keine Wirklichkeiten. Und wenn Rationalität im Tätigsein liegt, wissen wir nicht, was wir da machen!

Philosophen schreiben unverständliches (und unnützes) Zeug!

»Das Dasein gibt sich im Anruf sein eigenstes Seinkönnen zu verstehen. Daher ist dieses Rufen ein Schweigen. Die Gewissensrede kommt nie zur Verlautbarung. Das Gewissen ruft nur schweigend, das heißt der Ruf kommt aus der Lautlosigkeit der Unheimlichkeit und ruft das aufgerufene Dasein als still zu werdendes in die Stille seiner selbst zurück.« Solche und ganz ähnliche Sätze schreibt Heidegger in seinem Epochenwerk *Sein und Zeit*.[130] Selbst diejenigen, welche von sich behaupten, sie verstünden diese Passage, werden zugeben, dass sie sich nicht von selbst versteht. So zitiert, aus dem Zusammenhang gerissen und unerklärt, ist die Aussage nicht zu verstehen.

Aber ist das bei philosophischen Texten nicht generell so, dass man das Geschriebene nicht verstehen kann? Philosophie gilt gemeinhin schon als schwierig, zuweilen dunkel, dabei hochgestochen, aber auch wieder interessant. Interessant ist freilich alles, was einen interessiert – und das kann vieles sein! Aber was nützt es einem, wenn man sich für die Themen interessiert, aber die Texte unverständlich sind, die sich damit beschäftigen?

Philosophen, ihren Werken und ihrem Schreiben wird manches vorgeworfen. Schon 1914 wandte sich Walter Benjamin gegen den Gebrauch von Neologismen[131] in der Philosophie, also gegen Wörter, die noch nie zuvor Verwendung fanden. Philosophen brauchen manchmal mehrere Seiten oder ganze Abhandlungen dazu, um nur einen Begriff zu erklären, der sich vorher noch nie irgendwo nachweisen lässt, und meist handelt es sich um Kunstwörter. Oder sie verwenden ganze Bücher dazu, einem einzigen Begriff eine neue Wendung zu geben.

Neben dem ausufernden Gebrauch von Fremdwörtern, die jedes Mal wieder ganz anders verstanden werden (es gibt Kollegen, die arbeiten Fremdwörterbücher durch, um von ihnen verwendete

Begriffe noch nachträglich zu xenophonieren), gibt es noch die Bindestrichwörter, also die Neuzusammenstellung von beliebigen Begriffen, bis man den Überblick verliert, und es gibt die Umdeutung von sonst alltäglich gebrauchten und völlig klaren und verständlichen Wörtern. Mit der Tinte von Philosophen werden sie zu vollständigen Rätseln. Vollkommene Rätsel sind nach Goethe solche, die gleichermaßen für Weise wie für Narren unverständlich sind.

Daneben gefällt sich der Philosoph, wenn er besonders aufgeblasen und verschroben schreibt, umständliche Satzkonstruktionen verwendet, endlose Knoten- und Knäuelsätze ineinander verwebt (der Schachtelsatz wäre hier ein Euphemismus) und freilich, wenn er ganz grundsätzlich nicht verstanden wird, solange er nur den Eindruck aufrechterhalten kann, an seinem Reden sei irgendetwas dran, gerne auch Bedeutendes. Bei bestimmten Arten von Vorträgen wird in Fachkreisen tatsächlich die Rezeptur ausgegeben: ein Drittel Plattheiten, ein Drittel so Voraussetzungsreiches, dass es nur der eingelesene Fachkollege versteht, und ein Drittel Nonsens. So kann man jeden beeindrucken, weil für jeden etwas dabei ist, was er verstanden (der Mensch kann also nicht völlig von Sinnen sein), und etwas, das er nicht verstanden hat (das muss dann etwas Tiefgründiges und Bedeutendes sein). Philosophen sind nämlich zudem besonders ruhmsüchtig, und wenn man nichts Rechtes versteht, versteht man wenigstens den Eindruck zu erwecken, man würde etwas Wichtiges wissen, von dem alle anderen keinen Schimmer haben. Etwas ernsthafter und wohlmeinender verstanden hat Odo Marquard von einer »Inkompetenzkompensationskompetenz«[132] der Philosophie gesprochen.

Überhaupt sind Philosophen extrem problemversessen und dazu fähig, aus jeder Mücke einen Elefanten zu machen. Schön wäre es gewiss, wenn der Elefant wenigstens eine Lösung darstellte, auch wenn die Frage nur klein gewesen ist, aber solche brauchbaren Antworten geben sie nicht. Sie beschränken sich meistens nur auf die Fragen und Problemstellungen und sind da gewissermaßen wie die Kinder mit ihrem ewigen Warum. Das könnte man jetzt freilich als positiven Zug nehmen, weil das ja die spezifische Neugier von Menschen und eben auch von Philosophen ausdrückt; es ist aber mehr im lästigen Sinn zu verstehen und so, wie Kallikles das in Platons Dialog *Gorgias* meint: Gut ist es, wenn sich Kinder und

Jugendliche mit Philosophie beschäftigen, damit sie eine schöne Bildung bekommen, als Erwachsener aber sollte man die Finger von dem Unsinn lassen und sich um vernünftige Dinge kümmern, die einen weiterbringen und für einen nützlich sind – und das gilt für die Philosophie dann offensichtlich nicht.[133] Die ist völlig für die Katz, unpraktisch, allenfalls aus den Elfenbeintürmen entsprungen und auch nur für diese gemacht. Solche baut man in dieser Betätigung gerne, schließlich versteht man sich darauf, die Elefanten aus den Mücken zu gewinnen.

Es gibt für Philosophen nur zwei Kategorien von Menschen, die recht haben können: entweder jeweils sie selbst oder eben der von ihnen referierte Autor. Dabei ist die philosophische Tradition extrem überladen und so vielfältig, dass man für jede Meinung jemanden finden kann, der diese vertreten hat. Darüber lässt sich aber freilich immer streiten. Philosophen wissen sehr gut, dass man nichts wörtlich verstehen darf, und so sind sie Meister im Auslegen schwieriger und unverständlicher Texte. Die rezipierten Autoren würden sich in den allermeisten Fällen selbst nicht mehr verstehen, müssten sie sich durch die Brille ihrer Nachfolger und Exegeten sehen. In den meisten Fällen bleibt es ihnen erspart, weil sie nicht mehr am Leben sind. Was sich hier an missverständlichen oder polemischen Lesarten, Darstellungen und Interpretationen findet, vermehrt auf der anderen Seite die Meinungen noch mehr, so dass eine völlige Heterodoxie zwischen den Philosophen entsteht. Wir finden keine zwei, die sich irgendwo einig wären.

Die Rechthaberei aber ist vielleicht ihr schlimmster Zug. Philosophen erheben immer einen unbedingten Wahrheitsanspruch, zuletzt noch darin, wenn sie behaupten, dass es gar keine Wahrheit gibt und geben kann. Dabei lässt sich eindeutig nachweisen, dass auch das philosophische Denken durch die Geistesgeschichte hindurch von Moden abhängig ist wie alles andere auch. Das Verhältnis zu den anderen, vor allem zu den positiven Wissenschaften ist dennoch extrem gespannt. Philosophen wissen alles besser. Und selbst, wenn sie eingeladen und gefragt werden, haben sie keine Lust, sich auf etwas anderes als ihre Spitzfindigkeiten und Idiosynkrasien einzulassen.

In einer nordhessischen Universität (es hätte überall anders so passieren können und Geschichten in der Art werden eben auch andernorts erzählt) dachten sich die Physiker und Mathematiker, dass es für ihre Studierenden nicht verkehrt sein könnte, wenn diese auch etwas Allgemeines, Grundlegendes, eben Philosophisches über ihre Fächer lernten und verstünden. Man wandte sich ans Institut für Philosophie und fand dort jemanden, der sich auch noch speziell mit diesen Problemen beschäftigte, was bei ihm »Protophysik« und »Protomathematik« hieß. Als er gebeten wurde, das etwas genauer auszuführen, nahm man sogleich Abschied von der Idee, Philosophie ins Curriculum aufzunehmen. In der Philosophie zählt immer nur der eigene Ansatz, selbst wenn dieser noch so abwegig ist und über die Dinge urteilt, die von den Betroffenen völlig anders gesehen werden.

Bei all der Strenge gibt es freilich auch viele philosophische Abhandlungen über den Zusammenhang zwischen dem, was man erzählt, und dem, was man tut. Aber Philosophen erfüllen in den allermeisten Fällen ihre eigenen Ansprüche nicht; vielleicht weil diese so hoch und unerreichbar sind. Von Max Scheler wird erzählt, er habe einem Journalisten auf die Frage, wie er seine Frauengeschichten mit seiner Existenz als Moralphilosoph vereinbaren könnte, geantwortet: »Kein Wegweiser geht den Weg, den er weist!« Das war sicher sehr schlagfertig, aber freilich liegt insofern auch etwas dran, denn Philosophen wollen danach beurteilt werden, ob das, was sie sagen, richtig ist – und das kann sogar ganz unabhängig davon sein, was sie selber glauben.

Alles zusammengenommen scheint die Philosophie von vornherein ein schwieriges oder gar unverständliches Unternehmen zu sein. Bei einem Blick in die philosophische Literatur und die Reden ihrer Vertreter erscheint die Sache dann aber völlig abwegig.

Vielleicht lohnt aber noch ein zweiter Blick auf die Philosophie: Bei Platon liegen Grund und Anfang für das Philosophieren im Staunen. Wir verstehen etwas nicht, wundern uns, dass es so ist, und beginnen dann, darüber nachzudenken, ob wir bisher falsche Vorstellungen oder Wahrnehmungen über den Gegenstand oder Sachverhalt hatten. Lässt sich das Problem, das uns in Staunen gesetzt hat, tatsächlich lösen, liegt kein philosophisches Problem mehr vor, sondern eine ganz andere Art von Fragestellung, die wir mit unserem Wissen über den Gegenstand oder den Bereich, aus dem er stammt, lösen können. Der Gegenstand gehört dann nicht mehr der Philosophie an, sondern dem Bereich von Erkenntnis und Wissenschaft. Alles, was sich eindeutig beantworten lässt, und alle Fragen, die wir für sich und isoliert im Prinzip (d. h.: nicht sofort und vollständig) lösen könnten, haben mit Philosophie zunächst nichts zu tun. Was beim Versuch einer Lösung eine Frage bleibt, auch wenn wir alles über diese wissen, dem liegt dann offenbar ein philosophisches Problem zugrunde.

Von daher rührt der spezifische Bescheidenheitsgestus, welcher der Philosophie eigen ist, auch wenn nicht jeder, der sich Philosoph nennt, oder meint, ein solcher zu sein, sich diesen zu eigen macht. Sokrates grenzte die Philosophen damit von den Sophisten ab. Diese sind die Weisen, die alles wissen, jene dagegen diejenigen, welche die Weisheit und Wahrheit erst *suchen*. Darin ist impliziert, dass man diese nicht hat. So sind den Philosophen das Streben und das Suchen nach der Wahrheit wichtiger als diese selbst. Denn wenn ich etwas weiß, kann das nicht mehr etwas sein, was mit Philosophie zu tun hat.

Ein Philosoph hat von daher niemals recht, denn Rechthaben kann sich immer nur auf Dinge und Zusammenhänge stützen, die gewusst werden können. Wie wir gesehen haben, geht diesem dann aber das spezifisch Philosophische ab. Das ist dann auch der tiefere Sinn des sokratischen Ausspruchs: »Ich weiß, dass ich nichts weiß!« Das *Streben* nach Erkenntnis, Wahrheit und Wissen ist also das spezifisch Philosophische und hin und wieder fällt davon etwas ab, das wir sozusagen sichern können. Dann gehört es der Welt an, der Wissenschaft und eben dem Wissen, und nicht mehr der Philosophie.

Im *Symposium*, einem Dialog von Platon, den wir mit »Gastmahl« übersetzen, identifiziert Sokrates das Wesen der Philosophie mit dem *Eros*, dem Liebesgott und -prinzip. Er erzählt, was ihm selbst von seiner Lehrerin Diotima beigebracht wurde, nämlich, dass der Eros ein Sohn von Poros und Penia, also vom »Weg« und von der »Armut« sei. Die Philosophie ist demzufolge und als Erbe ihrer Mutter, der »Armut«, arm, »rauh, unansehnlich, unbeschuht, ohne Behausung, auf dem Boden immer herumliegend und unverdeckt schläft [sie] vor den Türen und auf den Straßen im Freien«.[134] Gleichzeitig ist sie aber durch ihren Ursprung vom »Weg« »tapfer, keck und rüstig, ein gewaltiger Jäger, allezeit irgendwelche Ränke schmiedend, nach Einsicht strebend, sinnreich, sein ganzes Leben lang philosophierend, ein arger Zauberer, Giftmischer und Sophist«.[135] Alles, was sie sich schafft, vergeht ihr nach dem Wesen der Mutter allerdings gleich wieder. Eros und Philosophie stehen dann immer »zwischen Weisheit und Unverstand«, denn der Weise braucht nicht zu philosophieren und nach Weisheit zu streben – er hat ja schon alles Wissen –, der Unverständige dagegen genügt sich in seinem Unverstand; auch er strebt nicht danach, irgendetwas wissen zu wollen.

Nach der Geschichte, die uns Platon im *Symposion* erzählt, hat die Philosophie zwei sie grundlegende Facetten. Die eine haben wir schon ausführlich geschildert: Sie liegt in der ständigen Suche nach Wissen, und sobald sie etwas gefunden hat, kann sie nichts mehr damit anfangen, weil der Gegenstand mit ihrem Fund zu einem der Wissenschaften geworden ist. Das umschreibt die Armut, die für die Philosophie gar nicht überwunden werden kann. Ihr anderer Teil ist durch den »Weg« gekennzeichnet. Die Philosophie ist also dadurch bestimmbar, dass sie Mittel, Wege, Methoden usf. auszuspinnen weiß, um an ihr Ziel, an das Wissen, das sie letztlich freilich nicht erreichen kann, zu gelangen.

Wenn wir danach fragen, woher ein Wissen stammt, geben wir die Methoden an, wie wir daran gelangt sind. Das Wissen wird dadurch »begründet«. Die Philosophie liegt also damit im Nachdenken über die Gründe eines Wissens. Dieses Zurückgehen auf die Gründe – die Warum-Frage ist sogar das wesentliche Kennzeichen der Vernunft bei Kant, der dabei auch von der Suche nach der Bedingung spricht – aus dem Motiv der Absicherung eines Gewussten oder eben dessen Entlarvung als nur scheinbares Wissen sind die Hauptbeschäftigungen des Philosophierens.

Eine solche Tätigkeit kann überall ihren Ausgangspunkt nehmen, meist und gerne beim Alltäglichen, beim Selbstverständlichen, bei den Gegenständen, die eigentlich gar keinem Zweifel unterliegen. Der Alltagsverstand, der mit diesen Dingen so selbstredend umgeht, meint freilich, dass es sich dabei nur um ein paar Nebensächlichkeiten handelt, deren Missverständlichkeit sich gewiss leicht aufklären und ausräumen lässt. Aber die alltäglichen Selbstverständlichkeiten reichen viel weiter und zuletzt bis auf den

Grund unseres gesamten Selbst- und Weltverständnisses – egal ob es sich dabei um mythische und religiöse Vorstellungen handelt oder um politische Überzeugungen – und sie greifen sogar auf wissenschaftliche Theoriemodelle aus, auf das, was Gerechtigkeit oder Autonomie bedeuten, oder darauf, wie wir so etwas wie Gesundheit, Ökonomie, Verwaltung usf. zu verstehen haben.

Dieses Einholen und Reflektieren der grundsätzlichen Lebensbedingungen hat etwas Übergriffiges. Alles zu hinterfragen, auch das, was den Menschen selbstverständlich ist, auch wenn es nur den Sinn hat, sichereren Boden unter die geistigen Füße zu bekommen, ist lästig und bringt die Leute gegen die Philosophie auf, wenn diese nicht daran interessiert sind, ihre eigenen Voraussetzungen zu bezweifeln – und das sind viele sehr häufig nicht. Wir reden dabei ganz allgemein von Vorurteilen und im verbreiteten Sprachgebrauch hat das eine pejorative Funktion.

Die Rede von den Vorurteilen hat allerdings in der Philosophie inzwischen eine positive Wendung genommen, insofern wir gar nicht anders können, als von bestimmten Voraussetzungen auszugehen, die wir nicht mehr begründen können. Wir sind danach also zwangsläufig darauf angewiesen, bestimmte Annahmen zu machen, welche die Voraussetzung von allem, was wir wissen können, bilden. Damit bleibt jedes Wissen von den jeweiligen Vorurteilen abhängig. Das sei deswegen so, weil es keine sichere Basis des Wissens geben kann, weder allgemeine Wahrheiten noch Wahrnehmungen, noch Einsichten.

Platon erzählt uns eine Geschichte über den Ursprung des Eros, den er mit der Philosophie gleichsetzt. Sehr wahrscheinlich ist, dass er sich diese selbst ausgedacht hat. Bei Platon spielen solche Geschichten eine eigentümliche Rolle: Auf der einen Seite brechen die Erzählungen seinen Argumentationsverlauf, zumeist an den Stellen, an denen er davon überzeugt ist, dass hier mit logischen und rationalen Argumenten nicht mehr weiterzukommen ist, auf der anderen Seite kommt seinen Mythen dadurch ein ganz eigener Stellenwert zu. Ihm war bewusst, dass die Philosophie davon ihren Ausgang nahm, dass die alten Geschichten nicht mehr geglaubt wurden.

Die ersten Philosophen, die sich eigene Gedanken über den Aufbau der Natur gemacht haben, kritisierten den Wahrheitswert der mythischen Erzählungen. Sie setzten sich damit in einen Widerspruch zu den verbreiteten Ansichten und dadurch zum Teil auch zur herrschenden Staatsreligion. Denn wer daran zweifelte, störte das soziale Gefüge, die öffentliche Ordnung, den Legitimitätsanspruch der regierenden Parteien.

Vor allem bei den Meinungsführern der Öffentlichkeit ruft solches Be- und Hinterfragen des Selbstverständlichen und Alltäglichen, auf das diese sich so gerne berufen, Ärgernis hervor. Dabei hat die Philosophie gar nichts gegen öffentlich vorgetragene Meinungen. Ihre Kritik richtet sich nur gegen die Allgemeinverbindlichkeitsansprüche, wie sie von einzelnen Methoden und Weltanschauungen erhoben werden. Solche sind allerdings immer mehr oder weniger im Schwange.

Heutzutage glauben z. B. viele an den Mythos von der Geschlossenheit der kausalen Welt.[136] Die Naturwissenschaften erheben eine bestimmte Methode zur allgemein verbindlichen und beschwören, dass die Welt so ist: Alles Wissen, das mit den Methoden der Physik erklärt werden kann, ist sakrosankte Wahrheit. Diese Methoden werden von der Chemie über die Biologie und die Neurowissenschaften bis hin zu den Sozialwissenschaften (vor allem der Psychologie und der Soziologie und inzwischen auch der Pädagogik) und den Wirtschaftswissenschaften verwendet. Erstaunlich ist, dass die Physiker nur vereinzelt solche Ansprüche anmelden, die ganze Welt erklären zu wollen, und dass ihre Methoden einen für sie ganz anderen Stellenwert haben, als dies bei den anderen Wissenschaften, welche die Mathematik benutzen, der Fall ist. Aber darauf hinzuweisen und damit die erhobenen Erkenntnisansprüche zu kritisieren, kann freilich nur borrnierten und unkundigen Philosophen einfallen!

Im fünften Jahrhundert v. Chr. begannen die so genannten Sophisten vor allem in den demokratischen Städten Griechenlands mit ihrer Aufklärung, die im Satz des Protagoras gipfelten: Der Mensch ist das Maß aller Dinge, derer, die sind, und derer, die nicht sind. Das hatte in der damaligen Öffentlichkeit einen ganz bestimmten gesellschaftlichen Sinn. Sokrates wandte sich offenbar gegen die Zerstörung dessen, was wir Wahrheit, Schönheit und das Gute nennen, indem er diesen Begriffen überhaupt erst einen eigenen und neuen Sinn gab. Das half ihm aber nichts. Gerade er wurde als Zerstörer der öffentlichen Ordnung, als Sophist, der schwarz zu weiß machen kann und umgekehrt, betrachtet und zum Tod verurteilt.

Den Sophisten und den Philosophen ist gemeinsam, dass sie sich gegen den Mythos und weit verbreitete öffentliche Meinungen richten. Die Sophisten aber sind pragmatisch: Ihr Hinterfragen des Geltenden ist darauf ausgerichtet, die Ambivalenz der meisten Voraussetzungen dafür zu nutzen, die Dinge so darzustellen, wie sie oder diejenigen, die ihre Tricks gerne anwenden, es gerade brauchen können. Deswegen beschäftigten sie sich auch viel mit Rhetorik und ganz allgemein mit der Sprache.

Auch die Philosophie verlegt das Maß für die Beurteilung der Gegenstände in jeden einzelnen – es gilt in ihr nur, was man selbst einsehen kann –, ihr bleibt aber nur übrig, nicht beim Pragmatischen stehen zu bleiben, sondern auf die dem Menschen wesentliche Suche nach Wahrheit zu verweisen, auch wenn man, wie die Sophisten, nicht sagen kann, wo sie zu finden ist. Der Sophist zieht daraus die Konsequenz, dass es die Wahrheit nicht gibt – der Grund, warum viele Sophisten philosophische Skeptiker waren –, oder zumindest, dass wir diese niemals erreichen können.

Die Welt ist tatsächlich noch pragmatischer als die Sophisten und zieht sich das Beste aus beiden Seiten heraus: Was der Philosophie positiv entspringt, eignet sich die Meinung der Gebildeten an – das ist nicht wirklicher Diebstahl, denn die Philosophie verwirft solche Dinge immer gleich, weil sie nichts damit anfangen kann. Die Welt fängt dann etwas damit an, baut auf den Einsichten auf, entwickelt Techniken, Staats- und Rechtsformen oder Theorien, die für den Menschen nützlich sind, ohne danach zu fragen, was es mit den Dingen genauer auf sich hat.

Die Philosophie ist damit dennoch die Mutter aller Grundlagenwissenschaften. Sie hat alle Wissenschaftsbereiche wie Physik und Biologie, Logik, Wirtschaftswissenschaften, Psychologie, Soziologie, Pädagogik, Kunst- und Medientheorie aus sich hervorgebracht, indem sie sich grundlegende Gedanken gemacht hat, was es mit bestimmten Seiten einzelner Bereiche und Gegenstände auf sich hat. Sobald ein solcher Bereich konzipiert ist, emanzipiert er sich sogleich von der Philosophie.

Viele Wissenschaften haben sich im Übrigen erst innerhalb der letzten 150 Jahre von der Philosophie emanzipiert und sind eigenständig geworden. Bezeichnend ist allerdings auch, dass die Philosophie an der Entwicklung der praktischen Wissenschaften, Medizin, Jurisprudenz und Theologie, keinen Anteil hat. Das Verhältnis zu diesen bleibt ungeklärt. Zwar nimmt sie für sich in Anspruch, wegen ihrer praktischen Disziplinen Ethik und Politik Grundsätzliches über diese Bereiche sagen zu können, das Spezifische dieser Tätigkeiten kann sie allenfalls definieren, allerdings niemals aus sich hervorbringen. Ganz Ähnliches gilt sogar für die Sprache. Auch diese ist eine praktische Tätigkeit, aber da auch die Philosophie von der Sprache abhängig ist, ist sie ihr vorausgesetzt.

Diese Geltung als Reflexionsinstanz aller Voraussetzungen hatte die Philosophie sehr lange inne. An den ganz alten Universitäten musste jeder Student zuerst die Grundlagenreflexionen erlernen. Die Philosophie war somit Propädeutik in der Artistenfakultät, des versammelten Bereichs der freien Künste, bevor man sich in den höheren Fakultäten auf Medizin, Theologie oder Jurisprudenz spezialisierte. Mit seinen Grundkenntnissen in der Philosophie sollte jeder in die Lage gesetzt werden, alle Grundlagen, Methoden, Prinzipien, was Erkenntnis und Wissenschaft überhaupt ist, Argumentationsweisen, Logik und ihre Konsequenzen prüfen zu können. Sie umfasste somit die eigentliche Welt aller Gründe.

Das traut ihr heute niemand mehr zu. In einer Welt, welche die Selbstvermarktung zum obersten Prinzip erklärt, in der totalen Plakationskultur, ist die Mahnung zur Bescheidenheit, der Hinweis, dass wir nur begrenztes Wissen über Gott und die Welt haben können, Selbstreflexion, das Betonen der Voraussetzungsgebundenheit allen Wissens und das Anmahnen von Alternativen im Denken und Handeln eher störend.

Da stehen sich nun zwei diametrale Meinungen über die Philosophie gegenüber. Die Frage aber ist: Gibt es etwas zwischen diesen Ansichten zur Philosophie, der verdammenden und der auf ihre grundsätzliche Bedeutung hinweisenden, das uns erklären könnte, warum das, was die Philosophen schreiben, so schwer oder zuweilen gar unverständlich ist? Für die Philosophie ist häufig betont worden, dass man sie nicht definieren kann. Sobald man es versucht, ist man schon mitten im Philosophieren. Damit handelt man sich die Schwierigkeit ein, dass man schon vorausgesetzt hat, was man erst bestimmen will. Denn wenn wir philosophierend tätig sind, müssten wir unser Tun selbst zum Gegenstand machen; das geht aber wiederum nicht anders als auf philosophierende Weise. Wir müssen also immer schon das tun, was wir erst suchen und bestimmen möchten. Wir können für die Philosophie aber nach den Punkten fragen, wo sich Kritiker und Verteidiger einig sind. Zählen wir das einmal zusammen:

Erstens: Die Philosophie ist nutzlos.

Zweitens: Die Philosophie hat keine rechten Ergebnisse.

Drittens: Die Philosophie stellt nur Fragen und gibt keine Antworten.

Viertens: Die Philosophie sucht nach dem Unbedingten zum Bedingten, nach dem letzten Grund also. Diese Suche ist vergeblich.

Fünftens: Keine zwei Philosophen sind sich einig.

Zunächst dürfen wir feststellen: Was nutzlos ist, kann zumindest keinen Schaden anrichten. Was nützlich ist und was nicht, darüber lässt sich zugegebenermaßen streiten. Offenbar aber gibt es bestimmte Menschen, die ein Bedürfnis haben, sich mit den »großen Fragen« auseinanderzusetzen. Um dieses Bedürfnis zu befriedigen, wäre die Philosophie nützlich – wenigstens im Prinzip, denn das heißt nicht, dass ihre faktische Form, wie sie von so genannten Philosophen beschrieben wird, tatsächlich erstens auf diese Befriedigung aus ist und zweitens, dass und ob sie dahingehend etwas bringt.

Nehmen wir einmal diejenigen aus, die gar nicht verständlich sein wollen, und drehen die Frage um: Was müssen die Philosophen beachten, um verstanden zu werden? Dann können wir immer noch sagen, wer von ihnen das erfüllt und wo die Schwierigkeiten liegen. Die natürliche Antwort lautet: einfach und klar.

Das Problem besteht aber darin, dass das dem Gegenstand angemessen sein muss. Trivialisierungen sind im Fall der Philosophie deswegen nicht gangbar, weil sie sonst ihre Gegenstände verfehlen würde. Das Analysieren und Systematisieren, Rationalität und Kritik, Zweifeln und Offenlegen und die spezifische Art der Selbstreflexion, die ihre eigenen Gründe ausweisen muss, lassen sich nicht mir nichts dir nichts einfach und klar hinschreiben. Man muss sich schon einlassen auf die Welt der Gründe, die immer ins

Bodenlose reichen. Und das ist nun einmal ohne Schwierigkeiten im Denken und Nachvollziehen nicht zu machen, zumal die Philosophie den Anspruch hat, dass in ihr nur gilt, was jemand wirklich auch eingesehen hat.

Das wirklich große Thema der Philosophie ist das Leben. Und wer behauptet, dieses sei einfach und klar, ist eher nicht von dieser Welt. Die Philosophie hat es sich dazu noch zur Aufgabe gemacht, es auf den Begriff zu bringen und nicht nur zu führen (was ja schon schwierig genug ist). Der Lohn für die Mühe des Denkens ist reichlich: Wir bekommen dafür nämlich immer neue Fragen.

ETÜDE 9

Wahrheit ist relativ!

Dass wir so etwas wie »die Wahrheit« nur erstreben, niemals aber besitzen können, scheint eine ebenso frühe wie moderne und insofern immer wieder neue Einsicht zu sein. Es steht aber sogar in Frage, ob es überhaupt eine Wahrheit geben kann – ob wir diese erreichen oder erstreben können, spielt demgegenüber keine Rolle.

Das Bezweifeln jeder Wahrheit wird den Sophisten im fünften Jahrhundert v. Chr. angelastet. Diese meinten aber eher doch eine Relativität und Verfügbarkeit dessen, was wir als wahr betrachten. Das Maß dafür ist der Mensch und seine Fähigkeit, das, was er für wahr hält, letztlich seinen Nutzen angesichts einer komplexen wirtschaftlichen und politischen Gesellschaft, durchzusetzen. Sokrates wird der Gedanke zugesprochen, dass mit dem Verfolgen des eigenen Vorteils auch ein Wissen verbunden sein muss, wenn auch eines um die Verhältnisse und Situationen der Menschen und ihrer Gefühlslagen sowie das Wissen um die Fähigkeiten, andere, einzeln oder in Gruppen, von einem bestimmten Vorteil zu überzeugen; ob dieser ihnen tatsächlich nutzt oder nicht, ist wieder sekundär. Man nannte diese Fähigkeit Rhetorik.

Sokrates zweifelte ebenso an Gewissheiten, wie sie in der öffentlichen Welt kursierten, und an individuellen Gewissheiten, wie sie Leute eines bestimmten Berufszweigs, Handwerker, Dichter und Denker oder Politiker, sich anmaßten, für sich beanspruchen zu können. Sein bekannter Satz lautete: Ich weiß, dass ich nichts weiß! Wir müssen gleich fragen, ob das eine Gewissheit ist, die Sokrates hier ausspricht,[137] wenn wir es nicht gleich als Koketterie auslegen wollen.

Bevor wir aber auf den Zweifel, dass es so etwas wie Wahrheit gibt, eingehen können, müssen wir erst wissen, was da bezweifelt wird. Die Frage lautet dann: Was wird unter Wahrheit verstanden? Wenn wir nämlich sagen, wir bezweifeln, dass es Wahrheit gibt, setzen wir diese schon voraus. Denn wenn es diese gar nicht gibt, brauche ich ja auch nicht daran zu zweifeln, dass es sie gibt. Genauso wenig können wir an Tatsachen zweifeln, denn wenn diese nicht wahr sind, dann sind es keine Tatsachen. Wir können auch hier allenfalls sagen: Du verstehst diesen Sachverhalt als Tatsache, ich glaube aber nicht, dass es sich dabei um eine Tatsache handelt, sondern nur um deine Auffassung oder Meinung. Dass der andere diese Auffassung hat, kann auch wieder eine Tatsache sein, muss es aber nicht – wir können auch lügen. Das Problem mit der Wahrheit scheint sich, wenn man diese beseitigen will, bei der nächsten Frage gleich wieder einzustellen.

Was also verstehen wir unter der Wahrheit? Vielleicht fragen wir zuerst ganz empirisch: Unter welchen Bedingungen oder in welchen Kontexten glauben wir, auf so etwas wie Wahrheit angewiesen zu sein? Zum Beispiel wenn wir annehmen, dass jemand lügt, wir aber den Sachverhalt, den er behauptet, gerade nicht überprüfen können. Wenn wir ein Interesse an der Kenntnis des Sachverhalts haben, sagen wir: »Sag die Wahrheit!« Zwar würde die Überprüfung mit dem Ergebnis, dass der andere nicht den bestehenden Sachverhalt ausgesagt hat, auch wieder eine Lüge produzieren – denn wenn es keine Wahrheit gibt, können wir nicht behaupten, jetzt hätten wir diese –, das Problem ist dann aber offenbar der Sachverhalt und ob er besteht oder nicht.

Wahrheit, so können wir sagen, ist, wenn ausgesagt wird, was tatsächlich der Fall ist. Das hat Thomas von Aquin behauptet, wenn er sagt: Wahrheit ist die Übereinstimmung der Vorstellung mit der Sache. Ganz ähnlich meinte Alfred Tarski: Die Wahrheit ist eine Aussage, die gilt, wenn der Sachverhalt besteht. Wenn wir sagen: »Es regnet«, ist die Aussage genau dann wahr, wenn es regnet. Das ist sicher richtig, wenn wir die Zeit und den Ort mit einbeziehen. Ich kann niemandem eine Tonaufnahme mit seiner Stimme vorspielen, auf dem er sagt: »Es regnet« und dann behaupten, er lüge, denn, wenn er einmal aus dem Fenster sehe, könne er bemerken, dass die Sonne scheint. Außerdem muss ich wissen, was die Aussage bedeutet, »es regnet«. Ich kann das behaupten und jemand entgegnet mir: Ach, das sind doch nur ein paar Tropfen, von Regen könne man ja da in Wirklichkeit gar nicht sprechen! Was das »in Wirklichkeit« heißt, wollen wir jetzt einmal nicht weiter verfolgen.

Die beschriebene Wahrheit ist eine Wahrheit im trivialen Sinn. Allerdings kann es dabei zu Problemen kommen, wenn der Sachverhalt, der in ihr ausgesagt wird, aus verschiedenen Blickwinkeln betrachtet werden kann. Die klassische Situation ist die vor Gericht. Das Gericht hat einen Sachverhalt festzustellen. Das kann es nur, wenn sich ein solcher Sachverhalt überhaupt feststellen lässt. Das ist nicht immer der Fall. Die Rekonstruktion eines Geschehens ist abhängig von Aussagen darüber und allgemeinen Plausibilitäten. Dabei kann freilich etwas sehr Unwahrscheinliches passiert sein, und trotzdem ist es geschehen. Ein Gericht wird deswegen zwar versuchen, der Wahrheit so nah wie möglich zu kommen, jeder aber weiß, dass es dabei zumeist nicht um die Wahrheit im faktischen Sinn geht, sondern um das, was sich angesichts der Bedingungen der Wahrheitssuche vor Gericht feststellen oder beweisen lässt. Der Beweis ist selbst wieder abhängig von Aussagen, Indizien und Plausibilitäten.

»Der Wahrheit so nah wie möglich kommen«, ist wiederum eine Formulierung, die gegen die Wahrheit spricht. Dem Begriff nach ist alles falsch, was nicht die ganze und volle Wahrheit ist, jede kleinste Abweichung bringt den Sachverhalt in ein diffuses Licht, was seine Wahrheit angeht. Die angesprochene Trivialität der Wahrheit, als Übereinstimmung des Ausgesagten mit dem Sachverhalt, wird sogleich komplex, sobald wir uns im Sachverhalt nicht mehr ganz sicher sein können, denn der Anspruch auf Wahrheit besteht bei Aussagen nach wie vor, wenn wir den darin enthaltenen Sachverhalt wissen wollen.

Kant schreibt in seiner *Kritik der reinen Vernunft*: »Was ist Wahrheit? Die Namenerklärung der Wahrheit, dass sie nämlich die Übereinstimmung der Erkenntnis mit ihrem Gegenstande sei, wird hier geschenkt, und vorausgesetzt; man verlangt aber zu wissen, welches das allgemeine und sichere Kriterium der Wahrheit einer jeden Erkenntnis sei. Es ist schon ein großer und nötiger Beweis der Klugheit oder Einsicht, zu wissen, was man vernünftigerweise fragen solle. Denn, wenn die Frage an sich ungereimt ist, und unnötige Antworten verlangt, so hat sie, außer der Beschämung dessen, der sie aufwirft, bisweilen noch den Nachteil, den unbehutsamen Anhörer derselben zu ungereimten Antworten zu verleiten, und den belachenswerten Anblick zu geben, daß einer (wie die Alten sagen) den Bock melkt, der andere ein Sieb unterhält. Wenn Wahrheit in der Übereinstimmung einer Erkenntnis mit ihrem Gegenstand besteht, so muß dadurch dieser Gegenstand von anderen unterschieden werden; denn eine Erkenntnis ist falsch, wenn sie mit dem Gegenstande, worauf sie bezogen wird, nicht übereinstimmt, ob sie gleich etwas enthält, was wohl von anderen Gegenständen gelten könnte. Nun würde ein allgemeines Kriterium der Wahrheit dasjenige sein, welches von allen Erkenntnissen, ohne Unterschied ihrer Gegenstände gültig wäre. Es ist aber klar, daß, da man bei demselben von allem Inhalt der Erkenntnis (Beziehung auf ihr Objekt) abstrahiert, und Wahrheit gerade diesen Inhalt angeht, es ganz unmöglich und ungereimt sei, nach einem Merkmale der Wahrheit dieses Inhalts der Erkenntnis zu fragen, und daß also ein hinreichendes, und doch zugleich allgemeines Kennzeichen der Wahrheit unmöglich angegeben werden könnte«.[138]

Wie wir sehen, setzt auch Kant den trivialen Sinn der Wahrheit voraus. Als Philosoph fragt er aber weiter, ob es ein Kriterium geben kann, das mir verbürgt, dass ein ausgesagter Sachverhalt besteht. Er argumentiert, dass es ein solches Kriterium gar nicht geben kann, denn ein solches müsste sich auf jeden Sachverhalt beziehen lassen und wäre damit unabhängig davon, was dieser besagt. Sachverhalte bestehen oder bestehen aber nicht unabhängig davon, was in ihnen ausgesagt wird, sondern sie beziehen sich gerade auf die Wirklichkeit, die in ihnen ausgesagt wird. Die Notwendigkeit der Unabhängigkeit von den Inhalten eines solchen Kriteriums spricht also dagegen, dass es ein solches Kriterium für Wahrheit geben kann.

Wir suchen die Wahrheit also immer zwischen einer Aussage und einem Sachverhalt. Die Aussage besteht darin, was ich meine, wenn ich einen Sachverhalt ausdrücke und wenn ich nicht lüge. Das Lügen stellt allerdings ein eigenes Problem dar; dass wir überhaupt lügen können, setzt voraus, dass es einen Sachverhalt gibt, der in Wirklichkeit besteht, also wahr im gemeinten Sinn ist, die Möglichkeit zur Lüge wäre also ein Beweis dafür, dass es Wahrheit gibt und nicht seine Widerlegung. Was ich meine, ist meine subjektive Innensicht. Wenn ich diese in eine Aussage fasse, entlasse ich diese gleichsam aus meinem Inneren und stelle sie den anderen zur Verfügung. Wieder abgesehen von Missverständnissen, ist der andere in der Lage, den Sachverhalt aufzufassen. Wenn er eben nicht davon ausgeht, dass ich ihn täuschen will oder einfach nur Unsinn rede, kann er den ausgesagten Sachverhalt mit seiner Meinung über den Sachverhalt vergleichen. Bei Übereinstimmung wird er meine Aussage für richtig, bei Nichtübereinstimmung, wenn er es richtig verstanden hat, für falsch halten.

Die Zustimmung ist freilich wieder nicht als Wahrheit des Sachverhalts zu verstehen. In der sogenannten Konsensustheorie, welche auf Karl-Otto Apel, Jürgen Habermas und den Erlanger Konstruktivismus im Anschluss an Wilhelm Kamlah und Paul Lorenzen zurückgeht, führte man die Wahrheit auf die Übereinstimmung in der Sachverhaltsbeurteilung zurück, die speziell bei Habermas durch Verständlichkeit, Richtigkeit und Wahrhaftigkeit bedingt ist. Aber auch viele können sich übereinstimmend irren und nur der eine, der etwas anderes sagt, hat Recht und spricht die Wahrheit. Zumindest scheint uns das bei Betrachtung dessen, was Wahrheit bedeutet, plausibel zu sein.

Die Konsensustheorie ist sich dieses Umstands freilich bewusst, sie betont aber demgegenüber die Schwierigkeit, festzustellen, wer denn die Wahrheit sagt und weiß, und da ist ein Verfahren der Urteilsfindung und Überprüfung durch mehrere in den allermeisten Fällen zuverlässiger als die Aussage eines Einzelnen.

Arkesilaos und Karneades, die beiden akademischen Skeptiker des dritten und zweiten Jahrhunderts v. Chr., bestritten generell, dass die Wahrheit erkennbar ist.[139] Von Wahrheit könnten wir nur sprechen, meinten sie, wenn ein Eindruck zweifelsfrei eindeutig oder wenn das Gegenteil in jedem Fall ausgeschlossen ist. Es gebe aber keinen Sachverhalt, der diese Bedingungen erfüllen würde. Alles, was wir für wahr halten, sei allenfalls wahrscheinlich, niemals aber wahr. Unsere Behauptungen über Sachverhalte mögen dem tatsächlich vorliegenden Sachverhalt zwar ähnlich, diese können aber nicht miteinander identisch sein. Die Rhetorik ist gerade das Mittel, jede Position vertreten zu können. Im absoluten Sinn kann weder mit der Wahrnehmung noch mit den Sinnen irgendein Sachverhalt entschieden werden. Vor allem Karneades verstand sich auf das *utramque partem disputare*,[140] also gleichermaßen überzeugend für jede Behauptung und für deren Gegenteil argumentieren zu können. Der Weise enthält sich generell jedes

Urteils, nicht einmal das Wissen um das eigene Nichtwissen ist danach wahrheitsfähig.

Die Skepsis, dass es Wahrheit gibt, reicht hier noch weiter als die Kritik daran, dass wir die Sachverhalte nicht mit unseren Überzeugungen vergleichen und deswegen nie zu wahren Aussagen kommen können. Sie greift gleichermaßen nämlich auch unsere eigenen Überzeugungen an. Ich selbst kann von keinem Sachverhalt überzeugt sein, dieser sei wahr, weil mir jedes Kriterium abgeht, meine Meinung zu überprüfen. Dennoch ist mit dieser Kritik nicht die Wahrheit widerlegt, sondern nur, dass wir diese erkennen können.

Im anderen Fall können wir davon ausgehen, dass unsere Überzeugungen wahr sind.[141] Wir haben nämlich gar keine andere Möglichkeit, als zunächst von unseren Überzeugungen bei der Bildung von Wissen auszugehen. Wahr sind darüber hinaus in jedem Fall analytische Wahrheiten,[142] also alles, was aus dem Grundaxiom der klassischen Logik folgt, das heißt, dass nicht gleichzeitig eine propositionale Aussage und ihr kontradiktorisches Gegenteil wahr sein kann. Aber das hilft uns freilich für unser Problem nicht weiter, weil sich analytische Aussagen nur auf die Form beziehen. Sie gelten für jeden Sachverhalt unabhängig vom Inhalt. Da sie sich nicht inhaltlich auf die Sachverhalte beziehen, können wir daraus kein absolutes Wahrheitskriterium ableiten. Eine andere Sache ist die mit den Überzeugungen: Dass diese immer wahr sein sollen, erscheint uns *prima facie* falsch zu sein: denn dann könnten wir uns nicht irren. Daran aber gibt es keinen Zweifel. Wie ist das also gemeint?

Wenn wir uns in der Überzeugung, dass ein bestimmter Sachverhalt besteht, irren, dann bezieht sich der Irrtum wieder auf den Inhalt des ausgesagten Sachverhalts. Die Möglichkeit für den Irrtum ist freilich wieder die Möglichkeit für die Wahrheit: Gibt es keine Wahrheit, können wir uns auch nicht irren oder jemanden täuschen oder belügen. Aber mit den wahren Überzeugungen ist etwas anderes gemeint: Die Wahrheit bezieht sich nicht auf den Inhalt, sondern darauf, dass ich weiß, dass ich diese Überzeugung habe, auch wenn sich das nicht auf den Inhalt übertragen lässt, wenn es also keine Gewähr dafür gibt, dass der ausgesagte Sachverhalt auch tatsächlich besteht.

Wenn wir von solchen Überzeugungen ausgehen, sprechen wir auch von einem Wissen der Sachverhalte. Ob ich sage, ich bin davon überzeugt, oder ob ich sage, ich weiß es, das macht formal keinen Unterschied. Der Begriff der Überzeugung kann dabei freilich keine einfache Meinung sein, sondern unterliegt bestimmten Kriterien der Überprüfung: der Konsistenz aller meiner Überzeugungen, der Informationsgewinnung zu einem begründeten Urteil, der Nichtbeeinflussung durch Sachfremdes, die ständige Überprüfung und auch der Abgleich mit anderen.

Wovon wir in diesem Sinn überzeugt sind, davon können wir auch sagen, dass wir es wissen. Zwar ist damit nicht die Möglichkeit ausgeschlossen, dass wir uns täuschen, aber wir können wenigstens sagen, dass wir die Bedingungen erfüllt haben, zu einem begründeten und begründbaren Urteil zu kommen. Mehr ist in Hinblick auf die Wahrheit offensichtlich nicht zu erreichen, denn Wissen verstehen wir als wahres Wissen.

Das scheint eine Ausflucht aus dem Grunddilemma der Wahrheit zu sein. Die skeptische Kritik aber hat in jedem Fall deutlich gemacht, dass es absolutes Wissen und absolute Wahrheit nicht geben kann. Das ist schon eine Einsicht der Alten. Die »geprüfte Überzeugung« ist im Übrigen auch das Ergebnis des dritten Anlaufs zur Beantwortung der Frage, was Erkenntnis sei, in Platons Dialog *Theaitetos*, auch wenn Sokrates den Satz wieder angreift, indem er behauptet, auch die Gründe brauchen für ihre Plausibilität Grundlagen, welche wir wieder voraussetzen müssen.[143]

Der Einwand ist freilich nicht zu bestreiten, sagt aber nur, dass es kein absolutes Kriterium für die absolut wahre Erkenntnis geben kann. Unter der Voraussetzung aber, dass jedes Wissen auf Annahmen beruht, ist die Grundlage für die Wahrheit gleichsam gesichert. Diese Annahmen müssen uns – das ist sozusagen die Voraussetzung – unhintergehbar einsichtig sein. Das ist wieder ein eigenes Problem der Wahrheitsfundierung. Wir können den Begriff der Wahrheit aber gar nicht anders explizieren, als dass wir von Grundannahmen ausgehen.

Wenn wir nun einmal darauf sehen, was wir mit dem Begriff von der »geprüften Überzeugung« gewonnen haben, sehen wir vielleicht klarer. Wahrheit, Wissen, Überzeugung und Erkenntnis setzen Annahmen über bestehende Sachverhalte voraus, die mehr oder weniger plausibel sein können. Die Annahme, dass z. B. eine Welt unabhängig von meiner Betrachtung besteht – auch das ist vom Skeptizismus bestritten worden –, ist beispielsweise eine sehr plausible Annahme; die Annahme des Gegenteils würde uns dagegen in erhebliche Begründungsprobleme bringen, vor allem wenn wir an das Handeln denken. Denn wenn wir handeln, müssen wir wissen, in welcher Situation wir stehen; eine Beschreibung der Situation nimmt aber immer Bezug zu einer Außenwelt und Annahmen über diese und darin bestehende Sachverhalte.

Der Wahrheitsbegriff, wie wir diesen im Alltag verstehen – und das gilt für die triviale Interpretation wie für anspruchsvollere –, erfüllt auch eine bestimmte Funktion, auf die wir nicht verzichten können. Der Unterschied zwischen den Urteilen: »Ich kann überhaupt nichts wissen!« und »Ich weiß, dass mein Wissen Voraussetzungen unterliegt und dass ich mich grundsätzlich täuschen kann!« liegt darin, dass der erste Satz behauptet: »Ich täusche mich immer!«, der zweite aber: »Ich weiß, dass ich mich täuschen kann, aber ich bin der festen Überzeugung, dass ich mich nicht immer täusche!« Wenn es kein theoretisches und kein formales Argument gibt, die Wahrheit eines dieser beiden Sätze zu belegen, muss ich mich zwischen den Sätzen entscheiden – und ich muss die Konsequenzen daraus ziehen.

Die erste Möglichkeit einer radikalen Skepsis bringt mich aber nicht weiter. Nachdem alles beliebig ist und jedes Urteil der Täuschung unterliegt, ist egal, was ich denke, meine, wie ich die Wirklichkeit auffasse, was ich tue. Wenn uns das nicht gleichgültig ist, sondern wir ein elementares Interesse daran haben, etwas zu wissen, von bestimmten Überzeugungen getragen zu werden, Sachverhalte erkennen und darüber Urteile fällen zu können, dann muss ich mich für die zweite Möglichkeit entscheiden.

Ich nehme dabei allerdings auch so etwas wie Wahrheit für meine Überzeugungen in Anspruch, eine Wahrheit, die nicht relativ ist, auch wenn diese sich immer nur in subjektiven Überzeugungen kundtun kann. Wir können daraus ersehen, dass die Wahrheit eine immense Bedeutung für unseren Umgang miteinander hat sowie für unser Verhältnis zur Welt. Wenn wir von nichts überzeugt sein könnten, wenn wir nichts Wahres anerkennen wollten, würden wir uns in der Welt und im Bezug auf die anderen überhaupt nicht mehr orientieren können.

Die Wahrheit ist dann die Bezugsgröße meiner Äußerungen, die selbst nicht relativ sein kann. In Relation zur Wahrheit stehen eben nur meine Überzeugungen, die damit tatsächlich relativ sind zu dem, was ich wissen kann, woher ich komme, wie ich kulturell sozialisiert bin, welche Annahmen ich mache, was mir wichtig und wert ist, in welcher Situation ich stehe, wem gegenüber ich mich wie verhalte, welches Ziel meine Äußerungen und Handlungen haben usf. Das bezieht sich aber alles generell auf einen Punkt, der nicht zur Disposition stehen kann, weil sonst sogar die generelle Möglichkeit zum Standort unserer geistigen Positionen verloren geht.

Der triviale Sinn von der Übereinstimmung mit Sachverhalten wird in dieser Konzeption also erweitert in Hinblick auf ein Bewusstsein erstens von der Voraussetzungsnotwendigkeit wahrer Aussagen und zweitens von dem elementaren Bedürfnis, dass es überhaupt die Möglichkeit gibt, etwas zu wissen. Das zweite ist freilich ein existenzieller Grund, der gleichsam von außen an das Wahrheitsproblem herangetragen wird. Aber wir existieren nun einmal als begrenzte Wesen, die sich mit den begrenzten Ansprüchen an das, was sie wissen können, begnügen müssen. Und auf der anderen Seite müssen wir uns mühsam mit unseren Standpunkten identifizieren, ohne dabei die Möglichkeit zur Veränderung und zur Bewegung überhaupt aufgeben zu können.

Das Leben und die Lebensführung und beider notwendiger Wandel stehen dabei keineswegs im Widerspruch zur Wahrheit, sondern finden in dieser eine ihrer Bedingungen.

Platon hat noch auf einen weiteren Umstand aufmerksam gemacht: Er hielt die Wahrheit grundsätzlich für erkennbar, aber eben nicht für jeden und zu jeder Zeit. So etwas wie die Erkenntnis von Wahrheit setzt nach ihm eine Methode der Vermittlung voraus. Allgemeine Aussagen können zwar wahr sein, aber nicht jeder versteht diese in der richtigen Art und Weise. Es kommt also nicht nur auf den Sprecher der Wahrheit an und auf den Inhalt des Urteils, sondern ebenso auf denjenigen, welcher das Urteil hört. Für meine Aussagen kann ich nie garantieren, wenn ich sie z.B. schriftlich veröffentliche, weil ich dann gar nicht weiß, wer diese wie auffasst. Nur im wechselseitigen Gespräch kann ich herausfinden, was der andere schon weiß, und dann kann ich ihm auch vermitteln, was ich meine; ich kann meinen Sätzen, wie Platon sich ausdrückt, »beispringen«. Ich muss den anderen also auch kennen.

Existenzielle Bezüge weisen immer auf Brüche in der rein als Sinnzusammenhang reflektierten und verstandenen Rekonstruktion hin. Solche Brüche stellen unablässig Fragen zur Verfassung des menschlichen Selbst- und Weltverständnisses. Die Reflexionsebene verschiebt sich vom Nachvollziehen eines einheitlichen Zusammenhangs, in dem wir gewohnt sind, einen Sinn zu sehen, in die philosophische Auseinandersetzung. Die Probleme von Wahrheit, Wissen, Überzeugung und Erkenntnis sind deswegen genuine Gegenstände der Philosophie, die damit im dreifachen Spagat steht zwischen der logischen Rekonstruktion des Problems, die Einsicht in seine Unlösbarkeit und das Bedenken seiner Auswirkungen innerhalb des menschlich-begrenzten Verstehens und der Zumutung, sich angesichts der jederzeit unsicheren, mitunter dilemmatischen bis hin zur paradoxen Ausgangslage für ein Handeln entscheiden zu müssen, das uns nicht einmal immer von der sich aufdrängenden Rechtfertigungsfrage befreit.

So können wir uns ganz den Ausführungen Karen Gloys anschließen: Unabhängig von den elaborierten und fatalerweise freilich pluralen Theorien, welche die Wahrheit aus der »Dekonstruktion der Aura des traditionellen Wahrheitsbegriffs«[144] herauslösen wollen, um ihr einen extensional-eindeutigen Sinn zu verleihen, der aber »in eingeschränkter Perspektive« »den einen Sachverhalt ›Wahrheit‹ fixiert«,[145] kann die Philosophie weiterhin im »Singular von der Wahrheit« sprechen.[146]

So verstehen wir »die eine Wahrheit als den Grundsachverhalt, den phänomenalen Befund, … und die diversen Theorien als Versuche seiner Interpretation«.[147] Denn philosophisch betrachtet, haben wir es immer mit der »stets gleichbleibenden Wahrheit … zu tun«.[148]

»Der Sachverhalt ›Wahrheit‹ stellt das Ganze dar, das Ganze der Wirklichkeit, der Erkenntnis, der Sprache. Dieser Grundsachverhalt ist kein einzelnes, isoliertes Datum, kein Relat einer Relation noch auch die Relation selbst und auch nicht die Gesamtrelation, sondern stellt die noch undifferenzierte Ursprungsdimension aller Wahrheitstheorien dar«.[149] Was sich selbst durch alle Formen der

Differenzierung hindurch gleich bleibt, unterliegt aber in keinem Fall dem Relativen. So können wir schließen, dass die Wahrheit alles sein kann, nur nicht relativ.

ETÜDE 10

Geschichte ist der Ablauf von Ereignissen!

Wenn wir von »Geschichte« sprechen, meinen wir Verschiedenes. Das ist nicht verwunderlich angesichts der Tatsache, dass es viele Dinge gibt und im Vergleich dazu nur wenige Begriffe. Aber bei der »Geschichte« ist es anders. Wir meinen damit auf der einen Seite etwas »Reales« oder etwas »Irreales« und auf der anderen Seite etwas »Vergangenes« oder etwas »Gegenwärtiges«, schließlich auch etwas »Wahres« oder etwas »Erfundenes«, also »Gelogenes«, und zudem: etwas allgemein »Bedeutendes« oder etwas »Belangloses«, »Alltägliches«. Freilich, im Normalfall glauben wir, das auseinander halten zu können. Und auch die Sprache gibt einen Hinweis, wenn wir den bestimmten Artikel verwenden: »die Geschichte« oder ganz ohne Artikel: »Geschichte«, und demgegenüber, wenn wir von »einer Geschichte« sprechen oder bloß sagen: »Ach, Geschichten!« Für Letzteres kennt das Österreichische immerhin den eigenen Ausdruck »Schmäh«.

Geschichten, in denen nichts passiert, sind fad; ja, es sind dann offenbar nicht einmal mehr Geschichten. Denn wenn keine Ereignisse, ob erfunden oder wahr, aufeinander folgen, sprechen wir nicht von einer oder der Geschichte. Insofern kann nicht bezweifelt werden, dass in einer oder der Geschichte eines auf das andere folgt. Das gilt für jede Form von Geschichte. Aber die Frage ist, ob »Geschichte« sich im Ablauf von Geschehnissen erschöpft. Daran besteht schon jetzt ein erheblicher Zweifel, egal um welche Art von »Geschichte« es sich handelt. Denn wenn wir bei »Geschichte« von Verschiedenem sprechen, fehlt das tertium comparationis, der Maßstab des Vergleichs zwischen den unterschiedlichen Weisen von »Geschichte«.

Wenn wir von »der Geschichte« sprechen und eben keine beliebige Erzählung meinen, die wir erlebt oder gehört haben oder aber die erfunden ist, so liegt darin der Anspruch, etwas Wahres zu sagen, eine tatsächliche Gegebenheit vorzubringen. Es gibt Grauzonen: Ich kann jemandem etwas erzählen, eine Geschichte, für die ich betone, dass diese so passiert ist, aber das ist noch nicht das, was wir unter »der Geschichte« verstehen; ihr fehlt das Bedeutende, das Weltrelevante, und ich werde diese Geschichte so erzählen, wie ich die Sachen sehe. Jemand anderes kann die gleiche Geschichte erzählen und doch etwas anderes von sich geben. Das ist in etwa so wie bei Zeugenaussagen in einem Gerichtsprozess.

Der entscheidende Unterschied liegt offenbar darin, dass das »Historische« etwas ist, dem wir die Welt, so wie sie sich uns heute darbietet, verdanken. Aber es ist noch etwas Grundlegenderes zu beachten: Wir sollten verstehen, warum der Mensch überhaupt »Geschichten« und »Geschichte« erzählt. Was liegt für uns Menschen darin, etwas, das vergangen ist, aufleben zu lassen, in die momentane Gegenwart einer Erzählung zu ziehen? Selbst wenn uns Geschichten erschrecken, verwundern, sprachlos machen oder wenn wir uns bei der Erzählung eines anderen an eine eigene Geschichte erinnern und gewissermaßen dadurch gezwungen werden, diese zu erzählen, sind wir doch höchst interessiert an ihnen.

Der Mensch hat wohl schon immer – seit er eine Sprache hat, um sich auszudrücken – Geschichten erzählt über alles, was ihn bewegte. Es entstanden Geschichten über Erlebnisse und über die großen Zusammenhänge in Form von Mythen. Die Historie aber, die Geschichte über Vergangenes, das wirklich einmal gewesen ist und beim Erzählen die eigentümliche Form annimmt, immer noch aktuell zu sein, weil es über die Verhältnisse aufklärt, unter denen man momentan leben muss, hat Herodot im fünften Jahrhundert vor Christi Geburt erfunden. Und so nannte ihn Cicero später den »Vater der Geschichte«.

Wir wissen nicht, wie er darauf kam, die Geschichten von der Geschichte zu trennen. Der Titel seines Werks *historiai* bedeutete im damaligen Griechisch noch beides. Den Anlass dazu erläutert er uns allerdings selbst: In der Mitte seines Jahrhunderts bestanden eigenartige Verhältnisse. Seine ganze Welt war von einem sonderbaren Gegensatz, dem zwischen Ost und West, beherrscht. Die beiden Seiten lagen in einem Dauerkonflikt, den der Westen, die Städte, in denen Griechisch gesprochen wurde, ein paar Jahrzehnte vorher völlig überraschend für sich entschieden hatte.

Das Perserreich erstreckte sich von der Westküste der heutigen Türkei bis nach Indien, also über eine so enorme Fläche und Bevölkerungszahl, dass die damaligen Maßstäbe völlig gesprengt wurden. Der Großkönig, der an seiner Spitze stand, hatte am Anfang des fünften Jahrhunderts die Idee, sein Reich nach Westen auszudehnen, also auf die griechischen Besiedlungen, und er wäre, hätten ihn die Griechen nicht gestoppt, wohl bis an die Säulen des Herakles – das ist das heutige Gibraltar – marschiert.

Die Griechen waren schwache Gegner, in sich zerstritten, zahlenmäßig weit unterlegen, verstreut, eigensinnig und im Wesentlichen mit anderen, für sie wichtigeren Dingen beschäftigt, z. B. Politik, Sport, übertriebenes und gescheites Reden und solche Dinge mehr. Dass diese heterogene Bevölkerung sich so verbissen wehren würde, dass sie sich in der Verteidigung ihrer Eigenständigkeit zusammenschließen würde, dass eine ganze Reihe von Zufällen das große Unternehmen der Unterwerfung Europas scheitern lassen würde, war im Grunde nicht zu erwarten. Und doch ist es so gekommen und unsere Welt würde heute völlig anders aussehen, wenn alles nicht so geschehen wäre, wie es geschehen ist. Es gäbe keine Demokratie, keine Kunst, keine Mathematik, keine industrielle Revolution. Nichts wäre heute so, wie es ist, wenn die Griechen sich damals nicht so entschlossen dem Gegner aus dem Osten gestellt hätten.

Die Zeit Herodots war schon wieder eine andere: Athen hatte eine Art Vormachtstellung im östlichen Mittelmeerraum eingenommen, und die Athener beanspruchten für sich, am besten zu wissen, wie man sich der ständigen Gefahr aus dem Osten durch die Perser erwehren kann. Die Athener agierten für ihre Interessen recht geschickt, sie brachten das Geld, das in Delos von den Verbündeten zusammengesammelt wurde, auf die Akropolis und organisierten die Verteidigung gegen die Perser. Das hatte wegen der dafür notwendigen Schiffsbauten, der Errichtung öffentlicher Verwaltungsgebäude und des Unterhalts der Verteidigungsflotte Vollbeschäftigung in Athen zur Folge, und viele andere hatten Zeit, sich um andere Dinge als die notwendigen Alltäglichkeiten zu kümmern, insbesondere um die Politik, die durch all diese Prozesse in Athen immer demokratischer wurde.

Herodot bekam das alles mit. Er wurde in Kleinasien, in eben dem Teil Griechenlands geboren, das eigentlich gar nicht zum

Kernland gehörte, wuchs mit den kulturellen und mentalen Unterschieden an dieser Kulturgrenze auf und fragte sich offenbar irgendwann, wie es zu dieser Dichotomie zwischen Ost und West gekommen war.

Natürlich erzählten die Leute Geschichten darüber, denn die Perser sah man eigentlich gar nicht als vollkommene und richtige Menschen an, die sprachen »Barbar«, also kein Griechisch, hatten aber dennoch teilweise vornehme Umgangsformen, putzten sich gern heraus, waren stolz auf ihre Kultur und betonten immer wieder, wie viele sie eigentlich seien und dass die Griechen sich nichts einzubilden brauchten, man solle nur warten, dann werde man ihnen Marathon, die Thermopylen, Salamis, Plataiai, Mykale und alles andere schon heimzahlen. Herodot kannte verschiedene Geschichten oder genauer: verschiedene Versionen der offenbar selben Geschichte. Was war, so mochte er sich fragen, wirklich geschehen?

Er bemerkte außerdem, dass man weiter fragen konnte: Wenn das und das so und so war, ja, wie kam es denn dazu? Die Geschichten dehnten sich räumlich und zeitlich immer mehr aus, reichten nach Phönizien und Ägypten, also in den Süden, aber auch nach Phrygien, Lydien und immer weiter östlich und in den Norden bis zu den Skythen. Was bleibt einem anderes übrig, wenn man es genau wissen will, als hinzufahren und die Leute dort zu fragen? Wir können uns vorstellen, was ihm dort erzählt wurde: neue Geschichten, andere und wieder andere, über die eigene Vergangenheit und deren Kontakt zu den Nachbarn.

Wenn etwas länger her ist, verwischt es sich. Es ist schwer zu unterscheiden, was da dran ist und was man dazu erfunden hat; aus welchen Gründen auch immer, um sich selbst zu rechtfertigen oder die eigene Größe herauszustellen, um die eigenen Schandtaten zu kaschieren, um den Anspruch auf die jetzige oder eine zukünftige Situation zu rechtfertigen: Die Hölle, das sind immer die anderen, schrieb Sartre. Herodot hat das sicher durchschaut. Aber er traute sich nicht immer zweifelsfrei zu, aufgrund der Berichte zu entscheiden, was wahr war und was falsch oder so hingebogen, dass es plausibel klingt und wenigstens ein bisschen wahr. Herodot entschied sich dafür, alles zu berichten, vielleicht um dem Leser die Entscheidung zu lassen, was er für wahr halten wollte, oder um ihm die Möglichkeit zu geben, weitere Informationen einzuholen.

Für das, was man seitdem Geschichte nennt, ist aber noch etwas anderes entscheidend: Herodot interessierte sich für diesen, seine Zeit beherrschenden Konflikt der griechischen Städte, vor allem der Athener, mit den Persern. Was also ist der Grund gewesen für die vielen blutigen Auseinandersetzungen? Warum lagen die Parteien überhaupt im Streit? Uns interessieren jetzt hier nicht die tatsächlichen Gründe oder die, welche Herodot anführt, sondern wichtig ist in diesem Zusammenhang allein der Umstand, dass er überhaupt diese Fragen gestellt hat.

Geschichten werden erzählt, seit der Mensch in der Lage ist, solche auszudrücken, also die entsprechende Grammatik zu verwenden, um das Vergangene vom Gegenwärtigen zu trennen, und seitdem ein Interesse an solchen Erzählungen besteht. Geschichten haben einen Selbstzweck, wenn wir sie hören wollen, und sie stiften Gemeinsamkeiten zwischen dem, der sie erzählt, und dem, der sie hört.

Die ersten Geschichten waren sicher Erlebnisse und die Schilderung der großen Zusammenhänge über all das, was wir nicht unmittelbar wahrnehmen, wie die Welt entstanden und zusammengesetzt ist. Letzteres nennen wir Mythen, das ist der eigentliche Begriff für »Geschichten«, denn die *historiai* sind Erkundungen, die nicht nur Zusammenhänge schildern, sondern ein Wissen vermitteln darüber, wie es tatsächlich war – oder gewesen sein könnte.

Herodots Verhältnis zu den alten Geschichten ist zwiespältig. Spätestens in seinem Jahrhundert hat man angefangen, den Wahrheitsgehalt der alten Erzählungen zu hinterfragen. Das meiste, was erzählt wird, ist dann erfunden und nur weniges, das überliefert wurde, ist wahr.

An den Schilderungen Homers vom Trojanischen Krieg kann man nach Ansicht des antiken, griechischen Menschen aber keineswegs sinnvollerweise zweifeln. Das tut nicht einmal Thukydides, der Nachfolger Herodots, der den Peloponnesischen Krieg erzählt, der in seinem fast dreißigjährigen Verlauf zum militärischen Niedergang Griechenlands führte. Thukydides kritisiert Herodot häufig (ohne ihn direkt zu erwähnen), dieser hätte die Geschichten nur so aufgezeichnet, wie er sie gehört hätte, ohne kritische Reflexion. Er dagegen sei dabei gewesen, habe die Akteure kennengelernt und detaillierte Erkundigungen eingeholt, soweit das möglich war. Er hatte also höhere methodische Ansprüche, wie wir Modernen sie auch anlegen würden, ohne dass er diese freilich tatsächlich auch erfüllt hätte.

Eine dieser ganz alten Geschichten war die von Io, der Königstochter von Argos, die nach Ägypten entführt wurde, eine andere die von Europa, welche Zeus nach Kreta verschleppt hatte, wieder eine andere die von Medea aus Kolchis, die Jason mit sich nahm, und wieder eine andere die von Helena, die Alexander nach Ilion brachte. Herodot erweckt den Eindruck, dass das Rauben von Frauen etwas Alltägliches war, die Griechen hätten dann allerdings einen Rachefeldzug veranstaltet, der zur Zerstörung Trojas führte. Das sei übertrieben gewesen, daher aber rühre der Hass der Perser auf die Griechen. Kroisos hätte schließlich angefangen, Griechenstädte zu unterwerfen und tributpflichtig zu machen. Das wäre wieder eine andere Qualität gewesen und hat wohl tatsächlich nachweislich in der Vergangenheit stattgefunden.[150]

Woher Herodot das wusste? Es ist allenfalls etwas, das die Leute erzählt haben, weil sie es gehört hatten, wiederum von Leuten, die nicht dabei gewesen sein können. Der besondere Punkt bei diesen Überlieferungen liegt darin, dass sie keine tragende Rolle spielen. Es geht nicht um Ereignisse, die stattgefunden haben oder nicht. Viel entscheidender für Herodots Auffassung von einer historischen Erzählung ist, welchen Stellenwert die vergangenen Ereignisse für die Gegenwart haben.

Die alten Geschichten werden weiterhin als Rechtfertigung für die moderne Lage der Verhältnisse angeführt und genauso als Begründung einer Notwendigkeit dafür, diese zu ändern. Aber was genau geschehen ist, weiß freilich niemand mehr. Die neue Lage aber ist durch eine Situation geprägt, deren Zustandekommen nicht in den ganz alten Ereignissen liegt, sondern in Geschehnissen, welche noch nicht so lange zurückliegen – aber vielleicht noch lange genug, dass die Erinnerung daran trüben kann.

Herodots Anliegen ist darin begründet, dass er die Taten der Menschen, die eine tragende Rolle bei den Geschehnissen gespielt haben, nicht in Vergessenheit geraten lassen will. Der Schwerpunkt seiner ganzen Erzählung liegt aber auf dem aktuellen Konflikt, der zu seiner Zeit noch andauerte und ausgetragen wurde, dessen prägende Ereignisse aber schon eine Weile vergangen waren. Er versäumt es zwar nicht, bei jeder sich bietenden Gelegenheit eine Rückschau zu halten, um die Geschichten, die man sich in manchen Gegenden über die eigene Vergangenheit erzählt hat, anzuführen – er hat seine Erzählungen nämlich öffentlich in Athen vorgetragen, und Geschichten von fremden und vergangenen Völkern sind auch für uns heute noch spannend zu hören –, im Grunde geht es ihm aber nur um den großen Krieg zwischen den übermächtigen Persern und den zerstrittenen Griechenstädten.

Damals, in der Zeit zwischen 490 und 480 v. Chr., ist nämlich etwas ganz Wichtiges geschehen. Wir haben schon gehört, dass Europa, hätten die Perser die Griechen überrannt, völlig anders aussehen würde. Das war Herodot offenbar so bewusst, dass er es für notwendig hielt, die Geschehnisse auch festzuhalten – und eben nicht, weil das allgemein interessierende Begebenheiten waren, sondern weil diese eine derartige Bedeutung hatten, dass sie die Welt, in der sie erzählt wurden, entscheidend prägten.

Es ist die Welt der Späteren, unter deren Blickwinkel die historischen Ereignisse erzählt werden. Und es galt einen bestimmten Punkt hervorzuheben, das ist in Herodots Fall der Konflikt zwischen Ost und West, dem die Ereignisse wie ihre Erzählung geschuldet sind. Zur Geschichte, als historischer Erkundung, gehören damit zwei entscheidende Momente: die Bedeutung der Ereignisse für die Gegenwart und die Unterwerfung der Erzählung unter eine bestimmte Fragestellung. Damit hat Herodot die »Geschichte« in die Welt gebracht. Sobald das begriffen ist, ist es auch nicht mehr aus der Welt zu schaffen.

Thukydides verdankt Herodot also viel mehr, als er zugeben will. Freilich führte er bestimmte Methoden ein, die in einer genaueren Recherche über die Ereignisse bestehen, Methoden von Augenzeugenberichten und Quellenkritik, von Überlegungen, eine Diskussion darum, welche von sich widersprechenden Berichten plausibel ist, das Rückbinden von Einzelereignissen in die bestehenden Verhältnisse oder des allgemein Menschlichen.

Thukydides hat die historische Darstellung enorm bereichert. Aber auch er berichtet von einem damals aktuellen Konflikt, diesmal einem innergriechischen zwischen dem durch die Perserbedrohung und Vorteilsnahme reich und mächtig gewordenen Athenern und dem Kriegerstaat Sparta. Und auch er ist sich der

Bedeutung dieses großen Krieges von Anfang an bewusst. Er steht in der Zeit und weiß schon: Diese Auseinandersetzung hat eine historische Bedeutung für alle zukünftigen Generationen – und deswegen ist sie es wert, berichtet zu werden.

Thukydides starb um das Kriegsende herum, seine Darstellung des Krieges konnte er nicht vollenden. Es heißt, als er starb, sei ihm der Griffel aus der Hand gefallen; und tatsächlich bricht seine Geschichte mitten im Satz ab. Xenophon und andere Nachfolger wollten das Geschichtswerk des Thukydides weiterführen und begannen damit, den Satz einfach weiterzuschreiben.

Dass zur Historik mehr gehört, als Ereignisse aneinanderzureihen, eben nämlich die Bedeutungszumessung aus dem Rückblick (den Thukydides gewissermaßen vorweggenommen hat) und die Darstellung aus einer bestimmten Grundfragestellung heraus, erkennt man bei etwas genauerer Lektüre z. B. von Xenophon. Dieser war ein Geschichtenerzähler und kein Historiker. Erst Spätere können aus dem von ihm Erzählten eine historische Darstellung formen, indem sie sich die Daten von ihm leihen.

Man könnte nun einwenden, dass das vielleicht damals so gewesen sei, dass wir heutzutage aber ganz anders arbeiten, wenn wir »Geschichte« schreiben, als die Anfänger dieser Literaturgattung. Wir müssen ja schon im Geschichtsunterricht die Daten bestimmter Ereignisse kennen und dann aus den Quellen, die uns über die jeweilige Zeit vorliegen, rekonstruieren, was damals wirklich geschehen ist. Die Rekonstruktion beschreibt dann genau den Ablauf der Ereignisse. Und gerade das nennen wir eben Geschichte. Manche gehen sogar so weit zu behaupten, dass es viele Ursachen für bestimmte Ereignisse gebe, die allerdings kausal die historische Wirkung hervorbrächten. Der Historiker wäre dann eine Art Naturforscher des historischen Geschehens, in dem eines auf das andere mit zwingender Notwendigkeit folgt.

Im Jahr 1973 legte der Historiker Hans-Ulrich Wehler eine Geschichte des deutschen Kaiserreichs (1871–1918) vor. Die gängige Auffassung historischen Geschehens bestand damals darin, den Schwerpunkt auf die politischen Ereignisse und die darin handelnden Akteure zu legen. »Geschichte« ist damit das Handeln bedeutender Menschen, welche damals entsprechenden Einfluss hatten, die Geschehnisse voranzubringen, den Verlauf in der Hinsicht zu verändern, dass es ohne ihr Wirken anders gekommen wäre – das ist freilich etwas verkürzt ausgedrückt, weil die Weltgeschichte nicht durch einzelne vorangetrieben wird, sondern von mehreren Akteuren, es gilt also die Interaktionen genauso zu betrachten wie vielleicht auch zufällige Umstände und Geschehnisse, z. B. das Kriegsglück. Wehler behauptete nun – und stellt seine ganze Geschichte entsprechend dar –, dass es gar nicht auf die politischen Akteure ankäme und auf die so genannten »Haupt- und Staatsaktionen«, sondern allein auf die sozialen und wirtschaftlichen Verhältnisse der jeweiligen Zeit. Die Handelnden agieren darin und sind entsprechend von diesen abhängig, so dass man aus den sozialen Verhältnissen das politische Geschehen sehr viel besser erklären und verstehen könne als durch das Treiben der regierenden Personen.

Er schreibt: »Gerade eine ökonomisch erfolgreiche Modernisierung ohne die Ausbildung einer freiheitlichen Sozial- und Staatsverfassung wirft aber auf die Dauer Probleme auf, die auf dem Wege friedlicher Evolution kaum mehr gelöst werden können.« Und er entwickelt aus dieser Behauptung die These: »Daran, und nicht nur an dem verlorenen Weltkrieg, den seine Führung auf der Flucht vor innerer Veränderung bewußt riskiert hat, ist das Kaiserreich zerbrochen. Kriegsauslösung, Niederlage und Revolution, die sein Ende besiegelt haben, resultieren aus der Unfähigkeit, im Frieden die Staats- und Gesellschaftsstruktur den Bedingungen eines modernen Industriestaates anzupassen.«[151]

Ob diese These Wehlers trägt, ob sie richtig, ja wahr ist, spielt »für die Geschichte« keine Rolle. Tatsächlich ist »Wehlers Kaiserreich« (wie sein Kollege Nipperdey sich ausdrückte) heftig kritisiert worden: Ist die Geschichte des Zweiten deutschen Reiches nur eine Vorgeschichte zum Dritten? Waren die politischen Eliten damals tatsächlich so starr und rückwärtsgewandt? Unterwarfen sie ihr politisches Handeln ausschließlich der Herrschaftssicherung? Ist die Außenpolitik tatsächlich nur eine Verlängerung der inneren Verhältnisse? Fügte sich das Bürgertum in seine Rolle der Beherrschten und hatte keine anderen Interessen, als sich dem herrschenden Adel zu amalgamieren? Usw.

Entscheidend ist für unsere Frage aber: Wehler wählt sich einen bestimmten Bereich, nämlich das menschliche Handeln im

Sozialverband, das zum Ersten Weltkrieg führte und damit den Zweiten vorbereitete (der Nationalsozialismus wird also zum Erbe des Kaiserreichs und geht nicht ausschließlich aus dem Scheitern der Weimarer Republik hervor).

Damit unterwirft er seine Darstellung einer bestimmten Hinsicht, die für unsere Zeit offenbar eine erhebliche Rolle spielt, nämlich die der Sozialgeschichte. In den siebziger Jahren des 20. Jahrhunderts entwickelten sich die Sozialwissenschaften methodisch erheblich weiter, und Wehler wollte die dort gewonnen Methoden auch auf die Historiographie angewendet wissen. So transportierte er gleich noch eine Reihe weltanschaulicher Gehalte mit seiner Geschichtsschreibung (er wollte nämlich unter Geschichte eine »kritische Gesellschaftswissenschaft« verstehen)[152], welche den heftigen Widerspruch von Historikern, die andere Weltanschauungen vertraten, sehr schnell herausforderte.

Sowohl die Beschränkung auf einen bestimmten zeitlichen Abschnitt wie die moderne Sichtweise, welcher der Historiker die von ihm erzählte Zeit unterwirft, widerspricht der These, dass »Geschichte« die Abfolge von Ereignissen ist, die sich aus einzelnen Fakten zusammensetzt. Die Fakten und Ereignisse stehen dann nämlich nicht für sich, sondern müssen sich in Zeitabschnitte mit Beginn und Ende fügen. Zwar ist das ein Problem jeder historischen Darstellung, weil die Vorgeschichte für das Verständnis der Erzählung wichtig ist, der Historiker beschränkt sich aber darin auf die für ihn relevanten Ereignisstränge, wählt also aus, was davon tragend ist und was weggelassen werden kann. Die Ordnung der Darstellung, die Auswahl der Fakten und Ereignisse, ihre Relationen, die Schwerpunktsetzung auf bestimmte Quellen, ihre Einordnung usf. geschehen aber allesamt unter dem Blickwinkel, welchen er wählt. Oder wie es Jacob Burckhardt ausdrückte, es sei die Aufgabe des Historikers, das Konstante, das sich Wiederholende, das Typische aufzufinden und zu bestimmen.[153]

Wir müssen also fragen: Wie ist das angesichts solcher Voraussetzungen mit der historischen Wahrheit? Und: Welches Verhältnis hat der Historiker denn überhaupt zu den Fakten, wenn er sich immer nur die wählt, die er für seine subjektive Betrachtung gerade braucht? Die Lösung dieser Probleme liegt in etwas Allgemeinem und damit sozusagen Überhistorischem: Natürlich muss der

Historiker von dem Material ausgehen, das ihm vorliegt, von den Quellen. In diesen Quellen sind die Tatsachen und Fakten enthalten, andere hat der Historiker nicht. Was aber eine Tatsache ist, liegt nicht schon in dieser selbst, sozusagen als Tatbestand, der uns unvermittelt und direkt vor Augen liegt. Ohne theoretischen Hintergrund, ohne Rahmen also, in den sich die Tatsachen einfügen lassen müssen, gibt es keine Wahrheit – auch keine historische. Das Urteil über eine Tatsache hängt also immer und unhintergehbar an theoretischen Voraussetzungen.[154]

Was für die Naturwissenschaften theoretische Voraussetzungen sind, ist klar: es sind mathematische Gleichungen, deren Parameter eine Äquivalenz zu den Größenverhältnissen der physikalischen Gegenstände aufweisen. Es gibt hier einen Fortschritt in der Genauigkeit dieser Äquivalenzen, welche zwar den mathematischen Formalismus immer mehr verkomplizieren, aber auch immer bessere Beschreibungen und Vorhersagen zulassen. Der Maßstab des Historikers ist dagegen ein ganz anderer.

Da sich Geschichte nicht wiederholt, schon gar nicht intendierbar (so, dass wir Experimente veranstalten könnten, die uns entschlüsseln, aus welchen Gründen Wallenstein oder Napoleon wirklich gehandelt haben), haben wir es bei ihr nicht mit quantitativen Größen zu tun, sondern mit einem theoretischen Urteilsvermögen, das in seinem Denken von den Strömungen abhängig ist, in dem Geschichte geschrieben wird.

Was uns an Geschichte interessiert und damit nicht am bloßen Ablauf, dessen Daten gewissermaßen nur Nebenprodukte der historischen Forschung darstellen, hängen lässt,[155] liegt immer in einer spezifischen Bedeutung, die wir mit dem historischen Geschehen verbinden. Bei der Geschichte ist diese Bedeutung so dominant, dass die Tatsachen dahinter zurückstehen müssen, auch – und dass ist das Hauptproblem jeder historischen Darstellung – wenn sie diesen niemals widersprechen darf.

Die Historie liefert damit nicht nur ein Bild aus dem Vergangenen, das die Geschichte in eine neue, aktualisierte Realität führt, sie rekonstruiert immer auch wesentliche Momente ihrer Gegenwart, die zu ihrem Selbstverständnis gehören. Was für die Gegenwart gilt, greift aber auch auf die Zukunft aus, da wir aus jener heraus und in diese hinein leben. »Geschichte« hat deswegen immer eine Deutungskompetenz, die weit über sie selbst und die in ihr thematisierten Zusammenhänge hinausreicht, da sie selbst bei der Schilderung fernster Ereignisse immer auch ihren eigenen Horizont mit einbezieht, der eine Ahnung von der Zukunft gibt.

Cassirer hat den Sachverhalt so ausgedrückt: »Um dieser zweifachen Ansicht der Welt im Vorausblick und im Rückblick willen muß der Historiker seinen Standpunkt wählen. Finden kann er ihn nur in seiner eigenen Zeit. Über die Bedingungen seiner Gegenwartserfahrung kann er nicht hinausgehen. Historische Erkenntnis liefert Antwort auf ganz bestimmte Fragen, eine Antwort, die aus der Vergangenheit heraus gegeben werden muß; aber die Fragen selbst stellt und diktiert die Gegenwart – sie ergeben sich aus unseren gegenwärtigen geistigen Interessen und unseren gegenwärtigen sittlichen und sozialen Bedürfnissen.«[156]

Das macht auf einen weiteren, sonderbaren Punkt aufmerksam: Unmittelbar daraus folgt, dass Geschichte kein Ende hat in dem Sinn, dass eine vollständige und den bekannten Tatsachen entsprechende Schilderung von vergangenen Ereignissen letztgültig sein kann. Wenn die Zeiten sich ändern, dann auch die Geschichte – und selbst die Geschichte über längst vergangene Zeiten.

Damit wird die historische Wahrheit nicht relativ, sondern sie ist – letztlich wie alle Wahrheit im nicht-emphatischen Sinn[157] – von ihren Voraussetzungen abhängig, darin kann sie allerdings so absolut sein wie nur möglich. Was sie aus dem sich wandelnden Strom der Ereignisse heraushebt, verändert zuletzt nicht nur sie selbst, sondern auch die eigene Sicht auf die Dinge. Gleichzeitig bewahrt der Geschichtsschreiber auch die Ereignisse und seine Deutung und gibt die Geschichte in seiner Sicht der Dinge an die folgenden Generationen weiter. Wie wir gesehen haben, war das schon die Intention bei Herodot und Thukydides – das Bewahren der Erinnerung an die Taten und das Leben der Menschen.

ETÜDE 11

Gott ist tot!

Der Satz: »Gott ist tot!« wirkt nicht zufällig wie eine Zeitungsschlagzeile. Während in der *Fröhlichen Wissenschaft* noch darüber räsoniert wird, wie der Tod Gottes passieren konnte, Verdachtsmomente ausgesprochen werden, wer ihn getötet hat – es waren ihr und ich –, ist die Nachricht im *Zarathustra* schon veraltet: »Sollte es denn möglich sein! Dieser alte Heilige hat in seinem Walde noch nichts davon gehört, daß *Gott tot* ist!«.[158]

Angesichts eines solchen Ereignisses wird die Welt nicht mehr weitergehen wie bisher. Ihre Ordnung ist auf den Kopf gestellt, der Welt fehlt ihr Haupt. Und dennoch scheint es nur eine Nachricht zu sein, die am nächsten Tag durch eine neuere, interessantere ersetzt wird. Nachdem Gott starb, ist »[d]er Übermensch … der Sinn der Erde«.[159]

Die Stelle des Kopfes kann also ersetzt werden durch den Übermenschen, der nicht mehr abgehoben über den Wassern schwebt, sondern mit der Erde verbunden ist und dabei sich offenbar durch seinen Willen selbst erschafft. Die Differenz soll gleichsam überbrückt werden. Entstanden war diese dadurch, dass das Transzendente mit seinem eigentümlich christlichen Bezug zum Menschen und seinem Leiden nicht aufrechterhalten werden kann. Das ist gleichzeitig die Ursache, dass Gott gestorben ist.[160]

Der Übermensch ist der Idee nach einer, doch muss es offenbar zahllose geben, so dass Nietzsche auch schreiben kann: »Das eben ist Göttlichkeit, daß es Götter, aber keinen Gott gibt«.[161] Und so sagt Zarathustra: »Fort mit einem *solchen* Gotte! Lieber keinen Gott, lieber auf eigne Faust Schicksal machen, lieber Narr sein, lieber selber Gott sein«;[162] und: »Gott starb: nun wollen *wir* – daß der Übermensch lebe«.[163]

Das Ereignis vom Tod Gottes ist kein singuläres, keines, das neben anderen Geschehnissen passiert, das ersetzt werden könnte in seinem Aktualitätscharakter. Was darin abgelöst werden soll, ist im Grunde nicht Gott, sondern der Monotheismus. Der damit verbundene Rückschritt in die Vielfalt der Erzählweisen vom Zusammenhang der Welt, in die vielen Mythen, wird kompensiert durch die Rückwendung von der Welt und ihrem Übersteigen in die Rücknahme der Innerlichkeit des Willens, der sich betätigend wieder in die Welt ergießt. Der Vollzug, der Fortgang, der Prozess der Denk- und Handlungsbewegung macht aber immer wieder halt und sucht sich zu vergegenwärtigen; und erzählt eine Geschichte.

Der Monotheismus ist eine Kritik an den vielen Geschichten, die wir aber trotzdem nötig haben. Das bezeichnet Odo Marquard als »Zweifel am Striptease«: »[Wir] können … die Mythen nicht einfach ablegen wie die Kleider«.[164] »Der Mythonudismus erstrebt Unmögliches; denn … jede Entmythologisierung ist ein wohlkompensierter Vorgang; je mehr Mythen einer auszieht, desto mehr Mythen behält er an«.[165]

Nietzsche ist immerhin die Konsequenz zuzuschreiben, dass er das Ende einer Geschichte nicht mit dem Ende der Geschichten identifizierte, sondern neue Geschichten erzählte. Marquard hält den Monomythismus nicht nur für ungenießbar, sondern sogar für giftig, Polymythismen dagegen für unschädlich. »Ich bin deine einzige Geschichte, du sollst keine anderen Geschichten haben neben mir«[166] ist gleichsam der Beginn vom Ende der Polymythie.

Die zweite Phase ist dadurch gekennzeichnet, dass sich nicht der eine Gott, sondern die eine Geschichte auch mit einem eigenen Gehalt füllt: Die alten Geschichten sind allesamt erfunden, wir müssen diese ersetzen durch den einen Weg der Aufklärung, durch die Kritik am Überkommenen mittels der Vernunft, die uns dadurch zur Erkenntnis, zur Freiheit und zum Frieden führt. Das Programm zur Entmythologisierung versachlicht die Welt und macht sie »geschichtslos«.[167]

Wir müssen noch einen Schritt weiter gehen als Marquard und sagen, dass die Geschichtslosigkeit nicht nur kein Interesse mehr daran hat, zu erzählen, wie etwas zu etwas geworden ist, was vor uns liegt, sondern jedes Etwas immer nur ein Etwas in der Zukunft sein kann. Das beschreitet keinen Weg einer Geschichte, die erst noch erzählt werden wird, sondern verschiebt ständig den Anfang jeder Geschichte ins Ungreifbare des Immer-noch-Nicht!

Wenn wir den Mythen nicht entkommen, treiben sie, ob wir das wollen oder nicht, ihr Spiel mit uns. Auch in der modernen, mono-mythischen Welt, die sich ihre Funktionen sucht, z. B. derzeit im Biologistischen oder Ökonomistischen, treiben noch verschiedene Deutungen ihr buntes Wesen. Für Marquard ist das eine Chance, den Polymythos unter den Bedingungen der Aufklärung neu zu gewinnen. Doch wo ist das Maß dafür, wenn sich der menschliche Wille im Sinne Nietzsches als bedingt oder gegenstandslos erweist?

Der Tod Gottes, sagten wir, kann keine belanglose Episode sein. Die Theorien der Moral, des Rechts, des menschlichen Subjekts und seiner Würde, seine Freiheit hängen am Begriff des mono-theistischen Gottes. Seine Auflösung hat die Abschaffung der ge-samten europäischen Kultur zur Folge, gerade weil sich ihre Neu-formulierung ohne ihren Kopf versucht. Der ganz Aufgeklärte ist für Nietzsche der letzte Mensch mit einer »*Herdentier-Moral*« und zugleich die »*Gesamt-Entartung des Menschen*«, der »»Mensch der Zukunft««.[168]

Dennoch besteht das Programm der Abschaffung Gottes, indem man ihn erklärt. In diesem Sinne können wir bei Freud lesen: »Das zusammenfassende Urteil der Wissenschaften über die religiöse Weltanschauung lautet also: Während die einzelnen Religionen miteinander hadern, welche von ihnen im Besitz der Wahrheit sei, meinen wir, daß der Wahrheitsgehalt der Religion überhaupt ver-nachlässigt werden darf. Religion ist ein Versuch, die Sinnenwelt, in die wir gestellt sind, mittels der Wunschwelt zu bewältigen, die wir infolge biologischer und psychologischer Notwendigkeiten in uns entwickelt haben. Aber sie kann es nicht leisten. Ihre Lehren tragen das Gepräge der Zeiten, in denen sie entstanden sind, der unwis-senden Kinderzeiten der Menschheit. Ihre Tröstungen verdienen kein Vertrauen. Die Erfahrung lehrt uns: Die Welt ist keine Kin-derstube«.[169] Für Freud ist dann auch »der Kampf des wissenschaft-lichen Geistes gegen die religiöse Weltanschauung nicht zu Ende gekommen«.[170] Freilich ist die Wissenschaft für Freud ebenso eine Weltanschauung, aber eben die richtige!

Die Kritik an der Religion ist freilich keine nur an Gott, sondern an allen religiösen Vorstellungen. Die Menschheit schreitet fort, so meint man, und dann braucht man die Religion nicht mehr. Sie wird schlichtweg überwunden. Ihre alten Vorstellungen gingen von der Schwäche und Unzulänglichkeit des Menschen aus, der Mensch konstruierte sich ein Idealbild, er projizierte seine unausgereiften und unausreifbaren Anlagen zur Vollkommenheit. Sein Streben nach Wahrheit sucht den letzten möglichen Punkt und findet diesen in Gott. Seine Bedürfnisse und zahllosen Wünsche, die immer unbefriedet sind, wollen einmal zur Ruhe kommen. Die zukünftige Ungewissheit macht ihm Angst.

Die Wissenschaft aber und der Fortschritt entlarven diese unwissenschaftlichen Verlängerungen. Die Voraussetzungen für die Religion sind durchschaubar geworden und wir haben wissenschaftliche Erklärungen für die Sehnsüchte des Menschen. Was brauchen wir eine tröstliche Vorstellung vom jenseitigen Leben, wenn wir die Probleme der Menschheit schon im Diesseits lösen können, eben durch den wissenschaftlichen Fortschritt, den allein der Mensch kontrolliert?

An dieser Rekonstruktion ist freilich auffällig, dass durchaus verschiedene Gründe für die Religion angeführt werden. Offensichtlich haben die Religion und der Glaube an Gott oder Götter mehrere Ausgangspunkte, an die der Mensch anknüpfen kann. Es liegt der Verdacht nahe, dass sich daran auch durchweg verschiedene Verständnisse darüber anknüpfen lassen, was denn Religion eigentlich sei. Die Wege, die zu ihrer Abschaffung beschritten werden sollen, müssen also ebenso verschieden sein.

In Anknüpfung an das obige Freud-Zitat können wir sogar folgern, dass sich die Wissenschaften streiten, wer den wahren Weg der Abschaffung der Religion gegangen ist. Dass durch die Rekonstruktion ihrer Abschaffung meist selbst eine neue Religion begründet wird, ist freilich deutlich geworden. Denn eine Weltanschauung bleibt, was sie ist: eine menschliche Konstruktion mit zum Teil unklärbaren Voraussetzungen. Wenn eine wissenschaftlich begründete Erklärung an ihrem Wahrheitsanspruch festhält, fällt dieser mit der Abschaffung Gottes.

Die Ansicht, dass sich mit dem zunehmenden wissenschaftlichen und gesellschaftlichen Fortschritt die Religion erledige, bezeichnet man als Säkularisierungsthese.[171] Diese ist im Wesentlichen durch drei Argumentationsstrategien gekennzeichnet, welche belegen sollen, dass die Religion in der Moderne nicht mehr notwendig sei.

Erstens: In der modernen Welt hat der Wissensbegriff den Glaubensbegriff nach und nach ersetzt. Während die Menschen vormals darauf angewiesen waren, für Erklärungen der Phänomene in der Welt, mit denen sie konfrontiert wurden, Anleihen an Vorstellungen von einer Transzendenz zu nehmen, welche für die Unerklärlichkeiten eine Antwort gibt, wissen wir heute sehr viel mehr über die Welt und ihre Erscheinungen. Die Wissenschaft hat vieles, was vorher unerklärlich war, einem wissenschaftlich-rationalen Verständnis zugeführt, das so gut wie keine Geheimnisse mehr übrig lässt.

Die Religion bleibt dagegen auf einen Glauben angewiesen, der die Lücke füllt, welche der technisch-instrumentelle Geist offen lassen muss. Mit zunehmender Entschlüsselung und Beantwortung der wesentlichen Menschheitsfragen ist der Glaube an Gott, höhere Mächte oder mysteriöse Erscheinungen, Seinswahrheiten oder Erklärungen überflüssig.

Zweitens: Religion erfüllt eine kompensatorische Funktion. Die Lebenssituation von Menschen in früheren Zeitaltern war ständigen Gefahren ausgesetzt: Krankheiten, Unfälle, Tod des Haupternährers, Missernten, Arbeitsunfähigkeit im Alter usf. Die fortwährende Notsituation gebar die Hoffnung auf einen besseren Zustand wenigstens im Jenseits. Allein schon die Vorstellung von einem tröstenden, mitleidenden Gott, der über alles wacht und am Ende einen gerechten Ausgleich für alle Ungerechtigkeiten der Welt schafft, ließ einem das mühsame Leben erträglich erscheinen.

Durch den modernen Wohlfahrtsstaat sind so gut wie alle vorhersehbaren Risiken dagegen gebannt. Die Sozialversicherungen, das Arbeitsrecht, internationale Hilfen und die transparente Politik zum Wohl aller Bürger in modernen Demokratien geben dem modernen Menschen ein Gefühl der Sicherheit für seinen Daseinsvollzug auch in der Zukunft. Der religiöse Trost und die Hoffnung auf ein besseres Leben nach dem Tod sind überflüssig geworden.

Zum Dritten: Jede Religionsgemeinschaft, vor allem die christliche, hat eine hierarchische Struktur. Ihre Lehren und Traditionen werden über Generationen hinweg und jeweils milieutypisch weitergegeben. So gibt es auch im Christentum ganz verschiedene Ansichten über die Religion: Der einfache Arbeiter und Bauer betont den Trost, der in der Religion steckt, der Großgrundbesitzer die Pflicht zur Fürsorge für den Armen usf. Durch die Auflösung der hierarchischen Strukturen und der sozialen Milieus ist der Weitergabe der religiösen Traditionen der Boden entzogen. Sie marginalisiert sich also nach und nach vollständig.

Joas wendet gegenüber diesen Thesen ein, dass der Verfall der religiösen Strukturen angesichts der Moderne im Grunde nur eine soziologische Erscheinung im alten Europa sei; weltweit dagegen nehme, wie sich z. B. in den USA oder in Südkorea zeige, die Religiosität und damit die Verbreitung der Religion durch die fortschreitende technologische Entwicklung und die bestehende Demokratie gar nicht ab.

Die drei Argumente sind nach Joas nun typisch für diejenigen, welche das Ende der Religion herbeisehnen oder eben für notwendig halten, die sogenannten »bekennenden Atheisten« – was mindestens ein Oxymoron ist, wahrscheinlicher noch eine *contradictio in adjecto*. Nun ist erstaunlich, dass auch die Religionsbefürworter keinen Zweifel an der Säkularisierungshypothese haben. Sie betonen allerdings die Gefahren des zunehmenden Religionsverfalls – und das wieder mit drei Argumenten:

Erstens ginge die Säkularisierung mit einem moralischen Verfall einher. Wenn sich die bindende Kraft der göttlichen moralischen Autorität und ihrer Gebote auflöse, gehe für den Menschen jede Maßinstanz für sein Verhalten verloren. Schon Dostojewskij schrieb in *Die Brüder Karamasow*: »Wenn Gott tot ist, ist alles erlaubt!«[172]

Joas hält dem entgegen, dass sich die moralischen Forderungen und Pflichten durchweg auch ohne Gott begründen lassen. Bei Kant wird die Existenz Gottes deswegen gefordert, weil erst eine solche Instanz wie der letzte Richter die Durchsetzung des moralischen Gesetzes garantieren kann; Gott begründet demnach nicht mehr die Moral, sondern die Moral begründet die Existenz Gottes.

Zweitens wird immer behauptet, der religiöse Mensch sei glücklicher, der nichtgläubige dagegen müsse notwendig unglücklich sein, weil die Weite des Universums und die menschliche Verlorenheit darin eine gar so wenig tröstliche Vorstellung sei. Auch dieser Befund lässt sich durch empirische Studien nicht erhärten.

Zum dritten wird behauptet, dass ohne Gott der gesellschaftliche Zusammenhalt verloren zu gehen drohe. Dies manifestiere sich immer wieder z. B. in der Forderung nach einem Gottesbezug in den demokratischen Verfassungen. Wenn es keinen Gott gebe, gelte nur noch das Gebot: »Du sollst dich nicht erwischen lassen!« Jede übergesellschaftliche Bindung an das Verhalten könne gar nicht mehr sinnvoll eingefordert werden. Die Gesellschaft bräche also nach und nach auseinander.

Für Joas spielt es letztlich erstens keine Rolle, ob das Glaubensbekenntnis zur Moral ein religiöses oder ein moralpsychologisch fundiertes ist. Jederzeit hat der Mensch die Möglichkeit, sein Verhalten auch vor anderen Instanzen zu rechtfertigen. Zweitens wird die Einsicht in einen empirischen Zusammenhang, wenn der Atheist also zugeben würde, dass Religion den gesellschaftlichen Frieden aufrechterhält, in keinem Fall zum Glauben an Gott führen können. Ein überzeugtes politisches Bekenntnis zur Notwendigkeit echten gesellschaftlichen Zusammenhalts und den entsprechenden Handlungen dient diesem ebenso. Empirisch ist drittens erwiesen, dass eine starke Säkularisierung keineswegs zur Abnahme z. B. von Hilfsbereitschaft oder anderem altruistischen Verhalten führt. Im Gegenteil sind Gesellschaften mit einem hohen Anteil an gläubiger Bevölkerung zumeist korrupter und gewalttätiger.

Nun ist der Glaube an einen Gott sicher nicht identisch mit der Religion. Es gibt schließlich auch Religionen ohne Götter. Und der philosophische Gott, der Gegenstand der natürlichen Religion, welche auf genuine Offenbarungsgehalte verzichtet und nur danach fragt, wie die Natur, der Geist, das Denken usf. rational und konsistent gedacht werden können, kam schon immer ohne religiöse Praktiken wie Kult, Riten und Dogmen aus.

Allerdings hatte diese Disziplin keinen eindeutigen Bezug zur Ethik, tendierte umgekehrt allerdings dazu, den Menschen zu einem kleinen Gott zu machen. Schon für Aristoteles, Platon und in der Stoa war der Weise gottgleich, bei Spinoza dagegen war der Mensch ein Teil Gottes wie alles andere Existierende auch. Gott zu einem Teil der Welt oder des Denkens zu machen, ihn also rational zu rekonstruieren, ist zunächst zwar kein Selbstvergöttlichungsprogramm, es tendiert allerdings dazu, denn der Untersuchungsweg hängt immer von den menschlichen Möglichkeiten der rationalen Betätigung ab.

Wir müssen in diesem Zusammenhang aber immer auch die Frage stellen, inwiefern die Philosophie von ihrer Zeit abhängt und ob eine religiöse Zeit eben auch eine philosophische Gotteslehre benötigt. Die Entschuldigung der Philosophie, ihr Gründungsvater, Sokrates, sei immerhin infolge eines Asebieprozesses, der Verurteilungsgrund lag also in einem Religionsfrevel, hingerichtet worden, zählt da nur sehr wenig.

Wie kommt die Philosophie aber überhaupt auf die Vorstellung von der Existenz eines Gottes, sei es im Begriff, in der Welt oder als Gegenüber, sei es der Notwendigkeit oder der Möglichkeit (oder auch der Unmöglichkeit) nach? Sind im philosophischen Nachdenken, in der rationalen Begriffsbildung schon Tendenzen angelegt, die notwendig auf eine höchste Vorstellung hinauslaufen? Liegt es in ihrer Natur, zum letzten Begriff vorzustoßen, zur ersten Bedingung alles Bedingten, die selbst unbedingt sein muss? Wie kommt sie dazu, Götter zu gebären und sterben zu lassen, wie es ihr gerade in den Sinn kommt?

Die Philosophie teilt sich klassischerweise in einen theoretischen Teil, in dem über Erkenntnis, und einen praktischen, in dem über das Handeln nachgedacht wird. Beide Bereiche formulieren Zielvorstellungen: Das Wissen, Verstehen, Erklären usf. formuliert das Ziel der Erkenntnisbemühung, Streben und Handeln führen ebenso auf Zwecke und ein Woraufhin. Wo liegt dabei der Kulminationspunkt, wo das Ende der Untersuchung oder des Handelns? Muss nicht immer etwas den Schlussstein bilden, was die Grenzen der Vernunft überschreitet, etwas Transzendentes, etwas Heiliges oder Gott?

Dabei ist offenbar völlig unerheblich, welche philosophische Methode wir verwenden, ob die kantische, die nach den Bedingungen des Bedingten fragt, um so zuletzt auf das Unbedingte zu stoßen, ob wir von der Sprache und ihrer inhärenten Struktur ausgehen, die sich entweder wie bei Wittgenstein immer im Kreis dreht oder ihre logischen Verweisungsbezüge ernst nimmt, um so auf grundlegende Begründungsstrukturen zu verweisen, ob wir hermeneutisch vorgehen und dabei ohnehin etwas Ungreifbares und Unfassbares voraussetzen, um uns diesem immer mehr zu nähern, oder ob wir phänomenologisch fragen, was vor uns liegt, um in der wechselseitigen Bedingtheit ein Allgemeines auszumachen, das uns aber in den Erscheinungen nicht mehr gegeben ist.

In jedem Fall führt die interne Struktur der Philosophie auf Ganzheiten und Sinnzusammenhänge, welche für sich etwas Totales beanspruchen. Selbst jeder Abbruch, an welcher Stelle auch immer, und die Behauptung, das sei es gewesen mit der rationalen Rekonstruktion mittels der Vernunft, erhebt das Ergebnis zur ganzen Erklärung. Der Weg der Philosophie lässt uns jedes Mal an eine Grenze stoßen, welche das darüber Hinausgehende offen lassen muss.

Wir müssen noch einen Punkt bedenken: Der Mensch lebt in einer kontingenten Welt und er sucht nach Instanzen, welche ihm eine Ordnung anbieten. Nach Kurt Wuchterl gibt es deren drei: die Vernunft, die Religion und die Wissenschaft (die wir im kantischen Sinn hier einmal durch den Verstand kennzeichnen).

Sowohl die Vernunft als auch die Religion haben ihre Orientierungsfunktion eingebüßt und die Physik versucht »das in ihr entdeckte Chaos wegen seiner Nähe zur Welt des Determinierten zu bändigen«.[173] Jede dieser Ordnungsinstanzen hat nach Wuchterl seine Grenzen. Es gibt keine autonome Vernunft, welche als Metaebene alle Diskurse regeln könnte, die Interpolationen der Naturwissenschaften hin auf eine Gesamttheorie enden in »dogmatischen Extrapolationen«[174] und die religiösen Kontingenzbemühungen stehen unter einem »ontischen Vorbehalt«,[175] der zwar unsere Reaktionen als Antworten auf etwas deutet, dieses Etwas hat aber keinen ontologisch feststellbaren Ort und aus ihm ist infolgedessen keine »beschreibbare Ordnung ableitbar«.[176]

Die Instanzen, auf die im religiösen Reden rekurriert wird, sind als Gegenstände schon etwas »Anderes«, sie sind ontologisch nicht-notwendig, d. h. es gibt keinen direkten Grund, von ihnen auszugehen. Dennoch sind wir aufgrund der innerweltlichen Kontingenzerfahrungen existenziell an ihnen interessiert und reagieren im Verhalten und Reden darauf.[177] Das tut selbst der Religionskritiker.

Die Kontingenzerfahrung ist aber nicht nur ein Phänomen, das zur Religion führt. Die Tendenz liegt eben auch in den anderen Orientierungsinstanzen, der Wissenschaft und der Philosophie. Die Totalität weicht überall der Grenzziehung ihrer möglichen Tragweiten.

Die Religion setzt gewissermaßen voraus, dass es etwas Göttliches gibt. Dass Gott tot ist, wird aus der Wissenschaft abgeleitet. Deren Zugriff darauf ist aber mehr als fraglich. Zweifelhaft ist dabei insbesondere, ob ihre Untersuchungsmethoden Gott als Gegenstand überhaupt zulassen – und weiter, ob Gott ein solcher Gegenstand sein kann.

Die Philosophie liefert demgegenüber zwar selbst erst die Konstituierungsbedingungen, durch die das Heilige erklärlich wird, sie stellt damit zwangsläufig allerdings immer auch die Destruktionsvoraussetzungen bereit, indem sie ihren letzten Punkt, an dem sie sich notwendig überschreitet, als aussichtslosen Denkweg beschreiben muss, der zwar erklärt, wie man dorthin gekommen ist, die Grenzziehung aber ebenso nur mit den begrenzten Mitteln der Vernunft begründen kann. Das gilt so grundsätzlich, dass auch selbst der Weg dorthin immer nur ein menschlicher sein kann. Alles Weitere muss die Philosophie offenbar der Religion überlassen, die allerdings auf Elemente Bezug nimmt, welche die Philosophie nicht einholen kann.

Was Religion ist, was das Heilige und was Gott, kann für die Vernunft immer nur eine Möglichkeit sein. Die Philosophie, der Versuch einer rationalen Rekonstruktion, ist nicht in der Lage, das, was durch ihr Verfahren nicht einholbar ist, was ihre Grenze immer übersteigt, zu begründen oder zu widerlegen. Es gibt keine zwingenden Gründe, die belegen, dass es Gott nicht gibt, denn wenn es solche gäbe, wären diese die gleichen, mit denen wir auch seinen Tod oder seine notwendige Nichtexistenz beweisen könnten.

Angesichts unserer existenziellen Herausforderungen stellt die religiöse Dimension aber eine mögliche und durchweg auch sinnvolle Antwort dar, welche die Kontingenzerfahrungen, die wir nicht übersteigen können, einordnen kann. Der naturalistische Ausweg, dass wir, wenn wir den wissenschaftlichen Weg weiter beschreiten, auf Gott und Religion einmal verzichten können, wenn aber in Zukunft, dann doch schon jetzt, stellt ungedeckte Schecks aus, was nicht rechtens ist, auch wenn eben dieses Verfahren ebenso modern erscheint. Und so ist die Behauptung, Gott sei tot, nicht wahr. Er ist entweder noch nicht gestorben oder einfach nicht tot zu kriegen.

ETÜDE 12

Das Mittelalter war finster!

Die Einteilung der Großepochen historischen Zeitverlaufs ist eigenartig: Da gibt es eine Antike, also eine alte Zeit, ein Mittelalter, eine Zwischenzeit, und darauf folgend eine Neuzeit. Auf die Neuzeit kann immer nur wieder eine Neuzeit folgen, die dann Moderne, Postmoderne oder Aftermoderne heißt. Es wird immer wieder betont und versteht sich von selbst, dass sich die Zeitgrenzen zwischen zwei Epochen nicht exakt auf das Jahr bestimmen lassen. Denn Epochen sind nicht durch ein Datum voneinander geschieden, wir finden immer nur fließende Übergänge, und je nach Schwerpunkt mag einer die Grenze an diesem, ein anderer an jenem Ereignis festmachen.

Danach endet die Antike und es beginnt das Mittelalter mit dem Sturm der Goten auf Rom, mit der Geburt oder dem Tod von Augustinus, vor den »dunklen« Jahrhunderten oder sonstwann, und dieses endet mit dem Tod Maximilians, mit dem Tod Luthers, mit der Erfindung des Buchdrucks, der Entdeckung Amerikas oder sonstwann – beide Epochengrenzen umfassen einen Zeitraum von jeweils gut hundert Jahren an, in denen allerhand passierte.

Die unpräzise Zäsur stellt gar kein Problem dar, auch wenn, wie Flasch betont, »das Mittelalter« »ein polemischer Einfall eines Humanisten« zur Bezeichnung »einer fremdartigen Zwischenzeit«[178] war. Fragen dürfen wir uns, warum es gerade drei Zeitalter sein müssen. Diese Einteilung findet sich öfter:

Es gibt eine Zeit, so ähnlich drückte es der Kulturhistoriker Johan Huizinga aus,[179] der mythischen und sagenhaften Vorgeschichte, in der Götter, Urgestalten, Helden und wilde Fabeltiere ihr Wesen und Unwesen trieben, eine Zeit der Mythen und Erzählungen. Dann gibt es eine Zwischenzeit, die noch lebendig in Erinnerung ist und einen überschaubaren Zeitabschnitt umgreift. Und es gibt eine Gegenwart, welche die eigene ist. Die Zwischenzeit, das Mittelalter, schiebt sich also zwischen die längst vergangene, unwirkliche und vormalige Zeit und die unmittelbar erlebte und gegenwärtige Welt.

Die Einteilung findet sich sogar schon innerhalb der Antike: Auf das goldene Zeitalter folgt das silberne und leider, so meinen viele antike Autoren, lebt man selbst in der Moderne. Die Grenze der Epochen ist offenbar gar keine historische und so dient ihre historische Datierung – auch wenn diese einen weiten Zeitraum umspannt – nur einer gewissen Übersicht und methodischen Abgrenzung oder dem Zweck der Arbeitsteilung von Historikern.

Tatsächlich geht eine Zeit in die andere über, liefert ihre Voraussetzungen für die neue, fließt mehr, als dass sie kippt. Selbst angesichts einer tatsächlich einschneidenden, historischen Zäsur, nach der nichts mehr scheint, wie es vorher war, vielleicht das Ende des Dreißigjährigen Krieges oder das des Zweiten Weltkrieges, wird der weitere historische Verlauf der Ereignisse aus seiner Geschichte noch so vieles übernehmen, dass sich historische Entwicklungslinien über die Epochen hinweg aufzeigen lassen.

Wir sprachen schon von dunklen Jahrhunderten. Das bezieht sich zuweilen tatsächlich auf eine Zeit, aus der uns relativ wenig Quellenmaterial geblieben ist und über die der Historiker in der Folge entsprechend wenig auszusagen weiß. Es betrifft den Zeitraum vom sechsten bis zum achten Jahrhundert. Es ist so wenig Material vorhanden, dass tatsächlich einmal jemand auf die Idee kam, diese Zeitspanne sei eine spätere Einfügung, die drei Jahrhunderte hätten nie den Pfad der Zeit beschritten. Das ist wohl eher Unsinn: Es gibt wenig, aber eben nicht gar kein Material.

Der Ausdruck vom »Finsteren« wird aber auch auf das ganze Mittelalter bezogen. Da die Kenntnisse über die mittelalterliche Welt nicht sonderlich weit verbreitet sind, könnte man sagen, alles ist finster, was sich einem noch nicht erhellt hat. Johannes Fried weist darauf hin, dass die Bezeichnung wechselt »von barbarisch und finster zu sinnerfüllt und licht«; da stellen sich einige gerne in die Tradition eines »von ihnen nach den eigenen Bedürfnissen definierten Mittelalters«.[180]

Dass das Mittelalter eine Zeit des Verfalls war, mag schon in der Renaissance aufgekommen sein – das ist aber mit dem Affekt gegen alles Überkommene zu erklären, gegen das die Jüngeren sich so schwer durchzusetzen vermögen, und offenbar kein generelles Verdammen[181] –, zementiert aber wurde das Vorurteil erst in der Aufklärung. In dieser Zeit wurde es zum wohlfeilen Generalverdikt – leider auch bei Kant: In der Kunst fänden sich nur noch »Fratzen« und »verunartetes Gefühl«, die Klöster bildeten »Gesellschaften emsiger Müßiggänger«, die nichts als »Schulfratzen ausheckten«, überall könne der deutliche Hang zum »Übertriebenen« oder zum »Läppischen« beobachtet werden, jeder Antrieb bestehe allenfalls für »Abenteuer«, im Denken und Handeln bemerkten wir nichts als »Widersprüche«, dann die Kreuzzüge, Schwüre auf »Gewalttätigkeit« und »Missetaten«, die Ritter seien nichts als »heroische Phantasten«; insgesamt schien die ganze Zeit verseucht durch eine falsche Richtung der gesamten Denkungsart.[182]

Kant schrieb solche Verdikte, bevor er zu seinem kritischen System vordrang, ja bevor er sich ernstlich Gedanken über die *Kritik der reinen Vernunft* machte; doch zugegeben erschienen zwischen 1764 und 1771 drei Auflagen des Werks *Beobachtungen über das Gefühl des Schönen und Erhabenen*, und wegen des Themas, das er in ganz anderer Weise erst in der *Kritik der Urteilskraft* von 1790 aufgriff, fand dieses Verdikt auch eine gewisse Verbreitung. Dem Vater Friedrichs des Großen war das Mittelalter »abgestanden, verbraucht und zu katholisch«,[183] und auch Schiller will die »nordischen Barbaren« erst durch die Renaissance des griechischen und römischen Geistes geläutert und neu geboren wissen.[184]

Die Beispiele, die Fried aufzählt, sind alle aus der Zeit der Aufklärung. Man dachte durchweg historisch, aber das Überkommene sollte abgestreift werden. Das Mittelalter hatte, so die Meinung, den Menschen geknechtet, ihm das Licht der Vernunft vorenthalten, welches die neue Zeit ihm zurückgibt. Der Aufruf Kants: »Habe Mut, dich deines eigenen Verstandes zu bedienen!« geht endlich öffentlich an alle Geister und beendet die »selbstverschuldete Unmündigkeit« – selbst verschuldet, eben, weil es nur am Mut fehlte, der allgemeinen wie der eigenen Vernunft, die alle Menschen erst zu Menschen macht, zu trauen und sich der Anstrengung des Nachdenkens zu unterwerfen.[185]

Solange ein solcher Ruf nötig ist, so lange scheint die alte Zeit, genauer: die mittlere, noch nicht ganz überwunden. Die Düsterheit der mittleren Zeit reicht dann zur Schwelle unserer eigenen Zeit und verfinstert mindestens noch unseren Flur.

Für Fried verfährt Kant in seinem Vorurteil »grundlos« und »unkritisch« und verfällt einer »vernunftlosen Unmündigkeit«.[186] Das Vorurteil ist selbst verfinstert und verdunkelt den Bezug zu einem Ganzen, zu einem lebendigen und um vieles Moderne ringenden Zeitalter.[187] Im Übrigen gibt Kant zu, selbst einmal im dogmatischen Schlummer befangen gewesen zu sein, diesen aber durch die Lektüre der Schriften Humes überwunden zu haben.[188] Sein Verdikt über das Mittelalter ist jedenfalls älter.

Der vollständigen Abwertung der mittleren Epoche, die ungeachtet der kulturübergreifenden Dreiteilung der Zeiten nur in und für Europa blüht, steht die schwärmende Romantik gegenüber, nach der die Zeit des hingebenden Glaubens noch selig-träumend-heilsgewiss genannt werden muss, weil sie völlig unberührt von der alles zersetzenden Vernunft war. Fried[189] weist auf die Abwegigkeit auch dieses Urteils hin, weil gerade das Mittelalter die Methoden der »normierenden Vernunft«, die »Skepsis«, die »Fachphilosophie« und »Logik«, »Experimentierfreude und Erfahrungswissenschaft« und die »analysierende Naturwissenschaft« erst aufbrachte und entwickelte, weil man sich in dieser Zeit immer mehr dem Diesseits zuwandte, eine »Entkirchlichung und Verweltlichung« stattfand und die Kirche radikal kritisiert wurde, weil sich die Bauern erhoben, weil sich das Bürgertum emanzipierte, weil sich die Gesellschaft zunehmend differenzierte und professionalisierte, weil die »Arbeitsteilung« wuchs und sich »neue Eliten« bildeten. Selbst schon der »Materialismus« kam auf und die These »Gott ist tot«.[190]

Wenn das Mittelalter eine Zeit des Verfalls sein soll, müssen wir auch fragen, was da untergegangen ist. Es ist die gute, die alte Zeit, die des römischen und griechischen Geistes, der wiedergeboren werden musste. Aber betrifft der Verfall wirklich den Geist, die Schriften der Philosophen und Dichter, die Werke der Kunst, die Ordnung des Staats, den Zusammenhalt in der Gesellschaft und den Frieden unter den Völkern?

Tatsächlich aufgelöst hat sich die römische Herrschaftsordnung im Mittelmeerraum, die bis nach Nordeuropa, weit in den Osten und nach Afrika reichte. Aber schon nach den Germanenstürmen mussten sich die Eroberer der etablierten Herrschafts- und Rechtsformen bedienen, ohne welche sie nicht regieren und das Land unter Kontrolle behalten konnten. Die Goten waren die ersten, welche die römische Kultur gleich nach ihrem Untergang, den sie selbst herbeigeführt hatten, wiederbeleben wollten.[191] Und so kommt Fried zu dem Schluss: »Jede große Kultur stirbt langsam ab; und selbst im Untergang leitet sie Transformationen und Transmissionen des kulturellen Wissens ein, bewirkt also Wissensinnovationen«.[192]

Dieses, für sich besehen, völlig überzeugende Urteil, dass es keine vollkommenen Kulturbrüche geben kann, sondern sich das Aufkommen jeder vermeintlich ganz neuen Idee langen Traditionslinien verdankt, deren Verfolgung in die historische Zeit immer möglich ist, aber niemals an den ersten Anfang führen kann, unterliegt zwei historischen Dimensionen: Die eine besteht in der grundsätzlichen Historizität jeder Kulturentwicklung, die andere in der Abhängigkeit der Urteile von der jeweiligen Zeit und den Umständen, in denen diese gefällt werden.

Mit dem Nachzeichnen von Entwicklungslinien unterläuft uns leicht der Fehler, die frühere Zeit ab- oder aufzuwerten, diese als Geschichte eines Verfalls oder eines optimistischen Aufbaus hin zur Höhe der erreichten Entfaltung in der eigenen Zeit darzustellen. Dem ungebremsten Aufstieg der menschlichen Vernunft ab ihrer »Entdeckung« im Zeitalter der Aufklärung folgten im zwanzigsten Jahrhundert die Utopien, der Kulturpessimismus und die Thesen von der zunehmenden Verflachung im Bildungsniveau, ohne dass diese Umstände das Gipfelstürmen der Vernunft, sichtbar im technologischen Fortschritt, eingeschränkt hätten.

Die Bewertung, wie auch immer sie ausfällt, muss das Maß offenbaren, das wir an das Bewertete anlehnen. Die Zeiten sind aber entweder unvergleichlich oder zu innig ineinander verwoben, als dass wir sinnvoll eine Epoche herausheben könnten, um sie an den Maßstab einer späteren Entwicklung anzulegen. Welchen Inhalt aber hat dies Maß?

Die Technik, die Wirtschaft, die globale Vernetzung, das Recht, die Kunst, Wissenschaft und Forschung, Politik und die Aufklärung und Autonomie der Bürger, die Sozial-, Herrschafts- und Bildungssysteme, die Vernunft, das Recht, die Neugier oder Flexibilität des Denkens, die Religion oder die Lebensführung? Wir vergessen das Fundament, wenn wir meinen, das Erreichte bestehe für sich; die Krone jedoch fällt, wenn Stamm und Wurzeln fehlen. Die

Rückbesinnung auf die Ursprünge der eigenen Kultur, der eigenen Leistungen birgt immer auch ein enormes Innovationspotential. »Wissenstradition aber geht mit Wissensgeneration einher«.[193]

Was wir an unserer gegenwärtigen Zeit schätzen können, hat seine Wurzeln samt und sonders im mittelalterlichen Geistesleben. Selbst innerhalb der so viel geschmähten weltlichen Herrschaft der katholischen Kirche zu jener Zeit entfaltete sich in den tausend Jahren der mittleren Epoche eine unübersehbare Fülle an Neuerungen und Renaissancen des Antiken im Denken, Handeln und Leben – ohne den Rückgriff auf und die Bewahrung der antiken Schriften im Mittelalter wüssten wir heute so gut wie nichts mehr über die alte Zeit und die Renaissance hätte es nie geben können.[194] Die Exzesse der Gegenwehr, um all dies Neue zu unterdrücken, sind Zeichen für die Vielfalt und den Umbruch, Zeichen dafür, dass sich die Vernunft verselbständigt und verweltlicht und zur »natürlichen Vernunft« wird,[195] nicht bloß Ausdruck einer dunklen Welt.

Wir müssen uns fragen, ob wir durch das Heraufbeschwören einer ehemals finsteren Vergangenheit nicht einfach nur unsere eigenen Schatten- und Dunkelseiten, die Brutalitäten und das Unaufgeklärte in der modernen Welt billig kaschieren wollen.

In diesem Sinne schreibt der Kenner und sicher auch Apologet der mittelalterlichen Welt Johannes Fried: »Alles Verwerfliche, Abstoßende, Brutale, ob Folter, Glaubensfanatismus, Fundamentalismus oder Unflätigkeit, gilt als ›Rückfall ins Mittelalter‹, gar ins ›finstere Mittelalter‹, statt als Durchbruch und Ausbruch gegenwärtiger, neu heraufziehender Unreife und brandaktuellen Versagens; es wird auf diese Weise ein fiktives, verfremdendes und ohnehin verfemtes Zeitalter, in ein Nirwana eigener Schuld, abgeschoben und insgeheim entschuldigt: Wir sind es nicht. … Das Mittelalter war reifer und weiser, neugieriger, erfindungsreicher und kunstsinniger, revolutionärer in Vernunftgebrauch und Denken als jene Aufklärer [Kant, Schiller usw.; GF] ahnten und die meisten Zeitgenossen des beginnenden einundzwanzigsten Jahrhunderts meinen. Dieses Mittelalter war zugleich demütiger und bescheidener in seinen Urteilen über sich selbst. Noch seine bedeutendsten, grundstürzenden Denker wußten sich als Zwerge auf den Schultern von Riesen, auf den Schultern nämlich der gesammelten Erfahrung vergangener Zeiten; darum blickten sie weiter als die

größten ihrer Träger. So vermochten sie, Wege in eine vernunft-
betonte Zukunft zu weisen«.[196]

Das, was der Mensch mit seiner Vernunft von der Logik bis zum
instrumentellen Denken anfangen kann,[197] ja selbst der radikale
Zweifel,[198] wurde in seiner ganzen Breite erst im Mittelalter ent-
deckt und ausprobiert, die Aufklärer konnten sich gerade darauf
stützen und verlassen. Und es gilt freilich, was Fried resümiert:
»Vernunft hat es zu allen Zeiten schwer, sich durchzusetzen«.[199]
Man begann im Mittelalter erst systematisch Erfahrungen und
das Wissen darum zu sammeln, aufzubereiten und weiterzugeben,
aber gerade auch anzuwenden. Deutschland war z. B. zu Beginn
des Mittelalters eine für den Menschen recht unwirtliche Sumpf-
landschaft, tausend Jahre später waren die Sümpfe trockengelegt,
der Boden urbar gemacht, Siedlungen und Städte gegründet, erste,
frühe Formen von Nationen bildeten sich aus, die Wissenschaften
wurden immer abstrakter, Handwerk, Universitäten und Kultur
blühten.[200]

Immer neue Erfindungen wurden gemacht, die Nockenwelle,
das Zahnrad, echte Kuppelgewölbe, in der Kunst die Zentralper-
spektive,[201] der erste Kapitalmarkt und die Kreditwirtschaft, die Lo-
gistik im Handel, neue Produktionsmethoden; der Schiffsbau entwickelte sich erheblich weiter, die gesamte Infrastruktur entstand
nach und nach, mathematische und astronomische Entdeckungen
wurden gemacht und überall fand eine Auseinandersetzung um
die geistigen Grundlagen des Neuen in Politik, Recht, Wirtschaft,
Religion und Leben statt (z. B. über das Verhältnis von »Papst und
Kaiser, der geistlichen und weltlichen Gewalt, zwischen Stadtherr
und Bürgerschaft, zwischen Grundherr und Dorfgemeinde«[202]).
Die Epochengrenze zur Neuzeit liegt nicht zufällig genau an der
Stelle, an welcher die zahllosen Erfindungen und Neuerungen sich
zu kulminieren begannen, der Beginn der »neuen Zeit« liegt damit
allerdings vollkommen im Schoß der mittelalterlichen Welt.

Durch den Handel entdeckte man nach und nach die Welt, sicher aber ebenso durch Eroberungen und Mission. Schon in der
Frühzeit, seit die Germanen in Italien eingefallen sind, scheint sich
eine spezifische Art der Neugier in Europa entwickelt, festgesetzt
und ausgeweitet zu haben.[203] Die Hunnen und später die Mongolen
haben nicht nur Schrecken, sondern einen Durst nach dem Wissen

über die fernen Völker geweckt, und Reisende konnten sich des breiten Absatzes ihrer Berichte sicher sein.[204] Man bekam gleichzeitig eine Ahnung von der ungeheuren Größe der Welt und damit einhergehend von ihrer Begrenztheit. Der Beginn der Globalisierung liegt im Entschluss, den ganzen Erdkreis zu erfahren. »Die Wirkungen und Folgen dieser mittelalterlichen Wellen des Lernens und Forschens, Beobachtens, Nachdenkens und Experimentierens sind noch heute mit Händen zu greifen. Das Leitbild der Wissenschaft, die abendländische Vernunftkultur, die Aufklärung, der Globalisierungseffekt verdankt sich nicht zuletzt, ja, zu allererst ihnen«.[205]

Der Aufbruch im Mittelalter erwuchs aus völlig unzureichenden Grundlagen in der Spätantike. Johannes Fried schreibt über die Wissenskultur der in die relativ kultivierte Mittelmeerwelt einfallenden Germanenstämme: »Was diese Barbaren mit sich brachten, lassen moderne Untersuchungen erahnen, die im 20. Jahrhundert bei schriftlosen Völkern durchgeführt wurden. Ein eher additives als subordinatives Denken war da zu registrieren, das aggregativ und repetitiv, nicht analytisch vorging, das sich im wesentlichen situativ, nicht abstrakt seine Lebenswelt aneignete, sie nicht systematisch und nach Kategorien ordnete und sich vielmehr bevorzugt an das Vertraute und Überlieferte hielt«.[206]

Wir leben heute sicher nicht in einer schriftlosen Welt, aber unser moderner Bezug zum schriftlich gefassten Wissen und seinen Traditionen eröffnet eine anachronistische Lesart dieser Zeilen, welche eine erhebliche Relevanz für eine hermeneutische Deutung unserer Zeit entwickeln kann.

Es gibt, wie ich erwähnt habe, auch ein überpositives Bild des Mittelalters. Dieses ist im Trivialsinn gezeichnet durch Lebensfreude, Unmittelbarkeit, Einfachheit – die heutigen Mittelalterfeste, eigenartige Nostalgieveranstaltungen unserer Zeit, die freilich mehr mit dieser als der vergangenen zu tun haben, versuchen gerade das zu zelebrieren. Vor allem Kurt Flasch betont in seiner weit angelegten Untersuchung zum *philosophischen Denken im Mittelalter*, dass auch die stark theoretisch anmutenden Spekulationen der theologischen und philosophischen Denker immer in irgendeiner Form »in praktisch-politischen Zusammenhängen«[207] standen.

Gewiss war man von der Vorrangstellung des lateinischen Christentums und von der absoluten Wahrheit der biblischen Überlieferung überzeugt, das sollte aber ebenso philosophisch begründet werden. So ließen einige schon alle Erkenntnis mit den Sinnen beginnen. Doch daraus entstand schnell die Frage, ob nicht auch die heidnischen Autoren Wahrheit für sich beanspruchen konnten, weil diese auch von keinem anderen Fundament ausgingen. Die Orden des Spätmittelalters verschrieben sich sogar einer Art »Hausphilosophie«, um im Inneren Geschlossenheit zu wahren und um im Austausch mit anderen die entsprechenden Argumente zur Hand zu haben. »Denn nicht ›Ideen‹ oder ›Probleme‹ standen am Anfang, sondern Menschen, die für die Konflikte ihrer Zeit Antworten suchten«.[208]

Es ist bezeichnend wiederum für unsere Zeit, diese ethischen und politischen Dimensionen zu übersehen und dann auch für das mittelalterliche Denken »nach dem rein theoretischen Gehalt dieser Positionen [zu] fahnden«.[209] Denken und Leben gehen nach Flasch immer aus den historischen Bedingungen hervor, nichts von alldem können wir für eine bestimmte Zeit verstehen, wenn wir nur die Maßstäbe unserer Zeit zugrunde legen, zumal diese ebenso der historischen Relativität anheimfallen und wir außerdem gar nicht anders können, als unsere »gegenwärtigen Beurteilungskriterien«[210] zugrunde zu legen.

Die größte Gefahr dabei liegt darin, die damaligen Entwicklungen als Vorstufe unseres erreichten Zustandes anzusehen und nicht »als geschichtlichen Prozeß, in dem offene Situationen in Konflikten entschieden werden und in dem die Vielfalt individueller Sichtweisen bis zuletzt ihr Recht behält«.[211]

In der Verfemung des Mittelalters als »finstere Zeit« wird suggeriert, es handle sich um eine einheitliche Epoche, in der alle Menschen im Dunkel ihres eigenen Geistes lebten und in einem Verstehenshorizont, wie er durch die kirchlich geprägte Obrigkeit oder durch die Kirche selbst verschattet war. Dagegen spricht schon die »Vielfalt« und »Mannigfaltigkeit«[212] innerhalb der Epoche in ihren einzelnen historischen Abschnitten sowie im Denken und Leben der Menschen. Nur bei oberflächlichem Blick lassen sich gemeinsame Merkmale entdecken, welche bei genauerem Hinsehen eher unübersehbar vielfältig wirken.[213]

Außerdem legt uns der Begriff »Mittelalter« eigenartig fest: Flasch betont, dass dieser nur eine äußere Festlegung sein kann, und nennt zwei Beispiele: Dietrich von Freiberg schildert um etwa 1300 die Entstehung eines Regenbogens und Boccaccio 1350 die Pest von 1348/49 bis in alle grausamen Einzelheiten. Beide sind zweifellos mittelalterliche Autoren, doch in ihren Schilderungen fehlt jeder theologische Bezug.[214] Die Menschen damals mussten also keineswegs immer nur ihre Glaubensgehalte thematisieren, was wir ihnen aber sehr gerne unterstellen, um unsere eigene Säkularisierung herauszuputzen und dem mittelalterlichen Denken gegenüber als überlegen darzustellen.

Gerade die kirchliche Machtstellung und ihr ausufernder Einfluss auf die allgemeine und ausnehmende Frömmigkeit der damaligen Menschen, die Will Durant zum Diktum vom »Zeitalter des Glaubens« führten, scheint uns Heutigen das Finstere am Mittelalter vor Augen zu führen. Ich will das einmal an der Fälschungspraxis des Mittelalters verdeutlichen.

Zunächst ist festzustellen: »Die Zahl der Fälschungen … übersteigt … unsere Vorstellungen«.[215] Es sind auf uns mehr Fälschungen gekommen als originale Dokumente. Gefälscht wurde alles, was irgendeine Bedeutung hatte, vor allem Urkunden, Schenkungen, Verfahrensdokumente, Briefe, Zeitberichte. Die Fälscher waren keine »Winkelschreiber«,[216] sondern hohe Beamte, Bischöfe, Päpste. Selbst die Formalien der Einberufung zum Zweiten Vatikanischen Konzil im Jahr 1962 beruhen vollständig auf gefälschten Dokumenten.[217] Umgekehrt standen auf solches Tun hohe Strafen, zumal vor allem Geistliche das Handwerk beherrschten und ausübten.

Ob wir Abscheu oder Bewunderung für die Raffinesse der Fälscher empfinden, grundsätzlich gilt der Satz Fuhrmanns: »Mit dem Nachweis einer Fälschung ist über ihren Sinn im Rahmen der jeweiligen zeitgenössischen Rechts- und Geisteswelt noch nichts ausgesagt«.[218] Die damaligen Gesetze verdankten sich keiner formellen Einsetzung wie bei uns heute. Recht ist generell auf Gerechtigkeit gegründet, und zu bestimmen, worin diese tatsächlich liegt, übersteigt die menschlichen Möglichkeiten bei weitem, sie liegt nach dem damaligen Verständnis in der Natur und in Gott. »Die Wirkkraft einer mit Gott gemeinsam vertretenen Sache wurde hoch veranschlagt«.[219]

Was der einzelne als gerecht empfand – freilich nach gehöriger Gewissensprüfung – entspricht der allgemeinen, göttlichen Gerechtigkeit. Dieser durfte man zum Sieg verhelfen, und wenn es nötig war, musste man eben ein wenig nachhelfen. So wurden Namen, welche mit dem Ursprung von Vorschriften in Verbindung gebracht wurden, geändert, um der Bestimmung mehr Autorität zu verleihen. Was als unpassend oder unzeitgemäß empfunden wurde, konnte abgeändert, gemildert oder verschärft werden, je nachdem, was man für richtig, angemessen, der Alltagspraxis entsprechend und »billig« hielt.[220] Angesichts der Gerechtigkeit mussten die Dinge eben anders sein als so, wie sie sich gerade darstellten.

Sich durch Fälschungen persönliche Vorteile zu verschaffen, ist eine Sache, die eigene Meinung durchzusetzen eine andere, und wenn das Motiv im eigenen Verständnis der rechten Heilsordnung liegt, liegt wohl wieder ein ganz anderer Fall vor. Wir unterstellen den Fälschungen des Mittelalters gern, dass sie um der Fälschung selber willen entstanden sind, aus bösem Willen sozusagen – im Übrigen ein augustinisches Motiv. Schon Hinkmar von Reims erkannte im neunten Jahrhundert, dass es gescheiter sei, eine von ihm als Fälschung entlarvte Urkunde seinerseits umzufälschen,[221] um so die Wahrheit und Gerechtigkeit wieder herzustellen.

Hinzu kommt, dass die Fälschungen auch geglaubt werden mussten.[222] Keineswegs maß man damals den Dokumenten einen solchen Rang zu, dass aus diesen etwas Verbindliches abzuleiten gewesen wäre.[223] Und die Wahrheit steht nun einmal über den Dingen, so dass selbst das, was als Fälschung erkannt wird, dennoch richtig sein kann. Wie Fuhrmann erzählt, wurde die »Konstantinische Schenkung« – eine Fälschung für das vierte Jahrhundert wahrscheinlich aus dem achten Jahrhundert[224] –, die den Kirchenstaat begründete, mit dem Argument kritisiert, der Name des Kaisers sei »Augustus«, was von *augere*, zu Deutsch: »vermehren«, komme (was aber freilich eine unzulässige Herleitung darstellt): Die Schenkung müsse eine Fälschung sein, weil sonst der Kaiser das Reich vermindert und damit seinem Namen widersprochen hätte.[225]

Innozenz III. hatte am Ende des zwölften Jahrhunderts angefangen, Regeln aufzustellen, wie Fälschungen entlarvt werden könnten. Die auch in Reichsgesetze überführten Bestimmungen waren perfekte Anleitungen, selbst Fälschungen herzustellen.[226] Obwohl einige Möglichkeiten bestanden, eine systematische Kritik an Quellendokumenten zu üben, sind solche aber nie zusammengestellt und durchgängig angewendet worden.[227]

Als Martin Luther dann mit dieser gesamten Tradition der katholischen Kirche brechen wollte, weil seiner Ansicht nach allein die Heilige Schrift Autorität besaß, folgten ihm die humanistischen Kritiker der Tradition keineswegs. Während diese versuchten, durch Kritik zu retten, was zu retten war, begann die jüngere Generation ihre Instrumente zu entwickeln, durch welche erwiesen werden sollte, dass die Tradition gefälscht sei. Beiden Seiten ging es nur um die Rechtmäßigkeit ihres Glaubens, nicht um die formale Kritik selbst,[228] die sich offenbar dadurch in ihrer strengen Methodologie erst konstituierte. Fuhrmann dreht den Spieß dann auch um: Einen Menschen aus dem Mittelalter, der mit unseren Praktiken der »Kritiksucht«, die durch keine »Glaubenssätze« eingehegt wird, konfrontiert wäre, würde blankes Entsetzen befallen. Er würde uns vorwerfen, wir seien geprägt durch »Verantwortungslosigkeit und Anhänglichkeit an eine alberne und äußerliche historisch-philosophische Bildung«.[229]

Auch wenn bereits in der Antike in Alexandrien bis zur frühen Neuzeit im Humanismus daran gearbeitet wurde, die Textfassungen aus dem kritischen Studium der Quellen zu entwickeln – die christlichen Autoren haben da einiges in Bezug auf den Bibeltext geleistet –, wurde die philologisch-kritische Methode erst im Verlauf des neunzehnten Jahrhunderts entwickelt – und das war nach der pauschalen Kritik am Mittelalter in der Aufklärung. Fuhrmann warnt aber davor, nur auf die Textfassung zu sehen: »Die Sorge um den rechten Text bedeutet auch die Sorge um das rechte Verständnis der kritisch aufgearbeiteten Überlieferung, und beides hat ein Herausgeber in den Blick zu nehmen und im Blick zu behalten«.[230]

Was aber heißt hier »das rechte Verständnis«? Verfuhren nicht auch die mittelalterlichen Fälscher zumeist danach? Wir haben heute, wenigstens was die Textkritik angeht, bessere Methoden. Fuhrmann fordert in diesem Zusammenhang, dass sich Textkritik und Textverstehen wechselweise bedingen sollten. Auf das eine kann wie auf das andere nicht verzichtet werden, und die beiden Verfahrenswege stehen damit in einem hermeneutischen Verhältnis zueinander. Das bezeichnet aber einen Grundzug unseres Denkens und unserer Haltungen zur Welt einschließlich der vergangenen Zeiten. Wir gehen immer von bestimmten Voraussetzungen aus, die wir selten vollständig hinterfragen und die auch niemals vollständig aufgeklärt oder in ihrer Wahrheit gar bewiesen werden können.

Wenn wir dem Mittelalter dunkle Gesinnungen unterstellen, so können wir damit nur meinen, dass die Menschen damals von Voraussetzungen ausgingen, die wir heute nicht mehr teilen; die Abwertung liegt darin, dass wir glauben, diese Voraussetzungen hinter uns gelassen zu haben, weil wir inzwischen aufgeklärt wären. Die Vorstellungen im Mittelalter haben aber nichts Dunkles an sich, sondern liegen sozusagen lichthell am Tage. Das können wir von unseren Vorstellungen weit weniger eindeutig behaupten, gerade diese scheinen weitgehend im Dunkeln zu liegen. In manchen Texten – politische Reden, Werbeschriften oder Äußerungen im Privatfernsehen (als Klasse, nicht als Gegensatz zu »öffentlich«) sind dahingehend ohnehin indiskutabel – wird offenbar so eindeutig auf allgemein anerkannte Wahrheiten gesetzt, dass ein Hinterfragen gar nicht gestattet erscheint. Erst ein Nachdenken über unsere vielfältigen Vorurteile, von denen die Meinung über das Mittelalter nur eines ist, könnte diese erhellen.

ETÜDE 13

Der Mensch ist ein vorteilsmaximierendes Wesen
(*homo oeconomicus*)!

E s gibt verschiedene Definitionen des Menschen: Aristoteles
definierte diesen als *zôon logon echon*, als das Lebewesen, das
Vernunft hat, als *zôon politikon*, als das Lebewesen, das in spezifi-
scher Form Gemeinschaften bildet, und auch die Definition vom
zôon geleion, des Lebewesens, das lacht, geht wohl auf ihn zurück.
Auf die Idee, dass der Mensch auch ein *zôon chremastikon* oder
ein *zôon tokistikon* ist, also ein Lebewesen, das ausschließlich seinen Vorteil maximiert, indem es seinen persönlichen Geldgewinn
steigert, kam er nicht, obwohl er in seiner *Nikomachischen Ethik* so
etwas als eine der möglichen Lebensweisen von Menschen nennt,
neben dem Streben nach Lust, dem nach Ehre und dem nach Weisheit. Aber, so meint er, der *homo oeconomicus* hätte »etwas Un-
natürliches und Gezwungenes«.[231]

Dabei scheint das Modell zunächst gar nicht so abwegig: Sokrates betont bei Platon mehrfach, dass der Mensch nach seinem größtmöglichen Nutzen strebe, um freilich gleich danach zu bemerken,
dass dieser in der Harmonie der Seele liege. Die Seele orientiere sich
allerdings an einer hierarchischen Struktur, so dass ihre Harmonie
dann besteht, wenn ihre einzelnen Teile deren jeweils angestammte
Funktion erfüllen. Der erste, untere Teil erfüllt eine vegetative
Funktion, welche auf die Erfüllung der organischen Grundbedürfnisse geht, wenn diese erfüllt sind, sollte er Ruhe geben.

Der zweite, mittlere Teil umfasst die Wahrnehmungs- und Stre-
bensfunktionen; diese sollten sich von der Vernunft leiten lassen.
Das oberste Vermögen des Menschen liegt in der Vernunfttätig-
keit selbst, welche die rechten Vorgaben für ein glückliches Leben
liefert. Der Gelderwerb ist darin ein Mittel für die Erfüllung der
Grundbedürfnisse, die Ableitung sozusagen einer untergeordneten
Funktion, die, auch wenn sie ihre Bedürfnisse hat, die erfüllt werden müssen, niemals den ganzen Menschen beherrschen oder ihn
insgesamt ausmachen darf.

Die klassische Formulierung des vorteilsoptimierenden Wesens, der ein Maximum an Bedürfnisbefriedigung bei minimalstem Aufwand zu realisieren versucht, finden wir dann erst ab der Mitte des 19. Jahrhunderts bei John Stuart Mill. Er schreibt: »Ganz genauso [wie in der Geometrie; GF] geht die politische Ökonomie von einer willkürlichen Definition des Menschen aus als eines Wesens, das beständig das tut, was ihm die bei gegebenen Stand des Wissens erreichbare größte Menge an notwendigen Gütern, Annehmlichkeiten und Luxus unter Einsatz der geringsten Menge Arbeit und physischer Selbstverleugnung verschafft.«[232]

Was so einleuchtend klingt, ist, abgesehen von der Reduzierung des Menschen auf die Lustmaximierung, insofern voraussetzungsreich, als diese Politische Ökonomie die Definition des Menschen und sein ganzes Verhalten vollständig von seinem Wissen abhängig macht. Es setzt also voraus, dass wir detaillierte Kenntnisse von der Welt und wie es in dieser zugeht, haben, denn wie sollten wir unser eigenes Verhalten, dessen Ziel durch die Definition vorweggenommen wird, optimieren, wenn wir keine klare Einsicht in alle Folgen unserer Handlungen hätten.

Von Aristoteles bis Kant, und wohl auch bis heute, war man davon überzeugt, dass der Mensch im Grunde gar nicht anders kann, als nach seiner Glückseligkeit zu streben. Auch hier stand das Ziel aller unserer Handlungen und Verhaltensweisen sozusagen fest. Worin dieses Glück allerdings genauer besteht, war sehr die Frage. Für Aristoteles kann das Glück kein Gefühlszustand sein, Zustände kommen und gehen und sie sind abhängig von äußeren Umständen, die wir nicht in der Hand haben. Glückseligkeit steckt bei ihm im Handlungsvollzug selbst, der nach einer klar bestimmten Weise vor sich geht, dahingehend, dass wir das Beste zu erreichen suchen, einerseits bestimmt durch die Situation, in der wir uns befinden, andererseits durch unseren eigenen Charakter und drittens dadurch, dass wir alle Fähigkeiten, die in uns stecken, weitestgehend optimieren.[233]

Für Kant ist das Glück nur noch ein sinnlicher Zustand, aber dieser umfasst alle Bedürfnisse, Wünsche und Interessen, die ein Mensch hat, und freilich, dass diese befriedigt sind. Das ist wahrscheinlich alles auf einmal gar nicht zu haben. Kant vernachlässigt dabei auch geistige Bedürfnisse, der Vernunfttrieb ist bei ihm eine reine Ordnungsinstanz. Mill hat dagegen die Tendenz, solche Bedürfnisse sehr wohl mit in die Handlungsorientierung zu integrieren, im Gegensatz zu seinem Vorgänger Jeremy Bentham macht er einen qualitativen Unterschied in unseren Bedürfnissen, wohingegen Bentham nur quantitativ bestimmte Unterschiede kennt. Außerdem ist der Mensch kein Einzelwesen, das nur für sich leben kann (in dieser Hinsicht sind sich Mill und Aristoteles sehr ähnlich), sondern ein soziales Wesen, und so verbindet er die menschlichen Handlungsweisen mit einer sozialen Theorie: Wenn der Mensch für sein eigenes Maximum sorgt, ist auch für alle anderen in seiner Umgebung – bzw. die Personen, die von seinen Handlungen betroffen sind – gesorgt.

Eine solche Behauptung verknüpft eine normative Aussage, eine normative Verhaltensanweisung und eine Tatsachenbehauptung miteinander, die sich auf die Folgen der Anwendung der Regel bezieht:

Die normative Aussage besteht im Satz: Es ist wünschenswert, dass es der Allgemeinheit möglichst gut geht, dass das Gemeinwohl möglichst hoch ist. Nun eröffnet sich die Frage, was unter dem Gemeinwohl zu verstehen ist: Besteht es im Bruttoinlandsprodukt, ist die Lebensqualität derjenigen gemeint, die von allen am schlechtesten gestellt sind, besteht es in einer Gauß'schen Normalverteilung der zur Verfügung stehenden Güter (Besitz, Beschäftigung, Bildung, Versorgung bei Krankheit, Rente, politische und rechtliche Partizipation usf.), deren Gesamtniveau gehoben werden soll, oder nur in einer Gleichverteilung der Chancen? Wie immer wir aber diese Aussage verstehen, sobald wir einen allgemeinen Begriff dafür gefunden haben, würden wir diesem grundsätzlich zustimmen. Ein besonderer Begriff dagegen würde bedeuten, dass einzelne soziale Gruppen gegenüber anderen durch die gesellschaftliche Partizipation bevorzugt werden, was wir aus Gerechtigkeitsgründen eher ablehnen würden.

Die Verhaltensanweisung ist dann unmittelbar mit den Folgen unserer Handlungen verknüpft. Sie besagt: Wenn ich mich um mein Wohlergehen bestmöglich bemühe, ist für die Allgemeinheit am besten gesorgt. Die Tatsachenbehauptung steckt dabei darin, dass es empirisch tatsächlich den Verhältnissen entspricht – und sich das auch feststellen lässt –, dass es also allen Beteiligten innerhalb des sozialen Systems[234] bei Ausrichtung jedes einzelnen auf sein jeweils persönliches und individuelles Wohl besser geht; und wenn zur Herstellung dieses optimierten Zustandes keine anderen Verhaltensweisen empfohlen und angewandt werden müssen.

Man kann diese Lehre Adam Smiths von der »unsichtbaren Hand« auf zwei Weisen kritisieren: Man kann erstens sagen, dass wir für die Wohlfahrt eines gesellschaftlichen Systems Handlungen brauchen, die nicht nur an der eigenen Wohlfahrtsmaximierung orientiert sind. Oder man kann behaupten, dass diese Orientierung unter bestimmten gesellschaftlichen Verhältnissen dazu geführt hat, dass es der Mehrheit nicht immer besser geht, wenn im Durchschnitt die positiven Güter wachsen. Um das Letztere belegen zu können, brauchen wir freilich empirische Daten, deren Interpretation immer zu unterschiedlichen Einschätzungen führen kann.

Die Behauptung, dass der Mensch in der Lage ist, auch etwas für andere zu tun, und ein solches Verhalten dadurch begründet ist, dass er es auch *für* den anderen tun will, wird freilich dadurch korrumpiert, dass solche Gründe immer nur vorgeschoben sind. Letztlich wollen wir immer nur für uns selbst das Beste, auch wenn das in ideellen Belohnungen wie Anerkennung, Bewunderung oder dem Erreichen des ewigen Lebens besteht. Wenn wir freilich gar nicht anders können, entfällt das Normative der Handlungsausrichtung: Ich brauche niemandem sagen, er solle sich am besten um sich selbst kümmern, dadurch sei allen am meisten geholfen, wenn er ohnehin zu keinem anderen Verhalten fähig ist, eben weil der Mensch ein *homo oeconomicus* ist.

Die eigenartige Verknüpfung des Einzelwohls mit dem Gesamtwohl, so dass dieses mit absoluter Notwendigkeit aus jenem folgt, hat eine psychologische und eine handlungsorganisierende Folge. Die psychologische besteht darin, dass das sonst verpönte und mit sozialen Sanktionen verbundene rein egoistische Streben nicht nur als unhintergehbares Faktum stilisiert wird, sondern auch seine moralische Rechtfertigung erhält. Denn letztlich, so wird ja behauptet, dient mein Egoismus nur den anderen und deren Wohl. Diese Funktion darf nicht unterschätzt werden, auch wenn die Folgen für unsere Handlungsorganisationen sehr viel augenfälliger sind. Wenn nämlich das Optimierungsziel, Wohlfahrt für alle, feststeht, haben sich alle Handlungsweisen daran zu orientieren, dieses unter kontrollierbaren Bedingungen auch zu erreichen.

Bezog sich die alte Frage *Was soll ich tun?* darauf, das Ziel des Handelns zu bestimmen, kann die neue nur noch auf die Mittel gehen, das bereits feststehende Ziel zu erreichen. Es ist dann entscheidend, ein Verfahren zu finden oder zu entwickeln, das mir garantiert, dass bestimmte Verhaltensweisen das Ziel erreichbar machen. Die Verbindung von Zweck und den Mitteln zu seiner Umsetzung soll ebenso notwendig festgemacht werden wie unsere gesamte Zielorientierung.

Der ganze Prozess des Handelns verschiebt sich mit dem Zweckrationalismus auf die kontrollierbare Planung. Die Optimierung der eigenen Situation, das egoistische Streben, geschieht dann rational dadurch, dass ich mich an die bestehenden Verhältnisse möglichst weitgehend anpasse. Dass widerspricht zwar dem Begriff der Handlung und dem Sinn der Maximierung des eigenen Wohllebens, ist aber eine notwendige Folge aus dem Konzept des *homo oeconomicus.* Die Definition des Menschen als vorteilsmaximierendes Wesen muss diesen dann allein auf seine biologischen Primärbedürfnisse, zufälligen Wünsche, sozialisierten Präferenzen oder egoistischen Interessen reduzieren, weil sonst kein Motivationsverhältnis bestehen kann, sich einem solchen System vollkommen zu unterwerfen; die Basis seiner Optimierung liegt entsprechend im Wissen um die Prozesse im System und das angenommene Verhältnis zwischen diesem und den Realitäten in der Welt.

Viele Definitionen, wie sie Aristoteles für den Menschen angenommen hat, sind dann nicht mehr möglich, es gibt nur noch die eine mit ihrem reduzierten Menschenbild eines lustbasiert orientierten Triebwesens, dem seine Mitmenschen, seine Umwelt, alles, was er sich vorstellen kann, ausschließlich Mittel sind, sein eigenes Selbstempfinden zu steigern.

In der Philosophie geht es immer auch darum, die Argumente zu prüfen, die zu einer bestimmten Position führen. Der eben geschilderte Zusammenhang desavouiert die Konzeption vom *homo oeconomicus* als brutalen Egoismus und schier unhaltbaren Reduktionismus. Die meisten Menschen – mit Ausnahme nur einiger Radikal-Chauvinisten – werden das gezeichnete Bild mit Abscheu betrachten und sagen, dass der Mensch generell so nicht sei. Die Frage ist aber dann auch: Wie ist er dann?

Nur zu sagen, was der Mensch nicht ist, bestimmt diesen nicht positiv. Und wenn wir die Frage verschieben? Sagen wir einmal, man selbst sei nicht so, aber die anderen, da gibt es viele oder wenigstens einige, die so sind, auch wenn sie es nicht zugeben. Ist die menschliche Natur dann doch durch möglichst maximierten Lustgewinn in ihrem zentralen Streben zu charakterisieren?

Der Utilitarismus, die Lehre vom Gemeinwohl, aus der das Konzept vom vorteilsmaximierenden Wesen stammt, würde den meisten Menschen zugestehen, dass diese auch Gefühle und Bestrebungen zu Gunsten von anderen haben. Die ganze Tradition der britischen Moralphilosophie von Anthony Ashley Cooper Earl of Shaftesbury, über Francis Hutcheson, Joseph Butler, Adam Smith bis zu David Hume hat dem Wohlwollen für andere einen zentralen Platz in den menschlichen Strebungen eingeräumt, auch wenn Hume zwei Wochen vor seinem Tod noch einmal Zweifel daran formulierte.

Auch bei Mill dominieren im Grunde die Ausrichtung auf das Gemeinwohl und die Annahme von geistigen Bedürfnissen, die wir nicht nur allein und für uns befriedigen können und schon gar nicht mit sinnlicher Lust zu kompensieren vermögen. Dennoch will er die Grundfrage lieber nicht entscheiden und verlegt sich darauf, dafür zu argumentieren, dass wir ohne die anderen eben nicht auskommen, dass wir uns auch gerne um sie kümmern, dass wir uns an ihrem Wohlergehen freuen, vor allem, wenn es Menschen aus unserer Familie oder unserem Freundeskreis sind. Aber in all diesen Fällen freuen *wir* uns eben über das Glück der anderen, *wir* sind diejenigen, die davon profitieren, dass es den anderen gut geht, und *wir* können auch einiges aufwenden, um den anderen zu helfen, dennoch ist nicht zu leugnen, dass *wir* uns dann freuen, und sei es um unserer Leistung willen, wenn *wir* stolz sind, was *wir* alles geleistet haben. Auch das ist eben ein Gewinn, den *wir* erstreben und der auf unseren ureigenen Interessen beruht. Die Frage lässt sich zuletzt also gar nicht eindeutig beantworten, und dann ist es müßig, weiter lange darüber nachzudenken.

Das Wohlwollen für andere zählt damit zur menschlichen Natur, es ist ein biologisches Faktum, und auch heutige Paläoanthropologen behaupten, dass der Mensch überhaupt nur habe überleben können, weil er sich in Sozialverbänden erfolgreich an seine Umweltbedingungen anpassen könne. Die Optimierungsstrategie für die eigene Lust funktioniert also nur, wenn wir die anderen mit ins rationale Kalkül einbeziehen, auch wenn uns unsere biologische Entwicklung die ein oder andere Überlegung dahingehend abgenommen hat, indem sie unser Verhalten auf den anderen hin automatisierte.

Eine solche Theorie wird gerne als ein faktum brutum dargestellt: Der Mensch ist nun halt einfach einmal so, daran gibt es nichts zu rütteln. Dennoch handelt es sich freilich um ein begriffliches Modell, also eine Art generalisierter Idealisierung bestimmter Annahmen, deren empirische Basis auf mehr oder weniger Erfahrungen über das Verhalten der anderen beruht, die man aber immer auch anders interpretieren kann.

Ein besseres Argument liegt gewiss darin, dass man allen anderen Theorien vom Menschen, also den Alternativen zum vorteilsmaximierenden Wesen, unterstellt, sie würden ein emphatisches Verständnis vom Menschen voraussetzen, das mit seiner unverletzlichen Würde einhergeht, mit einem unverwechselbaren und nicht vertretbaren Personsein oder gar mit einer Gottebenbildlichkeit. Das sind alles Begriffe, von denen selbst diejenigen zugeben, welche von ihnen ausgehen, dass sie nicht aus der Empirie abgeleitet werden können, sondern jeweils für sich vorausgesetzt und völlig anders begründet werden müssen.

Eine philosophische Grundlegung der rationalen Orientierung in der Zweck-Mittel-Relationalisierung finden wir bei Max Weber. Er unterscheidet das zweckrationale Handeln vom wertrationalen: »Rein wertrational handelt, wer ohne Rücksicht auf die vorauszusehenden Folgen handelt im Dienst seiner Ueberzeugung von dem, was Pflicht, Würde, Schönheit, religiöse Weisung, Pietät, oder die Wichtigkeit einer ›Sache‹, gleichviel welcher Art ihm zu gebieten scheinen.«[235]

Dagegen steht eine ganz andere Handlungsorientierung. Weber schreibt dazu: »Zweckrational handelt, wer sein Handeln nach Zweck, Mitteln und Nebenfolgen orientiert und dabei sowohl die Mittel gegen die Zwecke, wie die Zwecke gegen die Nebenfolgen, wie endlich auch die verschiedenen möglichen Zwecke gegeneinander rational abwägt: also jedenfalls weder affektuell (und insbesondere nicht emotional), noch traditional handelt. Die Entscheidung zwischen konkurrierenden und kollidierenden Zwecken und Folgen kann dabei ihrerseits wert rational orientiert sein: dann ist das Handeln nur in seinen Mitteln zweckrational. Oder es kann der Handelnde die konkurrierenden und kollidierenden Zwecke ohne wertrationale Orientierung an ›Geboten‹ und ›Forderungen‹ einfach als gegebene subjektive Bedürfnisregungen in eine Skala ihrer von ihm bewußt abgewogenen Dringlichkeit bringen und danach sein Handeln so orientieren, daß sie in dieser Reihenfolge nach Möglichkeit befriedigt werden (Prinzip des ›Grenznutzens‹).«[236]

Rationalität ist nach Weber immer »unmittelbar und eindeutig intellektuell sinnhaft erfaßbar«, und da die Zweckrationalität im Wesentlichen auf »die im Verhältnis mathematischer oder logischer Aussagen zueinander stehenden Sinnzusammenhänge«[237] geht, ist diese der Wertrationalität vorzuziehen.

Diese Vorstellung von der Zweckrationalität hat sich ausgehend von der Verwaltung und der Wirtschaft auf immer mehr Lebensbereiche ausgedehnt und bestimmt inzwischen selbst individuelle Handlungen. Es ist gerade ein Zug der Moderne, sämtliche Tätigkeitsbereiche der Berechenbarkeit und monetären Äquivalenz zu unterstellen.

Ebenso orientiert sich auch die Politik immer mehr an dieser Form der Rationalität, ihre einzelnen Reglungsbereiche geraten dadurch zunehmend unter die ökonomische Rigide.[238] In der Umsetzung führt das dann zur »bureaukratisch-monokratischen aktenmäßigen Verwaltung«, die »nach allen Erfahrungen die an Präzision, Stetigkeit, Disziplin, Straffheit und Verläßlichkeit, also: Berechenbarkeit für den Herrn wie für die Interessenten, Intensität und Extensität der Leistung, formal universeller Anwendbarkeit auf alle Aufgaben, rein technisch zum Höchstmaß der Leistung vervollkommenbare, in all diesen Bedeutungen: formal rationalste, Form der Herrschaftsausübung« ist.[239]

Weber stellt den Begriff des zweckrationalen Handelns, als dessen anthropologische Realisierung der *homo oeconomicus* gilt, in rationale und bewusste Zusammenhänge. Sonderbar mutet dann demgegenüber an, dass die Theoretiker des Optimierungsgedankens den Markt, der letztlich das Optimum für alle erreicht, als blind wirkende Macht verstehen, in dessen mechanischem Getriebe der Mensch eingeklemmt ist, so dass er ohnehin nicht anders kann, als sich ohnmächtig zu ergeben.

Die Wirtschaft und das rationale Handeln wirken dabei zwangsläufig mit unbedingter Notwendigkeit, also unabhängig davon, ob dem einzelnen das bewusst ist oder nicht. Das Marktgeschehen läuft nach Gesetzen, die wir nicht kennen oder ändern könnten.[240] Nur dadurch wird aber seine »kausale Rationalität« gewährleistet.

Zweckrational ist es, sich den Mechanismen des blinden Marktes anzupassen. Die Lehre vom vorteilsoptimierenden Wesen behauptet zudem, dass wir ohnehin nicht anders können. Jeder Mensch reiht sich also mit absoluter Notwendigkeit in die notwendig-kausalen Abläufe eines Geschehens ein, zu dem er selbst gar keinen Bezug mehr haben, keine Distanz einnehmen kann; er hat keine Wahl, schon gar keine rationale, eine solche gibt es auch nicht, weil »rational« handeln heißt: sich in mathematisch bestimmbare, kausale Gesetzlichkeiten einzufügen. Der Mensch soll sich keine Zwecke setzen, denn die sind vorgegeben, sondern sich zum bloßen Mittel des feststehenden Optimierungsgrundsatzes machen.

In der Antike, der wir unsere Begriffe vom Handeln, Zwecksetzen usf. verdanken, herrschte noch eine ganz andere Vorstellung: Nach Aristoteles entwickelt sich im Menschen eine »zweite Natur«, die nur der Fähigkeit nach in seiner »ersten Natur« angelegt ist. Durch das Handeln gewöhnen wir uns an das, was wir tun, und prägen dadurch die zweite Natur aus. Wir können auch sagen, der Mensch ist erziehbar, auch durch sich selbst. Dem Handeln sollte nach Aristoteles allerdings die Überlegung darüber vorangehen, was zu tun wirklich gut ist. Wir sollen uns genau überlegen, wovon wir das Meiste haben; wir sollen die Dinge wählen, welche uns wirklich wichtig sind, und uns weder von Ähnlichkeiten noch von Lust oder Schmerz täuschen lassen.

Im Gegensatz zum Konzept der Zweckrationalität hält Aristoteles die Zukunft für grundsätzlich offen. Ihre Unbestimmbarkeit ist nicht nur ein Störfall, der aus unserem unzureichenden Wissen resultiert. Von daher ist eine Überlegung sinnvoll, die sich vom Handeln selbst her rechtfertigt, die das Ziel nicht in einem Zustand sieht, den es als optimal Entworfenes zu erreichen gilt, sondern die

Lebensführung und den Handlungsvollzug selbst in ihren Fokus stellt. Die Rahmenbedingungen im Zweckrationalismus sind also untereinander widersprüchlich.

Das scheinbar so einleuchtende Konzept, rationales Handeln bestünde darin, für sich selbst das Meiste herauszuholen, sich also fortlaufend zu optimieren, entpuppt sich bei näherem Hinsehen als theoretische und normative Konstruktion. Die Problematik liegt schon darin, dass dieses vermeintliche Idealbild die Möglichkeit zum Handeln vollständig abschafft und negiert, indem damit behauptet wird, dass es nur noch berechenbares Verhalten gibt angesichts einer eindeutig definierten Zielgröße. Seine Normierungsforderung dagegen ist generell unerfüllbar, weil wir nach dem Konzept ohnehin nichts anderes tun können als genau das, was von uns gefordert ist. Zuletzt ist auch seine Motivationsgrundlage in sich ambivalent: weil die letzte Zielgröße allen Verhaltens gleichermaßen im Immer-Mehr einer asketischen Bedürfnisreduktion wie im größtmöglichen Lustgewinn zu finden ist.

Max Weber war das bewusst. Das zweckrationale Handeln hatte für ihn nur für bestimmte Teilaspekte der öffentlichen Verwaltung und in den Wirtschaftswissenschaften eine Bedeutung. Zweckrationalität kann nicht jedes Handeln erklären, wie die Anhänger und Verteidiger des *homo oeconomicus* meinen.

Das Konzept von der Vorteilsmaximierung hat aber noch eine inhaltliche Ausrichtung, die wir uns ansehen müssen. Die Vorteile, welche wir optimieren sollen, brauchen ein unmittelbares, quantitatives Äquivalent, wenn wir mit ihnen tatsächlich auch rechnen wollen. Schon bei Weber bekamen wir den Hinweis auf die mathematische Fundierung der Leistungsoptimierung. Die Größe muss eine Zahl sein, die letztlich keine mehr ist. Sie liegt im Geld.

Um uns hier nicht mit Geldtheorie belasten zu müssen, schauen wir noch einmal bei Aristoteles nach. In der *Politik* unterscheidet er verschiedene Arten der Erwerbskunst: die Ökonomie, die Chremastik und die Tokistik. Grundlegend ist der Unterschied zwischen der Haushaltslehre (Ökonomie) und der Erwerbskunst (Chremastik).[241] Diese habe es mit dem Herbeischaffen, jene mit dem Verwenden zu tun.

Die Grundfunktion der Verwendung ist die Gewinnung der Nahrung. Die verschiedenen Lebensweisen des Menschen nehmen die Nahrung und was sie sonst zum Leben brauchen immer von der Natur. Ja, selbst der Krieg ist »nach der Natur«, wenn er in erster Linie der Lebensführung dient. Diese Art der natürlichen Erwerbskunst hat ihr Maß in sich. Der Reiche ist derjenige, der alles, was für seine Lebensführung nützlich und notwendig ist, hat. Darin findet diese Form des Reichtums auch ihr Maß: »Denn was an derartigem Besitz erfordert wird, um für ein vollkommenes Leben zu genügen, ist nicht ohne jede Grenze. ... Das Maß ist wohl gesetzt, wie für die anderen Künste ja auch. Denn kein Werkzeug irgendeiner Kunst ist nach Menge oder Größe unbegrenzt«.[242]

Davon unterschieden ist die »Kunst des Gelderwerbs oder der Bereicherung«.[243] Es gäbe nun tatsächlich Leute, die beides für eins halten. Und weil der Gelderwerb keine Grenze kennt, meinen diese dann, dass Reichtum und Besitz generell kein Maß kennen, und außerdem, dass alles, was zur Haushaltung gehört, in dieser Maßlosigkeit ihren Ursprung findet.

Für Aristoteles können wir mit den Dingen dagegen ganz unterschiedlich umgehen: Wir können sie in der Funktion gebrauchen, für die sie gedacht sind, wenn wir z. B. einen Schuh anziehen und ihn tragen, oder wir können sie weitergeben, um etwas anderes dafür zu bekommen, das nennt man *kapêleia*, also ein Wechselgeschäft.

Der Kleinkrämer, eine Weiterentwicklung aus dem ursprünglichen Tausch, der zwischen den Erzeugern der Produkte stattfand, macht sich zur Aufgabe, ein Forum für die Tauschgeschäfte zu gründen. Sein Maß liegt darin, zu tauschen, damit er sich seinen Lebensunterhalt verdienen kann. Der Tauschhandel »diente zur Ergänzung und Vervollständigung des natürlichen Selbstgenügens«.[244] Um sich die Sache zu erleichtern, weil die Waren oft schwer zu transportieren sind, was notwendig wird, wenn sich der Handel geographisch ausdehnt, erfand man ein Äquivalent zur Ware, das austauschbar war und nach Größe und Gewicht gemessen werden konnte, später prägte man Zeichen auf, um sich das Messen zu sparen.

Das Handelsgewerbe änderte sich dadurch grundsätzlich: Man verwendete ein immer größeres Raffinement darauf, nur noch die Waren zu tauschen, welche am meisten Gewinn abwarfen. Das ist die Geburtsstunde der Erwerbskunst, der Chremastik: »Daher scheint die Erwerbskunst es vornehmlich mit dem Gelde zu tun zu haben und ihre Leistung darin zu liegen, daß sie zu ermitteln weiß, wie man möglichst viel Vermögen gewinnt.«[245]

Der Unterschied zwischen dem »naturgemäßen Reichtum« und dem Gelderwerb liegt darin, dass jener zur Hauswirtschaft (Ökonomie) gehört, dieser »dagegen beruht auf dem Handel und schafft Vermögen rein nur durch Vermögensumsatz. Und dieser Umsatz scheint sich um das Geld zu drehen.«[246] Der Zweck der Haushaltungskunst besteht darin, sich das für das Leben Nötige zu verschaffen, aber nicht in der »Sammlung von Reichtümern«. Das aber ist der Zweck der Chremastik, einen Reichtum zu schaffen, der ziel- und schrankenlos ist. Hier wie da kommt der Besitz zur Verwendung, aber eben nicht auf die gleiche Weise, da jeweils andere Ziele zugrunde liegen.[247]

Aristoteles meint, man kann die beiden Arten insofern verwechseln, als auch die gute Lebensführung als oberster Zweck allen guten Handelns mit Gütern umgeht, diese erwerben und vielleicht auch verkaufen muss. Vor allem Genuss- und Lustgüter, die wir gar nicht unbedingt brauchen, die das Leben aber angenehm machen, stehen fast immer in diesen Zusammenhängen. So sind die Übergänge fließend.

Aber der Mensch, welcher nichts anderes im Sinn hat als nur die Vermehrung seines Besitzes, ohne sich sinnvolle Gedanken darüber zu machen, was er damit anfangen will, der also den Selbstzweck seines Handelns in diese äußeren Güter legt, handelt »widernatürlich«. Und diese Verhaltensweise dehnt sich aus auf »alle menschlichen Vermögen und Vorzüge«.[248] Und um die Kritik an Weber schon vorwegzunehmen, dehnt Aristoteles diese Zusammenhänge auch auf die Politik aus.

Wer aber meint, Aristoteles hätte damit schon die Widernatürlichkeiten des Gelderwerbs erschöpft, irrt. Wie die Hauswirtschaft und was zu ihrem Erwerb gehört, löblich ist und der bloße Handel, der bloß auf den Umsatz geht »gerechten Tadel erfährt«,[249] gibt es noch die Tokistik, das Gewerbe »des W u c h e r e r s, mit vollstem Recht eigentlich verhaßt, weil es aus dem Gelde selbst Gewinn zieht und nicht aus dem, wofür das Geld doch allein erfunden ist«.[250] Der widernatürliche Tokist vermehrt das Geld aus dem Gelde. Daher stamme auch der Name, weil *tokos* eigentlich »das Gebären« meint und die Nachkommen den Eltern ähnlich sind. Was so entsteht, ist aber immer ein eigenes Individuum. Das Geld, das aus dem Gelde wächst, ist ihm aber nicht ähnlich, sondern es ist identisch.

Der *anthropos tokistikos*, der Gewinn- und Zinsmensch, ist also die höchste Form des *homo oeconomicus*. Mit dem geringsten Aufwand schafft er den größten Gewinn, mehr geht nicht. Widernatürlich ist dabei, dass in diesem Tätigsein weder Maß und Grenze noch auch nur ein Ziel der Lebensführung enthalten sind, sondern sich darin nur die Mittel für eine mögliche Lebensführung mehren.

Es ist absurd, jedes Verhalten des Menschen aus einer solchen Konstruktion herzuleiten, aber die Übertragung auf die Nationalökonomie unter globalisierten Bedingungen hat durchaus noch ein Steigerungspotenzial: Die Bundesrepublik Deutschland leiht sich in der Eurokrise Geld und zahlt so wenig *tokos* dafür, dass man durch die Inflation auch noch etwas verdient. Das hätte zuletzt auch Aristoteles wahrscheinlich schaudern, zumindest aber schwindeln lassen.

Der *homo oeconomicus* weist nicht nur einen inhärenten Konstruktionsfehler auf, der eben darin besteht, dass die Planung, insofern sie rational sein soll, zwangsläufig gerade das negiert, was wir unter Planung verstehen. Sondern wir müssen darüber hinaus konstatieren, dass im Verständnis dessen, was den Menschen definieren soll, die Vorteilsgrößen, welche darin zum Maßstab seines Handelns gemacht werden, fortlaufend und sublim geändert werden: Zunächst wird behauptet, dass der Mensch das optimieren möchte, was ihm nützt.

Dieser Maßstab wird dann durch das ersetzt, was wir als Menschen zuerst brauchen. Im nächsten Schritt heißt es, das sei wiederum das, was wir von uns aus ohnehin begehren. Das geht dann bis hin zur Konstruktion einer Begehrenserweckungsindustrie. Schließlich ist mit dem Maß des Handelns nur noch das gemeint, was ohne Maßstab vermehrt werden soll und sich zuletzt durch sich selbst vermehrt. Das ganze diffuse Konstrukt einer so verstandenen, monogenen Kapitalsteigerung wird auch noch auf alle Lebensbereiche ausgedehnt, die vollständig davon abhängig werden sollen. All das führt uns das ganze Ausmaß dieser widernatürlichen Kreatur vom *homo oeconomicus* vor Augen.

Der Schlachtruf »Wohlstand für alle«, durch den dieses absurde Konzept legitimiert werden soll, kann im Verständnis von Aristoteles nur heißen, dass wir alle so reich werden wollen, dass wir die Grenze erreichen, an der wir ein gutes Leben führen können. Einen solchen Zustand nannte er »natürlichen Reichtum«, der uns nützt und für uns von Vorteil ist, in dem wir genug haben, um unser Leben zu führen. Die maßlose Maximierung der bloßen Geldmenge führt dagegen in den Totalitarismus des Tokisten.

Moral ist relativ!

Vergleichen wir die Werthaltungen von zwei Menschen miteinander, so können wir sehr viele interessante, manches Mal
auch verwunderliche Beobachtungen machen. Was wir nicht feststellen werden, ist, dass die Werthaltungen eine vollkommene
Identität aufweisen. Wenn wir von der Relativität der Moral hören
oder sprechen, ist aber sonderbarerweise nie dieser Befund gemeint, sondern immer der Vergleich zwischen den Kulturen und
Zeiten, vielleicht weil wir einerseits meinen, die Unterschiede seien
dann viel größer und leichter einzusehen, und weil wir andererseits fürchten, die kleinen Differenzen könnten uns zu nahegehen
und bei weiterer Ausdehnung der überprüften Individuen gar den
gesellschaftlichen Konsens darüber gefährden, was zu tun und zu
lassen ist.

Die moralischen Unterschiede haben durchweg keinen nur deskriptiven Charakter. Einen Menschen für eine seiner Handlungen
zu kritisieren, geht immer auch gegen seine Werthaltungen und
mutet ihm dadurch die Abwertung seiner personalen Identität zu.
Er wird sich rechtfertigen, nach Gründen suchen, die vielleicht keineswegs unbedingt zu seinem Handeln geführt haben, also ihn *tatsächlich* gar nicht motivierten. Er wird Beispiele geben, dass andere
genauso gehandelt hätten, wären sie in seiner Situation gewesen. Er
wird vorgeben, dass seine Handlungsweise normal, ja sogar geboten sei, dass es unvernünftig gewesen wäre, irgendetwas anderes zu
tun. Er wird einem sämtliche Notwendigkeiten aufzählen, die seine
eigene, freie Entscheidung zur Handlung zuletzt ad absurdum führen dürften, so dass am Ende für ihn kein Zweifel bleibt, dass er
richtig gehandelt hat und der Kritiker vollkommen falsch liegt.

Die moralischen und rationalen Gründe für eine Handlung –
auch wenn wir diese oftmals erst hinterher konstruieren – sollen
verständlich machen, warum jemand auf eine bestimmte Weise
gehandelt hat. Sie gehen auf Nachvollziehbarkeit, die den ande-

ren zwingen sollen, die Sache genauso zu sehen. Was mit Notwendigkeit geschieht, ist sicher von der Situation und der handelnden Person abhängig – und insofern auf diese Voraussetzungen hin relativ –, aber »notwendig« heißt hier genauso gut »objektiv«. Zumindest sollen die Gründe diese Objektivität belegen. »Objektiv« in diesem Sinne aber heißt »nichtrelativ«. Es wird suggeriert, jeder würde genauso handeln, es gibt Gründe, die alle nachvollziehen können. Ein höheres Maß an Nicht-Relativität ist generell nicht zu erreichen.

Das Vorurteil, Moral sei relativ, ist also mit der Ansicht verbunden, dass die Gründe für unser Handeln im Einzelnen keiner Relativität unterliegen. Sonst würden wir nicht davon ausgehen, dass die anderen die Begründungen unseres Handelns verstehen könnten. Die Bezugsebenen sind dabei freilich jeweils andere. Das heißt, die Sachgehalte, auf die wir in unseren Handlungsgründen referieren, können durchaus unterschiedlich sein.

Was für uns selbst in unseren Rechtfertigungen als objektive Anwendung der allgemein anerkannten Regeln des Verhaltens und Handelns gilt, unterliegt faktisch einer differenzierten Beurteilung, die immer sehr relativ wirkt. Die Referenzgrößen für die Objektivität einer Handlung liegen nun aber in den gesellschaftlich anerkannten Regeln oder in allgemeinen Handlungsregeln, an die sich alle halten.

Es kann dabei allerdings auch Differenzen zwischen diesen Bezügen in der Form geben, dass die anerkannten Regeln nicht die gleichen sind wie diejenigen, nach denen sich alle verhalten. Es können Differenzen innerhalb der Bezugsgrößen auftreten, was bedeuten würde, dass die anerkannten Regeln nicht konsistent sind oder einander gar widersprechen. Oder es gibt Uneinigkeit darüber, dass die Verhaltensweisen und Rechtfertigungsgründe keineswegs Einheitlichkeit aufweisen bzw. dass es so etwas wie allgemeine Handlungsregeln, an denen sich alle orientieren, gar nicht gibt.

Welche Handlungsregeln gesellschaftlich anerkannt sind oder welche es sind, die für alle eine gewisse Verbindlichkeit aufweisen, ist keine genuin philosophische Frage, sondern eine empirische. Allgemein fasst man unter »Moral« die Frage, welche Regeln gelten, unabhängig davon, wie diese begründet werden können. Im Gegensatz dazu bezeichnet man »Ethik« als das »reflexive Nachdenken über das gute Handeln«[251] und zwar, wie Kant gemeint hatte, unabhängig von den konkreten Verhaltensweisen.

Mit Definitionen kann man zwei derart verwobene Gebiete freilich nicht voneinander trennen, denn die Ethik wird immer bestimmen wollen, was moralisch verbindlich ist und die Moral ist auf eine Begründung angewiesen, welche sie selbst offenbar nicht leisten kann. Ich will an dieser Stelle aber schon hervorheben, dass »Moral« in erster Linie ein Handlungsbegriff und kein Restriktionsbegriff ist. Es kommt gar nicht so sehr darauf an, was die Moral vorschreibt oder verbietet – das sind jeweils sozusagen nur abgeleitete Symptome –, sondern entscheidend ist, dass wir ohne Orientierung überhaupt nicht handeln können – alles Handeln also wäre zufällig und bloßes Verhalten. Das heißt, die Moral ist immer auf unser konkretes Handeln verwiesen, diese stülpt sich uns nicht durch dogmatisch festgesetzte Prinzipien einfach über, sondern sie ist immer schon ein Konstitutionsmerkmal menschlichen Handelns unter Orientierungsbedingungen.

Moral ist als Komplex gesellschaftlich oder individuell geltender Regeln nie konsistent, die »Gesellschaft verlangt« von ihren Individuen im Grunde immer zueinander Widersprechendes: Ein Arzt soll z. B. auf der einen Seite genau wissen, was für einen Patienten das Beste ist, und danach handeln, auf der anderen Seite soll er dessen Willen berücksichtigen, der seiner medizinischen Einsicht vielleicht diametral entgegengesetzt ist.

Es geht dabei jetzt nicht um das Dilemma und wie es zu lösen ist, sondern allein um die Anforderungen. Genauso ist ein Politiker seinem Gewissen, seinen Wählern, der Fraktion und möglicherweise seiner Einsicht in einen bestimmten politischen Zusammenhang verpflichtet, der in den Medien aber nicht adäquat vermittelt werden kann, weil dieser zu komplex ist und dadurch in der Öffentlichkeit falsch verstanden werden würde. Auch hierbei geht es mir nicht um die Lösung dieses Dilemmas oder um die empirische Frage, ob sich ein bestimmter oder die Mehrzahl der Politiker an diese Verpflichtungen hält – oder ob diese ihm auch nur bewusst sind oder für seine Handlungen normalerweise eine gewisse Tragweite entfalten –, sondern nur um die unterschiedlichen Anforderungen.

Die Ethik nun ist im Grunde gar kein Gegenstand, der sich empirisch erheben lassen würde. Als Nachdenken, bei dem die Ergebnisse zur Moral oder moralischen Forderung werden, ohne dass diese vorher schon feststehen würden, ist sie im Wesentlichen ein Prozess, der seinem Selbstverständnis nach niemals zum Ende kommt. In diesem Sinne verstand ihn auch der Begründer des Begriffs der »Ethik«, Aristoteles. Ethik besteht danach in der Einsicht, dass unserem Handeln eine absolute Zielgröße innewohnt, auf die alle einzelnen Handlungen letztlich hinauslaufen. Er nannte das die »Glückseligkeit« oder auf Griechisch die *eudaimonia*. Deren Erreichen ist aber kein Zustand, sondern der dynamische Prozess des Handelns selbst.

Das ist zugegebenermaßen ein schwieriger Gedanke. Im Laufe der philosophischen Tradition haben z. B. Platon, Aristoteles, Cicero, Augustinus, Thomas von Aquin, Hume, Kant, Mill oder Scheler unter verschiedenen Voraussetzungen versucht, jeweils ein Verfahren zu entwickeln, wie man moralische Urteile begründen kann. Einig sind sich aber alle darin, dass es sich bei der Ethik um die Begründung eines Verfahrens handelt, das erklären soll, wie die Urteile über das rechte Handeln hervorgebracht und gerechtfertigt werden können. Daneben versucht jede Ethik auch noch zu bestimmen, worin das höchste Gut des menschlichen Handelns liegt. Weil das höchste Gut aus den unterschiedlichen Verfahren abgeleitet wird, ist es immer relativ zum Verfahren. Dennoch ist das höchste Gut generell ein einheitliches, gegenüber dem die jeweiligen Handlungsregeln relativ sind. Das höchste Gut hat damit in sich selbst eine absolute Geltung und gibt erst den Maßstab an, der die Regeln zu moralischen und ethisch gerechtfertigten macht.

Das Gute ist immer der absolute Maßstab der Ethik. Es ist aber nicht eindeutig zu beantworten, worin es liegt. Dass wir, wegen der uns wichtigen moralischen Integrität, nach so etwas wie einem absoluten Guten suchen, ist ganz unproblematisch. Wenn aber jemand behauptet, er wisse, worin dieses absolute Gute liegt, dann kann diese Behauptung getrost zurückgewiesen werden. Der Anspruch, es zu suchen, ist eine durchweg philosophische Haltung, der Anspruch, es zu haben, eine totalitäre.

Der innere Bezug eines Menschen zu sich selbst, das für sich absolut Gute zu vertreten und danach zu handeln und gleichzeitig die

Haltung den anderen gegenüber zu kultivieren, auf imperiale Praktiken zu verzichten und den anderen in seinen Ansichten zu akzeptieren oder ihn gerade darin zu bestärken, seine eigenen Prinzipien auszuprägen, um danach zu handeln, ja die sich daraus ergebende Spannung geradezu auszuhalten, bezeichnen wir als Toleranz. Der spezifische Sinn einer Lehre von der Relativität der Werthaltungen bei gleichzeitigem Anerkennen, dass die Moral und die Ethik nicht relativ sind, ist dagegen gerade die Aufgabe des philosophischen Nachdenkens.

Es lässt sich nachweisen, dass die aus der philosophischen Tradition stammenden Ethiken in ihren Begründungen zwar durch erhebliche Unterschiede gekennzeichnet sind, dass sie aber darin, was sie als Handlungsregeln empfehlen, einen hohen Grad an Übereinstimmung aufweisen. Das kann ich im vorliegenden Zusammenhang nicht beweisen; das würde zu einer sehr langwierigen und schwierigen Abhandlung führen.

Wäre diese Behauptung aber korrekt, dann basierten die verschiedenen Ethiken zwar auf unterschiedlichen Voraussetzungen und sie bestimmten das höchste Gut verschieden, aber darin, was sie als Handlungsregeln für eine konkrete Situation empfehlen, stimmen sie überein. Wenn der Sinn einer ethischen Begründung darin liegt, solche Handlungsregeln zu finden und zu begründen, diese aber trotz der differenten Begründungen in ihrem empfohlenen Vorgehen weitgehend Einigkeit erzielen können, dann wäre die philosophische Frage der Moral und Ethik alles andere als relativ.

Es ist dann allerdings ein rein philosophisches Problem, die unterschiedlichen Begründungen zu sortieren und miteinander in Beziehung zu setzen. Der einzelne Handelnde müsste im konkreten Fall nur die eigene Werthaltung kennen und konsequent nach ihren Regeln handeln.

Nun geht es im Vorliegenden nicht um die Ethik, sondern um die Moral. Und da gibt es Unterschiede in den gesellschaftlichen Forderungen, in den Ansichten der Einzelnen und in den unterschiedlichen Regeln bei allen möglichen Kulturen, egal ob wir diese diachron oder synchron betrachten. Um die Relativität der Moral scheinen wir also keineswegs herumzukommen. Die Frage, welche sich dabei stellt, ist, ob es sein kann, dass die Verhaltensweisen, welche wir als Ausdruck dieser oder jener Kultur sehen, auf den gleichen oder ähnlichen Regeln beruhen, dass wir also, obwohl wir unterschiedlich handeln, gleichlautende bzw. inhaltlich identische Prinzipien zur Grundlage unserer Orientierung verwenden. Das bedeutet tatsächlich – um das noch einmal zu betonen –, dass gleiche Handlungsanweisungen (Regeln) durchweg zu verschiedenen Handlungen führen können.

Eine solche Behauptung klingt zunächst höchst unplausibel. Unter Handlungsanweisungen verstehen wir normative Forderungen, welche unmittelbar, wenn man sich denn daran hält, auch zu einer der Forderung entsprechenden Handlung führen. Im umgekehrten Fall scheine ich hier die Praxis vom Wasser-Predigen und Wein-Trinken verteidigen zu wollen. Die Logik dieser beiden Handlungsweisen ist freilich eine ganz andere.

Auffällig aber ist, dass wir bei bestimmten Handlungen eine wertbasierte Stellung beziehen können, welche dem Handeln entgegensteht, auch wenn wir diese nicht gutheißen oder rechtfertigen können (wenn ich z. B. lüge, weiß ich, dass ich lüge; unwissend Falsches zu sagen, ist kein Lügen), obwohl wir wissen, dass diese der üblichen Praxis folgt; wenn wir also wissen, dass die allermeisten auch so handeln würden, auch wenn diese alle behaupten würden, dass das moralisch nicht gerechtfertigt werden kann. Besonders augenscheinlich ist das, wenn wir für unser eigenes Handeln einen viel weiteren Rahmen und wesentlich mehr Großzügigkeit einfordern, als wir allen anderen zugestehen.

Der griechische Geschichtsschreiber Thukydides berichtet in seinem berühmten Melierdialog im fünften Buch seiner Schilderung des Peloponnesischen Krieges, wie die Inselbewohner gegen den militärisch überlegenen Aggressor Athen mit der Freiheit argumentieren, welche doch die Athener so sehr für sich in Anspruch nähmen. Die Athener dagegen behaupten: Da sie die Stärkeren sind, spielen Argumente keine Rolle, auch wenn diese dem eigenen Selbstverständnis entsprächen. Thukydides entlarvt allein schon durch seine Darstellung den Selbstbetrug der machtversessenen Athener, die schließlich die Stadt erobern und die Bevölkerung umbringen oder versklaven.[252]

Was passiert dabei? Die Athener sind sich durchaus bewusst, dass sie selbst für bestimmte Regeln stehen. Möglicherweise ist ihnen aber auch klar, dass sie diese Regeln, welche intern als Anspruch akzeptiert werden, nach außen nicht vertreten können. Ihr Machtkalkül geht darauf, dass eine widerspenstige Stadt in relativer Nähe zu ihrer eigenen Stadt vom Feind als Stützpunkt genutzt werden könnte, der die von ihnen so hoch geschätzte Freiheit letztlich zerstören will.

Welche Prinzipien wenden sie also auf ihr Handeln an? Was von außen inkonsequent aussieht – und von Thukydides auch so kritisiert wird, insbesondere indem er zeigen will, wie Athens Handeln bereits von seinen Machtgelüsten und Willkür diktiert ist –, ist in Wirklichkeit äußerst konsequent, weil es zwar nicht darauf geht, dem anderen zuzugestehen, was einem selbst am liebsten ist – in diesem Fall die Freiheit –, sondern weil die Handlungsalternative die Bedingungen der eigenen Freiheit aufs Spiel setzt. Die Schwierigkeit verschärft sich, wenn man bedenkt, dass das Handeln der Athener insgesamt der Ausbreitung der Freiheit in Griechenland dienen soll, die man durch die streng hierarchisch strukturierte Gesellschaft Spartas, des eigentlichen Hauptgegners in diesem Krieg, bedroht sah.

Die Athener entschieden sich für die Machtposition, aber es ist die Frage, ob sie mit dieser Politik ihre eigene Freiheit und die der anderen griechischen Städte überhaupt etablieren konnten. Sie konnten es für ihre Zeit nicht. Aber die Idee von der politischen Freiheit ist uns erhalten geblieben.

Bei Max Scheler finden wir ein ähnliches Beispiel aus der Praxis der Spartaner. Diese haben Neugeborene, die eine Behinderung aufwiesen, augenblicklich getötet. Was wie ein extrem lebensfeindlicher Akt aussieht, weil damit nicht jedes Leben als gleichwertig und als ein hohes Gut angesehen wird – sicher auch eine moderne Forderung –, war für den spartanischen Staat gerade eine Überlebensfrage. Man tötete die Kinder, um zu überleben; mit dieser Tat diente man also dem Leben, weil die spartanische Gesellschaft allein auf ihre Aufrechterhaltung mit militärischen Mitteln ausgerichtet war. Was nicht diesem Ziel dienen konnte, musste ausgemerzt werden. Wir urteilen hier nicht über das Verhalten der Spartaner, sondern fragen, was diese bewegt hat, so zu handeln, und wir sehen, dass in der Handlung gerade das verteidigt wird, was scheinbar und oberflächlich betrachtet als wertlos gilt.

Die beiden Beispiele sind extrem und für uns Heutige abstoßend. Das Leben und die Freiheit sind für uns Moderne sehr hohe Güter. Wenn wir die alten Geschichten hören, denken wir, die früheren Zeiten waren rau, weil man damals unsere Werte nicht anerkannte. Bei genauerem Hinsehen aber stellt sich heraus, dass nicht die Werte zur Disposition stehen – die sind offenbar dieselben, die wir auch als gut bewerten und verwenden –, sondern die Praxis zu ihrer Etablierung. Diese ist offensichtlich aber den Umständen geschuldet und nicht der Inkonsequenz damaliger Urteilsbildung.

Wir haben hier aber noch mehr gesagt, nämlich: Die Moral hängt nicht von der Praxis oder den Handlungen ab, sondern von den diesen zugrunde liegenden Werthaltungen. Die Handlungen sind demnach von der Moral und der Situation abhängig, d. h. auf diese hin relativ. Die Situation war damals eine ganz andere, die Moral aber dieselbe.

Damit ist noch nicht gesagt, dass die Moral nicht auch einer Relativität unterliegt, wir können aber die Unterschiede zwischen den »Moralen« – der Plural ist ein typischer Ausdruck Schelers – nicht an den Handlungen festmachen. Aber gerade das meint die moderne Rede von der Relativität der Moral: Die anderen Kulturen verhalten sich anders als unsere, also haben sie eine andere Moral. Das erweist sich aber damit als glattes Fehl- und Vorurteil.

Wenn wir fragen, was dem Menschen wichtig ist, was er wert halten sollte oder hält, fragen wir nicht danach, was dem Menschen in China, Amerika, in Nordafrika oder im Vorderen Orient, im alten Griechenland oder bei den Mayas oder den alten Ägyptern wichtig war, sondern wir nehmen vielmehr an, dass alle Menschen, also auch wir, die gleichen alltäglichen Sorgen haben und hatten. Wir gehen also von einer ziemlich extremen Einheitlichkeit der menschlichen Moral aus, obwohl wir wissen, dass sich die Menschen in anderen Völkern oder zu früheren Zeiten ganz anders verhalten haben. Ist das ein einfacher Widerspruch oder lässt sich der Befund erklären? Bezieht sich der Allgemeinspruch »Andere Länder, andere Sitten!« nur auf die Verhaltensweisen oder auch auf die Moral?

Max Scheler[253] vertrat eine absolute, feststehende Werthierarchie verbunden mit einer extremen Relativität der Kulturen und ihrer Verhaltensweisen. Danach sind Werte relativ nur zueinander (sinnliche Werte sind niedriger als vitale, diese niedriger als seelische Ichwerte und diese wiederum niedriger als geistige Werte des Schönen, des Guten, der Erkenntnis und des Heiligen). Sie sind aber nicht relativ im Verhältnis, das wir diesen gegenüber einnehmen. Zwar müssen wir die Werte entdecken, damit wir sie realisieren können, und insofern unterliegt die Werterfassung immer einer Relation zum Subjekt, das tut der Objektivität der Wertordnung aber keinen Abbruch.

Ebenso wandeln sich die historischen und individuellen Fähigkeiten, Werte zu erfassen. So beschränken wir uns heutzutage sehr stark auf Gebrauchs-, Nutzens- und Umgangswerte, um demgegenüber geistige oder vitale Werte zu vernachlässigen. Das bedeutet nicht, dass es diese Werte nicht gibt. Wir nehmen die Werte auch nicht für sich wahr, sondern immer nur an Gütern, und dabei immer nur im Verhältnis zueinander. Dennoch können wir die Werte von den Gütern ablösen, um diese einzuordnen. Weiter sind Werte relativ in Bezug auf den Menschen, das Leben und die Geschichte.

Bevor der Mensch und seine spezifischen Fähigkeiten nicht auf der Welt zu finden waren, konnten die geistigen Werte nicht erfasst werden. Dass diese deswegen aber nicht vorhanden waren, können wir nicht behaupten, weil wir es nicht wissen können. Wenn wir aber annehmen, dass Werte eine absolute Ordnung aufweisen, die nicht davon abhängig ist, dass diese wahrgenommen wird, bedeutet das Auftauchen des Menschen nur eine Gelegenheit für das Entdecken und Realisieren von solchen Werten; das spricht aber nicht gegen deren Objektivität und für deren Relativität. Relativ wären Werte bezogen auf den Menschen, wenn es nur darum ginge, Werte *für* den Menschen zu realisieren. Wir halten aber auch Vorstellungen für wert, welche weit über den Menschen hinausgehen, auch wenn es Werte geben mag, die zu einem bestimmten Zeitpunkt, in einer bestimmten Situation und nur für einen einzigen Menschen relevant und einsichtig sein können.

Das Leben stellt für Scheler eine eigene Wertkategorie dar, die nicht auf Werte des Sinnlichen oder des Geistigen zurückgeführt werden kann. Insofern ist jeder Wert in irgendeiner Form schon immer auch auf das Leben bezogen und auf dieses hin relativ. Wenn kein Lebewesen vorhanden ist, können auch z. B. geistige Werte nicht realisiert werden. Das heißt aber nicht, dass jeder Wert zuletzt immer nur für das Leben da ist. Die notwendige Voraussetzung des Lebens führt damit nicht schon zu einer generellen Relativität aller Werte auf dieses hin. Es braucht offenbar ein Lebewesen, das höhere Werte realisieren kann, um das Leben überhaupt als Wert zu erfassen. Die Abhängigkeit von der Werterfassung führt eben nicht zu einer generellen Abhängigkeit und damit Relativität der Werte.

Nach Scheler sind also nicht die Werte relativ, sondern die Erfassung von Werten und in deren Folge die Wertschätzungen, die von unterschiedlichen Voraussetzungen abhängig sind. Dazu gehören z. B. Bildung, Vorstellungen über verschiedene Ursache-Wirkungs-Beziehungen, das Verhältnis zur Güterwelt und das, was daran jeweils als gut angesehen wird. Was jeweils für wert gehalten wird, heißt nach Scheler »Wertsachverhalt«, der sich unterschiedlich ausdrücken kann und sich nach äußeren Bedingungen wie Sprache und Lebensraum, historischen Entwicklungen und zivilisatorischen und kulturellen Errungenschaften richtet.

Wenn eine Kultur sich als Inkarnation einer göttlichen Ordnung begreift, wird sich der innere Aufbau anders ausrichten, als wenn die Kultur sich als eingebunden in eine natürliche Ordnung versteht. Grundlegende Lebensvoraussetzungen wie z. B. Wasser werden in einer Kultur anders geschätzt werden, wenn sie im Überfluss da sind, als eben, wenn sie knapp sind. Der Wert des Wassers für ein Lebewesen bleibt aber immer der gleiche. In fünf Stufen kommt Scheler dann auf eine Relativität der Wertschätzung, die sich angesichts des »Ethos«, der »Ethik«, der »Moral«, der »praktischen Rationalität« und der »Sitten und Bräuche« immer mehr unterscheiden kann.

Das »Ethos« ist für Scheler die Stufe, die unmittelbar auf das Fühlen von Werten aufbaut und eine bestimmte Struktur des Vorziehens und Nachsetzens von Werten vorgibt. Werte sind bei Scheler keine Realitäten, sondern ideale Objekte, die wir nicht unmittelbar in ihrem Bestand wahrnehmen, sondern an denen wir uns orientieren, indem wir uns zu den einen hingezogen fühlen und sie realisieren möchten – das nennt er »Vorziehen« – und die anderen uns abstoßen, von denen wir uns im Handeln wegbewegen und die wir zu vermeiden trachten – das nennt er »Nachsetzen«.[254]

Die Individuen, welche einem bestimmten Ethos unterliegen, nehmen Werte nur innerhalb der von dieser vorgegebenen Struktur wahr. Für den intellektuellen Bereich spricht Scheler auch von einer Weltanschauung, für den religiösen Bereich vom gelebten Glauben. Wenn sich die durch die Struktur vorgegebenen »sittlichen Ideale« ändern, wechselt auch das Ethos. Die Individuen passen sich nach dem Maß des Ethos einer gegebenen Kultur, der Sprache usf. an. Nicht die Kultur gibt also vor, was an Werten wahrgenommen wird.

Der Wertrelativismus meint gerade, dass es sich umgekehrt verhält. Nach Scheler gilt vielmehr: Eine Kultur kann sich nur im Rahmen dessen ausprägen, was von ihren Vertretern für wert gehalten wird. Nach Scheler gibt es bestimmte Regeln, innerhalb derer – bzw. ihrer Variationen – sich die Wertstruktur eines Ethos auf die Wertschätzungen übertragen kann. Ob es um bestimmte Anpassungsleistungen, um ethische Theorien, die Wissenschaft, den Glauben oder andere geistige Empfindungen geht, die Individuen eines bestimmten Ethos sind nur in dessen Rahmen fähig, Änderungen ihrer Wertschätzung zuzulassen. Umgekehrt wird im Ethos der nicht-relative Wert erst erfasst.

Scheler behauptet, dass der Mensch von seinen Naturanlagen her unabhängig von seiner jeweiligen Kultur relativ gleich ausgestattet ist. Es wird also kaum möglich sein, unterschiedliche Kulturen auf die Natur des Menschen zurückzuführen. Dagegen kann es sehr wohl völlig unterschiedliche Grundauffassungen der Wertrichtungen im Vor- und Nachsetzen geben, welche die Unterschiede in den Kulturen sehr viel genauer einholen können. Wenn es also ein objektives Wertreich gibt, ist es erklärlich, wie das Erleben des Menschen sich auf eine bestimmte Art, die eben durch das Ethos vorgegeben ist, in dieses Wertreich nach und nach einfühlt.[255]

Trotz dieser Vorgabe durch das Ethos ist der Mensch jederzeit in der Lage, neue Werte zu entdecken oder sich zu erschließen, die bisher wahrgenommenen Werthierarchien nach anderen Mustern umzuordnen, sich auf unterschiedliche Wertgruppen zu konzentrieren, eine andere sittliche Bildung auszuprägen usf. Überdies gibt es noch die Phänomene der Werttäuschung und die Art, wie zu den Werten Stellung bezogen wird und wie Werte auf die Wirklichkeit bezogen werden. Durch all diese Variationen kann sich nach und nach auch das Ethos ändern. Auch wenn das nur langsam geschehen kann, weil das Ethos sozusagen »tief« sitzt und innerhalb der kulturellen Sozialisation übernommen wird. Die kulturellen Rahmenbedingungen können sich in jeder Generation verändern, während das Ethos gleich bleibt.

Auf der Grundlage der Werterfassung bildet der Mensch innerhalb der ihm vorgegebenen Beurteilungsregeln sittliche Urteile. Die damit ausgeprägte Ethik kann innerhalb des gleichen Ethos in verschiedenen Richtungen variieren. Der Mensch nimmt in seiner emotionalen Intention Werte wahr und versprachlicht diese in Werturteilen, die jeweils die Wertrangverhältnisse und die darauf aufgebauten Beurteilungsregeln und Normierungsprinzipien widerspiegeln.[256]

Die Ethik spaltet sich dann auf in die Beurteilungsstrukturen, die sozusagen im alltäglichen Gebrauch stehen, und diejenigen Strukturen, die in der Philosophie, der Wissenschaft oder der Theologie ausgebildet werden. Da es sich weder hier noch dort um einzelne Urteile handelt, sondern um komplexe Urteilssysteme, muss derjenige, welcher die ethischen Urteile anwendet, keineswegs sämtliche Prinzipien in ihrer systematischen Bedeutung oder Begründung im Kopf haben oder explizieren können, ja noch nicht einmal jedes Detail seiner eigenen Urteile bzw. die fundierenden Grundlagen oder deren Konsequenzen. Die Ethik beruht immer auf dem Ethos, ohne dass die konkrete Gestalt dieser Ethik eindeutig darauf zurückgeführt werden könnte. Ein Ethos braucht aber umgekehrt die Werturteile, um sich überhaupt einen Ausdruck zu verschaffen.

Die wissenschaftliche Untersuchung einer Ethik ist für Scheler eine Randerscheinung, welche die Zersetzung dieser Ethik im Grunde schon voraussetzt. Eine philosophische Ethik muss darüber hinaus eine vorgefundene Ethik aus den geltenden Werten und ihren Verhältnissen ableiten, gleichzeitig aber auch auf ein Ethos zurückführen, das dieser Ethik zugrunde liegt. Das stellt immer eine Interpretationsleistung dar. Anders aber lassen sich die herrschenden Auffassungen nicht kritisieren. Die philosophisch-ethische Kritik nimmt also nicht an einer absoluten Moral ihr Maß, sondern kann eine Ethik nur innerhalb ihres fundierenden Ethos analysieren.

Für Scheler liegt jeder Variation ein absoluter Wert zugrunde. Auf der Ethik und ihrer Beurteilung dieses Werts beruhen dann auf der nächsten Stufe die Bewertungen von Institutionen, Gütern oder bestimmten Handlungstypen. Diese Sachverhalte können auch wechseln, ohne dass damit ein anderer Wert verbunden wäre. Was als Mord, Diebstahl oder Lüge gilt, beruht auf dieser Variation der Typen.

Eine bestimmte Eigentumsordnung schreibt z. B. vor, was als Diebstahl gilt, unter einer anderen könnte die gleiche Handlung genauso gut als erlaubt gelten. Aber auch in dieser Eigentumsordnung gibt es dann Handlungen, welche als Diebstahl gelten, der allerdings immer und unabhängig von der Eigentumsordnung als schlecht gilt. Es kommt allein darauf an, was die Kultur als Diebstahl ansieht. Wenn einer einen solchen begeht, stellt das aber immer ein schlechtes Handeln dar. Der Homizid ist in jeder Kultur verboten. Dagegen wechselt von Kultur zu Kultur, wer als Mensch gilt, der nicht getötet werden darf. Diese Handlungseinheitstypen sind nach Scheler identisch mit der geltenden Moral. Aus dieser leitet sich dann wiederum ab, was als sittlich gilt, als positives Recht usf.

Was wir heute als Mord ansehen, war zu anderen Zeiten eine lobenswürdige Tat. Daraus leitet der Relativismus ab, dass es völlig unterschiedliche ethische Vorstellungen gibt. Tatsächlich liegen diesen Beurteilungen Variationen des immer gleichen Werts zugrunde, der nur unterschiedlich angewendet wird, weil die Gegenstände, Dinge oder Wertträger, auf welche die jeweilige Kultur den Wert bezieht, andere sind. Wenn aber z. B. die Tötung eines Menschen dadurch motiviert und begründet wird, dass es mir gerade angenehm ist oder ich persönlich einen Nutzen daraus ziehe, ist die Handlung in jeder Kultur unethisch und wird als Mord bezeichnet, auch wenn es so etwas wie diesen Tatbestand immer erst auf der Grundlage der Typen gibt. Wenn eine philosophische Ethik untersucht, was innerhalb eines Typus – egal welcher Kultur – als Mord gilt, muss sie den Sachverhalt bestimmen. Der unterliegt aber in keinem Fall irgendeiner Relativität.

Eine weitere Stufe der Variation liegt darin, wie sich die Menschen tatsächlich verhalten, wenn diese Handlungen durch Normen geleitet sind. Das bezeichnet Scheler als praktische Moralität. Die oberen Wertrangverhältnisse sind dabei immer durch das Ethos vorgegeben, aus dem sich letztlich die jeweilig vertretene Vorzugsordnung ableitet. Wenn wir eine andere Kultur ethisch beurteilen, müssen wir zuerst analysieren, welchem Ethos diese unterliegt und wie daraus die ethischen Beurteilungen abgeleitet werden. Dabei kann es z. B. ein moralisches Genie geben, das von seiner Zeit oder seiner Kultur als »schlecht« angesehen wird, nur weil sein Ethos nicht dem der Kultur entspricht.

Die letzte Variationsmöglichkeit ist die auf der Ebene der Sitten und Bräuche, welche durch traditionelle Übernahme auf der Grundlage der eben erläuterten, anderen Sphären zustande kommt. Während die anderen Sphären aber von der Wertstruktur der Person abhängig sind, innerhalb derer diese überhaupt Werte erfassen, ausdrücken und umsetzen kann, muss ich Zuwiderhandlungen gegen Forderungen der Sitten und Bräuche *wollen*. Ob die Handlung selbst dann »gut« oder »böse« ist, folgt aber immer aus den erkannten Werten und nicht daraus, ob ich mich dabei den Sitten anpasse oder diesen zuwider handle.

Gewiss wirkt der Sprachgebrauch von Scheler mit seinen Werten und dem emotionalen Werterfassen, von einer Struktur eines Ethos, einer ethischen Urteilsbildung, einer Moral, einer praktischen Rationalität und von Sitten und Bräuchen etwas künstlich. Es dürfte aber deutlich geworden sein, dass sich bestimmte Abhängigkeitsverhältnisse der ethischen Wertschätzungen und der mit diesen verbundenen Handlungen herausbilden, die uns die Relativität der Moral in einem ganz anderen Licht erscheinen lassen.

Wir haben gesehen, dass die Moral auch innerhalb der Theorie einer absoluten Wertordnung, wie wir sie bei Scheler finden, einer spezifischen Relativität unterliegt, nämlich indem diese innerhalb eines gegebenen Ethos und seiner spezifisch ausgeprägten ethischen Urteilsbildung variieren kann. Allerdings bestimmt sich die Moral unmittelbar nach diesen Vorgaben, so dass von Relativität der Moral im üblichen Sinne nicht mehr gesprochen werden kann.

ETÜDE 15

Gefühle sind schwankend!

Sich über Gegenstände Gedanken zu machen, die nicht ganz klar und eindeutig definiert werden können, gehört zur Philosophie. Das Durchdenken und das wiederholende Einüben von Durchdachtem sollen dazu dienen, bestimmte Fallstricke des Denkens und Meinens zu verhindern, im Denkweg also eine gewisse Sicherheit zu erlangen und die vordem zu oberflächlichen Fragen durch klarere, fundiertere, genauere Fragen zu ersetzen. In der Skepsis geht man freilich zu weit, wenn man die Erfahrung überkultiviert, dass es letztgültige Antworten auf alle Fragen nicht geben kann und in der Folge das ernsthafte Fragen generell bleiben lassen möchte.

Über Gefühle ist im letzten Jahrzehnt (und freilich auch schon davor) viel geschrieben worden: was diese sind, ob sie nur mittels des Denkens rekonstruiert werden können, welche Funktion sie haben, welche Gehirnaktivitäten damit einhergehen, wenn wir fühlen usf. Die erste Frage ist sicher die wichtigste, die allerdings nicht beantwortet werden kann, denn die Phänomene, die wir mit Gefühlen verbinden, sind zu vielfältig, als dass wir sie in einen einheitlichen Zusammenhang bringen könnten. Zumeist werden bei den wissenschaftlichen Theorien von den Gefühlen einzelne Aspekte hervorgehoben und verallgemeinert, dabei aber immer auch andere vernachlässigt und unbeachtet gelassen.[257]

Die Ansicht, Gefühle seien schwankend, verdankt sich der Meinung, dass die Rationalität und Vernunft – die darin als Gegenteil der varianten Gefühle genommen werden – uns eindeutige, immerwährend gleichbleibende Wahrheiten liefert. Das Aufweisen der Tatbestände, dass auch die vernünftig-rationale Rekonstruktion zu Änderungen in den Auffassungen führt und dass wir gar nicht genau sagen können, was Rationalität eigentlich ist, ohne diese zu sehr zu verkürzen, macht die Gefühle freilich nicht stabiler. Immerhin wird das Vorurteil dadurch relativiert: Denn wenn alles schwanken kann – Rationalität und Gefühle –, dann sind die

Emotionen dahingehend keine Ausnahme; diese nehmen dann keinen Sonderstatus in der Welt mehr ein, sondern verhalten sich wie alles andere, Wahrnehmen, Denken, Erkennen, Wissen usf. auch.

Wir wollen zunächst fragen, wo sich Gefühle finden lassen, und behaupten: Gefühle begleiten Situationen und sind auf Situationen bezogen. Eine Situation im weitesten Sinne des Wortes, in der wir als Menschen stehen können, zeichnet sich durch unterschiedliche Wahrnehmungsbezüge aus, die sich auf den Organismus, die Bedürftigkeit, den Selbstbezug, den Weltbezug, den Sozialbezug, ein Bewusstsein davon und auf die Einsicht, dass wir immer eine Entscheidung zum Handeln treffen müssen, richten. Wir sprechen bei leblosen Dingen nicht von Situationen, allenfalls im übertragenen Sinn, z. B. von der ökologischen Situation der Ozeane oder der Erde, aber da zählen wir ausdrücklich immer die Lebewesen hinzu.

Für den reflexionsfähigen Menschen ist demnach klar, dass er in Situationen steht. Schwierig ist es bei kleinen Kindern, Dementen, psychisch Kranken, Tieren und Pflanzen, welche die oben genannten Kriterien jeweils nur zum Teil erfüllen. Ihnen pauschal Gefühle abzusprechen, geht nicht an. Was sind dann aber die Kriterien, die sie erfüllen müssen, damit wir davon sprechen können, Gefühle begleiteten Situationen, zumal wir das so verstehen, dass Gefühle auch immer Teil von Situationen sind?

Wir sprachen davon, dass sich Situationen durch die Wahrnehmungsbezüge ausdrücken. Die Antike hat allen Individuen der genannten Klassen bis auf den Pflanzen so etwas wie Wahrnehmung zugeschrieben, wenn auch in unterschiedlicher Fähigkeit oder Steigerung. Und die meisten werden kein Problem damit haben, den Pflanzen auch tatsächlich so etwas wie Gefühle abzusprechen. Bei den Tieren gehört dann offensichtlich auch ein bestimmter neuronaler Organisationsgrad dazu, wenn wir davon sprechen wollen, dass diese Gefühle haben.

Ein solcher Organisationsgrad des zentralen Nervensystems leitet sich aus der Trennung afferenter und efferenter Fasern und Zentren ab, also das Auseinandertreten von Wahrnehmungsfunktionen und motorischen Nervenzellen, und die Überbrückung dieser getrennten Teile durch einen Neokortex, der je nach Komplexionsgrad unterschiedlich mit Wahrnehmungsbildern umgehen und die Motorik, zur der das Tier fähig ist, steuern kann. In dieser

Hinsicht ist der Mensch biologisch freilich auch ein Tier. Wenn diesen etwas vom Tier unterscheidet, dann ist das die Umweltentkoppelung, indem er nicht nur in einer Situation steht, sondern die Elemente von Situationen herausheben, begrifflich isolieren und neu zusammenstellen kann. Was die reinen Wahrnehmungs- und Handlungsbezüge angeht, ist das Tier auch zu einer solchen Neuzusammenstellung fähig, aber immer nur abhängig von seiner Umweltsituation, während der Mensch diese auch ignorieren kann, um in Handlungen sich wieder in diese einzufügen.

Wir können davon ausgehen, dass sich das Gefühlsspektrum, zu dem der Mensch fähig ist, in seinen Grundlagen auch bei höheren Tieren findet. Dafür spricht, dass die Gehirnareale, die offenbar beim Auftreten von Gefühlen besonders aktiv sind, nicht an der Großhirnrindenoberfläche liegen, sondern in tiefere Strukturen eingewoben sind (vor allem trifft das auf das sogenannte limbische System zu, den Thalamus und den Hypothalamus), und daraus lässt sich folgern, dass diese Bereiche entwicklungsbiologisch alt sind. Was sich früher neuronal ausgebildet hat, ist im Normalfall bei allen biologischen Verwandten, die sich in der Evolution später getrennt haben, vorhanden. Die Regionen liegen aber so tief, dass wir diese bei allen heute lebenden Säugetieren und Wirbeltieren finden.

Dass nun alle Säugetiere die bei ihnen auftretenden Gefühle völlig gleichartig empfinden, ist damit nicht gesagt. Denn Gefühle stehen, wie wir gesagt haben, in Wahrnehmungs- und Bewegungskontexten (von denen wir immer auch gleich Wahrnehmungsrückmeldungen haben): Wenn die Wahrnehmungen und ihre Einordnung in Situationskontexten variieren können, dann werden sich auch die Gefühle ändern – beim Menschen in der Folge auch unter kulturellen Einflüssen.[258] Das würde bedeuten, dass ein Grundbestand an Fühlmöglichkeiten allen Säugetieren gegeben ist, dass sich diese Basisgefühle aber völlig unterschiedlich ausprägen können. Ob es gelingen kann, dass wir jede Ausprägung auf ihr Grundschema bringen, um so die Elementargefühle zu bestimmen, ist aber gewiss nicht sicher.

Nun können wir im Anschluss an Heiner Hastedts Einteilung schon grundsätzlich ganz verschiedene Arten von Gefühlen unterscheiden:[259] *Leidenschaften* als starke Antriebsgefühle wie Begeisterung oder Enthusiasmus, Eifersucht, Hass, Liebe oder Zorn; *Emotionen* als »langwellige Grundtönungen« wie Angst, Freude, Liebe, Melancholie, Trauer, Vertrauen; *Stimmungen* als Gefühlstönungen wie Fröhlichkeit, Gedrücktheit, Ausgelassenheit; *Empfindungen* als Körpergefühle wie Ekel, Depression, Scham, Schmerz, Sexualität, Wohligkeit; *sinnliche Wahrnehmungen* über unsere fünf Sinne; *Wünsche* als Handlungsgrundlagen wie Bedürfnisse, Interessen, Lust, Neigungen; *erkennende Gefühle* als Wahrnehmungen jenseits unserer Sinnesfunktionen wie »emotionale Intelligenz«, Intuition, Kreativität, Phantasie; und *Gefühlstugenden* im Anschluss an Tugendethiken des aristotelischen Typs wie Tapferkeit, Besonnenheit, Gerechtigkeit, Ehre, Mut, Fleiß, Geduld, Geiz, Gewissen, Mitleid.

Wir sehen, dass unter Gefühlen völlig unterschiedliche Sachverhalte verstanden werden können. Bei manch einer Kategorie wird sogar bestritten, dass es sich überhaupt um Gefühle handelt, vor allem bei den Wahrnehmungen. Andere Gefühle, wie z. B. die Liebe, ordnen wir gleich in mehrere Rubriken ein. Wenn wir allerdings die Systematik der Gesamteinteilung betrachten, verstehen wir auch, warum diese mehrfach auftaucht. Die Gefühlstugenden sind eine besondere Klasse, die sich erst aus theoretischen Überlegungen zur Ethik zu ergeben scheinen. Und wenn wir z. B. nach *Antriebsgefühlen* fragen, finden wir diese bei den Leidenschaften, bei den Empfindungen und bei den Wünschen. Die Heterogenität von Gefühlen scheint so groß zu sein, dass wir fragen müssen, ob solche Einteilungen überhaupt einen Sinn machen. Auf der anderen Seite aber werden wir dem Phänomen kaum näher kommen, wenn wir den systematischen Versuch ganz unterlassen.

Auffällig ist, dass wir uns unsicher sind, was eigentlich zu den Gefühlen zählt, wenn offenbar eindeutig bestimmt ist, auf was sich diese beziehen: Bei den Wahrnehmungen haben wir Eindrücke einer ganz bestimmten und jeweils recht genau zu unterscheidenden Qualität. Seheindrücke werden wir nicht mit Tastempfindungen und diese nicht mit Geschmäckern oder Gerüchen verwechseln. Ihre Gefühlsqualität, das also, was sie eigentlich zu Gefühlen macht, ist offenbar ein Bewusstsein dieser Qualität, die uns etwas von einem Gegenstand, der sich in der Welt befindet, oder genauer: von bestimmten Eigenschaften, welche dieser an sich hat, vermitteln.

Ganz ähnlich verhält sich das bei den Körperempfindungen: Zwar sprechen wir dabei nicht von einem Wahrnehmungsorgan, vor allem weil sich die Gefühlsqualitäten, welche sich auf unseren Leib beziehen, mitunter ganz unterschiedlich anfühlen, dennoch meinen wir, so etwas wie ein Leibbefinden oder Körperbewusstsein zu haben. Das kann sich auch wieder auf ganz konkrete Sachverhalte wie die Lage unseres Körpers im Raum, z. B. beim Gleichgewichtssinn, erstrecken.

Eine wichtige Frage besteht darin, ob wir ein bestimmtes Gefühl haben und diesem dann einen Namen geben, wie z. B. Zorn oder Eifersucht, oder ob wir erst, wenn wir den Namen für etwas kennen und diesen einem bestimmten Gefühl zuordnen können, wissen, von welchem Gefühl wir reden und was wir dabei empfinden. Das wird vor allem dann zum Problem, wenn wir eigentlich ganz verschiedene Tönungen mit der gleichen Vokabel bezeichnen. Im Englischen gibt es z. B. das Wort »fear«, auf Deutsch »Furcht«; die »Angst« kannte man offenbar nicht, hatte kein Wort dafür, und als man mit dem Phänomen bekannt wurde, hat man das Wort aus dem Deutschen übernommen. Das ist offensichtlich ein eigenartiger Vorgang, wenn wir davon ausgehen, dass wir erst etwas empfinden müssen, um es danach mit einem Namen zu belegen.

Auch die oben genannten »Stimmungen« haben ihre Besonderheiten: Diese sind offenkundig abhängig sowohl vom eigenen Zustand als auch von der sozialen Umgebung. Wir können gedrückt sein und einer ganzen Gesellschaft die Stimmung vermiesen oder diese aufheitern, wenn wir in freudiger Erregung sind, oder umgekehrt uns von der Stimmung in der Gesellschaft anstecken lassen. Stimmungen hängen sich aber nicht nur an solche Befindlichkeiten, sondern auch an Landschaften, Tiere und alle möglichen Situationen.

Die »erkennenden Gefühle« richten sich teilweise auch auf solche Stimmungen. Ein anregendes, phantasievolles Umfeld lässt eine Beweglichkeit der Gedanken aufkommen, die sich in Kreativität entfalten kann, d. h. wir erweitern darin unseren Horizont, den Blickwinkel auf eine bestimmte Sache, kommen dadurch auf neue Ideen oder Problemlösungen. Sie heften sich aber auch an bestimmte Ausdrucksformen in der Mimik, in den Augen oder in bestimmten Gesten oder Bewegungen.

Wie ein Mensch individuell geht und sich typischerweise bewegt, lässt sich gar nicht unbedingt beschreiben, dennoch können wir diesen Gang oder eine bestimmte Bewegungsart auf Entfernungen erkennen, für die wir keinerlei physiognomische Details wahrzunehmen in der Lage sind. Dass sich die »erkennenden Gefühle« an bestimmte Wahrnehmungsdetails anhängen, ist nicht bestreitbar, sie lassen sich aber nicht vollständig daraus ableiten, schon weil wir Einzelwahrnehmungen immer in Kontexte stellen.

Die Ansicht, dass Gefühle schwanken, stammt aus dem Vorurteil, dass diese autonom und unabhängig von den Umständen sind. Wenn uns zwar schwer fällt, eine eindeutige Definition für Gefühle anzugeben, so können wir aber dennoch sagen, dass sich diese immer auf Situationsumstände beziehen, entweder wie diese auf uns wirken oder wie wir uns zu diesen verhalten. Die Kontexte können dabei so verschieden sein, wie es nur möglich ist; offenbar aber bilden diese genau die Vielfalt ab, mit der wir Gefühle empfinden können.

Wenn wir Schwierigkeiten haben, das, was Gefühle sind, zu definieren, kommen wir deren Vielfalt vielleicht näher, wenn wir deren Funktionen betrachten, also deren Aufgabe oder Zweck. Wir fragen dann nicht, was das ist, sondern wie es funktioniert oder welchen Zweck es hat. Der Funktionsbegriff selbst ist zwar etwas unklar, weil viele meinen, wenn wir eine funktionale Erklärung für ein Phänomen haben, ist dieses vollständig geklärt. Aber schon die Frage nach der Funktionsweise ist eine andere als die nach dem Zweck der Funktion.[260]

Für die Gefühle sind in letzter Zeit vor allem in der Neurobiologie verschiedene Vorschläge gemacht worden, aufgrund von Experimenten und bildgebenden Verfahren, die Gefühle einzufangen. So schreibt der bekannte Gehirnforscher António Damasio: »Gefühle helfen uns, schwierige Probleme zu lösen, die Kreativität und Urteilsfähigkeit verlangen und Entscheidungsprozesse erforderlich machen, in deren Verlauf umfangreiche Wissensmengen abgerufen und manipuliert werden müssen. … Wenn Gefühle dem Selbst eines Organismus, das diese entwickelt, bewusst werden, verbessern und verstärken sie die Prozesse der Steuerung der Lebensvorgänge«.[261]

Eine solche Äußerung erweckt den Eindruck, dass Damasio die Vorgänge vollständig verstanden hat. Um diese zu erklären, benutzt er dann allerdings eine äußerst metaphernreiche Sprache, welche das Vokabular, mit dem wir menschliche Handlungen beschreiben, einfach auf physiologische Prozesse überträgt. Gefühle sind freilich integrativer Bestandteil unseres Denkens und Verhaltens und Damasio tut so, als wenn es kleine Heinzelmännchen wären, welche uns die Arbeit der Entscheidung abnehmen.

Ähnlich argumentiert Gerhard Roth, der drei Funktionsebenen der Gefühle unterscheidet: eine untere – und offenbar zum Teil unbewusste – der Steuerung von Lebensvorgängen, eine mittlere mit den eigentlichen Gefühlen und eine dritte der »Verhaltensüberwachung, Fehlerkorrektur und Impulskontrolle«.[262] Es sieht so aus, als ob Gefühle eine Art Kontrollzentrum bilden, so wie ein Flughafentower oder eine Polizeistation.

Für unser Thema ist hervorzuheben, dass in den Äußerungen der Neurowissenschaftler völlig unklar bleibt, ob die Gefühle flexibel sind, um sich der jeweiligen Situation anzupassen, oder ob sie stabil sind, um das Verhalten des Individuums nicht vollständig von den ständig wechselnden Situationen abhängig zu machen, in denen es sich zurechtfinden muss. Offenbar gilt beides und in derselben Hinsicht.

Gehen wir einmal die verschiedenen Gefühlsarten nach ihrer Stabilisierungsfunktion durch: Die sinnlichen Wahrnehmungen, so meinen wir, wechseln ständig, je nachdem, was ich gerade höre, sehe, taste. Wenn wir genauer nachfragen, sind allerdings die Erscheinungen, von denen wir gerade einen Sinneseindruck haben, gar nicht vollständig. Wir nehmen nur bestimmte Seiten von den Gegenständen wahr oder tasten nur eine einzelne Qualität.

Das meiste von dem, was wir wahrnehmen, stammt gar nicht akut aus den Sinnesorganen, sondern aus unserer Erinnerung an die Gegenstände, ohne dass uns das bewusst ist. Wir ergänzen, was wir sehen, hören, riechen, ständig mit Inhalten, welche wir vorher schon einmal wahrgenommen haben. Und manchmal führt das auch zu Täuschungen über das Vorliegende. Wenn wir ständig alles wahrnehmen müssten, was vor uns liegt, um das nach dem Reiz-Reaktions-Schema zu verarbeiten, einzuordnen und zu erfassen, hätte unser Gehirn viel zu tun. Wenn allerdings das Meiste schon vorliegt und wir nur noch festzustellen brauchen, das ist das Bekannte und jenes gerade dieses Schon-einmal-Wahrgenommene, geht das offenbar viel schneller und eben in den allermeisten Fällen auch sicherer. Wir erkennen also nicht über bewusste und rational eindeutig bestimmte Analysen, sondern gefühlsmäßig aufgrund des schon Erfahrenen. Dadurch wird unser Erkennen stabilisiert. Das Gleiche gilt freilich für die sogenannten »erkennenden Gefühle«.

Von den »Emotionen« spricht Hastedt als von »langwellige[n] Grundtönungen«. Es sind Gefühle, die uns leiblich vollständig durchdringen und uns in einer Art Grundgefühl von den Situationen unabhängig machen. Ganz ähnlich und manchmal noch unmittelbarer gilt das für die »Empfindungen«, die gleichzeitig eine Art Stellungnahme zu bestimmten Seiten der uns umgebenden Wirklichkeit darstellen.

Es mag sein, dass sich verschiedene Menschen vor unterschiedlichen Dingen ekeln, aber jeweils für sie ist das eine Reaktion auf etwas Vorliegendes; der Sinn, dass wir überhaupt Ekel empfinden können, liegt in einer Art Warnung vor etwas, das uns in irgendeiner Hinsicht nicht wohl bekommen könnte.

Die »Gefühlstugenden« sind schon durch ihre Konstruktion Stabilisierungsgefühle, zu denen wir uns zwar durch einen Entschluss durchringen müssen, die sich durch Übung aber nach und nach »automatisieren«.

Jetzt bleiben noch die »Leidenschaften«, die »Stimmungen« und die »Wünsche«. Diese sind die eigentlich schwankenden Gefühle, obwohl wir wissen, dass es langfristige Wünsche und Lebensziele gibt und die Stimmungen oftmals auch in wechselnden Situationen sonderbar stabil bleiben, und das Fatale an den Leidenschaften gerade darin besteht, dass wir uns davon nicht abzubringen vermögen, auch wenn sich daraus Nachteile für unsere Lebensführung ergeben.

Dennoch nehmen wir an, dass in diesen Gefühlen etwas Unsicheres und Instabiles enthalten ist, dass sie plötzlich und unerwartet auftreten und uns in unserem Eigenbefinden und im Verhältnis zu unserer Umgebung bestimmen. Gerade diese Bestimmung ist es aber wieder, die uns die Gefühle als autonom erscheinen lässt. Und in dieser Unabhängigkeit liegt eine eigenartige Ambivalenz, was das Schwanken der Gefühle angeht. Denn wenn Gefühle einerseits die Funktion haben, Situationsumstände umfassend abzubilden, und gleichzeitig andererseits unser Verhalten einheitlich regulieren sollen, müssen sie flexibel, anpassungsfähig und dennoch stabil sein. Das ist nicht alles gleichzeitig und in der gleichen Hinsicht zu haben, wenn wir nicht gleich ein ganzes Naturschauspiel daraus machen wollen wie Goethe in seinem Hexameter-Gedicht *Metamorphose der Tiere*, in dem er von der »beweglichen Ordnung« spricht.[263]

Wenn wir davon ausgehen, dass Gefühle bestimmte Aufgaben haben, die es uns erleichtern oder ermöglichen, unser Leben zu führen, nehmen wir an, dass wir Gefühle rational erklären können. So haben wir Angst vor einem Abgrund, weil wir hinunterfallen und dadurch zu Tode kommen könnten. Die Angst ist sinnvoll, weil sie uns vor lebensgefährdenden Situationen bewahrt. Oder wir sagen, der Schmerz gibt uns einen Hinweis darauf, dass etwas an unserem Körper nicht in Ordnung ist, und wir können dann darauf reagieren, um den Zustand wieder zu verbessern.

Die Angabe der Funktion eines Gefühls erklärt uns also seinen Sinn und Zweck über einen rationalen Grund, den wir einsehen können. Aber die Frage ist, ob dieser Umstand das Wesentliche an einem Gefühl verdeutlicht, ob sich also Gefühle generell rational erklären und ausweisen lassen. Gerade die neurophysiologisch argumentierenden Gefühlstheoretiker behaupten das – und gleichzeitig sagen sie freilich, dass uns die Gefühle dominieren und nicht der Verstand.[264] Die einfache Schlussfolgerung, dass Gefühle schwankend sind, weil sie sich nicht rational einholen und begründen lassen, kann also nicht auf ihrer funktionalen Erklärung beruhen, denn dann wären Gefühle das Allerstabilste, das wir kennen und viel sicherer als jedes rationale Urteil der Vernunft. Wo aber könnte dann noch etwas Unsicheres oder Schwankendes an ihnen hängen?

Wenn wir annehmen, dass alle unsere Handlungen und jedes Denken von Gefühlen begleitet und dadurch konnotiert ist, ist weiter fraglich, wo genau die Grenze zwischen Emotionalität und Rationalität verläuft, ob wir also die beiden Arten von Stellungnahmen zu inneren oder äußeren Sachverhalten überhaupt genau unterscheiden können. Dass wir das können, daran zweifeln wir sonderbarerweise aber gar nicht. Rationale Begründungen haben einen ganz anderen Stellenwert, als wenn wir unsere Handlungen mit Gefühlen erklären würden.

Wir haben die Gefühle als eine Art Einlassung zu uns und der Welt bestimmt. In diesem Sinn schreibt Heiner Hastedt: »Es ist vernünftig, in etwas involviert zu sein. Insofern Gefühle für ein leiblich-seelisches Involviertsein stehen, gilt dies auch für sie selbst, so dass der Welt Bedeutung zukommt und einzelne Erlebnisse wichtig werden. Gefühle führen zu Bindungen und schaffen Abhängigkeiten; nur so erschließt sich aber eine Wichtigkeitsbesetzung und ein Sinn des Lebens«.[265]

Darin ist der Gegensatz zwischen Vernunft und Gefühlen in einem bestimmten Sinne aufgehoben. Gefühle ergänzen sozusagen das, was wir über die Welt wissen; ja ein Wissen scheint gar nicht möglich zu sein, ohne dass wir einen bestimmten Bezug der Wichtigkeit gegenüber dem Inhalt des Wissens herstellen, der immer nur über Gefühle vermittelt sein kann. Wenn diese Behauptung für die meisten und häufigsten Fühlarten auch zutreffend ist, so lässt sich freilich auch nicht leugnen, dass Gefühle dem, was wir durch den Verstand als richtig erachten, gerade widerstreiten können. Was wir in einem solchen Konflikt tun sollten, kann nicht pauschal beantwortet werden.

Blaise Pascal hat einmal von den Gründen des Herzens gesprochen, welche den Gründen des Verstandes in nichts nachstehen würden. Das kann aber nicht als eine Art Ergänzung aufgefasst werden, so dass wir meinen, Gefühle korrigieren die Fälle, in denen der Verstand irrt. Die Gründe des Herzens sind nach Pascal vielmehr eine eigene Erfahrungsart, zu welcher der Verstand gar keinen Zugang hat. Wie wir gesehen haben, gibt es Gefühle, welche diese Funktion tatsächlich erfüllen. Aber wahrscheinlich gilt das nicht für alle Gefühle, obwohl wir sicher wissen, dass ein Leben, das vollständig darauf verzichtet, nach Gefühlsgründen zu handeln, kaum gelingen kann.

Wir haben uns heute angewöhnt, nur den Verstandesurteilen zu vertrauen. Das liegt wahrscheinlich an der Sicherheit, welche uns die methodisch organisierten Naturwissenschaften an die Hand geben. Was sich mit deren spezifischen Vorgehen nicht ermitteln lässt, kann, so meinen wir, nichts Sicheres sein. Wir vergessen dabei, dass diese Arbeitsweisen erstens bestimmten Vorgaben genügen müssen, die mitunter strittig sind, und dass zweitens auch das Forschen selbst mit emotionalen Konnotationen einhergeht. Das liegt zwar auf einer anderen Ebene als die naturwissenschaftlichen Begründungen selbst, aber wir müssen bedenken, dass auch die Forscher ihre Gefühle nicht einfach ausblenden können.

Die zuweilen harten und hitzigen Auseinandersetzungen in Forschungsfragen vermitteln da wohl ein ganz richtiges Bild von der Lage. Der Umstand ist auch nicht weiter bedenklich, wenn wir beachten, dass Gefühle im Wesentlichen nicht da sind, um uns zu verunsichern, sondern weil sie die Bezüge zu uns selbst und der Welt beständig halten. Das geht so weit, dass wir manchmal den Eindruck gewinnen können, dass wir mit dem Verstand schon viel weiter sind, aber ein ungutes Gefühl dabei uns entweder vor einem wiederum vorschnellen Urteil bewahrt oder aber beweist, dass unsere Gefühle meist etwas länger brauchen als unsere Urteile und insofern viel beständiger sind als der Verstand und überdies viel stabiler, als wir glauben.

ETÜDE 16

Ethik ist Sprechen mit erhobenem Zeigefinger!

Der Begriff der Ethik als Bezeichnung für eine inhaltliche Disziplin der Philosophie im Gegensatz zur Physik – verstanden im antiken Sinn als rationale Untersuchung der Natur – und im Gegensatz zu den formalen Voraussetzungen des allgemeinen Denkens, der Logik, ist eine Erfindung von Aristoteles. Ethik ist danach eine Form des Wissens, die zwar ein Wissen über die Welt – das nennt er dann Physik – voraussetzt, aber im Wesentlichen ein Wissen über das Handeln darstellt, die sich aber nicht auf das Machen oder Herstellen von etwas bezieht – das heißt bei ihm *poiesis* –, sondern unmittelbar die Bezüge zum Handlungsvollzug meint, die Aristoteles mit *praxis* bezeichnet.

Obwohl wir jeden Tag in solchen Vollzügen stehen, ist das eine für uns ungewohnte Sicht der Dinge. Das Handeln ist nämlich kein Zustand, der sich aus einer kausalen Erklärung seiner Voraussetzungen ergibt, ob diese motorisch, biologisch, neurophysiologisch, reiz-reaktionsartig oder sonst wie gefasst werden, sondern die Bezeichnung für einen Verlauf, der keinen rechten Anfang und ebenso kein rechtes Ende hat und sich durch den gesamten Lebensvollzug hindurchzieht.

Anfang und Ende einer Handlung lassen sich nur künstlich bestimmen: Ich kann sagen, eine Handlung fängt mit einem Entschluss an, wie unbewusst der auch immer sein mag. Alles Wünschen, Überlegen, Vorstellen lässt die Handlung noch nicht beginnen, diese wird dadurch noch nicht inhaltlich bestimmt, was erst mit der Entscheidung geschieht. Wenn wir aber die Vorgänge vor dem Entschluss nicht zur Handlung zählen wollen, dann sind das offenbar selbst Handlungen, die sich auf die motorisch ausgeführte Handlung beziehen.

Das Ende einer Handlung kann mit dem Aufhören der motorischen Bewegung identifiziert werden. Die Folgen, welche danach entstehen, haben wir mit unserer Handlung nicht mehr im Griff, wir können allenfalls durch weitere Handlungen oder Reflexe darauf einwirken. Weitere Handlungen sind aber nicht dasselbe wie die eine Handlung, und Reflexe sind keine Handlungen, obwohl sie mit motorischen Reaktionen verbunden sind.

Dass die Folgen allerdings mit der Handlung gar nichts zu tun hätten, ist ein absurder Gedanke, denn wegen der beabsichtigten Folgen vollziehen wir überhaupt Handlungen. Wir erwarten also etwas von diesen. Aber wie beim Anfang der Handlung, so steht auch am Ende ein sich vollziehender Vorgang, der vielfältig verknüpft ist mit weiteren oder vergangenen Handlungen. Es lässt sich nicht denken, dass wir eine Handlung vollführen und anschließend nichts mehr zu handeln haben, und selbst die Rücknahme eines Handlungsvollzugs, sein Unterlassen, ist eine Handlung.

Alles Handeln beginnt irgendwann, wenn wir überhaupt etwas bewusst vollziehen, freilich nicht ohne eine Grundlage an Handlungsmöglichkeiten, d. h. bestimmten motorischen Fähigkeiten und geistigen Einsichten, und hört erst mit der geistigen Umnachtung auf, ob durch Krankheit oder Tod – und manchmal vielleicht unterbrochen durch den Schlaf und die eigenartigen Dämmerzustände vorher und nachher, welche den Bewusstseinsvollzügen von höheren Tieren sehr ähnlich sein dürften.

Handlungen sind immer a-kausal! Nicht, dass ich damit behaupten würde, dass so etwas – nicht-kausale Ereignisse – möglich ist oder gar wirklich, sondern ich verstehe das ganz schlicht im begrifflichen Sinn. Wir verstehen nämlich unter einer Handlung nicht, dass diese sich kausal aus ihren Voraussetzungen ergibt. Wäre das der Fall, sprächen wir von Vorgängen, Abläufen, Prozessen, aber nicht mehr von Handlungen. Wenn unser bewusstes Verhalten einen solchen Verlauf darstellt, gibt es keine Handlungen.

Wir mögen uns bestimmte Verhaltensweisen gerne kausal erklären und sind damit unterschiedlich erfolgreich; wenn wir es genau nehmen, wissen wir aber, dass uns das nicht wirklich gelingt, und wenn wir es noch präziser fassen, dann wissen wir: dass es gar nicht möglich ist! Wenn wir kausales Geschehen mit unseren Handlungen verknüpfen, was wir tun, wenn wir von Handlungswirkungen sprechen oder wenn wir in einen kausal erklärbaren Vorgang eingreifen, wenn sich also Tatsachen in der Welt oder die Dinge in ihr dadurch verändern, dann müssen wir uns vorstellen, dass die Kausalketten irgendwie durch uns hindurch laufen, wieder ohne Anfang und Ende.[266] Wir müssen ständig solche eigenartigen Vorstellungen wählen, wenn wir uns das Handeln erklären wollen.

Die eigenartigste Vorstellung dabei ist wahrscheinlich, dass es gar kein Handeln gibt, weil ohnehin alles in der Welt auf deterministische Weise festgelegt ist. Jedes menschliche Handeln sieht von außen aus, als ob sich der handelnde Mensch nur verhielte. Wir unterstellen beim Handeln von anderen menschlichen Wesen aber, dass diese in ihrem Bewusstseinszustand eine bestimmte Intention auf ein Handlungsziel mit ihrem Handeln verbinden, die sich nicht einfach aus dem Verhalten erklären lässt. Weil wir aber nur das Verhalten, nicht aber das Handeln beobachten können, werden wir die beiden Arten von außen wenigstens nicht unterscheiden können.

Die Ethik beschäftigt sich nach Aristoteles also mit solchen Handlungsverläufen, genauer mit bestimmten Anteilen dieser intentionalen Prozesse. Denn das Handeln geschieht nicht von selbst und nebenzu, sondern bedarf der Anleitung. Der Mensch ist in seinem Handeln nicht durch Instinkte festgelegt, sondern braucht unmittelbar die Orientierung. Wir denken über die Ziele, den Handlungsverlauf und darüber nach, was wir mit dem Handlungsvollzug erreichen wollen. Dieses Nachdenken ist selbst ein Handlungsprozess, der in Vorstellungen und ihren Relationen verläuft. Das menschliche Gehirn spiegelt diesen Prozess durch den Großhirnlappen und seine enorme Plastizität wider. Je mehr wir nachdenken, desto mehr Verbindungen werden zwischen den Arealen des Neokortex geknüpft.

Diese ständige Umwandlung der Struktur des Gehirns ist ein lebenswichtiger Vorgang zur Erhaltung dieses Organs. Technische Artefakte unterliegen dem Verschleiß, werden diese viel gebraucht, funktionieren sie nicht mehr richtig. Beim organischen Gehirn ist das anders: Je mehr es belastet wird, desto leistungs- und funktionsfähiger wird es. Werden einzelne Bereiche nicht gebraucht, reduzieren diese sich stark in ihrer Aktivität oder schalten sich ab (sie bleiben allerdings reanimierbar). Das Nachdenken ist also schon biologisch im Menschen verankert. Und am meisten denken wir über unser Handeln nach. Der Mensch ist insgesamt deswegen ein Wesen, das sich in erster Linie durch sein Handeln und das Nachdenken darüber auszeichnet.

Wir sprachen von der Anleitung des Handelns und müssen uns fragen, welche das ist und wie diese vonstattengeht. Diese Prädominanz der Anleitung für das Handeln wird uns nämlich zu unserem Vorurteil vom erhobenen Zeigefinger der Ethik führen, die genaue Betrachtung es aber auch als solches, eben als bloßes Vorurteil, entlarven.

Am Anfang des Nachdenkens steht ein Motiv. Das klingt ebenso selbstverständlich, wie es völlig unklar ist, was ein Motiv tatsächlich ist. Der Ausdruck »Motiv« hängt mit Motivierung zusammen. Was uns aber wirklich motiviert, ist nicht das Motiv, sondern das, was zum Motiv führt.

Die Reihe der Anfangsbedingungen für unser Nachdenken darüber, was wir tun sollen, endet grundsätzlich im Bodenlosen. Zwar sind wir gewohnt, von Trieben, Antrieben, Begierden, Verlangen zu und nach etwas zu reden, das uns in kausaler Weise zum Handeln führt, was damit aber gemeint ist und wie diese Kausalreihen aussehen, was genauer ihre Komponenten sind, was ihre Körper, welche angestoßen werden, um die entscheidende Kugel des Handlungsverlaufs ins Rollen zu bringen, verliert sich sonderbarerweise im Unvorstellbaren. Die Begriffe eines Antriebs, eines Motivs und einer Absicht, welche nach und nach die Inhalte einer Zielvorstellung in diese Überlegungen bringen, verschleiern eher den konkreten Ablauf solcher Vorgänge.

Das beliebteste Beispiel dafür ist der Hunger. Nehmen wir einmal die Bedingungen zusammen: Wir haben einen Überlebenstrieb. Was das ist, weiß niemand so genau, denn wenn wir davon hören, identifizieren wir diesen mit einem Willen; wir sagen: Das Lebewesen *will* überleben. Was will denn da? Der Organismus, das Leben selbst, die Gattung, das Einzelexemplar? Die Ungenauigkeit dieser Beschreibungen kann nur noch dadurch überboten werden, dass wir sagen: Wenn das Lebewesen nicht hätte überleben wollen, wäre es ausgestorben. Wer so etwas als Erklärung akzeptiert, glaubt wahrscheinlich auch, dass es sich beim Hütchenspiel um eine Glückssache handelt. Und zuletzt geht die Erklärung weit daran vorbei, uns zu sagen, was der Hunger und das Hungergefühl eigentlich sind.

Selbstverständlich steht so etwas wie Hunger in einem biologischen Kontext. Angesichts der Notwendigkeit, den Organismus über den Stoffwechselprozess dadurch aufrechtzuerhalten, dass diesem bestimmte chemisch zusammengesetzte Substanzen zugeführt werden, können wir den Hunger als Signal deuten, das uns darauf hinweist, solche Stoffe baldmöglichst aufzunehmen.

Die physiologischen Prozesse sind sicher sehr komplex, das zusätzliche Erscheinen als bewusstes oder halbbewusstes Gefühl, das sicher alle höheren Lebewesen – also solche mit einem ausgeprägten Zentralnervensystem, dessen Neokortex eine gewisse Größe hat – überkommt. Ob der Hunger aber entsteht, weil physiologische Mangelerscheinungen auftreten oder weil uns bewusst werden muss, dass wir Hunger haben, weil wir sonst die nötigen Tätigkeiten nicht verrichten, den Hunger zu stillen, können wir nicht sagen. Offenbar handelt es sich hierbei um zwei Vorgänge, deren Verbindung wir nicht erklären können, obwohl uns diese freilich als gegeben plausibel erscheint.

Das Hungergefühl abzustellen, können wir nun als Motiv der Handlung ansehen. Die Absicht wäre die Art und Weise, wie wir vorhaben, das zu erreichen. Der Zweck der folgenden Handlung liegt in der antizipierten Vorstellung, das Ziel erreicht zu haben.

Weil es Zwecke gibt, weisen manche Sprachen auch ein Futur II auf. Wir konstruieren den Zweck aus Erfahrungen und allgemeinem sowie konkretem Wissen über die Welt bis hin zu den Bedingungen, die vorliegen, die Absicht auch durchführen zu können, weil dazu nicht immer alle Mittel bereit stehen, sondern nur die wirklichen. Scheint uns die Vorstellung des Handlungsablaufs plausibel, fassen wir den Entschluss und die motorischen Abläufe beginnen, die zur Herstellung der Mahlzeit und ihrem Verzehr führen. Die Handlung ist abgeschlossen, wenn wir den letzten Bissen geschluckt haben. Ob der Hunger dann weg ist, ob sich unsere Absicht und ihr Zweck erfüllen, ob wir also das Ziel der Handlung erreicht haben, ist eine andere Frage.

Das hat nun tatsächlich alles sehr viel mit Ethik zu tun: Zwar steht Hungerstillen und Essen in den allermeisten Fällen nicht unter einer moralischen Rigide, aber die Vorgänge in Bereichen, welche solche sittlichen Komponenten aufweisen, die einen bestimmten normativen Gehalt an sich haben, sind dieselben. Kant hat darauf hingewiesen, dass schon der einfache Ablauf, den wir gerade mit dem Hunger beschrieben haben, normativ strukturiert ist.

Wer sich nicht gern etwas vorschreiben lässt, muss erschrecken, wenn er an die Diktatur der Dinge denkt. Diese zwingen uns ständig, ihrer Beschaffenheit Folge zu leisten. Wenn ich mich nicht an ihre Ansprüche und Forderungen halte, wird es nichts mit dem Essen; da beißen wir auf Granit. Die Gegenstände erfordern einen bestimmten Umgang, den wir, weil wir Erfahrungen mit ihnen haben, ihnen ansehen. Ich kann z. B. angesichts eines bestimmten Bildes Hunger auf das Dargestellte bekommen. Um im Rahmen unseres Vorurteils zu bleiben: Das Ding hebt selbst über sein Abbild den Zeigefinger und ruft: Nimm und iss!

Wenn wir schon in diesen alltäglichen Zusammenhängen derart fremdbestimmt sind, brauchen wir uns nicht zu wundern, wenn uns auch die Ethik einschränkt. Der eigentliche Kern der Ethik betrifft nun nicht die einfachen Handlungsvollzüge der täglichen Verrichtung, sondern die weiten Kreise des Handelns im Lebenszusammenhang. Wir stolpern nicht nur von einer, dieser überschaubaren Handlungen in die nächste, sondern planen sehr viel großzügiger in die Zukunft. Dabei sind wir nicht nur abhängig von dem konkreten Erfordernis dessen, was uns die Dinge aufzwingen, sondern wir stellen alle diese Verrichtungen in einen größeren Zusammenhang. Eine solche langfristige und die einzelnen Handlungen überschreitende Planung bringt andere Erfordernisse mit sich, die sich eben aus dem großen Zusammenhang einer Lebensführung ergeben.

Ein wichtiger Bestandteil der einfachen Handlungsvollzüge liegt in der Stabilität, welche uns die Dinge bescheren. Wir unterliegen also nicht nur dem Diktat ihrer Eigenschaften, sondern wir können uns auch darauf verlassen, dass sie auf eine bestimmte Weise zu behandeln sind. Diese Berechenbarkeit ist eine andere Seite der Diktatur, die unsere Handlungen erst erfolgreich machen lässt. Würden die Dinge ihre Eigenschaften ständig ändern, könnten wir nicht mit ihnen planen; der Umgang mit ihnen wäre zum Scheitern verurteilt, und nur zufällig käme einmal heraus, was wir erreichen wollten. Was stabilisiert aber nun die Lebensführung, nachdem deren Gegenstände keine Dinge sind, an deren Eigenschaften wir uns nur zu halten bräuchten, um die Planung im Lebenszusammenhang auch glücken zu lassen?

Wir gehen also nicht davon aus, dass das Leben von selbst abläuft, dass es genügt, auf einen physiologischen und biologisch relevanten Antrieb wie z. B. den Hunger oder andere Bedürfnisse zu warten, diese aufzugreifen und genug an Erfahrungen zu haben, um zu wissen, wie wir diese zur Ruhe bringen oder zurückstellen können. Die Lebensführung besteht schon in der antizipierten Vorwegnahme von Bedürfnissen, die immer wieder auftreten, der Vorsorge also, dann der Bereitstellung der notwendigen Grundlage, also der Fürsorge, und der Abstimmung mit den anderen, der Umsorge, wenn man so sagen will.

Die Handlungsvollzüge können also nicht mehr direkt geplant und umgesetzt werden, sondern es sind komplexe und sich überlagernde Handlungsbereiche gegeneinander abzuwägen und aufeinander abzustimmen. Um diese übersichtlich zu machen und zu stabilisieren, schaffen wir künstliche Diktate, also Regeln, von denen wir denken, wenn wir sie kennen, beachten und anwenden, dass sie uns die Ziele und Zwecke des Lebens auch erreichen lassen.

Die Anforderungen des menschlichen Lebens sind vielfältig und sie wurden in der Moderne immer komplexer. Sie ändern sich im Wechsel der Lebensaltersstufen (Kindheit, Jugend, Adoleszenz, Erwachsenenalter, sogenannter Ruhestand, Sterbephase), sind abhängig von der Berufs- und Interessenswahl, der Partner- und Familienbeziehungen, besonderen Ereignissen und unterliegen allerlei Zufällen.

Innerhalb dieser Anforderungen bestimmen teilweise wieder Sachbezüge, besonders bei der Ausübung eines Berufs, die Lebensführung, die wir uns aneignen und die wir vollbringen müssen. Hinzu kommen spezifische Bereiche wie die Politik, das Rechts- und Sozialsystem, wirtschaftliche Abhängigkeiten, der Wohnort und die Haushaltsführung sowie zuletzt die eigene Sprache, die sich sehr schnell den Lebensbezügen, in denen wir stehen, anpasst.

Es ist eine philosophische These, dass der ganze Ablauf des Lebens unter einheitlichen Gesichtspunkten, einer Art Stellungnahme zu allen Einzelvollzügen, betrachtet werden kann. Diese Frage nach dem Sinn des Ganzen, die sich immer stellt, sobald wir nach dem Sinn eines Einzelnen, einer Handlung, eines Ereignisses usf., fragen, ist einer der Anlässe, bei denen die Philosophie sozusagen ständig in den Alltag einbricht, da wir uns alle angesichts der Begrenzung der Lebenszeit fragen, was das alles – unser eigenes Leben, das der anderen, die ganze Welt – überhaupt soll.

Wenn die einzelnen Handlungen einen Sinn haben, um jeweils etwas Bestimmtes zu erreichen, vermuten wir, dass der Gesamtprozess ebenso einen Sinn hat, der sich auf den Punkt bringen lässt. Darin liegt freilich eine schwierige Frage, die immer neu beantwortet werden muss. Das widerspricht sich: alles unter einen Sinn zu fassen und gleichzeitig verschiedene Antworten zu haben, auch wenn diese diachron gegeben werden.

Die Ähnlichkeit zwischen den Einzelhandlungen und der Lebensführung stellen wir aber auch her, wenn wir fragen, was das Ziel des Lebens ist. Diese Frage überschneidet sich gewiss mit der nach dem Sinn des Lebens im jeweiligen »Warum?«. Aber der Sinn einer Handlung liegt nicht in ihrem Ziel. Zwar erklärt uns die Angabe des Ziels die Handlung, aber ihre Bedeutung geht weit darüber hinaus. Die Tätigkeit selbst ist schon ein Sinn, wie wir oben in Bezug auf das Gehirn und bei Aristoteles gesehen haben, aber die Warum-Frage lässt sich zusätzlich spiralförmig immer eine Stufe weiter drehen, das Erreichen des Handlungsziels dagegen nicht.

Was aber ist das Ziel des Lebens? Die antike Ethik wusste darauf nur eine Antwort: Wir wollen alle glücklich werden! Diese Selbstverständlichkeit ist z. B. auch noch im Utilitarismus der oberste Zweck des Lebens, auch wenn unter ethischen Gesichtspunkten nicht mehr nur das eigene Glück zählt, sondern das Wohl aller fühlenden Wesen und dadurch die ganze Frage sehr komplex und unübersichtlich wird. Genau besehen, beantwortet das Streben nach dem Glück aber das Problem der Lebensführung nicht, weil wir nicht wissen, was das ist, das Glücklichsein. Die Vorstellung vom subjektiven Wohlgefühl gilt jedenfalls für die antike Ethik nicht. Aristoteles versteht darunter vielmehr eine Wohlgeordnetheit der gesamten Lebensbezüge, welche sich im Handeln immer wieder aufs Neue erweisen muss. Das Glück ist bei ihm kein Gefühl, sondern ein Handlungsprozess.

Wenn wir uns unsere Tätigkeiten ansehen, streben wir gar nicht immer danach, damit glücklich zu werden. Wir stellen uns im Handeln vielmehr zumeist den Anforderungen für das, was wir verrichten, entweder der Sachadäquatheit, wie wir schon gesehen haben, oder eben der Lebensführung. Die Ansicht, dass wir letztlich doch alles nur für unsere Lustempfindungen tun, ist ähnlich nichtssagend wie die Antwort des Überlebens auf die Handlungsmotivation. Thomas Hobbes hat das, die Lust und das Überleben, sogar noch miteinander zu identifizieren versucht. Das ist zwar interessant und hat unser Denken massiv geprägt, es ist aber auch ebenso hoffnungslos. Der Sinn der Aussage »Wir wollen alle glücklich werden« – was hier freilich gar nicht bestritten werden soll –, scheint also woanders zu liegen.

Das ist nun aber leider nicht unser Thema! Wir haben das Lebensglück eingeführt, um zu zeigen, dass der Lebensvollzug ebenso ein Ziel haben kann. Egal, wie wir dieses Ziel bestimmten, wir unterwerfen uns darin den Anforderungen, die mit diesem Ziel verbunden sind. Die schon erwähnten Regeln, welche diesen Anforderungen Ausdruck verleihen, diktieren uns dann, was wir tun sollen.

Das soll aber auch die andere Frage danach beantworten, was das alles soll, welchen Zweck wir mit unserem Dasein überhaupt verbinden. Eines der Grundprobleme besteht nämlich darin: Wenn wir zeigen, dass ethische Normen sehr viel mit uns selbst und unserer Lebensführung zu tun haben, dann entsteht der Eindruck, dass wir alle Egoisten sind und ohnehin nur alles für uns selbst tun. Aus Sicht des ethischen Egoisten scheinen wir uns dann jede weitere Überlegung sparen zu können.

Zur Ethik, das hatte vor allem auch Aristoteles betont, gehört immer auch eine Form der Selbsterziehung. Das sich entwickelnde Selbst, der Umgang mit den Dingen, schon unser Blick auf diese und der Umgang mit den anderen muss sich aus ethischer Sicht mit dem Lebensziel, also mit der Frage, wer ich bin und sein will und der gesamten Lebensführung zusammenschließen.

Die Elemente verweisen wechselseitig aufeinander. Darin liegt auch schon ein bestimmter Freiheitsgrad, weil wir als menschliche Wesen »nicht festgestellte Tiere sind«, wie der Philosophische Anthropologe Arnold Gehlen sich im Anschluss an Nietzsche ausdrückt.[267] Für die Ethik kommt auf allen Stufen eine Verantwortung für unser Tun hinzu, d. h. dass wir unser Handeln rechtfertigen müssen; und aus Sicht unserer Freiheit ist mit dem Handeln verbunden, dass wir es verfehlen können, dass wir Schuld auf uns laden und unserer Verantwortung nicht gerecht werden.

Die Forderungen, sich an alles Mögliche zu halten, türmen sich im »Sollen« aufeinander auf! Der Sinn des erhobenen Zeigefingers in den Fragen der Ethik und Moral liegt genau in dem: »Du sollst!« Der Ausdruck – für sich selbst ist er noch einmal dadurch unterstrichen, dass wir dafür die grammatische Form des Imperativs wählen – leitet sich aus seiner generellen Stabilisierungsfunktion für das Handeln her, die wir schon beim Umgang mit den Dingen kennengelernt haben.

Die Gegenstände des Lebensvollzugs sind nun aber nicht so eindeutig festgelegt, wie das bei den Gegenständen der alltäglichen Verrichtung der Fall ist. Zwar gibt es auch hier Alternativen, aber niemand beißt in einen frisch geernteten Salatkopf, was bei einem Apfel geht, und niemand grillt Nudeln, was bei Gemüse eine Art der Zubereitung sein kann. Die Regeln der Klugheit und der Moral, wie wir die »Zwänge« des Lebensvollzugs nennen, bestimmen nicht unmissverständlich, wie sie anzuwenden sind. Und wir haben zumeist verschiedene Regeln zur Verfügung, welche uns je nach Betrachtung von der einen oder anderen Seite aus etwas anderes empfehlen. Mit den neuen Möglichkeiten z. B. in der Medizin stellen sich immer verschärfter Fragen, was wir tun sollen, weil wir Szenarien herstellen können, für die unsere moralischen Intuitionen nicht mehr ausreichen, und das gilt für die meisten technischen Neuerungen.

Ich glaube, wir können schon hier den Schluss wagen, dass uns die »Natur« der Dinge wesentlich mehr einschränkt als moralische Regeln oder Prinzipien, dass der erhobene Zeigefinger in den Fragen der Lebensführung wesentlich tiefer und nicht gar so streng ins Blickfeld rückt. Wir empfinden das aber sonderbarerweise nicht so, und das liegt wohl daran, dass uns die moralischen Fragen sehr viel bedeutender erscheinen, dass wir diese ungemein persönlicher nehmen. Und wir fühlen uns durch moralische Forderungen wesentlich stärker eingeschränkt.

Zwei Momente sind in dieser Betrachtung noch zu wenig beleuchtet: erstens die Inhalte der Regeln und zweitens die dynamischen Prozesse der Lebensführung und des Nachdenkens darüber. Die Inhalte richten sich nach dem Lebensziel, und wir haben schon angedeutet, dass die Glückseligkeit oder das Streben nach dieser ein solcher Lebenszweck ist und dass es unterschiedliche Konzepte des Verständnisses davon gibt, worin das Glück tatsächlich besteht.

Die Regeln, auch das haben wir schon gesagt, gehen aber nicht immer auf das gesamte Lebensglück, sondern haben unterschiedliche Bereiche zum Gegenstand: gesellschaftliche Anforderungen, das Miteinander-Leben, das Mindestmaß an Anstand und Höflichkeit, der Ausschluss von Handlungen, welche andere schädigen, wobei der Grad des Schadens und seine Art eine Rolle spielen usf.

Wir sprechen, wenn wir von diesen Forderungen reden und diese in eine etwas griffigere Form bringen wollen, auch von den Tugenden der Gerechtigkeit, der Wahrhaftigkeit, der Sachadäquatheit (das zugegebenermaßen seltener, auch wenn es wichtig ist), der Tapferkeit, der Klugheit, der Besonnenheit usw. Aus der Vorstellung, was darunter verstanden wird, leiten wir dann erst die Regeln des Lebensvollzugs ab. Wir tun das, auch wenn die Vorstellungen nicht ganz eindeutig definierbar sind. Sie sind es aber immerhin mehr, als der Alltagsverstand meint. Denn umgekehrt verbindet dieser auch wieder sehr konkrete Dinge damit; wenn auch meist intuitiv. Das heißt diese lassen sich rational nicht rechtfertigen oder rekonstruieren, weil sie Widersprüche enthalten, die oft auch nicht leicht zu bemerken sind.

Eindeutig, angesichts der Uneindeutigkeit der Definitionen für die Tugenden, scheint aber zu sein, dass wir mit der Annäherung an ein Verständnis dieser Tugenden – die bei Aristoteles im Übrigen nur bestimmte Fähigkeiten des Menschen sind, dass eine bestimmte Person angesichts einer bestimmten Situation »das Beste« tut, das ihr möglich ist – konkreter machen wollen, was sonst völlig in der Beliebigkeit zu stehen scheint. Das heißt für den Zeigefinger, dass dieser nicht schon da ist, sondern dass wir ihn uns erst zurechtlegen, eben um damit die notwendige Orientierungs- und Stabilisierungsfunktion der Moral herzustellen.

Diese relative Flexibilität – es ist eben keine totale! – entspricht hochgradig der Dynamik des Handelns angesichts bestimmter Umstände, die ständig andere sein können – so stabil sind die Welt und unser Verhältnis zu ihr auch wieder nicht. Die moralischen Regeln müssen den Verhältnissen also jeweils angepasst werden, d. h. nicht, dass sie ihre Inhalte ändern, sondern dass der Bezug zur konkreten Situation, in der gehandelt werden muss, nicht zweifelsfrei feststeht.

Auch wenn wir davon überzeugt sind, dass wir nach bestimmten Regeln handeln sollen, und zudem glauben, dass die Regel zu der vorliegenden konkreten Situation passt, ist das, was wir tun sollen, nicht eindeutig aus dem Inhalt der Regel abzuleiten. Die Anwendung wird dadurch selbst zum Prozess, der eine Anleitung braucht. Die Mittel dazu liegen entweder im Verstand und seiner Urteilskraft oder im Gefühl – wo genau und mit welchen Anteilen, das ist seit etwa dreihundert Jahren eine Streitfrage, die in letzter Zeit wieder neu befeuert wird, nachdem die Philosophie immer schon die Tendenz hatte, alles rein rational aufzulösen. Aber auch über unsere Gefühle werden wir nachdenken müssen.

Das Nachdenken selbst, und die Ethik ist im Grunde nichts anderes als ein reflexives Nachdenken über das richtige Handeln, wird damit zum integralen Bestandteil von Handlungsverläufen. Genau wie bei der Glückseligkeit, der *eudaimonia*, wie diese von Aristoteles ausgeführt wird, handelt es sich auch bei der Ethik, wie wir gesehen haben, um einen Prozess. Und deswegen kann diese kein Sprechen mit dem erhobenen Zeigefinger sein.

ETÜDE 17

Recht ist Konvention!

Eine Konvention ist eine Übereinkunft. Aber von wem? Wie kommt die Konvention zustande? Was sind die Inhalte einer solchen Übereinkunft, wenn wir diese als Recht bezeichnen? Und wenn man sich geeinigt hat, gilt dann als Recht das, was durch Übereinkunft zustande gekommen und eben als Recht gesetzt ist? Was aber ist mit denjenigen, die nicht zugestimmt haben? Gilt für diese das Recht dann nicht? Beruht es auf Mehrheiten oder auf der Meinung der Fachleute oder auf der Durchsetzung mit Gewalt? Ist Recht immer eine Machtfrage?

Wenn es nur darum geht, dass das Recht gesetzt ist, ohne eine inhaltliche Vorgabe, dass alles, jeder Inhalt, Recht sein könnte, spricht man vom Rechtspositivismus. Wir können ein weiteres Vorurteil formulieren: Recht ist immer positiv gesetzt! Da sehen wir aber sehr schnell, dass das nicht sein kann. Denn es gibt so etwas wie ein Gewohnheitsrecht und ein Richterrecht, in den von der englischen und amerikanischen Rechtstradition geprägten Gesellschaften ist das sogar sehr verbreitet und die Regel. Man könnte jetzt einwenden, dass es auch eine Art der Rechtssetzung ist, wenn ein Richter ein Urteil fällt. Aber das würde nur den Unterschied zwischen den beiden Rechtstraditionen verwischen und am Verständnis des *case law* vorbeigehen.

Der Rechtspositivismus wird häufig missverstanden. Nach Norbert Hoerster gilt: »Jede existente, auf Macht gestützte Rechtsordnung ist gleicherweise legitim, verbindlich und befolgungswürdig; eine moralische Kritik an den gültigen Normen einer Rechtsordnung ist grundsätzlich verfehlt«.[268] Der Kernbereich des Rechtspositivismus besteht ausschließlich in einer formalen Überlegung, die als »Neutralitätsthese« bezeichnet werden kann.[269] Danach besteht das Recht nicht in inhaltlichen Vorgaben, Normen, Gesetzen, geltenden oder sonst wie begründeten Moralvorstellungen. Was Recht ist, muss also inhaltlich neutral bestimmt werden.

Damit verbunden ist, z. B. bei den großen Begründern des Rechtspositivismus Hans Kelsen und Herbert Lionel Adolphus Hart, dass das, was Recht ist, keinen objektiven Kriterien genügt, sondern ausschließlich auf subjektiven Überlegungen beruht. Es gibt also keine verbindlichen Voraussetzungen dafür, nichts Vor- oder Überpositives, was als Recht gilt. Damit ist aber nicht ausgeschlossen, dass sich mehrere Menschen auf intersubjektive Grundsätze einigen. Darin liegt dann der eigentliche Sinn vom Recht als einer Konvention.

Neben der normativen und inhaltlichen Neutralität, den subjektiven Grundlagen und der Rechtssetzung in Gesetzen wird der Rechtspositivismus mit den Grundsätzen in Verbindung gebracht, dass die Rechtsprechung ein einfaches Subsumtionsverfahren darstellt, dass also ein Richter den Wortlaut des Gesetzes unmittelbar auf den Fall überträgt, ohne eine selbständige Wertung vorzunehmen, und: dass Recht dadurch zustande kommt, dass es befolgt werden muss. Ein Richter aber muss für die Anwendung eines Gesetzes eine eigene Leistung der Interpretation auf den Einzelfall erbringen – sonst würden Computer die besseren Urteile fällen. Niemand hat aber vor dem Gesetz ein Recht, dieses muss immer erst gefunden werden. Jedes Gerichtsverfahren stellt – das ist ein fast tautologischer Begriff – einen »Prozess« dar.

Beide Thesen, die von der einfachen Subsumption der Gesetzesanwendung wie die vom Befolgungszwang, sind für die Begründung des Rechtspositivismus nicht zwingend und werden allenfalls von Kritikern gegen den Rechtspositivismus vorgebracht. Die Lehre und die Anwendung vom Recht sind zwangsläufig normativer Art. Solche vorgenommenen Wertungen widersprechen nach Hoerster aber nicht der Neutralitätsthese als Kernbestand des Rechtspositivismus.

Die Schwierigkeit der ganzen Frage besteht in der korrekten Verortung des Normativen im Recht. Dass eine Rechtsgeltung auch davon abhängt, dass sie befolgt wird, ersehen wir schon daraus, dass Gesetze, deren Durchsetzung unmöglich ist, nicht sinnvoll als Recht angesehen werden können. Man verwechselt aber die Bereiche, wenn die Anwendungsbedingungen mit der Begründung von Recht in einen Topf geworfen werden. Die Befolgungswürdigkeit eines Gesetzes ist nämlich eine normative Größe, die dem Rechtspositivisten wiederum zu weit geht.

Wir haben gesehen, dass ein Richter sehr wohl Wertungen vornehmen kann und muss, um einen Fall zu beurteilen, dass das aber wenig mit dem Zustandekommen der Rechtsnormen zu tun hat, an die er gebunden ist. Weiter können wir uns auch im Rahmen des Rechtspositivismus Gedanken darüber machen, ob wir bestimmte Normen für moralisch geboten halten, z. B. für das geregelte Funktionieren einer Gesellschaft, und diese dann in ein Gesetz fassen, um ihnen einen höheren Grad an Verbindlichkeit zuzusichern – indem wir z. B. eine Sanktionsbewehrung damit verbinden, also die Androhung von Strafe, sollte sich jemand nicht an die Norm halten –, als wenn wir es dem freien Verkehr und dem Gutdünken der Bürger oder einer kleinen Gruppe von Gesetzgebern überlassen.

In Gesetzesbüchern findet sich z. B. auch ein geregelter Verstoß »gegen die guten Sitten«, ohne dass jemand genau inhaltlich angeben könnte, was das heißt. Auch der Rechtspositivist gibt also unumwunden zu, dass moralische Grundsätze in das Recht aufgenommen werden. Er sagt aber, dass sie dadurch Recht werden, dass wir sie in das Gesetz hineinschreiben – wir sehen hier, dass das Verfahren, wie Gesetze zustande kommen, wichtig ist –, nicht aber dadurch oder weil es sich um moralische Grundsätze handelt.

Wenn der Rechtspositivismus vor allem darauf besteht, dass das Recht nicht materiell zustande kommt, dass es zum Recht wird ohne inhaltliche Vorüberlegungen z. B. moralischer, soziologischer, historischer, psychologischer oder neurophysiologischer Art, dann drängt sich der Verdacht auf, dass seine zudem häufig zu ihm in Bezug gesetzte Grundlage, die inhaltliche Rechtsordnung stamme aus subjektiven Interessen – welche den Rechtspositivismus zum erklärten Gegner aller naturrechtlichen Überlegungen macht –, die Begründung der Neutralitätsthese darstellt.[270]

Allerdings wird das keine kausale und keine logische Begründung sein, denn wenn wir aus der Überzeugung, dass es kein Naturrecht gibt – also Regeln des Zusammenlebens zwischen Menschen, die nicht auf deren erklärten Willen zurückgehen, sondern in der Natur des Menschen oder der Welt liegen – folgern, dass das Recht neutral gegen seine Inhalte ist, bewegen wir uns wieder auf zwei verschiedenen Begründungsebenen. Die Überzeugung gibt nicht schon vor, was Recht ist, diese schließt nur bestimmte Gehalte aus, eben solche, die in der Natur liegen. Die Begründung der Neutralitätsthese[271] leitet sich also nicht unmittelbar aus der Subjektivitätsthese ab, sondern diese bereitet jener den Boden, indem sie ihn vollständig planiert.

Es stehen zunächst zwei Fragen an: Ist es nicht kontraintuitiv, dass das Recht selbst keinerlei außerrechtliche Grundlage hat? Der Stellenwert dieses Problems liegt z. B. darin, dass wir die Menschenrechte oder die Würde des Menschen nicht definieren können, ohne auf geistesgeschichtliche Gehalte und deren Entwicklung einzugehen. Daneben scheint uns klar zu sein, dass nicht jedes Recht richtig oder gerecht ist.

Das bekannte Beispiel sind die nationalsozialistischen Gesetze zur Judenverfolgung. Wenn diese im sogenannten Dritten Reich während des nationalsozialistischen Terrorregimes rechtens waren, dann dürften wir auch niemanden deswegen belangen, indem wir z. B. argumentieren, dass das Vorgehen und die Gesetze selbst schon Unrecht waren. Im Kontext des Rechtspositivismus gibt es keine moralischen Vorbehalte, was als Recht zu gelten hat. Jeder Inhalt kann Recht sein – und so eben auch von uns so empfundene, enorme moralische Ungerechtigkeiten. Und die zweite Frage lautet: Was ist überhaupt ein Naturrecht?

Die beiden Fragen sind miteinander verbunden, denn die außerrechtliche Grundlage des Rechts verweist auf einen Bereich, der seinerseits in seinem sachlichen Bestand begründet werden muss. Moderne Kritiker des Naturrechtsdenkens werden nicht müde zu betonen, dass solche moralischen Inhalte nichts mit der Natur zu tun haben oder zumindest nicht in der Weise, dass es von Natur aus ein Recht gibt, das die normativen Maßstäbe für die Einrichtung des positiven Rechts prägt bzw. inhaltlich vorgibt. Aus dieser Kritik können wir immerhin ableiten, dass die beiden Fragen nach der außerrechtlichen Grundlage des Rechts und nach dem Naturrecht nicht identisch sein können.

Die begrifflichen Unschärfen, wenn wir von Recht, Moral, Natur, Interesse, Rationalität usf. sprechen, legen aber manchmal nahe, dass es sich um die sachlich gleichen Fragen handelt. Die Präzisierung eines Begriffs daraus führt in allen Fällen dazu, dass die anderen Begriffe, die wir zur Präzisierung des einen Begriffs verwenden, unschärfer werden. Die Begriffe lassen sich nämlich unabhängig voneinander gar nicht definieren.

Die erste Frage nimmt Bezug auf eine vor-positivrechtliche Instanz (z. B. die Natur, was immer darunter verstanden wird), die das Recht begründet, die zweite Frage versucht eine bestimmte Antwort auf den Inhalt dieser Instanz (was z. B. dann die Natur genauer sein soll) zu geben. Wir fangen mit der zweiten Frage an, um zu sehen, ob die Antwort trägt. Denn wenn diese sich als stichhaltig erweist, erübrigt sich die erste Frage. Gleichzeitig führt uns dieses Vorgehen die begriffliche Verschränkung der verwendeten Termini vor Augen.

Was also ist ein Naturrecht? Das Konzept hat eine lange Tradition: Von Natur aus bestehen bestimmte Sachlagen, aus denen abzuleiten ist, wie sich der Mensch verhalten soll. Das heißt offensichtlich, dass der Mensch auch gegen die Natur handeln kann, richtig handelt er aber, wenn er das, was die Natur vorschreibt, auch tut. Es ist in dieser Formulierung schon ersichtlich, dass der Begriff der Natur nur die eine Seite einer irgendwie objektiv verstandenen Naturordnung meint, wohingegen die andere Seite etwas Widernatürliches an sich hat, das mit dem Übel identisch ist.

Die Frage ist, ob das Widernatürliche keine Natur ist und ob Handlungen, die widernatürlich sind, nicht innerhalb der Natur stattfinden. Aristoteles hat dieses Problem von einer anderen Seite angepackt und gleichsam auf den Kopf gestellt: Die natürlichen Handlungen finden im Rahmen dessen statt, zu was ein Lebewesen fähig ist. Der Naturbegriff von Aristoteles ist also viel weiter und umfasst sozusagen das Widernatürliche mit. Allerdings vergrößert sich dieser weitere Bereich noch durch eine »zweite Natur«, die alle Handlungen umfasst, zu denen wir uns entschließen und die wir in Zukunft tun, entweder weil wir die Richtigkeit eingesehen haben oder weil wir uns an die entsprechenden Handlungen gewöhnen. Aristoteles nennt solche Handlungen, die auf der zweiten Natur beruhen, »tugendhafte Handlungen«.

Wir haben den Begriff der Natur bisher nur formal skizziert. Bei Rechtsnormen interessiert uns dagegen der Inhalt, auch wenn der Rechtspositivismus ganz ähnlich nur ein formal begründetes Recht haben will, denn die Neutralitätsthese besagt ja, dass jeder Inhalt Recht sein kann. Die sachlichen Forderungen der Natur sind im Allgemeinen gar nicht zu bestimmen. Aus natürlichen Tatbeständen lassen sich unmittelbar keine Normen ableiten, auch wenn bestimmte Normen des Handelns angesichts von bestimmten Tatsachen (z. B. ein Mensch ist in Not, also muss oder soll ich ihm helfen) geboten sein können. Deren Begründung liegt aber nicht in diesen Tatsachen!

Lange Zeit (tatsächlich bis ins 20. Jahrhundert hinein – und freilich bis heute) waren manche Juristen (früher mehr, heute immer weniger) davon überzeugt, dass es solche bestimmten inhaltlichen Forderungen der Natur gibt, die vorschreiben, was gelten soll. Dass ein Mensch den anderen willkürlich tötet, widerspricht der menschlichen Natur, welche auf Kooperation angewiesen ist, die Einrichtung von Eigentum ist naturgegeben, und der Staat und die Herrscher sind von Gott eingesetzt.

Nun lässt sich alles mit der Natur begründen, darauf verwies schon der eigentümliche Gedanke, dass die natürliche Ordnung dem Widernatürlichen gegenübersteht. Die Nationalsozialisten glaubten auch tatsächlich daran, dass es in der Natur begründet liegt, dass es stärkere, edlere Menschenrassen gibt und minderwertige, woraus sie schlossen, dass die ersteren mit den letzteren machen durften, was sie wollten – im Grunde nicht einmal »durften«, sie »mussten«, die Natur gebot es ihnen ja.

Gegen diese Willkür der Rechtssetzung sind nun Naturrechtsgründe vorgebracht worden. Der Grund lag im Gedanken: Wenn alles Recht sein kann, wird das Recht wehrlos gegen Ungerechtigkeit und Unrechtsstaaten. Was *faktisch* naturrechtlich begründet wurde (z. B. von den Nationalsozialisten), ist gerade die *ideelle* Voraussetzung des Rechtspositivismus, eben die inhaltliche Willkür der Rechtssetzung.

Vor allem Gustav Radbruch hat nach dem Zweiten Weltkrieg argumentiert, dass es bestimmte moralische und vor allem im Rahmen einer Gerechtigkeitstheorie begründete Normen geben muss, an die sich auch das Recht zu halten hat, da sonst das, was positives Recht ist, zum Unrecht wird. Die Schwierigkeit, die er sah, bestand darin, zu klären, wie man innerhalb des Rechts beurteilen kann, was Unrecht ist, um dann dagegen vorzugehen, und weiter, wie das zu geschehen hat.

Um das Problem in den Griff zu bekommen, unterschied Radbruch drei Formen unrechter Gesetze: »einfach ungerechte und unzweckmäßige« Gesetze, Gesetze, bei denen ein eklatanter Widerspruch zu den Prinzipien der Gerechtigkeit im Sinne eines »unerträglichen Maßes« besteht, und Gesetze, mit denen der »Kern der Gerechtigkeit ... bewußt verleugnet wurde«.[272] Während die ersten beiden Typen einfach »unrichtiges Recht« sind, kann man die letzte Gruppe gar nicht mehr als Recht bezeichnen. Aus Gründen der allgemeinen Rechtssicherheit muss man sich an die Gesetze des ersten Typs halten, an die anderen beiden nicht, obwohl die Gesetze der zweiten Gruppe noch Recht sind.

Hoerster macht gegenüber dieser Argumentation geltend, dass nur der dritte Gesetzestyp der Neutralitätsthese des Rechtspositivismus widerspricht, die anderen wendeten sich ausschließlich gegen die Befolgungsthese, welche den Kernbestand des Rechtspositivismus gar nicht betreffen. Gegen die Neutralitätsthese stehe dagegen der dritte Typ, weil Radbruch behauptet, dessen Gesetze seien zwar positiv gesetzt, aber eben kein Recht. Das widerstreitet aber genau der These, dass jeder beliebige Inhalt Recht sein kann, wenn oder sobald dieser als solcher gesetzt ist.

Die Kernfrage besteht für uns darin, ob nicht schon der erste Typ der Neutralitätsthese widerspricht, denn wie kommen wir zu dem Urteil, dass ein Gesetz ein »unrichtiges« ist? Wie kann es so etwas überhaupt geben? Die Grundlage für das Urteil: Das ist ein unrichtiges Gesetz! treffen wir, wenn es den Grundsätzen der Gerechtigkeit widerspricht. Das ist dann aber eine Sache der Moralphilosophie, wenn wir vermeiden wollen, dass wir ein solches Urteil nur auf der Basis einer Empfindung von Ungerechtigkeit treffen, ohne eben das Urteil begründen zu können.

In der Kritik von Rechtspositivisten am Naturrecht wird übersehen, dass viele, welche auf der Grundlage einer Annahme des Naturrechts argumentieren, einen Unterschied zwischen dem »positiv gesetzten Recht« und dem »Naturrecht« machen. Wir haben gesehen, dass das gar nicht anders geht, weil die Normen der Natur, sollte es solche geben, nicht einfach im Gesetzbuch stehen, sondern erst hineingeschrieben werden müssen. Was als Recht gilt, ist nie identisch mit dem, was wir von Natur aus sollen, weil das positive Recht freilich seine eigene Systematik hat, die nicht die gleiche wie die der Natur sein kann. Hoerster kritisiert z. B. auch den Sprachgebrauch eines solchen Unterschieds. Es sei unzweckmäßig, zwischen dem Recht und dem positiven Recht zu unterscheiden.[273]

Ein weiteres Versäumnis vieler Rechtspositivisten in ihrer Kritik am Naturrecht ist die Rücksicht auf einen zusätzlichen Unterschied: den zwischen der Moral – und ihrer Begründung – und dem Naturrecht. Es wird häufig so getan, als ob die Forderung, dass das Recht begründet werden muss, gleichermaßen auf eine Naturrechtsmoral hinausliefe, also die Verbindung von moralischen Urteilen mit der Ableitung ihrer Inhalte aus der Natur.

Das ist deswegen auch nicht ganz einfach zu trennen, weil Forderungen der Natur, also die spezifische Normierung, eben nicht einfach aus natürlichen Sachverhalten folgen. Sobald man von Naturrecht spricht, hat man in den Begriff des Rechts freilich schon Normen hineingetragen. Die Frage aus der Sicht der Moralphilosophie ist aber nach wie vor, wie sich solche Normen begründen lassen.

Nicht alle Normen sind unmittelbar Sache der Moralphilosophie. Industrienormen z. B. schreiben vor, welche Maße industriell gefertigte Produkte aufweisen müssen, damit diese zueinander passen, auch wenn sie unterschiedliche Firmen herstellen.

Das hat freilich mittelbar etwas mit Moral zu tun, dahingehend, als pragmatische Grundsätze generell auch ihre moralische Relevanz haben: Ein Hersteller, der sich nicht um die Industrienormen schert, kann seine Produkte nicht verkaufen. Das mag seinem persönlichen Interesse widersprechen – solche Handlungen gegen die eigenen Interessen widersprechen im Übrigen allen traditionellen Moralsystemen, diese weisen nur vehement darauf hin, dass es unmoralisch sei, ausschließlich mit allen Mitteln die eigenen Interessen rücksichtslos durchzusetzen –, es ruiniert aber auch seine Firma, vernichtet die Arbeitsplätze und verschwendet Ressourcen. Warum nicht? könnten wir sagen, wenn ihm gerade das Spaß macht. Das ist eben nicht ethisch zu rechtfertigen: zu machen, was einem gerade Spaß macht.

Die Fragen, welche uns interessieren, lauten freilich, an welcher Stelle das Recht auf der Moral beruht und wie dieses Verhältnis dann beschaffen ist. Hoerster bemüht sich, immer wieder die Unabhängigkeit der Neutralitätsthese von der Subjektivismusthese zu betonen,[274] sollte sich jedoch zeigen, dass auch die Neutralitätsthese nur auf bestimmten moralischen Ansichten beruhen kann, würde nicht nur diese wanken, sondern dann wäre auch die Subjektivitätsthese widerlegt, die gerade ausschließt, dass moralische Forderungen unmittelbaren Einfluss auf die Begründung des Rechts haben. Dass das Recht keine moralischen Gehalte aufweisen darf, wäre von vornherein schon eine unsinnige Forderung. Sollte die Ethik bestimmen können, was Recht ist und was nicht, wäre der Rechtspositivismus freilich erledigt.

Begrifflich schwierig wird sich dabei gestalten, wie weit oder eng wir die Neutralitätsthese fassen, denn im Kern besagt diese ja, dass das Recht moralisch (neben psychologisch, soziologisch, anthropologisch usf.) neutral begründet sein muss. Was aber heißt dabei »neutral«? Stehen nicht alle normativen Sätze und Urteile immer in irgendeinem ethischen Zusammenhang? Wir sind also bei der obigen ersten Frage angelangt, nach der uns intuitiv richtig erschien, nicht jedes beliebige Gesetz auch als Recht ansehen zu müssen.

Der Rechtspositivismus hat in diesem Zusammenhang noch ein Problem: Das Recht und die Gesetze sind nicht einfach da oder werden aus dem Nichts geschöpft. Jedes Recht unterliegt Entstehungsbedingungen, einer Geschichte und besonderen Situation, wenn neues Recht geschaffen wird. Der Rechtspositivist geht sozusagen immer vom Nullpunkt aus, als wenn es keine Traditionen und konkrete Gesellschaften oder Staaten gäbe, für welche das Recht geschaffen wird. In neuerer Zeit steht das Recht dann insbesondere auch unter den Bedingungen der Demokratie und ihren Verfassungsformen mit ihrer Gewaltenteilung, der Rechtsgleichheit und der Rechtssicherheit. Das ist nicht einfach alles zu verordnen.

Da wir der Frage nach den Inhalten des Rechts und der Gesetze nicht ausweichen können, müssen wir auch immer die Frage stellen, welcher moralische Gehalt damit verbunden ist.

Für den Rechtspositivismus stellt das auf dieser Ebene noch kein Problem dar, denn wir müssen freilich zwischen den Inhalten und der Begründung des Rechts unterscheiden. Woher stammt aber nun der »moralisch neutrale« Gehalt, auf den wir das Recht gründen? Woraus leitet sich der Anspruch ab, bestimmte Inhalte nicht nur als Sachbestände, sondern als Rechtsnormen anzusehen, deren Verbindlichkeit eine Rechtsordnung schafft, die durch Verordnungen der Exekutivorgane und Sanktionsmaßnahmen auch noch gesichert werden soll?

Dieser so genannte moralfreie Gehalt wird tatsächlich mit den Interessen identifiziert.[275] Nun hat der Mensch verschiedene Interessen: materielle, soziale und ideelle. Vor allem bei der Argumentation von Hoerster dient der Begriff des Interesses einerseits dazu, eine Minimalmoral zu konstituieren, und andererseits, das Recht vor einem radikalen Relativismus zu schützen. Ein solches Schutzrecht mag formal gefordert werden, es muss aber auch wiederum ethisch begründet werden und enthält darüber hinaus selbst einen moralischen Gehalt.

Es stellt sich das Problem, die Neutralitätsthese als Grundlage des Rechts aufrechtzuerhalten, wenn dessen Normen wieder nicht moralisch neutral sind, denn der Interessensbegriff kann seinen Moralgehalt allenfalls verschleiern, nicht aber überspringen. Dieser eigenartige Zusammenhang von Recht und Moral darf natürlich grundsätzlich nicht darüber hinwegtäuschen, dass zwei verschiedene Dinge gemeint sein müssen. Gegenüber der Moral hat das Recht nämlich einen bestimmten Zwangscharakter,[276] welcher der Moral grundsätzlich widerspricht. Damit sind ganz eigene Probleme verbunden, die wir hier nicht ausführen können.

Die Fundierung des Rechts auf Interessen der von diesem Betroffenen mag immerhin für die Subjektivitätsthese sprechen, denn wir halten unsere Interessen zunächst einmal für persönlich und abhängig von der Einzelperson.

Solche Interessen oder gar die diesen zugrunde liegenden Wünsche sind aber prima facie gar nicht rechtsfähig. Sie werden erst dazu, wenn wir an sie entweder Rationalitätsstandards anlegen oder sie als allgemeine Interessen ausmachen können. Da wir ohnehin und in keinem Bereich des Lebens andere Objektivitätsstandards haben als eben Rationalität und intersubjektive Überprüfbarkeit oder Einigung (auch nicht in den Naturwissenschaften), ist der Hinweis problematisch, dass die Normen auf der Grundlage von Interessen rein subjektiv bleiben, auch wenn wir sie für intersubjektiv begründbar halten[277] und diese niemals als objektive missverstanden werden sollten.

Es findet mit dem Rechtsbegriff zwangsläufig eine Form der Universalisierung von Normen statt. Das lässt sich auch nicht durch den Hinweis bestreiten, dass wir alle ein Interesse daran haben, unter einer staatlichen Rechtsordnung zu leben, weil nur der Staat in der Lage ist, die Rechtsgüter ausreichend zu schützen. Das antike Griechenland hatte in unserem heutigen Sinne keine Rechtsordnung. Zwar gab es verfassungsmäßige Regelungen, alles andere aber war im Wesentlichen eine Form des Blutrechts. Die Sippe war verantwortlich, ihre Rechtsgüter ausreichend zu schützen und notfalls auch Sanktionsmaßnahmen durchzuführen. Es gab weder ein Interesse am Recht noch auch nur einen Begriff davon.[278]

Wenn wir uns auf gemeinsame Interessen einigen können, um daraus eine Rechtsordnung zu schaffen, scheint unser Vorurteil, das Recht sei Konvention, vollständig zuzutreffen und sogar ohne den Rechtspositivismus auszukommen. Eine weitere Überlegung müssen wir aber noch anschließen: Was sind das für Interessen, auf die wir uns einigen können? Sie entsprechen offenbar den Bedürfnissen eines Menschen. Bedürfnisse und Interessen können wir an dieser Stelle gar nicht unterscheiden, auch wenn wir daran Rationalitätsstandards oder Universalisierungsmaßstäbe anlegen. Das heißt dass nicht jeder augenblickliche Wunsch schon ein begründbares Bedürfnis ist.

Diese begründbaren Bedürfnisse sind aber offensichtlich natürliche Interessen des Menschen, die jeder Mensch hat und von denen wir einsehen, dass ein anderer sie ebenso wie wir selbst haben, die als solche also anerkannt sind und die wir deswegen auch in verbindliche Rechtsnormen gießen.

Ein Naturrecht lässt sich verschieden fundieren. In der Tradition steht dahinter meist eine göttliche und religiös begründete Ordnung.[279] Wir können als Grundlage aber ebenso solche natürlichen Bedürfnisse wählen, die wir dann anthropologisch begründen und rechtfertigen. Der Gehalt, der damit verbunden ist, wäre in dieser Sicht der Dinge dann auch der mögliche Inhalt eines Rechts, das dann aber freilich davon abhängig ist und nicht mehr neutral begründet wird, so dass jeder beliebige Inhalt Recht sein kann.[280] Selbst die rigide Fassung des Rechtspositivismus bei Hoerster kommt ohne solche inhaltlichen Referenzen nicht aus, auch wenn er diese nur halbseiden begründet oder vielmehr ihre Grundlagen verschleiert.

Gleichermaßen gilt aber, dass die Gehalte des Rechts dann nicht verhandelbar sind, weil Recht nur das sein kann, woran Menschen irgendwie ein begründbares Interesse haben können. Die Unterschiede in den Rechtskulturen würden dann nur in der Kontingenz liegen, was sich historisch als regelungswürdig oder regelungsnötig ergeben hat, denn kein Rechtssystem muss alles rechtlich regeln, was einem menschlichen Bedürfnis entspricht.

Die konkreten Inhalte einer Rechtsordnung können also auch kontingent sein, wenn sie letztlich doch alle in objektivierbaren Grundbedürfnissen des Menschen bestehen. Dann ruht ihr Rechtscharakter aber auf den allgemeinen Bedürfnissen auf und nicht auf der Zustimmung der Mehrheit einer Gesellschaft, das Recht besteht dann nicht mehr in einer Konvention.

Die Setzung von Recht hat generell eine starke Neigung zum Verfahren der Rechtssetzung, zur Frage also, wie das zustande kommt, was als Recht gilt. Es kommt dann also entscheidend auf die Verfahrensregeln an und nicht auf die Inhalte – das ist auch eine Seite der Neutralitätsthese. Was Recht ist, muss durch das Verfahren begründet werden, was Recht sein kann, liegt dagegen in den Interessen und Bedürfnissen, soweit diese universalisierbar und rational begründbar sind.

Nun müssen einerseits die Verfahrensregeln ethisch gerechtfertigt werden, und andererseits besteht freilich ein reziprokes Verhältnis zwischen dem Verfahren und seinem Inhalt insofern, als solche Verfahren formal immer nur das regeln können, was als möglicher Inhalt von diesen zugelassen ist. Im Fall von Rechtsverfahren sind das ausschließlich universalisierbare Grundsätze und nicht solche, auf die wir uns bloß einigen müssten.

ETÜDE 18

Schön ist, was gefällt!

Dass uns das Schöne gefällt, steckt schon im Begriff des »Schönen«. Was wir schön finden, gefällt uns, und was uns gefällt, empfinden wir als schön. Solche reziproken Verhältnisse lassen den Schluss zu, dass es sich um eine Identität von Schönem und Gefallendem handelt. Wären das Schöne und das, was uns gefällt, identisch, wäre darin aber noch mehr verborgen, nämlich dass nur dasjenige schön ist, was gefällt, und es schön ist, weil es gefällt. Das Schöne wird damit vom Betrachter abhängig gemacht.

Nun gefällt dem einen dies, dem anderen jenes. Brillat-Savarin wollte sich damit nicht zufrieden geben und übernahm einen Spruch aus der spanischen Scholastik, nach dem gilt: »De gustibus et coloribus non est disputandum« (»Über Geschmäcker und Farben kann man nicht streiten«). Das hatte sich zur damaligen Zeit schon länger herumgesprochen (»Sobre los gustos no hay disputo«) und ist auch bei uns bekannt und zum Gemeinplatz geworden, auch wenn es kein römisches Vorbild dafür gibt – obwohl schon Quintilian die Rhetorik wie den Geschmack und den Geruch letztlich nicht für eine derjenigen Künste hielt, die lehrbar wären: Wie für das Urteilsvermögen des Redners gilt eben: »non magis arte traditur quam gustus aut odor«.

Brillat-Savarin jedenfalls errichtete der Muse Gasterea einen Tempel, um zu unterstreichen, dass man den Geschmack erst kultivieren müsse. Auch wenn das Gegenteil ebenso bekannt ist: »De gustibus est disputandum«, lässt sich nach Brillat-Savarin letztlich nicht darüber streiten. Es gibt zweifellos verschiedene Ansichten in Geschmacksfragen, aber erst der Kenner und nur der Kenner weiß die Unterschiede; in seinem Urteil ist er sich dann allerdings mit allen anderen Kennern einig.

Ernst Cassirer schreibt: »Schönheit scheint ein ganz unmittelbar erkennbares Phänomen im menschlichen Leben zu sein. ... Schönheit gehört als fester Bestandteil zum menschlichen Erleben und zur menschlichen Erfahrung; sie ist greifbar und unverkennbar«.[281] Phänomene, die so weit verbreitet sind, dass ihr Empfinden zur generellen menschlichen Fähigkeit gehört, sind meist schwierig zu bestimmten.

Für die philosophische Reflexion, die sich zumeist auf die rationale Analyse beschränkt, kommt erschwerend hinzu, dass das Empfinden von Schönheit offenbar auf einen sinnlichen Ausdruck angewiesen ist. Wir müssen etwas sehen oder hören oder allgemein erleben, damit wir es schön finden können. Wenn sich daraus kein eindeutiger Bezug zum Rationalen herstellen lässt, vermögen wir das, was die Schönheit auslöst, nicht in ein durch die Vernunft vermitteltes Ordnungsschema einzupassen. Worüber wir nicht nachdenken, das, was wir nicht zergliedern können, besteht dann nur im Eindruck, und der ist, wie gesagt, beim einen so beim anderen anders.

Noch komplizierter wird das Phänomen, wenn es sich in einem bestimmten Bereich etabliert oder vor allem zu finden ist. Das ist bei der Schönheit die Kunst. Wir sind inzwischen daran gewöhnt, Kunst nicht mehr nur als schön empfinden zu müssen. Wenn die Kunst auch eine gesellschaftliche Funktion hat, dann muss sich der Künstler mit den geistigen Strömungen und den widerlichen Fakten auseinandersetzen. Die Gräuel des Ersten und Zweiten Weltkriegs, die gesellschaftlichen Umbrüche und Zerstörungen dürfen dann nicht unbeachtet bleiben; auch wenn es tatsächlich zumeist als schöner empfunden wurde, sich damit nicht auseinandersetzen zu müssen.

Die Grundfrage nach dem Schönen entsteht aber schon an ihrem Ursprung. Wir sagen nicht: Ich *empfinde* den Gegenstand als schön. Sondern: Dieser Gegenstand *ist* schön. Ähnlich wie in der Moral, wenn wir unsere sittlichen Urteile als Maßstab auf das Verhalten der anderen übertragen zu können meinen, scheinen wir auch bei ästhetischen Urteilen mehr zu meinen als nur den Eindruck, den wir gerade haben. Wir erheben darin offenbar den Anspruch, etwas über ein Ding in der Welt zu sagen, etwas, das uns als *gültig*, ja geradezu als *objektiv* erscheint. Aber wie ist der Anspruch auf den Gegenstand, auf das Objekt einzuholen, wenn wir Schönheit nicht sehen, sondern nur empfinden können?

Die Neurophysiologie hat inzwischen die Schönheit oder ihr Empfinden – unabhängig davon, was als Kunst gilt – lokalisiert.

Im mittleren orbitofrontalen Kortex (einem präfrontalen Bereich, etwas tiefer hinter der Stirn), sitzt ein Areal, das heftig reagiert, wenn Menschen etwas als schön empfinden; und je schöner, desto intensiver ist die Aktivität.

Dieser neuronale Bereich hat eine Verbindung zum Nukleus caudatus, dessen tieferer Teil wiederum in der Nähe des Hippocampus liegt und mit der Amygdala verbunden ist, alles Teile des sogenannten und viel bemühten Belohnungssystems – viel bemüht, weil manche meinen, dass uns etwas motiviert, wenn dieser Teil reagiert (das verwechselt schon Ursache und Wirkung, und zudem sind die äußeren Auslöser, die der Aktivität dieses Areals korreliert werden, völlig heterogen).

Die scheinbare Objektivität – man hat eine elektrische Reaktion im Gehirn, die durch Apparate sichtbar gemacht werden kann – geht natürlich von vornherein nur auf den subjektiven Eindruck, den der Versuchsleiter mit den Probanden noch absprechen muss. Wir finden aber doch gerade das Objekt, das Bild oder die Musik, schön!

In der Kunst hat man sich bemüht, objektive Kriterien zu ermitteln, die, werden sie in einem Werk realisiert, dann auch als schön empfunden werden sollen. Solche Kriterien bestanden natürlich in Proportionen, Gleichmäßigkeit und Harmonie, Bestimmungen also, welche man rational beschreiben konnte.

Das Prinzip dahinter ist die Nachahmung der Natur, die als Schöpfung Gottes freilich proportioniert, gleichmäßig und harmonisch und insgesamt schön ist. Je besser also ein Künstler die Natur nachahmt, desto größer sind seine Kunst und folglich auch das Empfinden der Schönheit beim Betrachter. So habe Parrhasios seinen Kollegen Zeuxis mit einem gemalten Vorhang in die Irre geführt, den dieser versuchte zurückzuziehen, um das neue Bild von Parrhasios bewundern zu können, als Rache für die Angeberei von Zeuxis, der Vögel mit gemalten Trauben narrte.

Doch die bloße Kopie einer natürlichen Vorlage reicht wohl nicht ganz aus. Man suchte die Natur zu verbessern. Vom gleichen Zeuxis wird berichtet, er sei kritisiert worden, weil es solche Menschen, wie er sie male, gar nicht gäbe; dafür wären es eben bessere Menschen. Wie Aristoteles meint, sei »in der Dichtung ... das Unmögliche, aber Überzeugende dem Möglichen, das nicht überzeugt, vorzuziehen«.[282]

Oscar Wilde hatte gar behauptet, dass nicht die Kunst die Natur, sondern umgekehrt die Natur die Kunst nachahme.[283] Wir sehen nämlich nur, wenn wir darauf hingewiesen werden. Die Natur zeigt uns aber nichts, im Gegensatz z. B. zu den Bildern der Maler. Den Londoner Nebel gab es wohl schon immer, gesehen hat ihn aber niemand, weil der für die Leute selbstverständlich war. Erst als Künstler diesen Nebel malten, wäre den Menschen bewusst geworden, dass es in London immer neblig sei. Als Natur betrachten wir in erster Linie das, was uns von ihr erscheint, was wir von ihr wissen. Was wir nicht wahrnehmen, weil es für uns selbstverständlich oder ständig vorhanden ist, so dass wir gar nicht darauf achten, ist keine Natur.[284]

Im Grunde haben wir beim Schönen dasselbe Problem wie bei theoretischen Urteilen über Dinge und Sachverhalte. Wir müssen immer ausschließlich von unseren Eindrücken ausgehen und können diese nur mit einem anderen Eindruck, diesen aber niemals mit der Wirklichkeit, mit dem schönen Objekt vergleichen. Zu zweifeln, dass die Welt existiert, ist aber zweifellos maßlos übertrieben. Am schönen Gegenstand, genauer: dass der Gegenstand als Gegenstand schön ist, zweifeln wir hingegen schon. Wohl, weil zur Existenz des Gegenstandes noch etwas hinzukommen soll, eben seine Schönheit.

Gegen sinnliche Eindrücke gibt es aber immer etwas einzuwenden. Für Kant stammen alle Elemente, welche unser Begehrungsvermögen in Gang setzen, aus der Sinnenwelt. Auch das Schöne scheinen wir zu begehren, also wäre es vom sinnlichen Trieb nicht zu unterscheiden. Für Kant ist deshalb das Schöne einfach das, »was ohne Interesse gefällt«, weil weder die Sinne noch der Verstand damit etwas anfangen wollen, was bei Kant heißt, dass das Schöne weder den Antrieben des sinnlichen Begehrungsvermögens noch dem theoretischen Form- und Begriffswillen der reinen Vernunft unterworfen ist.

Dass das Schöne objektiv ist, wurde von den Pythagoreern behauptet, und Platon schloss sich dieser Meinung an, wie Tatarkiewicz schreibt:[285] »Die Einhaltung der Proportion ist immer schön«. »Nichts Schönes ohne Maß.« »Es gibt schöne Dinge, die immerdar an und für sich schön sind, und sie erregen bestimmte, ihnen eigentümliche Lustgefühle.« Entscheidend aber ist die Einschränkung:

»Ich spreche nicht von dem, was jemandem gefällt, sondern von dem, was schön ist«.[286] Er war sich also dessen bewusst, dass die Menschen angesichts bestimmter Eindrücke Empfindungen haben, die sie dann als schön bezeichnen, dass das dann aber nichts mit dem Objekt zu tun hat. Denn das Urteil: Das ist schön! bezieht sich auf einen Gegenstand oder eine Vorstellung.

Platon sah sich bemüßigt, für eine solche Position zu plädieren, weil der Sachverhalt von den skeptischen Schulen der Sophisten angegriffen wurde. Alles beruht danach immer nur auf unseren Eindrücken, die wechseln und unter verschiedenen Bedingungen zustande kommen; es gibt keine Wahrheit, keine Objekte, keine Sachverhalte, sondern immer nur Stellungnahmen dazu und Meinungen. Ebenso ist das Schöne nur ein Eindruck, den wir haben, wenn wir etwas sehen oder hören.

Die alte pythagoreische Lehre war aber nicht nur eine Behauptung. Dem, dass wir das Schöne in erster Linie empfinden, wird von keinem, der von der Objektivität des Schönen überzeugt ist, widersprochen. Die Ansicht, dass es nur im Empfinden liegt, sei dagegen der Fehler. Denn wir empfinden eben nicht Beliebiges als schön, sondern nur das, was den Anforderungen der Proportion und Gleichmäßigkeit genügt. Das sind Kategorien des Verstandes, der die Naturdinge erfassen kann. Die sinnliche Empfindung wird im Erlebnis des Schönen mit der Ordnung des Verstandes verknüpft. Die Ordnung des Verstandes aber liegt in der Zahl. Was sich der Zahl nach ordnen lässt, ist nicht nur wahr, sondern immer auch schön.

Wir können also nicht nur behaupten, dass die Objekte schön sind, sondern wir müssen ein Kriterium anwenden, welches das Prädikat »schön« dem Objekt tatsächlich zuschreibt. Damit suchen wir einen Unterschied zwischen den Dingen, welche nur für schön *gehalten* werden, und solchen, die auch schön *sind*. Der Grund dafür liegt in der Vernunft, welche das ordnende Maß der Proportionalität an die Dinge anlegt.

Augustinus hat offenbar die Konsequenzen aus diesem Befund gezogen, indem er zwischen dem Schönen und dem Angemessenen unterschied: Das Schöne kommt den Dingen selber zu, das Angemessene dagegen ist schön »immer in Beziehung *auf etwas und für jemanden*«.[287] Erst ein solcher Befund lässt es zu, sich vom schönen Gegenstand abzuwenden, um das Schöne einer Relation zu unterwerfen. Basilius von Caesarea behauptete etwa zeitgleich wie Augustinus, »daß Schönheit nicht eine Eigenschaft sei, sondern ein *Verhältnis*, nämlich das Verhältnis des *Objekts*, das gefällt, zum *Subjekt*, dem es gefällt«.[288]

Die Übergänge vom objektiv schönen Gegenstand zum subjektiv als schön empfundenen Gegenstand werden damit fließend. Je nachdem, welche Seite des Relationsverhältnisses stärker betont wird, kommen wir zu einer eher subjektiven oder eher objektiven Einschätzung des Schönen, so dass Thomas von Aquin schreiben kann, dass schöne Dinge das sind, »deren Anblick Wohlgefallen auslöst«.[289] Und nach Petrarca haben wir verschiedene Urteilsmöglichkeiten: Sprechen wir vom »Vollkommenen«, meinen wir das Objekt, sprechen wir dagegen vom »Angenehmen«, ist der Eindruck gemeint.[290]

Eine Entwicklung, welche exakt nachzeichnet, wie sich der europäische Geist nach und nach vom objektiv Schönen gelöst hat, gibt es nicht. Bis weit über die Renaissance hinaus ist man von dessen Bezug auf den Gegenstand überzeugt. Der Subjektivismus, dass das Schöne sich nur in unseren Eindrücken findet, setzt die Wahrheit immer schon voraus, dass nur der Eindruck des einzelnen Subjekts hier sein Urteil fällt.

Die Antike kannte einen Relativismus, der ein Ergebnis der sophistischen Skepsis war, aber sehr wahrscheinlich kann man das nicht als Subjektivismus der modernen Prägung auffassen. Der entwickelte sich nämlich erst im Laufe des 16. und 17. Jahrhunderts mit Montaigne, Bruno, Shakespeare und Descartes. Erst dort finden wir radikale Formulierungen wie z. B. »denn an sich ist nichts weder gut noch böse; das Denken macht es erst dazu«[291] in Shakespeares *Hamlet*, oder die Ansicht bei Giordano Bruno, das Schöne sei plural, unbestimmt, unbeschreibbar, relativ[292] und irrational.[293]

Wir müssen dabei immer im Auge behalten, dass sich das Schöne damit vom Gegenstand genauso löst wie vom Verstand und seinen proportionalen Ordnungsgesetzen. Eine solche Ablösung ist nicht ganz leicht zu haben. Besteht das Schöne tatsächlich in etwas, das völlig kontingent ist? Muss der Künstler, der noch daran festhält, dass er etwas Schönes schafft – selbst wenn es hässlich aussehen sollte –, im Wesentlichen sich von allen Regeln lösen? Liegt darin erst die Autonomie der Kunst? Muss er nicht doch mit irgendeinem Material umgehen, dessen Gesetzen und Eigenschaften er sich wenigstens noch unterwerfen muss? Und wird der Künstler zum Künstler dann ausschließlich durch die Selbstakklamation, der, um völlig ohne Bestimmung zu sein, zuletzt auch noch auf ein Werk verzichten muss?

Nehmen wir einmal im Gegenteil an, es gäbe Regeln für das Schöne. Welche sind das? Wir sprachen schon von Proportionen, von Zahlverhältnissen also. Die Pythagoreer meinten, die Natur selbst bestehe aus Zahlen. Nehmen wir an, dass Zahlen Konventionen sind, so sind es freilich auch die Proportionen des Schönen. Das würde die ganze Frage generell der Mode unterwerfen. Zwar ändern wir unsere Zahlen nicht, die bleiben immer gleich, sind also nicht dem Wandel unterworfen, aber das liegt wohl auch daran, dass sie keine wirklichen Gegenstände, sondern ideale Gebilde sind, auf die wir uns einigen können.

Darauf liegt sozusagen die Hypothek der objektiven Ansicht: Wenn das Kriterium für das Schöne nicht im Gegenstand liegt, sondern im Idealen der Vernunft, wie können wir da jemals darauf kommen, dass wir ein Urteil über einen Gegenstand fällen?

Doch kommt es noch schlimmer für die Objektivität des Schönen in den Gegenständen: Die Proportionen sind verschiedene und der Künstler kann diese nicht alle auf einmal ausführen, er muss sich entscheiden; *wenn* er das überhaupt kann, denn die Proportionen, die jeweils als schön betrachtet werden, unterliegen den »Konventionen, Assoziationen, Gewohnheiten, [den] psychologischen und historischen Bedingungen des Menschen«.[294] Überhaupt scheint die ganze Frage relativ auf den Menschen hin zu sein. Selbst wenn sich objektive Kriterien finden ließen, wären es immer nur solche des Menschen, aber nicht der Dinge. Aber, wie wir gesehen haben, gibt es solche objektiven Kriterien nicht.

Man könnte meinen, dass damit die Frage erledigt ist. Es bleibt ja nur die subjektive Option, wenn selbst die objektive Lesart zu derartigen Schwierigkeiten führt. Das wäre nun tatsächlich auch so, wenn die Unterscheidung zwischen Subjektivismus und Objektivismus die einzige und eine vollständig disjunktive wäre, wenn es keine anderen Möglichkeiten gäbe, als entweder den schönen Gegenstand als schön zu nehmen oder eben unseren Eindruck. Mit dem Relationalismus haben wir allerdings schon eine vermittelnde

Position gehabt, die sich abwechselnd immer wieder zugunsten des einen oder des anderen Pols verschiebt. Der Relationalismus hat nämlich das Problem, dass er uneindeutig ist, dass er eine Grauzone definiert, die immer ins eine oder andere Extrem fällt.

Dass wir Eindrücke vom Schönen haben, wird von niemandem bestritten, dass wir solche gerne haben, auch nicht. Dass wir diese auf Gegenstände oder Vorstellungen beziehen, ist eindeutig, obwohl der Subjektivismus diese Konsequenz gerne unter den Tisch kehren würde. Es ist also nicht zu widerlegen, dass uns die Empfindung des Schönen angesichts von Gegenständen befällt.

Die Wende zum Subjektivismus, zur Ansicht, dass die Beurteilung des Schönen nur noch dem einzelnen und seinen persönlichen Vorlieben oder Empfindungen unterliegt, wird dann aber erst durch die Aufklärung vollzogen. Francis Hutcheson hatte noch einen eigenen Sinn für das Schöne angenommen. Danach beruht das Schöne zwar nicht mehr auf Vernunftkriterien, aber ein eigener Sinn betonte nach Hutcheson noch die Objektivität des Schönen. Wie bei der Wahrnehmung beziehen wir uns auf einen objektiv gegebenen Gegenstand. Durch den sogenannten Schönheitssinn wird ebenso etwas feststellt, was als solches in einer eigenen Art der Wahrnehmung vorhanden ist.

Wie bei der Nachahmung als primäres Maß für die Kunst, so wird sich aber auch die Reduktion auf die bloße subjektive Empfindung als ungeeignet erweisen, die Kunst und das Schöne einzufangen. Ernst Cassirer beschreibt deswegen die Auseinandersetzung mit dem Schönen und die Entwicklung der Kunst als einen dynamischen Prozess. Während die Sprache oder die Wissenschaft letztlich die Wirklichkeit verkürzten, würde die Kunst diese deuten und intensivieren, sie sei ein »kontinuierlicher Konkretisierungsprozess«[295]. Und er kommt zu dem Schluss: »Nicht der Grad der Ansteckung, sondern der Grad der Intensivierung und Erhellung ist der Maßstab für die Vortrefflichkeit von Kunst.«[296] Nachdem die Kunst vom Schönen lange Zeit getrennt war, verbinden sich beide wieder, solange wir annehmen, dass auch Schönheit in einer Intensivierung besteht, unabhängig davon, ob mir das, woran sie sich zeigt, gefällt oder nicht.

David Hume geht noch vollkommen von der subjektivistischen Lesart des Problems aus, wie er überhaupt dafür steht, die empirische Einzelerfahrung zu kultivieren. In seinem Essay »Über den Maßstab des Geschmacks« von 1742 kommt es dann allerdings zu einer eigenartigen Wendung.

Zunächst gilt: Es gibt keine allgemein gültigen ästhetischen Urteile. Zwar fällen wir alle unsere ästhetischen Urteile mit bestimmten Adjektiven, die Anwendung betrifft aber jedes Mal andere Gegenstände. Ästhetische Empfindungen beruhen auf dem Geschmack. Gefühle beziehen sich nie auf Gegenstände, und es ist völlig sinnlos, Gefühle von verschiedenen Personen miteinander zu vergleichen. Ästhetische Urteile können deswegen nie falsch sein, weil sie auf subjektiven Gefühlen gründen, und dabei können wir uns nicht irren.

Wie viele Empiristen, Vertreter der Ansicht, dass alle Erkenntnis ausschließlich aus den Sinnen stammt, argumentiert auch Hume auf verschiedenen Ebenen. Bei etwas genauerer Lektüre entsteht zuweilen der Eindruck, dass sich die Urteile zwischen diesen Betrachtungsweisen zu widersprechen scheinen. Hume geht vom relativ eindeutigen, empirischen Befund aus, dass die Urteile in Geschmacksfragen sehr verschieden sind.

Selbst angesichts derselben Erziehung, noch mehr aber zu unterschiedlichen Zeiten und bei verschiedenen Kulturen, können wir unter den Menschen Geschmacksunterschiede feststellen. Sehr schnell treten dabei aber auch Vorurteile auf, welche den Geschmackssinn beeinträchtigen. Mitunter schnell Geäußertes kann aber auch ebenso schnell hinterfragt werden, sobald bemerkt wird, dass andere genauso schnell urteilen: »Auch den arrogantesten Eigendünkel läßt es am Ende unsicher werden, wenn er dieselbe Selbstsicherheit auf allen Seiten feststellt, und er wird zögern, in einem solchen Meinungsstreit das eigene Gefühl zum gültigen Urteil zu erklären«.[297]

Geschmacksurteile sind Aussagen, das können wir dem Zitat entnehmen, welche auf der Grundlage von Gefühlen getroffen werden. Gefühle sind Eindrücke, die aus unserem Inneren stammen. Die andere Quelle von Eindrücken sind die Sinnesorgane. Aus beiden Formen von Eindrücken entstehen uns unterschiedliche Arten von Vorstellungen, welche vom Verstand kombiniert werden. Zumindest stellt sich Hume das so vor.

Hier begegnen wir schon einer ersten Schwierigkeit. Außer

Zweifel steht, dass wir uns als Menschen täuschen können. Wo aber liegt die Quelle von Irrtümern? »Zwischen Urteil und Gefühl … besteht ein himmelweiter Unterschied. Alles Gefühl hat recht, weil Gefühl sich auf nichts außerhalb seiner selbst bezieht und weil es stets, wo immer sich jemand seiner bewußt ist, Wirklichkeit ist«.[298] Wenn unbestreitbar ist, was wir sehen, hören oder fühlen, weil die Eindrücke sind, was sie sind, dann kann der Fehler nur durch den Verstand fabriziert werden, welcher die Eindrücke weiterverarbeitet und aus diesem Prozess zu einem Urteil kommt.

Es ist ratsam, sich angesichts dieser Schwierigkeit die Urteile genauer anzusehen. Gehen diese auf eine Tatsache, entstand der Fehler dadurch, dass wir von unserem Sinneseindruck unmittelbar auf das Urteil schließen und nicht bedacht haben, dass wir vielleicht genauer hinsehen oder hinhören müssen. Zwar können Sinneseindrücke oder andere Empfindungen nicht falsch sein, die Urteile, welche wir daraus und bei oberflächlicher Betrachtung oder Überlegung ableiten, können aber danebenliegen. Fällen wir dagegen kein Urteil über einen Sachtatbestand, sondern eines, das eine ästhetische oder moralische Wertung enthält, stellen sich die Fragen nach der Quelle, nach dem Sachgehalt und nach der Vergleichbarkeit der Urteile in einer ganz anderen Weise.

Wenn wir solche wertenden Urteile aus den Gefühlen ableiten, fragen wir nicht gleich nach, ob solche tatsächlich angemessen sind wie bei den Eindrücken, welche aus den Sinnen stammen. Die Unterschiede in den Urteilen bei Geschmacksfragen sind dann wie bei moralischen Fragen offenbar auf die Differenz der jeweiligen Gefühle bezogen. Auf der gleichen Grundlage kommen wir dann nicht nur auf die These von der Differenz der Geschmacksfragen, sondern auch auf die von den Unterschieden in den moralischen Auffassungen. Machen wir dagegen vom Verstand abhängig, welche Urteile richtig sind, müssten wir wie bei wissenschaftlichen Fragen darauf verfallen, dass ein Streit zwischen zwei Urteilen objektiv entschieden werden kann. Etwas, das vernünftig begründet wurde, ruft dann die gleichen Gefühle hervor.

Nun gründet Hume auch moralische Urteile auf Gefühle. Er betont aber, dass es dabei viele Übereinstimmungen zwischen den Menschen gibt: Denn alle loben tugendhaftes Verhalten und tadeln lasterhaftes. Als allgemein gut gilt ebenso die soziale Gerechtigkeit, der Friede, die Freiheit, die Selbstbestimmung, Menschlichkeit, Wahrhaftigkeit, Klugheit, Großherzigkeit. Taten, die auf diesen Grundlagen beruhen, lösen überall die gleichen Gefühle der Zustimmung und Bewunderung aus – und sollte jemand dem nicht zustimmen, sind sich alle anderen darin einig, dass er ein schlechter Mensch ist.

Wie wir zum Handeln nach einem Maßstab der Orientierung suchen, so auch im Geschmack: »Es ist ganz natürlich, daß wir nach einem *Maßstab des Geschmacks* suchen, nach einer Regel, durch die die verschiedenen Empfindungen der Menschen miteinander in Einklang gebracht werden können oder die wenigstens eine Entscheidung erlaubt, welches Gefühl zu bestätigen und welches zu verwerfen wäre«.[299] Wo aber wäre ein solcher zu finden?

Ausgeschlossen ist für Hume zunächst, dass sich der Geschmack tatsächlich auf das Objekt, auf welches das Urteil geht, bezieht. Eine Geschmacksempfindung bezeichnet lediglich eine gewisse Übereinstimmung zwischen dem Gegenstand und den Organen oder Vermögen des Geistes«,[300] denn »Schönheit ist keine Eigenschaft, die den Dingen an ihnen selbst zukommt; sie existiert lediglich im Geiste dessen, der die Dinge betrachtet«.[301]

Allerdings gibt es nach Hume dennoch empirische Überschneidungen zwischen Personen. Diese kommen dadurch zustande, dass bestimmte äußere und innere Umstände dazu führen, dass tatsächlich ähnliche Gefühle auftreten. Zwischen den Gegenstand und die Empfindung rückt ein Medium, mit dem wir die Dinge wahrnehmen und beurteilen und dessen Beschaffenheit bzw. Differenziertheit ist entscheidend für die Qualität des Geschmacksurteils eines einzelnen. Dieses Medium ist im Fall des Sinnengeschmacks das jeweilige Sinnesorgan und beim »Geschmack als geistiges Vermögen«[302] eben der Geist. Die Grundlage für ein gültiges Urteil sieht Hume dann in der Erfahrung als einer »empirischen Generalisation«,[303] in der »*Übung*«[304] und im »*häufigen* Vergleichen«.[305]

So nimmt Hume schließlich sogar Kunstregeln an, die allgemein verbindlich wären, auch wenn diese sich daraus ableiten, was in der menschlichen Natur schon angelegt ist. Die faktischen Gefühle der Menschen richten sich aber nicht unbedingt nach den Regeln, sondern ebenso nach lokalen, temporären oder gemütsmäßigen Störeinflüssen.

Um ein gültiges Geschmacksurteil formulieren zu können, »die allgemein und überall gültige Schönheit«[306] erkennen und hervorheben zu können, braucht es »den rechten Ort und den passenden Zeitpunkt«, »die Einbildungskraft in einer entsprechenden Situation und Disposition«, »vollkommen heitere Stimmung, Sammlung der Gedanken und nötige Konzentration auf den Gegenstand«, größte »Genauigkeit«,[307] »Klarheit des Vorstellens«, »Schärfe im Unterscheiden«, »lebendige Auffassungsgabe«.[308]

Und Hume kommt zu dem Schluss: »Es zeigt sich also, daß es bei aller Verschiedenheit und Launigkeit des Geschmacks bestimmte allgemeine Gesetze gibt, auf denen Billigung oder Tadel beruhen und deren Wirksamkeit eine sorgfältige Beobachtung in allen geistigen Vorgängen aufspüren kann. Es gibt bestimmte Formen und Qualitäten, die gemäß der natürlichen geistigen Verfassung des Menschen dazu bestimmt sind, zu gefallen, andere dazu, Mißfallen zu erregen. Und wenn diese Wirkung im Einzelfall nicht eintritt, dann liegt das ganz offensichtlich an einem Defekt oder an einer Unvollkommenheit des Organs«.[309] Das klingt freilich ganz anders als die ursprünglich rein subjektivistische Auffassung.

Der Sinn in Geschmacksfragen ist zwischen den Menschen nun ganz unterschiedlich ausgebildet, weil eine gewisse Erfahrung dazu gehört, die ästhetischen Unterschiede zu kennen und zu erkennen, auch kleinste Details wahrzunehmen, diese auf das Werk, den Meister und das Publikum zu beziehen, um dann zu einem begründeten Urteil, dem *standard of taste*, zu kommen. Der Kenner lässt sich dabei nicht von seinen Stimmungen, Neigungen, seiner Kultur, Sprache, Zeit und von anderen trübenden Einflüssen ablenken. Sein letztes Maß kann allerdings auch immer nur ein subjektives Gefühl sein.

Das fordert zwei Fragen heraus: Wer ist ein Kenner? Und: Sind sich alle Kenner über den ästhetischen Wert eines Werks einig? Die erste Frage müssten wir mit Kriterien beantworten, die wir nicht auffinden werden, die Antwort auf die zweite Frage müsste offensichtlich »Nein!« heißen, wenn ihre Beantwortung durch die Antwort auf die erste Frage nicht schon obsolet wäre. Weiter ist der Subjektivismus meines Erachtens nicht mehr zu treiben.

Daran schließen sich auch nahtlos die Neurophysiologen an, wenn sie die Schönheit mit mathematischen und kausalen Kriterien erkunden wollen. Sie können aber immer nur Daten erheben, welche sie in einem zweiten Schritt wieder mit den Eindrücken der Versuchspersonen korrelieren. Wir können möglicherweise irgendeine Verschaltung im Gehirn schön finden, aber die Schönheit selbst liegt nicht im neuronalen Muster.

Der Subjektivismus des Schönen, wenn man die Frage überhaupt noch stellen will, beruht dann im 20. Jahrhundert auf drei Argumenten: Erstens gibt es »kein gemeinsames Merkmal schöner Objekte ..., wohl aber gemeinsame Merkmale einer ästhetischen Haltung zu den Objekten«. Zweitens vermag die Voraussetzung der »ästhetischen Haltung ... jedes Objekt zu einem ästhetischen [zu] machen« und »[d]rittens ist schon der Begriff des ästhetischen Objekts psychologischer Natur«.[310]

Darin wird erstens der Verdacht Cassirers bestätigt, wonach Schönheit ein ubiquitäres Phänomen ist. Und dem entspricht, dass wir eine ästhetische Haltung einnehmen müssen, um das Schöne oder wenigstens das Ästhetische an den Dingen wahrnehmen zu können. Zweitens findet die Wahrnehmung und Feststellung ästhetischer Urteile als kognitiver Prozess statt. Von solchen Vorgängen wissen wir, dass sie immer auch emotional begleitet werden. Die Feststellungen und Urteile von Naturwissenschaftlern sind ebenso kognitive Leistungen, und niemand würde behaupten, dass diese mit der Natur und ihren Gegenständen nichts zu tun hätten.

Was sind aber nun die gemeinsamen Merkmale schöner Objekte? Nach Hume vermag diese der Kenner zu bestimmen, ein Mensch also, der das Schöne kennt und zu deklarieren versteht, auch wenn wir keine eindeutige Definition geben können. Die Vielfalt und die unterschiedlichen Auffassungsweisen sind beim Schönen gewiss ausgeprägter als in den Wissenschaften. Überall aber bedarf es der Erfahrung und eines exzellenten Blicks, einer »*Feinheit* der Einbildungskraft«[311] und der »geistigen Fähigkeiten ..., auch den kleinsten Gegenstand präzise wahrzunehmen und nicht aufmerksamer Betrachtung entgehen zu lassen«,[312] um Details deutlich zu erkennen, voneinander zu unterscheiden und mit dem allgemeinen Maßstab des Gefallens in Beziehung zu setzen.[313]

Wie in den Wissenschaften ist niemand Experte, der ein Diplom hat – dem sind allenfalls ein paar Grundlagen bestätigt –, sondern jemand, der seine Ansichten gegenüber anderen Experten begründen kann, auch wenn die anderen gegenteiliger Auffassung sind. Dann geht es aber auch beim Schönen wie in der Wissenschaft um die Sache sowie um den Gegenstand[314] und nicht ums Rechthaben.

Wichtig für die Kennerschaft sind ein fortwährender Umgang, das Erlernen des Sehens, das genaue Hinsehen, die Aufmerksamkeit für das einzelne wie für das Gesamte und »die Konsistenz und die Einheit des Ganzen« sowie die »Wechselbeziehung und Korrespondenz der Teile«,[315] die Neugier als ein konzentriertes, unbedingtes Wissen- und Sehen-Wollen und unabhängig davon das Offenhalten für die Ränder oder Randerscheinungen.

Nicht allein die Feststellung von Assoziationen, sondern deren Herleitung und Begründung, das Einholen von weiterem Wissen, wenn es dem Sehen dient (also nicht als bloße Gelehrsamkeit der Allotria) und manches mehr solcher Art sind Eigenschaften eines wissen-wollenden und wissen-schaffenden Menschen, der auch bei den Dingen des Schönen sich ein Urteil über die Dinge erlaubt, gerade weil er nicht darauf angewiesen ist, nur seinen subjektiven Eindruck von sich zu geben.

Vor allem lässt der Kenner in seinem Urteil keine Wirkung von Vorurteilen zu,[316] ob diese aus der Zeit, der Kultur, aus besonderen Lebensumständen, aus der herrschenden Mode, aus Feindschaften oder besonderen Zuneigungen oder aus der Religion stammen: »Unter dem Einfluß von Vorurteilen werden seine natürlichen Empfindungen verfälscht«.[317]

Die Fähigkeiten für ein korrektes Urteil in Geschmacksfragen sind dann sogar noch »Tatsachenfragen«[318]: »Man muss anerkennen, daß es einen objektiven Entscheidungsmaßstab in dieser Sache gibt, nämlich was wirklich, was Tatsache ist«,[319] und Tatsachen bestimmen wir am leichtesten durch »die besten Argumente«.[320] Bei genauem Hinsehen verwandelt sich der Subjektivist des Schönen Hume in einen vollkommenen Objektivisten, der eine ganze Fülle von Kriterien anführt, auf welcher Grundlage wir Geschmacksfragen klären sollen.

Dass beim Schönen nur zählt, wie etwas auf mich wirkt,[321] ob stark, beeindruckend, überwältigend, langweilig, schwach, ist eine geradezu naive Sicht auf das Ästhetische, der das Meiste, auf das ein ästhetisches Urteil geht, auch entgehen wird. Gewiss beeinträchtigen uns unsere Stimmungen, Begierden, Launen und Vorlieben, bei den Wissenschaften genauso wie beim Schönen. Diese in das Urteil einfließen zu lassen, ist ebenso unzulässig wie unergiebig, weil der Begriff des Urteils darin obsolet wird. Beim Schönen kommt erschwerend gewiss noch hinzu, dass uns seine Erfahrung auf eine eigenartige Weise emotional mitnimmt. Eine bloße Gefühlsregung wird aber niemand, der sich seinen ästhetischen Sinn auch nur ein wenig kultiviert hat, zum Maßstab machen.

Die Begeisterung über ein schönes Ding wird allenfalls seine Aufmerksamkeit wecken, genauer hinzusehen; und das muss nicht ausdrücklich geschehen, um den erhebenden Eindruck zu zerstreuen, sondern um diesen auf ein reflexives Fundament zu stellen, das die Basis für das Urteil bereitstellt und einen Austausch mit anderen ermöglicht. Im anderen Fall könnte einer ja nur sagen: »Mir hat das gefallen!« und eine anderer: »Mir das andere!« – Ja, und?

ETÜDE 19

Der Mensch ist ein egoistisches Wesen!

Wenn wir von Egoismus reden, meinen wir die Haltung einiger Menschen, die in ihrem Handeln und Verhalten nur an sich selbst denken. Da wir als Sozialwesen aufeinander angewiesen sind und uns gar nicht anders als in Sozialkontexten bewegen können, stößt das egoistische Verhalten augenblicklich an seine Grenzen: Denn meine Vorteile kann ich gar nicht konsequent verfolgen, ohne mit den anderen in einer kalkulierten Weise zu rechnen, diese wenigstens zu instrumentalisieren, und d. h. zuletzt, sie irgendwie glauben zu machen, dass mein Verhalten auch zu ihrem Wohl beiträgt, nicht nur meine, sondern auch ihre Interessen befriedigt; das wird mir aber nicht vollständig gelingen, wenn ich nicht auch tatsächlich etwas unternehme, was dem Vorteil der anderen dient.

Der Egoismus gilt als unmoralisch. Das geht aus dem eben Gesagten hervor. Alles, was der Egoist für andere tut, rechtfertigt er nur dadurch, dass es letztlich ihm selbst dienen wird, dass jeder Einsatz, den er scheinbar für andere bringt, ihm auf mittlere oder längere Sicht zugutekommt. Die Ethik ist die Lehre von den Regeln und das Ethos des Egoisten lautet: Ich tue immer alles zu meinem Vorteil! Zur Ethik könnte ein solches Prinzip werden, wenn es gelänge, den darin enthaltenen Grundsatz allgemein zu rechtfertigen, um daraus die normative Forderung abzuleiten, ich soll auch alles zu meinen Gunsten tun; das allgemein Gute ist dann das, was mir selber nützt – und philosophisch ist diese Haltung dahingehend, als ich diese jedem zugestehe.

Das eigentlich Unmoralische am Egoismus aber liegt darin, dass sein Vertreter überhaupt kein Interesse daran hat, sein Credo zu begründen oder zu rechtfertigen. Im Gegenteil, er wird versuchen, sein oberstes Handlungsprinzip zu verschleiern, wird, befolgt er seine Handlungsanweisung wirklich konsequent, sich klugerweise als jemand darstellen, der bei all seinen Handlungen nur an andere denkt. Denn dadurch erspart er sich die Rechtfertigungen und hat zudem den Vorteil, die anderen leichter instrumentalisieren zu können. Der vollkommene und zudem kluge Böse, so etwa der Entwurf zu Beginn des zweiten Buchs in Platons *Politeia*, erscheint als ein vollkommen Guter; nur dadurch ist er in der Lage, seine Vorteile möglichst umfassend zu sichern.[322]

Dazu gehört einiger Aufwand, aber der reine Egoist hält sich ohnehin für etwas Besseres und einen aus der Masse der anderen herausgehobenen Übermenschen. Die anderen, Dumme und Naive, sollen ruhig an so etwas wie Moral glauben, das macht ihm sein Handeln nur leichter und erfolgreicher. Wären alle so wie er, müsste er viel mehr aufpassen, sich noch mehr überlegen, denn auch die anderen werden dann versuchen, ihn zu täuschen um ihres Vorteils willen. In der allgemeinen moralischen Auffassung verpönt, führt der Egoist das Leben eines Schmarotzers, da er in seiner Lebensführung auf das moralische Verhalten seiner Mitmenschen angewiesen ist, die ihm sein Streben nach Befriedigung seiner Eigeninteressen erleichtern oder sogar überhaupt erst möglich machen.

Der Egoismus aber ist über diese Sonderexistenz hinaus auch theoretisch vertreten worden. Der Mensch kann gar nicht anders, als sich egoistisch zu verhalten. Unser Handeln geht zwangsläufig und immer auf die Befriedigung unserer Interessen, denn woher sollten wir die Motivation nehmen, etwas anderes als unseren Vorteil zu verfolgen, woher auch nur die Kenntnisse, denn was ein anderer braucht oder welche Interessen er hat, können wir gar nicht in dem Maß kennen, dass wir etwas dafür tun könnten.

Dieses Streben nach der bestmöglichen Einrichtung unserer eigenen Verhältnisse sei insofern auch gar nicht verwerflich. Im Gegenteil, wenn wir uns ausschließlich um uns selbst zu kümmern brauchen, halsen wir den anderen nicht die Pflicht auf, etwas für uns zu tun. Versucht nur jeder in der Gesellschaft, seine Bilanzen zu optimieren, so ist damit aber sogar allen und dem Wohl der Gemeinschaft gedient. Die Perfektionierung der eigenen Möglichkeiten schafft nämlich den meisten Mehrwert immer auch für alle anderen. Der wahre Altruist ist also derjenige, der das Wohl der Allgemeinheit befördert, und das tut niemand so effizient als derjenige, welcher zuerst an sich selber denkt.

Eine solche Begründung verknüpft mehrere Elemente miteinander: Das zentrale Argument ist ein teleologisches: Der Gesellschaft aus lauter Egoisten geht es besser, weil die einzelnen das Meiste hervorbringen, und davon haben wieder alle etwas. Im Einzelfall dagegen kann ich darauf viel sicherer vertrauen, dass der andere mir seine Leistung nicht anbietet, weil er eine besondere Zuneigung zu mir hat – wo sollte eine solche auch herkommen –, sondern weil er allein seine Eigeninteressen verfolgt. Weil er innerhalb einer Gesellschaft die Konkurrenz der anderen fürchtet, wird er bestrebt sein, sein Können zu optimieren. So ist es gut, dass wir »[n]icht vom Wohlwollen des Metzgers, Brauers und Bäckers erwarten ..., was wir zum Essen brauchen, sondern davon, daß sie ihre eigenen Interessen wahrnehmen. Wir wenden uns nicht an ihre Menschen-, sondern an ihre Eigenliebe, und wir erwähnen nicht die eigenen Bedürfnisse, sondern sprechen von ihrem Vorteil«.[323]

Dieser Grundsatz Adam Smiths kann nicht nur so verallgemeinert werden, dass wir tatsächlich auch ein philosophisch gerechtfertigtes Prinzip darin erkennen dürfen, sondern dieser ist von vorne herein auch nur auf die Allgemeinheit und deren Wohl bezogen.

Das Argument geht auf die Folgen des Handelns. Was aber löst unser Handeln überhaupt aus? Der Utilitarismus, der ganz in dieser Linie argumentiert, sieht im Wohl der Gemeinschaft schon eine hinreichende Motivation, die unser Handeln auslöst. Sollten andere dagegen einwenden: Die anderen seien uns doch eigentlich egal, wieso treibt deren Wohl mich zum egoistischen Verhalten? so stellt man eine andere Frage als die, auf welche der Utilitarismus eine Antwort geben will.

Zum Problem führt der Einwand aber dennoch nicht. Denn das egoistische Verhalten ist im Endeffekt identisch mit dem altruistischen. Wenn man aber unbedingt will, so lässt sich der Egoismus auch für sich begründen. Das kann deduktiv geschehen, empirisch, psychologisch oder eben ethisch.[324]

Bei der deduktiven Begründung wird angenommen, dass der Satz: Der Mensch verhält sich immer egoistisch! einfach wahr ist. Solchen allgemeinen Wahrheiten können wir freilich jederzeit durch einfache Kontradiktion widersprechen: Der Mensch ist kein egoistisches Wesen! Die Entscheidung ist dann einfach eine Glaubenssache. Wir brauchen also ein besseres Argument, um uns für eine der beiden Aussagen begründet entscheiden zu können.

Wir verweisen dann entweder auf eine empirische Aussage: Es entspricht meiner Erfahrung, der von vielen oder der meisten, dass sich die Menschen egoistisch verhalten, oder es ist eine allgemein verbreitete Ansicht, dass dem so sei. Die psychologische Begründung geht noch weiter: Aufgrund seiner psychischen Struktur ist der Mensch gar nicht in der Lage, sich anders zu verhalten als eigennützig. Wir lassen uns immer von Interessen leiten, und es mag sein, dass wir ein Interesse an den anderen haben, dann sind es aber dennoch unsere Interessen, aus denen heraus wir etwas für andere tun. Dieses Urteil kann dann wieder empirisch begründet werden, z. B. durch psychologische Experimente und Studien, in denen die Menschen in einem Versuchsaufbau zwischen einem egoistischen und einem altruistischen Verhalten wählen können und dann, selbst wenn sie meinen, sich altruistisch zu verhalten, statistisch signifikant doch den eigenen Vorteil wählen.

Die Auffassung, nach der wir das Meiste für die Allgemeinheit tun, wenn wir nur unseren eigenen Interessen folgen, geht noch weiter. Weil das Wohl der Gemeinschaft als normative Zielgröße definiert und damit zum höchsten moralischen Leitsatz wird, dürfen wir uns nicht einmal überlegen, wann wir uns wie verhalten. Da der – freilich wiederum empirisch behauptete – Zusammenhang besteht, dass egoistisches Verhalten zum Allgemeinwohl führt, sind wir moralisch dazu verpflichtet, ausschließlich unseren Selbstinteressen zu folgen. Etwas für andere zu tun, ohne auf meinen eigenen Vorteil zu sehen, schwächt nämlich meine Motivation zur Bestleistung, die auch hier wieder nur in der Befriedigung der eigenen Interessen besteht, und damit nehme ich der Allgemeinheit etwas weg, denn von meiner größten Anstrengung für mich selbst hat die immer auch am meisten.

Das Eigeninteresse, um das es dabei geht, wird als ein »wohlverstandenes« bezeichnet. Erstens bettet es sich in eine Theorie der gesellschaftlichen Entwicklung ein, zweitens ist es universalisierbar, d. h. es kann als allgemeiner Grundsatz formuliert werden, an den sich alle halten sollen, und drittens unterbindet es das brachiale und rücksichtslose Verfolgen der Ziele, von denen ich mir im Augenblick gerade entweder das meiste verspreche oder die immer nur darin liegen, das zu tun, worauf ich gerade die meiste Lust verspüre. Denn die Klugheit gebietet freilich, dass es nicht zum Ziel der persönlichen Interessensbefriedigung führt, wenn ich immer das tue, was mir im Moment den meisten Lustgewinn verspricht, sondern wenn ich in der Lage bin, mittel- und langfristig zu denken, wenn ich meine momentanen Stimmungen und Bedürfnisse zurückstelle, um spätere Ziele anzugehen. Denn diese sind meistens mit sehr viel mehr Vorteilen verbunden und mit einem insgesamt größeren Lustgewinn.

So ist es klug, die Mühen von Arbeit und Lernen auf sich zu nehmen, da das den Lebensunterhalt über einen längeren Zeitraum sichern soll, selbst bis ins Alter, oder nicht jedem gleich die Meinung ins Gesicht zu schleudern, weil mir der andere vielleicht ja auch noch von Nutzen sein kann. Es genügt, diejenigen schlecht zu behandeln, die mir nichts tun können, wenn ich das Risiko, dass sie irgendwann doch einmal dazu in der Lage sein sollten, ausreichend abschätzen kann. Thomas Hobbes hat gemeint, dass dieses Risiko niemals ganz in den Griff zu bekommen ist, und weil wir alle ängstliche Wesen seien, denen es nur ums Überleben und um die eigene Sicherheit gehe, hätten wir so etwas wie Nächstenliebe oder Mitleid erfunden, um einen Vorwand zu haben, unsere eigennützigen Regungen zu verschleiern.

Für den Utilitaristen, z. B. Jeremy Bentham, ist dagegen das gesellschaftliche Wohlergehen durchaus ein Motiv, insgesamt und in der Person jedes einzelnen. Die Verfolgung der eigenen Interessen ist demnach legitim und geboten, in jedem Fall so lange, wie die Interessen von anderen nicht tangiert werden. Das war dem vollkommenen Egoisten gerade egal. Beim Utilitaristen führt sein Egoismus dadurch, dass er sich auf die Folgen für das Wohl der Allgemeinheit stützt und begründet, dazu, dass er auf das rücksichtslose Verfolgen seiner Interessen verzichten muss, wenn der Vorteil, den er dadurch erzielt, kleiner ist als der Schaden, den er dadurch bei einem anderen anrichtet.

John Stuart Mill sah sich in der Verteidigung des Utilitarismus deswegen dazu gezwungen, zuzugeben, dass der moralische Mensch, der sich an die Prinzipien des Utilitarismus hält, Nachteile für seine Interessensverfolgung in Kauf nehmen muss, auch wenn es in den allermeisten Fällen nicht dazu kommt, dass das tatsächlich eine Rolle spielt, denn zumeist sind die anderen von unserem

Handeln gar nicht so sehr betroffen, dass sie Nachteile dadurch zu gewärtigen oder zu befürchten hätten.

Die meisten unserer Handlungen haben eine sehr begrenzte Reichweite und beziehen sich auf unser unmittelbares Umfeld; und da sei es viel eher der Fall, dass wir aufgrund von Zuneigung ohnehin gerne etwas für die uns Nahestehenden tun, und es gehe uns auch immer besser, wenn es den zentralen Bezugspersonen unserer Lebensführung gut geht. Zuletzt ist also der Vorteil der anderen doch auch wieder unser Gewinn. Die ganze Frage nach Egoismus und Altruismus scheint letztlich müßig.

Bei Joseph Butler findet sich in seiner elften Predigt eine beachtenswerte Diskussion um den Egoismus. Epikur, Hobbes, La Rochefoucauld und andere führten demnach alle Handlungen des Menschen auf Selbstliebe zurück, ohne den Begriff genauer zu analysieren und ohne ihn vor allem gegen Motive abzugrenzen, die auf äußere Dinge gehen und welche wir durch sinnliche Begierden, Zorn, Mitleid, Neugier oder Ehrgeiz bemerken.[325]

Die Widerlegung der Ansicht, uns könnten ausschließlich Triebe, die auf unser eigenes Wohlergehen gerichtet sind, hinreichend motivieren, so dass wir nichts anderes erstreben können als ausschließlich unseren eigenen Nutzen, erfolgt bei Butler in zwei Stufen. Im ersten Schritt versucht er Ordnung in unsere menschliche Motivationslage zu bringen und im zweiten argumentiert er für die Auffassung, dass uns so etwas wie das Wohlergehen der anderen durchweg am Herzen liegen kann, dass also die Selbstliebe keineswegs unser einziges Handlungsmotiv sein muss, wie der Egoismus annimmt.

Zunächst unterscheidet Butler im ersten Schritt die Neigung, glücklich werden zu wollen, von anderen besonderen Neigungen, Leidenschaften und Begierden nach äußeren Dingen. Das erste Streben ist identisch mit der Selbstliebe. Alle fühlenden Wesen bilden sich eine bestimmte innere Vorstellung von ihrem Wohlergehen, davon, was ihnen Freude oder Befriedigung macht. Das nennen wir beim Menschen Glückseligkeit und wir streben im Handeln danach, diese zu erreichen. Die eigentlich menschlichen Strebungen, die gleichfalls zu seiner Natur gehören und die dadurch den Menschen erst zum Menschen machen, unterliegen dagegen einer bestimmten Vorstellung, welche allerdings nicht einen inneren Zustand thematisieren, sondern einen äußeren Gegenstand.

Die Selbstliebe geht damit auf einen Zustand der Befriedigung über ein erfolgreiches Streben nach dem Glück. Worin das Glück aber genauer besteht, hat mit der Selbstliebe offenbar nichts zu tun. Es besteht damit ein eminenter Unterschied zwischen dem Interesse an einem selbst und dem äußeren Interesse, den Begierden und Leidenschaften, die allesamt auf äußere Vorstellungen eines Welt- oder Gegenstandszustandes gehen. Die Befriedigung, die wir dabei empfinden, richtet sich entweder auf die Handlung selbst oder auf den durch diese hervorgebrachten äußeren Zustand.

Ein solcher Gegenstand, auf den sich unsere Interessen und Leidenschaften richten, kann niemals Gegenstand der Selbstliebe sein, sondern immer nur ein Mittel, eine Vorstellung vom eigenen Glück zu gewinnen oder festzustellen. Die Selbstliebe besteht aber nur im Streben nach diesem Glück. »Die Selbstliebe kann uns nicht sagen, ob unser Nutzen oder unser Wohl in *diesem* oder *jenem* liegt; sie *bewegt* [Hervorhebung GF] uns lediglich dazu, das, was seiner Natur nach zu unserem Wohl geeignet ist, zu erlangen und zu bewahren«.[326]

Alles, was das Motiv der Selbstliebe hervorbringt, nennt Butler eigennützig. Alle anderen Motive sind dagegen uneigennützig. Zur Selbstliebe stehen diese in einem ambivalenten Zusammenhang. Unabhängig davon, ob es sich bei diesen Motiven um Wohlwollen handelt, um Ehrgeiz, Rache, Zorn, Grausamkeit usf., diese können der Selbstliebe entsprechen oder ihr widersprechen. Der Wohlwollende kann sich in seiner Hilfe völlig verausgaben, dann widerspricht das der Selbstliebe, er kann aber auch Freude über sein Tun empfinden, dann geht das mit der Selbstliebe zusammen.

Ebenso kann ich mich aus Ehrgeiz ruinieren, finanziell oder gesundheitlich. Vor allem bei den Motiven, welche von uns negativ bewertet werden, springt der Widerspruch sozusagen in die Augen: Denn wenn ich Freude daran habe, jemandem Schaden zuzufügen, z. B. wenn ich mich räche oder meinen Zorn auslasse, oder auch, wenn ich grausam bin, so müsste ich mich dabei jedes Mal fragen, welchen Nutzen ich aus solchen Handlungen eigentlich ziehe. Dient so etwas dann der Selbstliebe? Denn in den allermeisten Fällen schaden mir solche Verhaltensweisen eher.

Die Dialektik des Egoisten macht aus allen Handlungen, egal welches Motiv diesen zugrunde liegt, Handlungen um unserer selbst willen: Wenn jemand wohlwollend anderen gegenüber ist, dann freut *er* sich ja über seine Handlung. Es gibt danach also nur ein Motiv: die Freude an mir selbst und über mich selbst. Butler weist dagegen darauf hin, dass das Motiv, welches das Selbst in den Mittelpunkt stellt, ein anderes ist als das Motiv, das einen äußeren Gegenstand zum Thema hat. Entscheidend ist für ihn bei unseren Neigungen nicht, dass das immer gerade *meine* Neigungen und *meine* Wünsche sind, über deren Erfüllung *ich* mich freue, sondern dass ihr Anlass und Motiv ein Äußeres ist.

Derjenige, der sich in seinem gesamten Verhalten an der Liebe zu sich selbst orientiert, hat die besten Chancen, der unglücklichste Mensch zu werden. Nicht dass ihm nur jeder Gegenstand, an dem alle anderen Freude haben, nicht einmal in den Sinn kommt, »[e]in solcher Charakter kann von unnötigen und nutzlosen Sorgen und Ängstlichkeiten geplagt werden, die es ihm geradezu unmöglich machen, die Mittel zum Genuß zu erwerben und angemessen zu nutzen«.[327]

Und er fährt fort: »Unmäßige Selbstliebe tut ihrem eigenen Interesse einen sehr zweifelhaften Dienst, und so paradox es auch erscheinen mag, so ist doch unbestreitbar, daß wir uns gerade aus Selbstliebe bemühen sollten, nicht übermäßig an uns selber zu denken.« Allerdings treiben uns meistens unsere Begierden und Leidenschaften dazu, deren Grenze wie die der Selbstliebe zu überschreiten. Alle Genüsse sind an ein Maß geknüpft, dessen Überschreitung keine Freude mehr gewährleisten kann; in den allermeisten Fällen würde uns ein solches Überschreiten eher mehr schaden, als es uns nützen kann.

Es ist ein Credo der gesamten Lehre Butlers, dass wir allesamt etwas mehr Selbstliebe aufbringen sollten, die eine natürliche Neigung darstellt und nicht schlechter ist als jede andere menschliche Eigenschaft auch: Da diese in erster Linie auf unser Wohl geht, das aber wiederum wohlerwogen und vernünftig abgemessen werden muss, dürften wir alle mit der Orientierung daran grundsätzlich und insgesamt weniger Schaden anrichten. »Täglich, ja stündlich geben die Menschen das, was erkanntermaßen in ihrem eigenen Interesse liegt, für eine Laune, eine Neugier, für Liebe, für Haß, für irgendeine flüchtige Neigung preis«.[328] Die »Befriedigung besonderer Neigungen« ist es also, was uns von der wohltuenden Selbstliebe abbringt, welche die Vernunft bemüht, um das festzustellen, was dem Selbst wirklich nützt, und die ihr Maß kennt.[329]

Es sind nach Butler in Bezug auf unseren Strebenshaushalt also vier Elemente zu unterscheiden: Erstens gibt es unser Interesse nach dem eigenen Nutzen, dem Wunsch nach Glück. Davon müssen wir zum Zweiten das Wohlergehen, das Glück selbst, unterscheiden. Dieses besteht bei ihm im engen Begriff, nämlich im Genuss von äußeren Gütern und in der Befriedigung unserer Wünsche. »[Das höchste Glück] kann nur darin bestehen, daß wir Dinge genießen, die ihrer Natur nach unseren einzelnen Fähigkeiten entsprechen. Diese einzelnen Genüsse machen insgesamt die Summe unseres Glücks aus, und sie entspringen, wie wir annehmen, aus Reichtum, Ehre und der Befriedigung sinnlicher Begierden«.[330] Drittens gibt es diese äußeren Dinge, die wir erstreben und zu erreichen suchen. Diese Gegenstände sind insgesamt nicht beliebig, sondern es sind diejenigen, auf die unsere menschliche Natur abgestimmt ist. Zum Vierten trennen wir das alles von unseren Neigungen, Leidenschaften und Begierden nach diesen Gegenständen.

Aus diesen Voraussetzungen lassen sich wiederum fünf Folgerungen ableiten:

Erstens ist die Selbstliebe unabhängig von unserem Glück, weil wir beim Streben nach unserem eigenen Wohlergehen gar nicht sagen und wissen können, worin unser Glück denn liegt.

Die Selbstliebe ist also zweitens allenfalls ein Motiv, das uns zum Streben nach Gütern bringt, in deren Realisierung wir unser Glück sehen.

Drittens wäre ein Mensch, der ausschließlich von Selbstliebe beherrscht ist, nur auf sich selbst gerichtet und damit überhaupt nicht fähig, sich auf die Dinge einzulassen, die ihm gemäß seiner Natur Glück, Wohlergehen, Nutzen oder Genuss verschaffen könnten.[331]

Die Begrenzung des Glücks auf den Genuss äußerer Dinge oder Wünsche bei Butler führt ihn viertens dazu, dass wir Vernunft brauchen, um bestimmen zu können, worin unser Glück liegt. Diese Bestimmung ist aber freilich unabhängig vom Motiv, diese Güter auch anzustreben.

Schließlich richten sich fünftens die Genüsse auf äußere Güter, die unabhängig von unserer eigenen Person sind. »Das *Absehen von der eigenen Person* ist jedem Genuß absolut wesentlich«.[332] Wir sind nach Butler also gar nicht in der Lage, allein aus Selbstliebe nach Gütern zu streben. Dazu müssen wir uns auf diese einlassen und dürfen uns darin nicht wieder selbst thematisieren.

Der zweite Schritt liegt darin, zu zeigen, dass das Wohlwollen gegen andere sehr gut ein Motiv unserer Handlungen sein kann und faktisch auch immer wieder ist. Butler spricht auch von einer *»natürlichen Neigung«*, Interesse an anderen zu haben und deren Wohl befördern zu wollen.[333] Der Egoist sieht einen Widerspruch zwischen der Selbst- und der Nächstenliebe, der nach Butler aber gar nicht besteht. Denn »jedes Motiv, mittels dessen die Selbstliebe Befriedigung findet, [ist] von dieser selbst verschieden«.[334]

Rein logisch ist im Begriff der Selbstliebe keinerlei Ausschluss anderer Motive enthalten, denn der Begriff umschließt nur die Neigung zu einem selbst. Nächstenliebe, Liebe zu den Künsten oder der Natur (der belebten wie der unbelebten), das Streben nach Anerkennung, aber ebenso der Hass auf andere, Rachegelüste oder Ehrgeiz; da sich das alles auf etwas anderes bezieht als auf das Selbst, etwas, das diesem ganz äußerlich ist, steht das Streben nach dessen Nutzen und Wohl in gar keiner Beziehung dazu. Selbst Tugend und Laster sind in dieser Hinsicht völlig uneigennützig.

Der entscheidende Unterschied besteht in dem Wegstreben vom Selbst, immer wenn wir uns vermöge unserer Begierden und Leidenschaften auf etwas Äußeres beziehen. Man dürfe also nicht nur das Wohlwollen uneigennützig nennen, sondern dann auch das Laster, Ehrgeiz usf. Oder wir nennen beides eigennützig, dann sehen wir aber sogleich ein, dass es sich um einen Streit um Worte handelt. Wenn wir aber unsere Motivlagen genauer ansehen, müssen wir einen Unterschied in den Motiven machen, die sich entweder auf das Selbst oder eben auf etwas davon Verschiedenes beziehen.

Die bloß begrifflich-logische Verschiedenheit der Motivlagen genügt dem anglikanischen Bischof Butler freilich nicht. Wenn wir nicht nur die einzelnen Motive, sondern auch die Lebensweisen ansehen, welche die Motive von Individuen sozusagen bündeln, lässt sich auch noch ein wesentlicher Unterschied feststellen »zwischen dem Streben nach dem eigenen Wohl und dem Streben nach dem allgemeinen Wohl« und »zwischen dem Streben nach dem eigenen Wohl und irgendeinem beliebigen anderen Streben«.[335]

Welche Wünsche oder Interessen wir auch immer haben, bei ihrer Befriedigung empfinden wir Freude. In diesem Eigeninteresse unterscheiden sich unsere Interessen nicht. Wenn ich im Zorn aber jemandem schaden will, will ich beim Wohlwollen den anderen helfen; bei der Liebe zu den Künsten erstrebe ich weder das eine noch das andere. Nehmen wir an, wir scheitern mit solchen Wünschen, wir werden uns dann nicht über das Ergebnis freuen können. Über unsere Unternehmungen, dem anderen zu schaden, werden wir uns dann aber ärgern, dagegen freuen wir uns schon, wenn wir versucht haben, jemandem zu helfen, auch wenn das Ergebnis nicht nach unseren Wünschen ausfällt.

Wählen wir das Wohlwollen als Lebenseinstellung, werden wir nicht nur die Gelegenheit zu einer ganzen Reihe »gewöhnlicher Segnungen des Lebens«[336] erhalten, wir werden nicht nur über unsere Handlungen eher erfreut als betrübt sein (wenn, dann nur über das Ergebnis und eben nicht über die wohlwollende Handlung), sondern wir werden insgesamt ein friedlicheres Leben erwarten können, als wenn wir uns mit Habgier und Ehrgeiz zerfressen. Was die Sorge um seine Zufriedenheit angeht, steht ein solch gesinnter Mensch dem Ehrgeizling oder dem Lüstling sicher auch in nichts nach. Da das Wohlwollen gegen andere ein natürliches Interesse von uns Menschen ist, steht es begrifflich in der gleichen Beziehung wie jedes andere Begehren, Interessieren oder Streben.[337]

Anschließend führt Butler eine Fülle von Beispielen an, nach denen Menschen, selbst wenn ihnen auch alle Freuden des Lebens wegen irgendwelcher Situationsumstände geraubt sind, ihren Lebenssinn darin sehen, anderen Menschen zu helfen. Zuletzt belegt er die Selbstliebe mit einer Warnung: Diese sollte beunruhigt sein, denn es besteht jederzeit die Möglichkeit, mit ihrer Ausrichtung nur auf ihr liebes Selbst sich allerlei Freuden, welche das Leben zu bieten hat, zu versagen.[338]

ETÜDE 20

Kultur ist relativ!

Unter der Relativität der Kultur verstehen wir einen ganz bestimmten Sachverhalt: Wir bemerken, wenn wir uns auf der Welt nur ein wenig umsehen, enorme Unterschiede im Zusammenleben der Menschen und wir sind geneigt, dieses Zusammenleben als Kultur aufzufassen. Wenn es verschiedene Arten eines solchen Zusammenlebens gibt, haftet der menschlichen Kultur nichts Einheitliches an. Kulturen sind dann relativ zueinander, d. h. sie unterliegen keinem Maßstab, der irgendwie verbindlich für jede einzelne wäre. Sie lassen sich dann aber auch nicht vergleichen, keine ist besser als die andere, weil gar kein Maß für die Güte einer Kultur angegeben werden kann.

Nun vergleichen wir allerdings die Kulturen miteinander. Das muss nicht chauvinistisch geschehen, also im Sinn des Vorzugs, dass die eigene Kultur über allen anderen steht. Wir können in ein anderes Land mit einer für uns wahrgenommenen, anderen Kultur fahren und gerade bestimmte Verhaltensweisen der Menschen dort als besser oder wertvoller empfinden als das, was bei uns zu Hause üblicherweise getan wird. In den Sozialwissenschaften werden generell Vergleiche darüber angestellt, wie sich z. B. die Demokratie in bestimmten Ländern entwickelt, abhängig vom politischen System, der Gewaltenteilung, der Wahlbeteiligung, der Wirtschaftsordnung und Einkommensverteilung, dem Sozialversicherungssystem, der Bürokratie, dem Bildungssystem usf.

In der Soziologie geht es um Vergleiche der gesellschaftlichen Struktur, deren Entwicklung, der Bildungsvoraussetzungen verschiedener Bevölkerungsschichten, der religiösen Entwicklung usw. In diesen Aufzählungen sind einige Maßstäbe genannt, unter denen wir die politischen Systeme oder die gesellschaftliche Zusammensetzung miteinander vergleichen. Allerdings können wir gerade aus der Feststellung der Unterschiede wieder darauf schließen, dass die Kulturen relativ zueinander sind. Der Sinn dieser

Behauptung ist aber ein ganz anderer als der obige, weil wir dort behauptet haben, es gäbe keine Maßstäbe des Vergleichs.

Um dem Problem auf den Grund zu gehen, müssen wir zwei Fragestellungen genau betrachten: Was verstehen wir unter Kultur? Und: Was meinen wir mit dem »menschlichen Zusammenleben«? Denn in der Behauptung von der Relativität der Kultur ist dieses mit der Kultur identifiziert. Die unterschiedlichen Weisen des menschlichen Zusammenlebens begründen ja gerade die Relativität der kulturellen Erscheinungen.

Was also ist Kultur? Der Begriff kommt aus dem Lateinischen (*cultura*), stammt aus dem landwirtschaftlichen Bereich und meint die Pflege und Bebauung des Landes, um daraus einen Ertrag zu erwirtschaften. Wir erkennen den Begriff unmittelbar noch in dem Wort »Agrarkultur«. Schon bei dieser Herkunft bemerken wir einen eigentümlichen Bezug zu Begriff und Wortfeld der Natur. Kultur ist sozusagen der Gegenbegriff zur Natur. Das ist deswegen eigentümlich, weil Kultur und Natur keinen kontradiktorischen Gegensatz bezeichnen können, in dem Sinn, dass Kultur ist, was nicht Natur ist und umgekehrt. Denn die kulturelle Pflege bezieht sich auf etwas, das Teil der natürlichen Umwelt sein muss.

Dass der Mensch Landwirtschaft betreibt, kennzeichnet ihn als ein Lebewesen, das sich aus dem natürlichen Umfeld der Nahrungssuche gelöst hat. Er ist nicht mehr darauf angewiesen, sich seine Überlebensgrundlagen zu suchen, wie er das vor dem Sesshaftwerden getan hat, sondern er stellt sich diese her. Er unterwirft das natürliche Wachstum von Pflanzen und die vorher frei lebenden Tiere seinem zwecksetzenden Handeln.

Dieses bewusste Ergreifen von Zielen, das weit über einen Zeitbereich des Unmittelbaren hinausgeht – es müssen schließlich bereits im Sommer und Herbst Vorbereitungen getroffen werden für die nahrungsmageren Wintermonate –, verlangt eine spezifische Planung, der die dafür erforderlichen Tätigkeiten untergeordnet werden. Damit wird aber das Handeln über den natürlichen, unmittelbaren Zusammenhang zwischen z. B. Hunger, Nahrungssuche und Sättigung herausgehoben.

Wir bezeichnen nun alles als Kultur, was in solcher Weise diese natürlichen Ordnungen übersteigt. Dieses Darüber-Hinausgehen ist aber keine der Tätigkeiten, die aus dem Umgang der natürlichen

Gegebenheiten vom Material der Behausung oder Kleidung, dem Pflanzenwachstum oder dem Leben der Tiere, welche als Nahrung dienen, hervorgehen, sondern im Grunde allein eines der Planung, der Bereitstellung, der Voraussicht in Bezug auf das Handeln. Wir sprechen dann auch nicht mehr von »Verhalten«, sondern eben von »Handeln«, wenn wir ein absichtliches, bewusstes, die zeitliche Unmittelbarkeit des Eingebundenseins in die natürliche Umgebung der Umwelt übersteigendes Sich-Betätigen meinen. Handeln ist insofern immer auch ein Zeichen von Kultur.

Noch früher als die systematische und massenhafte Sesshaftwerdung des späten Homo sapiens fand auch bereits eine kulturelle Anpassung an die Lebensumwelt bei unseren biologischen Vorfahren statt, wobei wir bei der Kultur genauer davon sprechen müssen, dass sich mit dieser nicht das Lebewesen an die Umwelt, sondern mittels der Kultur das Lebewesen die Umwelt an seine Lebensweise anpasst.

Diese Umkehrung des in aller anderen Natur sonst vorkommenden Verhältnisses begann wohl mit dem spezifisch menschlichen Werkzeuggebrauch. Darin wird ein Gegenstand von seiner Umwelt abgehoben, als Gegenstand, als Ding betrachtet, das in einen potentiellen instrumentellen Zusammenhang gebracht wird. Der Gegenstand wird nicht einfach nur gebraucht, wie die Zweige zum Nestbau des Vogels oder zum Herausstochern von Termiten, sondern erhält in der Betrachtung eine Eigenständigkeit, die ihm einen Gebrauchswert zuschreibt, der noch nicht festgelegt wird und sich deswegen für Planungen für verschiedene Zwecke eignet. Das Ding wird dann mitgenommen, ohne dass man schon wüsste, für was man es alles brauchen kann.

Das Entscheidende dabei ist der heraushebende Blick auf den Gegenstand, der aus seiner Umwelteinbettung gelöst wird. Dieser spezifisch intentionale Bezug betrachtet den Gegenstand *als* etwas. Indem ich *etwas als etwas* betrachte, realisiere ich bereits eine Art von Zeichengebrauch, der die Voraussetzung von Sprache, begrifflichem Denken und Verstehen ist.

Beobachten wir einmal hypothetisch einen Urzeitmenschen wie den *homo rudolphensis* vor zweieinhalb Millionen Jahren, wie er einen Geröllstein aufhebt, diesen mitnimmt, um ihn für irgendetwas zu gebrauchen. Von außen unterscheidet sich dieses Verhalten nicht von dem eines Vogels, der einen Zweig aufpickt, um ihm seinen Nestbau einzufügen. Der Vogel aber verhält sich in seiner natürlichen Umwelt, das Aufpicken des Zweigs dient der Fortpflanzung, weil er in dem mit den Zweigen gebauten Nest seine Eier ablegt. Der Mensch dagegen verbindet gar keinen unmittelbaren Zweck mit dem Stein, sondern er nimmt ihn mit, weil er weiß, dass er diesen für unterschiedliche Zwecke einsetzen kann.

Von solch unterschiedlichen Zwecken braucht der Mensch freilich eine gewisse Erfahrung, die sich mit der Zeit in ein Wissen um die Sachverhalte und Zwecke wandelt. Der Stein dient dem Menschen, um ein Tier damit zu erschlagen, Pflanzennahrung zu zertrümmern, Fleisch in handhabbare Portionen zu zerlegen oder von Knochen abzuschaben. Die Voraussetzung dafür ist, dass er den Stein als Gegenstand betrachtet.

Wenn wir den Menschen dabei beobachten, sehen wir also das Wesentliche seiner Tätigkeit nicht, denn die geht in seinem Geist vor (wir sprechen hier von »Geist« in einem rein funktionalen Zusammenhang, d. h. dieser bezeichnet die Fähigkeit zu einer bestimmten Denk-Leistung wie die Gegenstandskonstitution, die Zukunftsplanung, den Ichbezug usf.; das ist kein emphatischer Gebrauch, der den Geist, der darin selbst als körperlos gedacht wird, über dem Körper schweben lässt oder diesen von woanders her nimmt). Wir können aus dem bloßen Ergreifen des Gegenstandes niemals darauf schließen, ob es sich um einen Werkzeuggebrauch handelt, wie dieser auch bei Tieren vorkommt, oder ob der Mensch den Stein bereits als Gegenstand zu verschiedenen Zwecken betrachtet.

Eine solche Fähigkeit des Gegenstandsbetrachtens taucht wahrscheinlich nicht plötzlich auf. Der Mensch kann generationenlang einfach bestimmte Werkzeuge auf verschiedene Weise gebraucht und mitgenommen haben, ganz wie das bei den Tieren geschieht, und erst dann gingen ihm diese irgendwann als Werkzeuggegenstände auf. Er bemerkt, dass sich der Stein von den anderen Gegenständen, mit denen er sonst Umgang hat, z. B. einem Tier, unterscheidet. Das Tier dient der Nahrung und wird vertilgt, der Stein bleibt, was er ist.

Darin steckt aber noch ein Problem: Die Verwendungsweise des Steins als Werkzeug würde sich verlieren, wenn der Mensch nicht in der Lage wäre, seinen Artgenossen mitzuteilen, was es damit auf sich hat. Die Betrachtung als Gegenstand, wenn diese Fähigkeit eine kulturelle Bedeutung entwickeln soll, setzt ein bestimmtes Sozialverhalten voraus, einen Bezug zu den anderen der Gruppe oder der Art, und dass derjenige, dem er seine Entdeckung mitteilt, diese auch verstehen kann.

Die Kultur beginnt langsam und schleichend. Sie setzt ein, sobald der Zusammenhang konstituiert ist, der einen Gegenstand von seiner Umwelt isolieren kann, der diesen überhaupt als Gegenstand sehen lässt und der es möglich macht, diese Betrachtung zu tradieren. Die Vorformen der Einzelleistungen, welche vorausgesetzt werden müssen, weil das Zusammenspiel in seiner Komplexität nicht plötzlich auftreten wird (es könnte sein, dass so etwas bei einem genialen Vormenschen alles auf einmal zusammenkam, aber das können wir dann nicht mehr erklären), können im Grunde die Kultur nicht begründen, sondern sozusagen erst der vollständige systematisch zusammenhängende Komplex von Fähigkeiten, die sich freilich wechselseitig bedingen, sobald diese als Komplex etabliert sind.

Ich meine, dass wir im Grunde nur die Ausbildung dieser differenzierten Fähigkeit als Ausgangspunkt der Kultur ansehen sollten. Alles, was sich im Laufe von zweieinhalb Millionen Jahren daraus entwickelt hat, erreicht ein komplexeres Niveau und höhere, darauf aufbauende Stufen, die aber allesamt den beschriebenen Grundzusammenhang aufweisen.

Insbesondere ist dabei auffällig, dass jede kulturelle Leistung, egal welcher Art, immer die Verbindung zu physischen Gegenständen oder komplexen Sozialverhältnissen eingeht, ohne welche keine kulturelle Errungenschaft einen Bestand hat. Bei aller Differenz der konkreten kulturellen Betätigungen des Menschen ist dies der harte und nicht-relative Kern jedes kulturellen Datums, also erstens die Komplexion verschiedener Fähigkeiten und zweitens die Manifestation im Materiellen oder Institutionellen, d. h. in festgefügten sozialen Relationsverhältnissen.

Die soziale Dimension, die wir oben auch als »menschliches Zusammenleben« bezeichneten, trägt aber ebenso den kulturellen Stempel. Denn eine ganze Reihe von Lebewesen lebt in Sozialverbänden unterschiedlicher Komplexität, beim Menschen aber nimmt das eine spezifisch kulturelle Dimension an. Es scheint aus paläoanthropologischen Forschungen inzwischen erwiesen, dass die frühen Menschen der Australopithecus-homo-Linie auf ein soziales Miteinander höherer Komplexität angewiesen waren, um zu überleben. Wir haben auch gesehen, dass schon die einzelne Kulturleistung auf die Tradierung angewiesen ist, die ohne die starke Ausprägung des sozialen Zusammenhalts gar nicht denkbar ist.

Dass sich die tatsächlichen Formen des menschlichen Zusammenlebens differenzieren, wird uns nicht überraschen, wenn wir von dem eben beschriebenen Sachverhalt der Gegenstandskonstitution (im sozialen und planenden Zusammenhang) als einziger Bedingung der kulturellen Betätigung ausgehen. Anlässe für eine Diversifizierung von Handlungszusammenhängen gibt es viele: geographische und klimatische Verhältnisse, Nahrungsangebot, Sprache, Sozialstruktur der Gesellschaft, mythische Vorstellungen und Praktiken usf., die alle in einem tradierten Kontext stehen, der selbst unterschiedliche Weitergabeformen annehmen kann.

Solche Umbrüche, wie sie mit der Industrialisierung einhergegangen sind und welche die gesamte Struktur der Sozialbildung, der Weltbetrachtung und kulturellen Tradierung ändern, sind höchst selten. Die Frage wird sein, inwiefern die Aufsplitterung der kulturellen Bezüge innerhalb des immer gleichen Prozesses der Kulturbildung erlaubt, von verschiedenen Kulturen im emphatischen Sinne zu sprechen. Meinen wir also mit Kultur diese Grundfähigkeit, wie sie irgendwann in der Menschheitsentwicklung aufgetreten ist, oder meinen wir die konkrete Ausgestaltung innerhalb einer tatsächlichen menschlichen Gesellschaft? Und was ist dann jeweils genauer mit Kultur gemeint?

Bisher haben wir die Fähigkeit des Menschen zur Kultur beleuchtet und die Bedingungen der verschiedenen Ausprägungen von Kulturen nur gestreift. Erich Rothacker macht sechs Grundbedingungen von menschlichen Tätigkeitsformen aus: Zunächst und erstens verstehen wir den Menschen als handelndes Wesen, das angesichts einer bestimmten Situation in die Welt hineinwirkt. Eine bestimmte Lage der Umgebung zwingt jedes Wesen dazu, darauf zu reagieren. Gegenüber den Tieren kommen beim Menschen noch die reicheren Ausdrucksmöglichkeiten, die Planung und das Bewusstsein vom eigenen Handeln dazu.

Zweitens erfordert eine solche Reaktion auf eine Lage eine Entscheidung. Diese hat eine »alternativistische« Struktur, sie wählt zwischen »polaren Möglichkeiten«, primitiv zwischen links – rechts, vorwärts – rückwärts, oben – unten usf., erweitert in komplexeren Polaritäten.[339]

Zum Dritten bedeutet die Polarität der Entscheidung eine Richtungsangabe des Handelns immer in der Tendenz auf einen Pol und unter Wegbewegung vom anderen. Dabei ist es notwendig, dass der Mensch zunächst seine Lage und seinen Standpunkt angesichts der Polarität der Möglichkeiten einsieht, um dann die für ihn »fruchtbarere« zu wählen. Damit einher geht eine Entwicklung, eine Entfaltung, eine Reifung oder eben ihr Gegenteil.

Die fortgesetzte Entscheidungserzwingung verinnerlicht sich, wodurch es zum Vierten zur Ausprägung einer Haltung kommt. Ein Tier hat immer seine Art des Verhaltens, der Mensch muss sich *seine* Art in Entscheidungen erst erwerben, fortsetzen und durchhalten. Der Mensch ist dann zudem in der Lage, seine Handlungen und sein Leben vollständig einer solchen Haltung zu unterwerfen, ob diese im Pflichtbewusstsein, religiösen Märtyrertum, Lebensgenuss, Erkenntnisstreben, So-durch-Kommen oder anderem liegt.

Fünftens können sich solche Haltungen zu »großen Lebensstilen« durchformen: Für Rothacker haben z. B. die Römer einen bestimmten Stil entwickelt, der sich auf den Staatsaufbau, die Monumentalbilder, die Architektur, die Lebensart und die Anschauungen, das ästhetische Empfinden usf. auswirkt und als solcher erkannt werden kann. Diese Stilausprägung verändert sich laufend und unterliegt damit den Punkten zwei und drei (also der Entscheidung in Richtung auf einen Pol); für einen Stil, der im Grunde das ganze Handeln durchwirkt, muss sich sein Vertreter ständig entscheiden, verfällt aber damit auch den mit dem Stil verbundenen polaren Möglichkeiten und kann durch sein Handeln diesen fördern oder vernachlässigen. Schon die Vergegenwärtigung der Lage und ihre Lösung eröffnete die Möglichkeit des »schöpferischen Einfalls«,[340] um die Herausforderung der Situation zu bewältigen.

Vor dieser Möglichkeit stehen nun sechstens ebenso die Haltungen und die Stile. Die Komplexität der gewonnenen Ausprägungen macht es aber notwendig – zumal die inneren und äußeren Kräfte begrenzt sind –, sich auf ein oder wenige Felder der tätigen Leistungen zu verlegen. Die Chance der Konzentration steht dabei parallel und wiederum polar zur Möglichkeit der Zerstreuung, der Hereinnahme von Fremdem, die wiederum förderlich oder aufweichend geschehen kann, und damit zur durchgestalteten Ausprägung eines Stils oder dessen Auflösung.

Die Auffassung von Kultur als das Ausprägen eines Stils stammt von Nietzsche. Er schreibt: »Die Cultur eines Volkes als der Gegensatz jener Barbarei ist einmal, wie ich meine, mit einigem Rechte, als Einheit des künstlerischen Stiles in allen Lebensäusserungen eines Volkes bezeichnet worden ...«.[341]

Nun ist nach unserer Definition die sogenannte Barbarei zweifelsfrei ebenso eine Form der menschlichen Kultur. Nietzsche legt dabei allerdings den Schwerpunkt der Kulturbildung auf die »Einheit« und »Harmonie Eines Stils«,[342] es geht dabei nicht um eine subjektiv empfundene Gefälligkeit, die im sehr gewöhnlichen Sinne »Schönheit« genannt wird, sondern um die Ausprägung eines typischen Stils in einem, mehreren oder allen Kulturzweigen (also z. B. in der Kunst, der Religion, der Staatsbildung oder der Militärtechnik). Nietzsche spricht nicht von der anthropologischen Kultur, sondern von der »Hochkultur«.

Ein solcher Begriff wie »Hochkultur« begnügt sich nicht mehr mit der allgemein-menschlichen Fähigkeit zu Kulturleistungen überhaupt, wie sie sich schon im ersten Werkzeuggebrauch manifestiert, sondern umfasst eine größere Anzahl von Menschen in einem geographisch ausgedehnten Bereich über mehrere Generationen hinweg.

Die Möglichkeit der Ausprägung eines solchen einheitlichen Stils innerhalb der verschiedenen Kulturzweige ist bedingt durch politische, wirtschaftliche und gesellschaftliche Faktoren. Die »Kultur« braucht zu ihrer Etablierung eine gesellschaftliche Struktur der Arbeitsteilung, wirtschaftliche Sicherheit und ein gewisses Maß an Überproduktion und stabile innere und äußere Machtverhältnisse. Die geschaffenen Schrifttümer, Bildwerke und Weisheitslehren sind dabei gleichsam aus einer Lebensart hervorgegangen, haben gewissermaßen den kulturtypischen Einheitsstil herausgehoben und arrondiert.

Wenn wir von Kultur im relativen Sinn sprechen, meinen wir offenbar diesen Einheitsstil, sonst fehlt uns jeder Maßstab eines Vergleichs, und die Feststellung einer Unvergleichlichkeit setzt einen Vergleich freilich voraus. Wir machen die Unterschiede zwischen den Kulturen also in den Differenzen zwischen den politischen, wirtschaftlichen und gesellschaftlichen Lebensordnungen aus.

Der Vergleich geht freilich von der als invariant aufgefassten Vorgabe aus, dass jede Kultur eine Regelung bzw. einen Stil für diese Lebensordnungen ausprägt. Damit hängt aber das Verständnis von Hochkultur daran, angeben zu können, worin dieser Einheitsstil besteht. Zunächst müssen wir uns aber die Bedingungen noch genauer ansehen, unter denen ein solcher Stil sich ausprägen kann.

Rothacker bestimmt als unterste Grundlage eine Vorform innerhalb eines bestimmten Kulturzweigs, innerhalb eines Lebensstils, innerhalb einer Praxis, einer Gesinnung oder eines Ethos.[343] Eine solche Vorform besteht in einer bestimmten Ausübung von Frömmigkeit, ritueller oder kultischer Art, oder in einer Kunstübung, in einem in einer bestimmten Weise geordneten Staatsleben, in einer Rechtspraxis usf., die in der weiteren Engführung zur Lehre werden, zum Gedanken, zur Theorie, zur Ethik, zum Dogma, zur Kunsttheorie, zur Staatstheorie, zur Rechtstheorie usw.

Diese dogmatische Fixierung durch die Theorie geht dabei jeweils aus der theoretischen Auseinandersetzung hervor, kann aber jederzeit – herausgefordert durch die Praxis, durch einen neuen Gedanken oder eben innerhalb der theoretischen Bearbeitung und Ausdifferenzierung – dynamisch aufgebrochen werden. Die Kulturbildung besteht also in einem Kreislauf, der sich angesichts der »Schemata der Wechselwirkung«[344] ständig fixieren und wieder erneuern kann.

Diese Dynamisierung der Kulturbildung führt damit zu einer Mannigfaltigkeit in der Einheit der Kultur, die Rothacker durch weitere Mannigfaltigkeitsbedingungen ergänzt: Zunächst ist mit diesem Prozess die »fortschreitende intensive Stilisierung und Durchprägung wie [die] extensive Einbeziehung aller Lebensbereiche«[345] verbunden, welche die unterschiedlichen Kulturzweige nach und nach aufeinander bezieht. Die Kultur erhält dadurch ihren dynamisch-funktionalen Charakter.

Weiter prägt sich die Kultur als Lebensstil in verschiedenen Regionen und während der Generationen unterschiedlich aus.

Der Einheitsstil erfährt also eine keineswegs geschlossene Stilisierung:[346] In unterschiedlichen Regionen können ältere Traditionen mitgeschleppt werden, die Arbeitsteilung auch in den Kulturzweigen führt zu unterschiedlichen Ausprägungen, die äußeren und inneren Verhältnisse wandeln sich und die Kulturbildung reagiert darauf (in der Kunstgeschichte spricht man dann von Epochen oder Perioden), andere Kulturstile können einen Einfluss ausüben, sobald die Gesellschaft nicht nur auf sich bezogen ist, sondern z. B. durch Handelsbeziehungen andere Lebensstile kennenlernt, und zuletzt wechseln durch die Generationenfolge die Menschen, welche die Kulturleistungen vollbringen.

Der Vollzug des Lebensstils ist einerseits gekennzeichnet durch die übernommene Tradition, andererseits durch den Zwang, im Handeln ständig Stellung zu den Herausforderungen des eigenen Lebens zu beziehen, und zwar im Sinne der polaren Alterität. Die Bewahrung einer übernommenen Form ist deswegen *kulturanthropologisch* nichts anderes als ihre Abwandlung. Die kulturtheoretisch-historische Frage kann immer nur lauten, ob der Einheitsstil durch die Handlung gewahrt und intensiviert oder verwässert wird und abflacht oder sich gar grundlegend wandelt.

Nun können wir erstens keineswegs behaupten, dass die Alternativen immer totale sind. Zum Zweiten ist wegen der Prozessualisierung in keinem Fall auszumachen, wodurch und wann sich eine Hochkultur am Zenit befindet. Und drittens ist die Kulturbildung von Menschen abhängig, die hochgradig dem persönlichen wie dem gesellschaftlichen Zufall unterliegen. Stirbt z. B. ein Herrscher sehr jung, der sich der Förderung der Kunst und Literatur verschrieben hat, wird sich die kulturelle Entwicklung unter seinem kriegerischen Nachfolger anders entfalten. Völkerwanderungen, Kriegsglück, Austausch mit den Nachbarn, das Vorkommen besonderer Begabungen und deren zufälliger gesellschaftlicher Stellung usf. unterwerfen die Kulturbildung und die Ausprägung eines solchen Lebensstils einer radikalen Kontingenz.

Das Gesetz der Kulturbildung liegt nach Rothacker zuletzt in »der polaren Spannung universaler und partikularer ›Ideen‹«.[347] Diese Grundpolarität setzt sich fort in allen konkreten Entscheidungssituationen des einzelnen, von dem jede Kulturbildung ausgehen muss. Schon Nietzsche hat seinen Kulturbegriff im Kontext der Bildung des einzelnen entwickelt: »Der innere Prozeß, das ist jetzt die Sache selbst, das ist die eigentliche ›Bildung‹«.[348]

Die Kultur, auch wenn diese sich im sozialen Miteinander erst tradieren kann, besteht immer in der Bildung ihrer Träger, in der Fähigkeit des einzelnen, etwas zu »seiner Sache« zu machen. Da sich diese Fähigkeit ganz unterschiedlich ausprägen kann und ausprägt, wird die Relativität der Kultur in den einzelnen hineingetrieben. Es gibt also so viele Kulturen wie Menschen, und diese sind alle relativ zueinander. Diese Relativität betrifft aber nur die jeweilige individuell-subjektive Ausprägung. Der Kern der Kultur – und damit ihr spezifisch, dennoch aber radikal Nicht-Relatives – verbleibt im Wesentlichen in der *Fähigkeit* zur Kultur. Diese faltet sich in der tätigen Auseinandersetzung des Menschen mit sich und seiner Umwelt aus, sie beruht auf einer Haltung des Sich-offen-Haltens für Neues, auf der Möglichkeit, den Umgang mit den Dingen, sein eigenes Verhältnis zu sich, den anderen und zur Welt in eine lebendige Beziehung zum Eigenen zu bringen.

ETÜDE 21

Das Genie schafft mühelos die größten Werke der Kunst!

> Nur dem Ernst, den keine Mühe bleichet,
> Rauscht der Wahrheit tief versteckter Born,
> Nur des Meißels schwerem Schlag erweichet
> Sich des Marmors sprödes Korn.
> (F. Schiller, Das Ideal und das Leben)

Der am meisten unterschätzte unter den Schriftstellern ist Herr von Goethe. Das ist bei ihm gewiss ein ausnehmender Sonderfall, weil er als solcher hoch über allen steht im Urteil der Gebildetsten wie der Unkundigen, und das sogar unabhängig davon, ob man je auch nur eine Zeile von ihm gelesen hat. Die Achtung, die alle ihm entgegenbringen, bezieht sich auf seine überragende Bedeutung für die gesamte Weltliteratur, auf die er selbst sicher sehr viel Wert gelegt hat, gerade auch auf die der Nachwelt. Da mag und kann er sich wohl kaum beschweren. Herr von Goethe steht aber tatsächlich so hoch, dass ihm das nicht genügen kann.[349] Und wir Nachgeborenen sollten ihn um unserer selbst willen darin bestärken. Denn mit der Höhe wächst auch der Abstand und große Entfernungen machen unerreichbar.

Was macht diesen Genius also aus, dass wir behaupten müssen, er sei maßlos unterschätzt? Es ist die Mühe, der er sich unterzog, um das zu leisten, was er geschaffen hat; nicht freilich die Mühe selbst, sondern die Art, wie er sich dieser unterzog. Wenn die Größe und Vielfalt des Werks für die Schmerzen steht, die einer damit gehabt haben dürfte, was muss dieser Mensch gelitten haben! Und doch ist unser Johann Wolfgang nicht der Mann, der mit leidverzerrter Miene über Papier mit immer spitzer Feder sitzt und schwitzt. Er hat zumeist getrieben, was er gerade wollte, was ihm in den Sinn kam, er haute einfach nach Italien ab, ohne seinem Dienstherrn Bescheid zu geben – nicht einmal gefragt hat er und trotzdem wurde ihm vom Fürsten verziehen –, die Sittenregeln waren ihm egal, er ist für alles so bezahlt worden, dass er am Ende seines Lebens, beim Kassensturz, bass erstaunt, wie viel da zusammengekommen war, sich noch mehr wundert, wo das alles wieder hinging und verblieb.

Goethe war eben kein Mann des Leidens. Er hat vielmehr versucht, diesem, soweit es nur immer ging, auszuweichen, es sich bequem zu machen; und doch wusste er um die Not, wenigstens der Möglichkeit nach, und gesehen hat er diese sicher auch zuhauf. Sein Verhältnis zu den Gebrechen der Menschen, ihren Krankheiten und sozialen Nöten mit dem Auskommen, dem Tod Nahestehender, dem Krieg, den für ihn häufigen politischen Geschäften ist eher schwer zu bestimmen. Allerdings unterzog er seinem freien Leben, das ihm früh durch den immensen Erfolg seines *Werther* ermöglicht wurde, ein paar strenge Gewohnheiten, vor allem was den sprachlichen Ausdruck anging, als auch eine gewisse Regelmäßigkeit beim Produzieren seiner Werke; das ging so weit, dass ihm in fortgeschrittenen Jahren alles und jeder unerträglich wurde, das und der diese Gemessenheit nicht aufwies. Daran hat er also in jedem Fall gelitten – und gemessen mit diesem uns vielleicht ganz vernachlässigbar erscheinenden Anlass ganz übertrieben.

Bei Goethe ist nun gar nicht zu leugnen, dass ihm vieles zugefallen ist. Sein Hang zur Bequemlichkeit und zum rechten Einrichten hat ihn umgekehrt aber niemals dazu veranlasst, sich gerade darauf auszuruhen; er wäre dann sicher auch nicht geworden, was er war und ist. Der *Werther* wäre auch unter anderen Umständen heute noch hübsch zu lesen, aber vielleicht wäre er auch vergessen worden, hätten sich nicht viel später die Unfassbarkeiten des *Faust*, der *Iphigenie*, der *Wahlverwandtschaften*, der vielen Gedichte oder des bedeutendsten Werks – seiner eigenen Meinung nach –, der *Farbenlehre*, ereignet. Nachdem außer *Die Leiden des jungen Werther* und *Götz von Berlichingen mit der eisernen Hand*, der 1773 im Selbstverlag gedruckt und am 14. April 1774 in Berlin uraufgeführt wurde, gut zehn Jahre lang nichts Wesentliches von ihm erschienen war, wurden damals schon die neidischen Stimmen laut, der *Werther* (der im Herbst 1774 in Leipzig erschien und gleich darauf dort wegen Bedrohung der moralischen Ordnung verboten wurde) sei ein reines Zufallsprodukt und Goethes Eintagsfliege.

Ende 1785 wurde aber schon die erste Gesamtausgabe seiner Schriften bei Göschen (der einzelne Teile auch noch als Einzelausgaben druckte, z. B. 1790 den *Faust*) in Leipzig geplant, deren erste vier Bände Goethe im September 1787, als er in Italien weilte, erhielt und die bis 1790 um weitere vier Bände erweitert wurde. Es ist typisch für Goethe, dass bereits ab 1792 bis 1800 bei Unger in Berlin weitere sieben Bände, *Goethes neue Schriften*, herauskamen.

Als die Gesamtausgaben geplant wurden, hatte Goethe seine Werke keineswegs schon fertig vorliegen. Er arbeitete die Sachen ständig um, setzte die Prosafassungen der Dramen in Verse, verfasste die Gedichte immer wieder neu, ebenso den *Faust* (dessen Urfassung nur dadurch erhalten ist, dass sich zufällig eine Abschrift bei Luise von Göchhausen erhalten hat) und den *Wilhelm Meister*. »Wenn mir eine Sache mißfällt, so laß ich sie liegen oder mache sie besser«.[350] Die ganze Italienreise begründete er manchmal damit, dass er seine Werke vorantreiben wolle, obwohl er dort erst beschloss, Schriftsteller zu werden und die bildende Kunst nur noch als Beobachter zu betreiben.

Goethe das Genie abzusprechen, geht nicht an. Das schreibe ich – und der Leser stimmt dem Urteil wohl hoffentlich auch vorbehaltlos bei –, obwohl ich keine Ahnung habe, was mit dem Begriff wirklich gemeint ist. Um das goethesche Genie näher zu bestimmen, liest man manchmal – z. B. bei Schiller; und damit ist es verbürgt, weil der ihn gut kannte, so gut wie man konnte, und weil er darunter bis zum Hass des Freundes gelitten hat –, dass Goethe durch seine sichere Intuition bestimmt war. Er musste sich keine Gedanken machen, wie ein Werk beschaffen sein sollte, es fiel ihm zu, entwickelte sich organisch, wenn er nur daran arbeitete, die Natur der behandelten Gegenstände nur deutlich genug vernahm, denn die Worte standen ihm wie selbstverständlich zur Verfügung.

Schiller dagegen konnte nur auf seinen Willen vertrauen; die vielen Krankheiten machten ihn häufig arbeitsunfähig oder setzten ihn zum Arbeiten nur eingeschränkt in die Lage. Er wog und wendete die Stoffe hin und her, wich auf die theoretischen Grundlagen der Ästhetik, Dramatik, Moral und Politik aus, schmiedete unendliche, für jede und besonders für seine Lebensspanne unausführbare Pläne, und sobald es ihm nur halbwegs leidlich ging, betrieb er physischen Raubbau. So etwas kommentierte ein Goethe nur mit Kopfschütteln und barem Unverständnis. Das Genie Goethes ist ein gegebenes, das Genie Schillers von diesem selbst erzwungen. – Doch so einfach ist das nicht!

Der Begriff Genie kommt vom Lateinischen *genius*; der Genius ist etwas ganz Eigenartiges, eine Art Schutzgeist, der das Schicksal eines Mannes (die Frau hatte eine *juno*) begleitet und beim Tod des Menschen zugrunde geht. Das entsprach im Griechischen dem *daimon*, was auf der einen Seite einen »inneren Sinn« bedeutet, aber eben auch »Geist« und »Gottheit«. In der römischen Vorstellung blieb das erhalten; der Wortstamm aber kommt wiederum vom griechischen *gignomai*, was »werden« und »entstehen« bedeutet, und das führte dazu, dass auch die Zeugungskraft des Mannes dem *genius* zugeschrieben wurde. Der *genius* wird dadurch zur »Ursache«, zum »Herkommen«, zur »Familie« usf. Und weil alles irgendwie geworden ist und dadurch bestimmt wird, können auch Orte und Städte einen *genius* haben.

Das unterschiedliche Herkommen unterscheidet die Dinge, die Menschen, die Gegenden usf. und es macht sie zu dem, was sie sind. Deswegen heißt *genus* auch noch »Art und Weise«, »Klasse«, »Beziehung«, »Sorte« usw. Das *ingenium* ist somit alles, von der »Natur« eines Menschen oder einer Sache, über den »Verstand«, die »Anlage«, den »Charakter« und die »Persönlichkeit« eines Menschen, das, was er Besonderes – und Geistreiches – gemacht oder geleistet hat, und das ist wiederum das, was er selbst ist.

Je nachdem, ob man den *genius* – der etwas Allgemeines ist, weil es jeder hat – mit dem Menschen identifiziert oder als seinen »göttlichen« Grund sieht, verschiebt sich die Bedeutung. Denn es macht einen Unterschied, ob ich eine Leistung des Geistes dem Menschen selbst zuschreibe oder einem oder etwas, das in diesem wirkt: Ist der Mensch selbst der wirkliche Grund, hat dieser sein Werk allein durch seinen Willen, seinen Verstand oder sein eigenes, ihm selbst und allen anderen verborgenes Inneres geleistet? Im anderen Fall müssen wir annehmen, dass ihm das durch so etwas wie Inspiration, Eingebung, eben durch *sein* Genie nur zugefallen ist. Diese Trennung der Ursprünge aber ist eine bloß begriffliche und damit künstliche, denn der *genius* meint immer beides.

In der Philosophie wird generell zwischen genetischen und epistemologischen Gründen unterschieden. Die genetischen geben an, wie etwas entstanden ist, die epistemologischen, wie wir etwas davon erfahren können. Beim Genie fragen wir ebenso, woher es kommt und woran man es erkennen kann. Unser Vorurteil hat hier seinen Ursprung: Die innere (und im Vergleich zu anderen) überragende Schaffenskraft eines Menschen führt zu genialen Werken, die er vollbringt. Alles aber, was wir durch Erfahrung, Lernen, Wissen und Anstrengungen leisten können, vermag im Grunde jeder, wenn auch vielleicht angesichts seiner Anlagen mit unterschiedlichem Aufwand; dadurch kann also offenbar auch nichts Geniales hervorgebracht werden, denn dieses ist ja gerade das Besondere. Und weil man für seine Inspirationen, für seine Eingebungen nichts kann, liegt hier der Grund des Genialen.

Das Genie ist also jemand, der sich nicht mühen muss, weil er schon durch sein Ingenium alles hat, was er braucht, um seine genialen Werke zu schaffen. Üblicherweise sind das Werke der Kunst, aber man hat den Begriff immer weiter ausgedehnt, um auch Wissenschaftler, Philosophen, Politiker, Techniker, Unternehmer, Militärs und viele andere damit auszuzeichnen.

Der Begriff des Genies ist somit durch ein bestimmtes inneres Vermögen und durch eine Leistung ausgezeichnet, die nach außen hin sichtbar ist. Durch die Sichtbarkeit des Werks kommt es dazu, dass manche Schaffende von einigen als Genies bezeichnet werden, von anderen dagegen nicht. Das Vorurteil hat seinen Grund aber nicht im Werk, sondern in der Ursache des Werks. In Frage steht, ob das vollbringende Genie etwas für seine besondere Leistung kann oder nicht, ob es über das Werk hinaus noch etwas geleistet hat, welches das Genie erst in die Lage gesetzt hat, dieses hervorzubringen. Im anderen Fall geht das Werk zwar aus dem genialen Menschen hervor, aber sozusagen unverdientermaßen. Wir wissen gar nicht mehr, was wir eigentlich am Genie bewundern, den Menschen, seine Leistung oder das, was im und durch den Menschen wirkt, ihm im Grunde aber gar nicht oder nur akzidentell – also zufällig und ohne dass es Teil seines Wesens ist – zugehört.

Vor allem in der Renaissance und in der Romantik wurde der Geniebegriff so verstanden, dass allein die innere Inspiration für das Schaffen des genialen Menschen verantwortlich ist. Es stellt sich gleich die nächste Frage: Woher stammt diese Inspiration? Während zunächst ganz klassisch davon ausgegangen wurde, dass diese etwas Göttliches ist und somit von Gott herkommt, bestimmte man im 19. Jahrhundert die Natur als Ursache dieser Inspiration. Auf beides muss der Künstler sich einlassen: Entweder er versetzt sich in eine Art von emphatischem Rausch, in dem er seine Eingebung erhält – Homer musste da noch etwas aktiver sein und die Musen anrufen; ob die einem aber beistehen, ist diesen selbst überlassen und kann nicht erzwungen werden – oder aber er lässt sich auf die Natur ein.

Vom ersten, der göttlichen Eingebung, haben wir eine relativ klare Vorstellung: ein allmächtiger und allwissender Gott sagt uns, was wir zu tun haben, um das geniale Werk hervorzubringen; dann allerdings ist das Werk allein dessen Verdienst und der Künstler ist sozusagen nur das Medium, durch das sich die göttliche Kraft ausdrückt. Das gilt vor allem für Werke, welche eine Religion begründen, sei es wie bei Mohammed, dem Gott auf Arabisch wörtlich den Text diktierte, sei es wie bei den biblischen Autoren, die inspiriert wurden, die aber den Wortlaut selber finden mussten – und dann auch Fehler machen konnten. In Guido Renis »Matthäus mit dem Engel«, das in den Vatikanischen Museen hängt, sieht man deutlich, dass der arme alte Mann kaum etwas damit anzufangen weiß, was der begeistert aufgeregte Knabe ihm da herzählt.

Die zweite Bestimmung aber ist ziemlich unklar: Denn was ist mit »Natur« gemeint? Diese gibt es ohne die Vorstellung gar nicht, welche der Mensch sich von dieser macht; und das gilt sowohl für die allgemeine, uns umgebende Natur wie für die Natur des Menschen. Wenn wir von der Natur sprechen, meinen wir zunächst zwar immer etwas, auf das wir keinen Einfluss haben, das für sich steht. Gleichzeitig verstehen wir die Natur immer auf eine bestimmte, unserem Fassungsvermögen entsprechende Weise. Aber auch ohne dieses begriffliche Problem müssen wir folgern: Ein geniales Kunstwerk erscheint entweder als etwas Göttliches oder als etwas Natürliches, aber offenbar niemals als etwas, das vom Menschen gemacht sein kann; sondern eben allenfalls als vermittelst des Menschen.

Die Lehre von der Außer- oder Übermenschlichkeit des Genialen hat einen großen Vorteil: Es ist nämlich klar, dass »das Genie« oder »das Geniale« nicht erklärt werden kann. Wir verbinden mit dem Begriff etwas derart Außergewöhnliches, dass ein solches

Werk augenblicklich seinen Zauber verlöre, wenn wir es begründen und herleiten könnten, wenn wir die Ursachen wüssten, die es zur genialen Schöpfung machen. Es muss an diesem Überbordenden und Außergewöhnlichen immer ein Rest verbleiben, der nicht erklärt werden kann, sonst sprechen wir nicht mehr von etwas »Genialem«. Doch wo kommt so etwas her, das wir nicht erläutern können; auf das wir auch nicht zeigen können? Wir sagen nicht: Schau her: das ist die geniale Stelle, Sentenz, der überragende Gedanke! Begreifst du es? Sobald es vollständig verstanden werden kann, ist das Geniale perdu.

Diese Ansicht setzt etwas voraus, was im Grunde gar nicht selbstverständlich ist. Denn wie, so muss man fragen, kommt jemand auf die Idee, dass wir alles erklären können? Es gibt Dinge, die wir vor uns sehen, von denen wir wissen, dass es sie gibt, die wir aber nicht vollständig entschlüsseln können, von denen wir nicht ihren letzten Grund wissen; und das sind sogar die meisten Dinge. Warum soll das beim Genie nicht genauso sein? Wir wissen alle, dass es geniale Werke gibt, wir können sie nicht vollständig verstehen, wissen nicht exakt, wie sie entstanden sind; ja, das weiß nicht einmal der Künstler selbst absolut anzugeben – die meisten von ihnen sogar noch weniger als andere, die sich mit ihren Werken auseinandersetzen.

Um den Prozess, wie es zu etwas Neuem kommen kann, das als genial angesehen wird, zu verstehen, setzt die neurophysiologische Forschung »Genialität« mit »Kreativität« gleich. Das assoziationspsychologische Paradigma, das dort notwendigerweise herrscht, geht davon aus, dass jede menschliche Leistung das Ergebnis einer Kombination von Reizen aus den Sinnen oder dem Gedächtnis oder eben aus beidem ist. Das reiche Material, das dabei auf uns einströmt, wird vom Gehirn geordnet,[351] indem es durch verschiedene Filterprozesse läuft, die mit bestehenden Ordnungsschemata abgeglichen und z. B. in Bedeutsames und Unwichtiges eingeteilt werden. Was aber als bedeutsam gilt, ist nach dieser Lehre zufällig.

Die klassische Konditionierung nach Pawlow z. B. verknüpft einen beliebigen Reiz mit einem aus der Lebensumwelt des Tieres bedeutsamen, der eine bestimmte natürliche Reaktion auslöst, die sich nach der Dressur auch auf den verknüpften Reiz hin einstellt. Beim Kreativen sind diese Ordnungsprozesse latent inhibiert, d. h.

die sonst übliche Reaktion auf den Zufallsreiz bleibt aus. Dieser ist also nicht klassisch konditionierbar, aber eben auch nicht in der Lage, die Reize, die auf ihn einströmen, sinnvoll zu ordnen; er kombiniert sie beliebig – und ab und an kommt dabei etwas Neues, Kreatives heraus.

Damit sind zwei wesentliche Merkmale der landläufigen Ansicht über Genies erklärt: Die Assoziationsprozesse laufen zum Einen unbewusst ab, und so erscheint es, als kämen sie von nirgendwoher, also aus einer mystischen Inspirationsquelle. Zum anderen fügt sich das schöne Durcheinander der freien Assoziationen nur selten zu etwas Neuem zusammen, mit dem andere in der Welt auch etwas anfangen können. Menschen, die wirre Sachen kombinieren, werden dagegen nicht als genial, sondern eher als verrückt angesehen. Daraus wird dann kombiniert, dass Genie und Wahnsinn ganz nahe beieinander liegen.

Neurophysiologisch betrachtet geht das so: Eine Variante des Neuregulin 1-Gens, das ein Glykoprotein kodiert, das wiederum eine entscheidende Funktion bei der neuronalen Signalübertragung hat, führt dazu, dass die synaptische Verschaltung im Gehirn nur unzureichend (im Vergleich zum »Gesunden«) ausgeprägt wird. Es wird diskutiert, ob, und auch immer wieder behauptet, dass diese Störung zur Schizophrenie führt. Das Gehirn des Patienten ist also nicht in der Lage, ordnende Strukturen in dem Maß auszubilden, dass dieser von der Krankheit verschont bleibt. Ist der Schaden nicht ganz so groß und bringt einer daneben noch genügend Intelligenz auf, wenigstens manchmal Ordnungsstrukturen aufzubauen, hat er das Zeug (oder das Gehirn) zum Genie.

Was an diesen Erklärungen stört, ist die völlige Ungerichtetheit und Zufälligkeit, mit der ein Genie seine besonderen Leistungen vollbringen soll. Wir können auch sagen, das Genie hätte der Erklärung zufolge zugleich die ungeordnete neurophysiologische Struktur eines Verrückten wie das hochgradig geordnete System, wie es eben nur Genies aufweisen. Aber das ist nicht beides gleichzeitig und in derselben Weise zu haben.

Zufällige Assoziationen, wie sie bei psychisch Erkrankten vorkommen – und das unabhängig von der Intelligenzleistung –, sind nicht das, was wir als Leistung eines Menschen betrachten würden, denn diese muss etwas sein, womit auch andere einen Sinn verbinden können. Es muss sich um etwas handeln, das sich in die kulturelle Ordnung irgendwie oder irgendwann einpasst und dort seinen Platz bewahren kann. Philosophisch betrachtet handelt es sich dabei um eine Bedeutungsfrage, die sich generell nicht aus den bloßen Fakten ergibt, sondern zugeschrieben werden muss. Woher nimmt das Genie also seine Bedingungen und wie ordnet es sein Material? Wie kommt es zu dem spezifischen Vermögen, das in die Lage versetzt, bewundernswerte Werke zu schaffen?

Wir haben schon erwähnt, dass Goethe sehr viel Glück gehabt hat. Schon in seiner Kindheit, aber auch sein ganzes Leben hindurch stand er unter vielfältigen Eindrücken, ja er hat solche geradezu auch immer aufgesucht: Die Italienbegeisterung und die Sammelleidenschaft seines Vaters, das frühe Erlernen des Griechischen, Lateinischen, Italienischen, Französischen und Hebräischen, die intensive Bibellektüre, Klopstocks *Messias* und die Dramen Lessings und Shakespeares sowie der lateinischen und griechischen Klassiker, der frühe Beginn eigener literarischer Versuche, der Umstand, dass der Stadtkommandant Graf Thoranc während der französischen Besetzung Frankfurts im Siebenjährigen Krieg Quartier im Elternhaus am Großen Hirschgraben nahm (dabei lernte der kleine Johann Wolfgang das französische Schauspiel kennen), um dort auch eine Reihe von Darmstädter und Frankfurter Malern zu beschäftigen, denen der 10- bis 12-jährige Junge zusehen und zur Hand gehen durfte, der Zeichen- und Klavierunterricht (mit knapp 14 Jahren sah er den kleinen Wolfgang Amadeus Mozart ein Konzert geben).

Weiter prägten ihn die Eindrücke während seines Jurastudiums in Leipzig und (nach einer eineinhalbjährigen Krankheit, die er ebenso zum Wissens- und Erfahrungserwerb nutzte) Straßburg, die sich auf alles Mögliche erstreckten, das man sich nur vorstellen konnte und kann, der intensive Kontakt zu einer Reihe von bedeutenden Leuten aus allen Bereichen des Wissens wie Kunst, Literatur, Medizin, Chemie usf. und schließlich seine ausgedehnte Reisetätigkeit, die damals alles andere als bequem war und die er sehr lange beibehielt. Das alles rechtfertigt ganz und gar, was Richard Benz schreibt: »dieser Dichter ist nicht primär Erfinder, sondern Gestalter, ist nichts ohne das lebendige sich immer wandelnde Objekt Mensch und Welt«.[352]

Vor allem von Johann Gottfried Herder scheint der junge Goethe einiges empfangen und aufgenommen zu haben: Vielleicht hat Herder Goethes Denken entscheidend befreit und auf manch andere Felder gelenkt. Sicher aber hat er von diesem auch heftige Kritik erfahren, und was daran wohl noch wichtiger war: Er hat von ihm gelernt, solche zu ertragen.

Für unser Thema bedeutsam ist, dass Herder derjenige war, welcher die Basis von »Sprache, Poesie und Kunst« in der »Gott-Unmittelbarkeit des Schöpferischen« sah. Nach Herder ist die Einheit aller Zeit und allen Denkens in der Religion für die moderne Zeit verloren. Der »Genius« ist der »Ersatz« für diesen kulturellen Niedergang. In einer »zweiten Schöpfung« stellt der »Genius« die Ordnung für das Denken und für die Natur wieder her.[353] Goethe hat sich das sehr zu eigen gemacht – weit mehr als sich Herder das damals vorstellen konnte.

Und immer wieder die Frauen. Goethes junges Leben kann auch als eine Abfolge von Liebschaften beschrieben werden, deren tragischste in Wetzlar, als er zur juristischen Weiterbildung beim Reichskammergericht beschäftigt war, ihn zu seinem *Werther* trieb. Ganz so schlimm war es allerdings nicht, sein Freund Johann Heinrich Merck,[354] der die Veröffentlichung des Götz mitfinanzierte, hat Goethe wohl zur schnellen Abreise aus Wetzlar bewegt und ihn bei Sophie von Laroche einquartiert, deren Tochter Maximiliane dem Liebesschmerzgeplagten die Leiden verwehte. Man möge nachlesen, wie der Fortgang der Geschichte nach und nach alle Motive der Wertherleiden zusammen sammelt.

Goethe hat offenbar alle seine Erlebnisse, ob diese positiv oder negativ waren, immer produktiv umzusetzen gewusst. Er muss damals – er ist gerade einmal 25 Jahre alt – schon wie ein Besessener geschrieben haben. Was davon bekannt ist, sprengt jedes Maß. Veröffentlicht hat er davon zunächst gar nichts, die Dinge hatten Zeit, in ihm zu reifen. Erst nach einigen Umarbeitungen erschien einzelnes daraus, an die Ausführung anderer damaliger Erzeugnisse hat er noch bis ins hohe Alter gedacht. Offenbar hat er aber im Februar 1788 als fast 40-jähriger erst den Entschluss gefasst, sich in der Kunst auf die Betrachtung zu beschränken und Dichter zu werden.[355]

Bei Goethe von ungeordneten, freien und zufälligen Assoziationen zu sprechen, die der Grund für seine Werke gewesen wären, geht nicht an, ja, ist absurd. Der große Schriftsteller war ein Ausbund an Klarheit, Prägnanz und Direktheit, die er allenfalls aus Rücksicht einmal zurückstellte.[356] Seine vielfältigen Eindrücke von so vielen Themengebieten, die alle eine relativ hohe Ordnung aufwiesen – sonst hätten sie sich bei der Menge tatsächlich zerstreuen müssen –, sein enormer Fleiß, seine dauernde Anstrengung und Anspannung, die ständigen Überarbeitungen und Verbesserungen, sein Hang zu Geselligkeit und Austausch (der ihn nach und nach hat einsam werden lassen, weil man seine schiere Größe nicht mehr ertrug; er selbst hörte schon lange das »Ouf« der Welt bei seinem Tod[357]) und sein Entschluss, wenn schon zu schreiben, dann etwas Besonderes.

Auch hat er keine Mühe gescheut, sich tagtäglich an diese Vorsätze zu halten, auch wenn es von außen manchem so scheinen möchte, als schaffte da ein Sonnenkind nur nebenzu und ohne größeren Impuls und Willenskraft. Auf der einen Seite wollte er wohl auch diesen Eindruck erwecken, auf der anderen Seite entsprach es seiner Art, sich auf die Dinge einzulassen, sich mit ihnen Zeit zu lassen,[358] sich erst einmal alles anzusehen, sich nach und nach seine Urteile erst zu bilden, sich nicht zu früh festzulegen, wenn er sich nicht sicher war, und aus dem Bedürfnis heraus, den Stoff in Form zu bringen.

Es ist schwer, bei Goethe zum Punkt zu kommen, wenn man einmal anfängt – man gerät schnell vom einen zum anderen. Vielleicht war er so, dass er nie wirklich zum Ende oder auch nur zu einem Anfang kommen wollte. Thomas Mann, der möglicherweise eifersüchtig war, sich, um darüber hinwegzukommen, schnell mit Schiller solidarisierte, schildert Goethe im siebten Kapitel von *Lotte in Weimar* sozusagen als schier pathologisch ideenflüchtig. Ich zeige hier nur, dass die Vielfalt und die Anstrengung bei Goethe die Grundlage seines Werks waren, das ständige Ringen um sich und die Welt[359] und nicht: göttliche Eingebungen.

Doch auch bei Goethe hören wir die Klage: »Schriftstellen ist eine unheilbare Krankheit«.[360] Jemand, der tatsächlich meinte, der Weimarer Dichterfürst schaffe »leichter«, »heiter« und »quallos«,[361] war offenbar Schiller, der sich nach Mann die »Form, Gestalt, Begrenzung, Körperlichkeit« erst mühsam erringen und gewinnen musste, während der andere diese einfach »beim Namen nennt«.[362]

Schiller hatte viel zu leiden, physisch und noch mehr unter seinen Projekten. Was damals an Infektionskrankheiten grassierte, befiel den armen Mann. Doch das dichterische Werk bereitete nicht weniger Mühsal, so dass Thomas Mann aus Sicht Schillers über die Arbeit am *Wallenstein* schreibt: »dieser Last, diesem Druck, dieser Gewissensqual, diesem Meer, das auszutrinken, dieser furchtbaren Aufgabe, die sein Stolz und sein Elend, sein Himmel und seine Verdammnis war«.[363] Und weiter: »Aber er glaubte ja an den Schmerz, so tief und so innig, daß etwas, was unter Schmerzen geschah, diesem Glauben zufolge weder nutzlos noch schlecht sein konnte. ... Nur bei den Stümpern und Dilettanten sprudelte es, bei den Schnellzufriedenen und Unwissenden, die nicht unter dem Druck und der Zucht des Talentes lebten«.[364] Denn das Talent sei in erster Linie »Bedürfnis« und kein »Können«, eine Qual, die zu weiteren Qualen führt und mit jedem Erreichen sich noch mehr steigert. »Ichsüchtig ist alles Außerordentliche, sofern es leidet«.[365]

Mann zeichnet Schiller als einen von Eifersucht Getriebenen, der niemanden über sich duldete, wenn – und diese Einschränkung ist entscheidend – dieser nicht auch mehr gelitten haben würde.[366] Schon bei den *Räubern* ging es ihm so.[367] Freilich schreibt sich Mann die Qualen gern auch selber zu.

Mann betont sehr das Innere, aus dem heraus Schiller schreibt und schafft, sozusagen aus dem Nichts der Welt. Aber dieses Ideal der Seele kann nur formen. Den Stoff muss sie aus der Welt und die Prinzipien aus dem Verstand schöpfen, der ebenso nur Formkraft hat, wenn auch eine begrifflich wesentlich klarere, als es die Schau der Idee ist. Und diese kann zudem mitgeteilt werden. Schiller greift danach in den Stoff ein, während Goethe gewissermaßen aus dem Stoff heraus schafft.[368] Zwar plante auch Goethe – vor allem in jungen Jahren – immer wieder zukünftig zu bearbeitende Stoffe, doch den zwölf ausgeführten Dramen von Schiller stehen wohl noch mehrere Dutzend geplante gegenüber.[369] Immer wieder gibt er sich Rechenschaft, kündigt Freunden gegenüber dies und das an, kalkuliert sein Fortkommen,[370] schweift in die Theorie ab, um gestärkt daraus hervorzugehen,[371] um nach und nach sein »Handwerk« erst zu erlernen.[372]

Schillers Leben ist begleitet von ständigem Wachsen und Weiterkommen[373] und sein Werk vom Ringen um eine sehr artifizielle, hohe, ideale und dennoch präzise Sprache.[374] Dabei wollte er doch gleichermaßen allen gefallen und von allen verstanden werden.[375] Aus Schillers Schaffen können wir recht eigentlich sehen, wie er mühsam versucht, die Stoffmassen und die dramatischen Rücksichten in die Form zu zwingen.[376]

Hätten beide über das höchste Prinzip der Kunst geredet, hätte Einigkeit geherrscht über die Mühen, das ständige Weiterstreben, das damit verbunden ist, aber Goethe wäre wohl derjenige gewesen, der den Ernst betonen würde, während Schiller alles auf das Spiel gesetzt hätte.

ETÜDE 22

Die Jugend ist verdorben, faul und aufmüpfig!

Die Rede vom Verfall, der mit dem Neuen einhergeht, ist eine alte Geschichte. Der generelle Kulturpessimismus, sozusagen die These, dass das auch so sein muss, ist dagegen spezifisch mit der Moderne verbunden. Das hat damit angefangen, dass der Mensch herb enttäuscht wurde, nachdem er sich ab dem ausgehenden 19. Jahrhundert über seinen kulturellen Fortschritt definierte, den die Aufklärung ab etwa knapp zweihundert Jahren davor zum Leitprogramm aller individuellen, sozialen, wissenschaftlichen, technischen usf. Entwicklungen propagierte. Die beiden, mit brutalsten Mitteln geführten Weltkriege und die Greueltaten des nationalsozialistischen Terrorstaats führten allgemein vor Augen, dass der Mensch allenfalls in seinen bestialischen Tendenzen vorangeschritten sei, die wirklich machten, was in vergangenen Jahrhunderten nicht einmal denkbar gewesen war oder sein sollte.

Dass die Welt tatsächlich schlechter wird, wollen wir auf der anderen Seite nicht recht glauben. Zwar ist die eigene Generation der folgenden weit überlegen, wie wir glauben, und ebenso haben wir es besser als die Generation zuvor, aber diese Vorzugszuschreibung klingt allzu apologetisch, so dass sie sich schnell als verbreitetes Vorurteil erweist. Die zunehmende Verfestigung der eigenen Lebensführung bei fortschreitendem Erwachsen- und Älterwerden – sicher auch ein stark durch neurophysiologische Vorgänge beeinflusster Prozess – reserviert gegenüber neuen Moden, während die Jungen gerade darauf dringen, sich von den Älteren, dem Etablierten und Starren, dem Festgefahrenen, das für sie keinen Platz bereit hält, abzugrenzen, es abzulehnen oder es gar zu bekämpfen.

Da eine solche Abgrenzung gegen das schon Bestehende einen Freiraum voraussetzt, gehen die sozialen Bewegungen, die damit verbunden sind, die sogenannten Jugendkulturen, nicht von denen aus, die keine solchen Freiräume haben, sondern von denjenigen, welche diese von der Elterngeneration zugestanden bekommen. Die

Abgrenzung gegen das Bestehende erfolgt dann auf der Bedingung desselben. Nur die Welt der Erwachsenen, gegen die sich die Nachwachsenden wehren, kann die Ressourcen bereitstellen, die es diesen erlauben, überhaupt aktiv zu werden. Schon die *jeunesse dorée* im ausgehenden 18. Jahrhundert versammelte Jugendliche, die aus den gesellschaftlichen Oberschichten stammten. Mit der globaleren Absetzung von einer Wirtschaftsweise, die auf die produktive Arbeit von Kindern und Jugendlichen, ob im Agrar- oder im frühen Industriezeitalter, angewiesen ist, entstehen solche Bewegungen freilich zunehmend. Mit steigender Vermassung und entsprechender Nutzung solcher Freiräume wird der Eindruck gewonnen, das Neue, weil es anders ist als das Gewohnte, sei schlechter und verdorben; und weil es sich nicht in den etablierten Lebensrhythmus, der die Existenzgrundlagen sichern soll, einpassen will, ist sein Vertreter faul; zuletzt reagiert der wiederum, wenn er damit konfrontiert wird, mit Widerspruch, ist also vorlaut und aufmüpfig.

Das Neue, die Mode, den Trend, so etwas gab es schon zu allen Zeiten; das ist gewissermaßen gerade nichts Neues. Und ebenso hört man die generellen Klagen der älteren Generationen über die jüngere schon seit Jahrtausenden, so dass man das Schimpfen über das Neue recht einen alten Hut nennen kann. Die Kritik daran ist offensichtlich zweigliedrig: Zum einen wendet man sich darin gegen das Ungewohnte, das nicht zum eigenen und selbstverständlich genommenen Lebensstil passt, zum anderen hegt man implizit die Meinung, dass das Neue nichts Rechtes ist und dementsprechend auch bald wieder vergehen wird.

Ein Trend ist etwas, das die Zeit bewegt, das muss für sich aber nichts Hohles, Oberflächliches, Nichtssagendes sein, obwohl im Begriff bereits steckt, dass es sich um etwas Vergängliches handelt. Wo so etwas herkommt, entsteht, sich ausbreitet, ist eine Frage; eine andere, ebenso wichtige wird sein, ob eine Mode vollständig vergeht oder ob auch etwas in ihr liegen kann, das bestehen bleibt, das sich herauslöst aus dem Verfall des Kommens und Gehens des »Modernen« und das vielleicht vorher schon vorhanden war. Gehört dieses Element dann auch zum Trend oder ist es ihm äußerlich und sozusagen nur zufällig damit verbunden?

Von Anfang an wohnt der Mode und ihrem Träger etwas Zwiespältiges inne: Wer sich dieser anpasst, will aus dem, was ihn und seine Umwelt prägt, ausscheren, er will sich einen individuellen Anstrich geben, er will durch etwas Einzigartiges auffallen. Gleichzeitig ist ein Anpassen keine Form der Individuation, sondern eine der Konformierung.

Die Abgrenzung ist immer zugleich auch eine Einpassung; indem man dazugehört, sich assimiliert, gibt man gerade das Eigene auf. Die Eingliederung in ihrer fassaden- und maskenhaften Form verdeckt den Einzigartigkeitsanspruch, mit dem man sich von der ursprünglich als zu eng empfundenen Lebensweise emanzipieren wollte. Bei zunehmender Verbreitung der Erscheinung, ihrem Einsickern in konservative Schichten, schwächt sich gleichzeitig ihr Auffälliges ab, die Konformierung wird dann zu einer neuen Form der Einengung, die man gerade überwinden wollte. Es stellt sich die Frage, ob der Hang zur Differenz zum Zweck der Steigerung des Identitätsausdrucks diesen nicht gerade verdeckt, denn was bleibt einem dann übrig als die neuerliche Anpassung an das wiederum Neuere, welches das ehemals Neue als alt und angepasst erscheinen lässt?

Die modernen Kommunikationsmittel sorgen darüber hinaus für eine schnelle Verbreitung von Trends, die sich direkt proportional dazu abgreifen. Die allgemeine Verfügbarkeit der äußeren Zeichen und Themen durch die verbreitete Kommerzialisierung beschleunigt den akuten Verfall des Modischen weiter. Das Bedürfnis nach Identifikation und Differenzierung, sobald es sich auf die Mode verlegt, weckt das Bedürfnis nach den entsprechenden Ausdrucksformen – eine Tendenz, welche durch die Werbung weiter verstärkt wird. Die Beschleunigung der Verbreitung beschleunigt damit den Verfall. Bis man sich genügend angepasst hat, ist das Neue am Phänomen schon wieder veraltet. Der Mode kann man immer nur hinterherlaufen, das Mittel der Befreiung wird zur Bedingung der Sklaverei, sich den eigenen Ausdruck vorschreiben zu lassen. Zudem führt der ständige Wechsel, dem man nicht nachkommt, zur Pluralität der modischen Erscheinungsformen. Man kann gar nicht mehr sagen, was denn gerade »in« ist, wenn sich die Moden auch noch überlagern und sich Zwischenstile ausprägen.

Dabei stehen die Ausdrucksformen keinesfalls in beliebiger Anzahl zur Verfügung. Ihre Variationsressourcen werden durch den ständigen Wechsel immer schmaler. In der Folge wiederholen sich die Trends. Ob das jeweils auffällt, ist eine Frage des Gedächtnisses und des Auges.

Die Gegenstände der Mode liegen zunächst einmal in der Kleidung. Bezeichnenderweise heißt es über Kant, er hätte allen eingeschärft, »der Mensch müsse in der Kleidungsart nie ganz aus der Mode sein wollen; es sei … durchaus Pflicht, keinem in der Welt einen widerlichen oder auch nur auffallenden Anblick zu machen«. So solle man insbesondere »in der Wahl der Farben zu Kleid und Weste sich genau nach den Blumen richten. … Die Natur … bringt nichts hervor, das dem Auge nicht wohltut; die Farben, die sie aneinander reiht, passen sich auch immer zusammen. So gehöre z. B. zu einem braunen Oberkleide eine gelbe Weste«.[377]

Auffällig ist das, weil es die Mode einerseits von etwas ganz und gar Bleibendem abhängig macht und andererseits den Konformitätswert der Mode hervorhebt, der gerade nicht ihr primärer, oben hervorgehobener Zweck zu sein scheint. Der Vergleich mit den Blumen lässt zudem darauf schließen, dass Kant in der Küstenregion von Königsberg mit vielleicht eher blassen Farbkombinationen in der Flora vertraut war und weniger mit denen in der Karibik oder in Südostasien.

Moden erstrecken sich aber ebenso auf die Wissenschaft, die Werthaltungen und Weltanschauungen, die Erziehungsregeln, dann auf die gerade aktuellen Themen z. B. in der Politik (in der es immer modern ist, von Krisen zu reden), auf die Musik und die Sprache. Die letzten drei Beispiele gehören typischerweise wieder zum Zeitgeschmack in seiner ganzen Diversifikation und Pluralität. Die anderen drei scheinen demgegenüber sehr viel stabiler zu sein, nicht gar so schnell zu wechseln, und bei der Wissenschaft mag es den einen oder anderen vielleicht sogar verwundern, dass es dort nicht nur eine stetige und fortschreitende Entwicklung, sondern Trends gibt, die wechseln und die – beim anerkannten Wahrheitsanspruch in den Wissenschaften – bestimmen, was als richtig gilt. Thomas S. Kuhn hat diese sich ändernden Vorstellungen zwar in erster Linie als »Paradigmen« beschrieben, gemeint ist aber etwas ganz Ähnliches.

Von »Moden« in der Wissenschaft zu reden, wirkt dennoch überzogen. Das ist es aber keineswegs. Die neuere Wissenschaftsgeschichte hat mehrfach und für ganz unterschiedliche Zeiten und

Zusammenhänge nachgewiesen, dass sich der Fortschritt nur im Rahmen bestimmter Denkhorizonte, wie diese in der jeweiligen Zeit vorherrschend sind, ereignet. Was außerhalb dieses Rahmens liegt, wird schlichtweg übersehen, und es zu erkennen ist späteren oder sogar früheren Zeitaltern vorbehalten.

So haben die Chinesen teilweise Jahrhunderte vor den Europäern den Kompass, das Schießpulver, »das Dezimalsystem, die Armillarsphäre[378], den Blutkreislauf, den Eisenpflug, das Papier, die Stahlerzeugung, die Schubkarre, den Messschieber, Drachen und Fallschirme, den Seismographen, Hängebrücken, gestimmte Glocken, die Armbrust, Porzellan und vieles mehr«[379] erfunden, ohne vielfach etwas Rechtes damit anfangen zu können; denn die meisten dieser Erfindungen dienten der »Astrologie, Alchimie, Mantik und Magie im Alten China«.[380]

Heutzutage werden z.B. Projekte in der Paläoanthropologie finanziell besonders gefördert, wenn sie die Entwicklung des Menschen durch das Klima erklären, und ganz allgemein die genetische und die neurophysiologische Forschung, weil der Zeitgeist meint, damit ließe sich der Mensch am besten verstehen und außerdem könne man damit sehr bald einmal viele Krankheiten heilen. Für sich sind solche Schwerpunktsetzungen ganz unproblematisch; wenn aber die Untersuchung von alternativen Sichtweisen und Erklärungen deswegen auf der Strecke bleibt, weil fast alle Ressourcen für die »Mainstream-Forschung« verwendet werden, verfestigt sich eine Mode zum Dogma, welches nicht nur das Aufkommen neuer Moden verhindert, sondern ganz allgemein die Suche nach der Wahrheit, die vornehmste Aufgabe der Wissenschaft, behindert. Es ist nämlich auch wieder ein schwer abzuweisender Befund aus der Wissenschaftshistorie, dass außergewöhnliche Entdeckungen zumeist abseits der üblich bewanderten Wege gelungen sind.

Ganz offenbar bestehen fundamentale Ähnlichkeiten in allen Formen von Generationenkonflikten, in denen die Älteren ihren Bestand zu sichern wünschen und die Heranwachsenden gerade diesen Bestand oder bestimmte Elemente daraus ablehnen und ihre Eigenständigkeit gegenüber den tradierten Formen zu betonen und durchzusetzen versuchen.

Nach dem Recht zu fragen, mit dem das jeweils geschieht, ist unsinnig. Formal, das heißt unbesehen der Inhalte, um die es dabei jeweils geht, ist ganz unstrittig, dass sich das nicht entscheiden lässt; denn die Bewährung, auf welche die Älteren jeweils pochen, ist immer eine, welche sich erst im Lauf der Zeit einstellen kann. Alle Inhalte waren einmal neu; und niemand kann schlüssig belegen, warum sich das Neue nicht noch bewähren wird. Außerdem können wir nicht wollen, dass die Welt stille stehen soll: Denn woher soll Neues kommen, wenn die Traditionen sich zu starr um unsere Lebensführung zurren?

Wir haben schon gesehen, dass sich das Szenario der Kritik an den Jüngeren zu allen Zeiten wiederholt, und es ist einleuchtend, dass die Sache auch einen entwicklungsgeschichtlichen Aspekt hat, der schon angedeutet wurde, wenn es um Identifizierungsleistungen der Heranwachsenden geht. Die Welt, in der alles festgelegt ist, hat keinen Platz für den Nachgeborenen.

Der Mensch dagegen will handeln, entscheiden, Alternativen haben, sich selbst und sich in der Welt finden. Ohne Freiräume ist das nicht möglich. Sind solche nicht vorhanden, werden diese offenbar eingefordert. Das führt dazu, dass besetzte Plätze, übliche Ansichten und Verhaltensweisen, streitig gemacht werden. Die Abwertung wird dadurch gegenseitig: Die Alten sind zu starrköpfig, zu faul und zu furchtsam, um sich auf etwas Neues einzulassen, zu gierig, um etwas abzugeben, zu besserwisserisch, um sich belehren zu lassen oder auch nur zuzuhören, zu autoritär, um ihre Haltung glauben begründen zu müssen.

Dass wir ganz generell nicht ohne Veränderungen auskommen, ist ein allgemeiner Lebensgrundsatz. Oder mit den Worten der *Wanderjahre* ausgedrückt: »Das Leben gehört den Lebendigen an, und wer lebt, muß auf Wechsel gefaßt sein.«[381] Solche Änderungsprozesse bergen immer ein Risiko, das diejenigen lieber eingehen, die nicht viel zu verlieren haben. Derjenige dagegen, der vom Weiterbestehen gefestigter Umstände abhängig ist, in denen er sich eingerichtet hat, will lieber, dass diese sich nicht ändern. Und doch unterliegt alles dem Wechsel der Zeit. Das Risiko selbst ist ambivalent: Die Dinge können sich zum Guten und Besseren wenden oder sie können einen Abstieg bedeuten. Dabei ist entscheidend, welcher Maßstab zur Beurteilung der neuen Umstände gewählt wird.

Unsere Maßstäbe sind heute allgemein zahlenbasiert und diese lassen sich am besten auf die materiellen Grundlagen anwenden.

Aber im Grunde bewerten wir unser Leben nicht nach unserem Besitz. Nur die ganz Reichen meinen, damit schon hinreichend ihr Glück definiert zu sehen, dabei kennt diese Form des Wohlstands kein Maß. Und die ganz Armen bemessen ihr Leben freilich danach, dass sie nichts haben, vielleicht nicht einmal das Allernotwendigste zum Leben und zur Befriedigung ihrer Grundbedürfnisse. Mehr als diese aber können wir gar nicht befriedigen. Alles, was darüber hinaus geht, liegt fernab des Notwendigen.

Die Moden, die Trends, das Neue orientiert sich ebenso an den Grundbedürfnissen, wir brauchen etwas zum Anziehen, zum Essen und ein Dach über dem Kopf, wir streben nach Wahrheit und Erkenntnis, wir wollen soziale Kontakte und Anerkennung, wir beschäftigen uns gerne mit politischen Themen; und wer das heute nicht tut, lebt offenbar eine Schmarotzerexistenz. Die Neugier, die Lust auf das Neue, verbunden mit dem Gefühl, zum exklusiven Kreis derer zu gehören, welche daran Anteil haben, verführt uns, jenseits der tatsächlichen Bedürfnisse, den Trends hinterherzujagen, die alles andere als notwendig sind.

Was wir als Grundbedürfnisse ansehen, hat sich im Verlauf der Zeit durch immer Neues vermehrt, und damit ist unser Leben sehr viel komplexer, unübersichtlicher und insgesamt schwieriger geworden. Jetzt noch etwas Neues verkraften wir gar nicht mehr. Die Jungen wissen aber noch gar nichts davon, was auf sie zukommt. Sie sehen nur die immer engeren Räume, welche durch die vielfältigen Entwicklungen sicher auch erst erschlossen wurden. Ihnen das vorzuwerfen, vergisst die Aufgabe der Eingerichteten, noch etwas Freiraum zu lassen, gewiss auch für sie selbst.

Die Frage ist, warum wir die Welt so verschließen, dass es immer aussichtsloser wird, darin einen Platz zu finden – und heute wird ein enormer Aufwand betrieben, gerade diesen Umstand zu verschleiern –, und warum wir nicht eher Räume zum Leben, Handeln, Gestalten, Entscheiden, Lieben, Denken und Weiterdenken bereitzustellen und zu erschließen versuchen.

Eines der primären Ziele eines menschlichen Lebens liegt sicher im Überleben. Aber wir haben nicht nur einen Begriff davon, dass das bloße Überleben den Menschen niemals zum Menschen macht. Es liegt eine biologisch merkwürdige Verachtung im reinen Erhalt des menschlichen Lebens, der sich selbst der größte Hedonist nicht entziehen kann, wenn es ihm zwar um das eigene möglichst vergnügliche Überleben geht, der Rest der Menschheit darin aber keine Rolle spielt. Wenn wir im Menschen nicht mehr sehen als eine biologische Spezies, die in der Entwicklungsgeschichte entstanden ist, dann kann es uns tatsächlich auch ziemlich egal sein, ob diese eines Tages wieder aus den Umweltsystemen dieses Planeten verschwindet, noch mehr, wenn er selbst die Ursache dafür ist.

Was aber ist an uns, dass uns das Überleben der Menschheit tatsächlich nicht egal ist? Worin sehen wir umgekehrt noch eine Entwicklungsmöglichkeit, auf die wir einen Einfluss haben? Was wollen wir verbessern und erneuern?

In solchen Fragen – ohne noch Antworten darauf zu haben – verknüpfen wir ein menschliches Selbstverständnis mit seiner Sehnsucht nach Neuem. Wobei – um den Bezug zum Vorurteil hier zu verdeutlichen – gewiss starke Impulse zum Neuen und zur Veränderung von den Heranwachsenden ausgehen. Wir wären noch eingeengter, wenn Jüngere nicht gegen ihre verwehrten Handlungsmöglichkeiten protestierten. Diese Sehnsucht ist die nach dem Besseren. Sie bemisst sich nicht nach dem modernen und durchweg jugendlichen »Höher, Weiter, Besser«, sondern nach dem Menschen. Gefordert ist darin eine zunehmende Humanisierung.

Unser Vorurteil – es ist sicher auch einmal erwähnenswert, dass solche fruchtbar sein können, wenigstens, wenn wir über sie nachdenken – hat uns zu einem Punkt geführt, der vor über zweihundert Jahren, 1794 nämlich, in einem ganz anderen Zusammenhang vorgestellt, dennoch letztlich dasselbe meint. In der Ankündigung seiner Zeitschrift *Die Horen* schreibt Friedrich Schiller: »Aber je mehr das beschränkte Interesse der Gegenwart die Gemüter in Spannung setzt, einengt und unterjocht, desto dringender wird das Bedürfnis, durch ein allgemeines und höheres Interesse an dem, was *rein menschlich* und über allen Einfluß der Zeiten erhaben ist, sie wieder in Freiheit zu setzen und die politisch geteilte Welt unter der Fahne der Wahrheit und Schönheit wieder zu vereinigen«.[382]

Für dieses Unternehmen erhofft Schiller für die Leser der Horen »fröhliche Zerstreuung«, den »engen vertraulichen Zirkel … von Musen und Charitinnen« und den Ausschluss »allen unreinen Parteigeistes«, um zuletzt »wahre Humanität« hervorzubringen. Dabei soll die »Schönheit zur Vermittlerin der Wahrheit« gemacht, und »durch die Wahrheit der Schönheit ein dauerndes Fundament und eine höhere Würde« gegeben werden. Und er fährt programmatisch fort: »Man wird sich, soweit kein edlerer Zweck darunter leidet, Mannigfaltigkeit und Neuheit zum Ziele setzen, aber dem frivolen Geschmacke, der das Neue bloß um der Neuheit willen sucht, keineswegs nachgeben. Übrigens wird man sich jede Freiheit erlauben, die mit guten und schönen Sitten verträglich sind«.[383]

Es ging Schiller in seinem Projekt um etwas Neues oder genauer um eine Erneuerung, eine Besinnung auf das Wesentliche der Literatur, des Denkens und der Zeit. Das Neue sollte aber nicht vergehen wie eine Mode, ein Trend, sondern fortwirken und bestehen bleiben. Die Würde des Menschen, das zentrale Thema, ergibt sich nach Schillers Ansicht nicht von selbst, sondern muss errungen und dann erhalten werden. Und das Thema ist so prekär, dass es heute noch modern ist.

Die Humanisierung als fortwährende Aufgabe jedes Menschen in seinem privaten Umfeld, in seiner beruflichen Tätigkeit, im öffentlichen und im globalen Handeln ist das Modernste am Modernen und der gewünscht ewige Trend. Dass wir hierbei gegenüber früheren Jahrhunderten fortgeschritten sind, stimmt für einige Bereiche des Lebens in der westlichen Welt. Die Art der Erringung hat gleichzeitig zu einigen Verwerfungen geführt, bei denen wir uns fragen müssen, ob sie die Bedingung für eine Verbesserung sind oder nur Auswüchse, welche sich keineswegs einstellen mussten. Der moderne Zankapfel scheint mir die zunehmende Ökonomisierung zu sein. Muss diese aber in jedem Fall zu einer Enthumanisierung führen?

Die Auswüchse angesichts der Ökonomisierung sind tatsächlich erschreckend. Es gibt keinen öffentlichen und nur noch sehr wenige private Lebensbereiche mehr, die sich ihr entziehen könnten. Dabei scheint evident, dass daraus keine Segnungen für die Menschen hervorgehen, ob das die internationale Wirtschaft, die öffentlichen Haushalte, sämtliche sozialen Sicherungssysteme, alle Verwaltungsprozesse, infrastrukturelle Pläne, das politische Handeln, Arbeitsverhältnisse, die mediale Informationsvermittlung oder die Bildungseinrichtungen betrifft. Die Dominanz des ökonomischen Diktats – prima facie gleichermaßen als Notwendigkeit wie als Allheilmittel stilisiert – schränkt in Wirklichkeit die Handlungsmöglichkeiten überall ein. Unser Verhältnis dazu ist dagegen offenbar eher dadurch geprägt, dass ökonomische Mittel die Handlungsoptionen vergrößern.

Wir sprachen von Freiräumen, die der Mensch in jedem Lebenszeitalter braucht, um für Neues offen sein zu können. Das primär lernende Alter – denn der Mensch ist sicher in der Lage, solange er lebt, sich Neues anzueignen – benötigt einen weiteren Raum, sich in der Welt zu finden, sich darin zu entfalten und zu orientieren, sozusagen darin hineinzuwachsen. Zu enge Grenzen dagegen behindern den Bildungsprozess des Menschen, auf welchen die Humanisierungsidee der Aufklärung zielt.

Ökonomisch ist das nicht. Wesentlich ökonomischer scheint unser moderner Ansatz, Heranwachsende zu reibungs- und widerstandslosen Funktionselementen des Bestehenden, zu verschleißfreien Zahnrädern im vorhandenen Getriebe auszubilden. Zur zukünftigen Mode definiert, fordert der Markt von ihnen, den Ballast von Reflexionen, von Seitenwegen, vom Innehalten, vom Suchen und Irren abzuwerfen. Das Vorbild ist dabei die automatisierte, selbst gesteuerte Produktion, die zunehmend billiger werden soll und damit zwangsläufig schlechtere Produkte herstellt und liefert.

Der Ökonomismus teilt die Mängel jedes Totalitarismus; unter dessen Rigide verblassen Begriffe, Sätze, Gedanken, die Literatur sowie jedes geschriebene und gesprochene Wort. Auch die Wissenschaft und die gesamte Bildung sind bereits infiziert; und zuletzt ist schon das Rechtssystem befallen. Im Angesicht eines solchen Programms bleibt uns nichts anderes, als zu hoffen, dass die Jugend verdorbener, fauler und aufmüpfiger reagiert, als sie es in vergangenen Zeiten tat.

Das Internet ist demokratisch!

Es ist unmittelbar einleuchtend, dass kein Medium demokratisch sein kann. Demokratie ist eine staatliche Verfassungsform, die ihrem Selbstverständnis nach ebenso eine Herrschaftsart darstellt, deren Sinn wiederum zumeist so formuliert wird, dass alle Macht vom Volk ausgeht; das Volk sind die Individuen, die Bürger. Demokratie ist also eine Sache und Angelegenheit von Menschen und nicht von elektronisch gestützten Hilfsmitteln.

Das Problem entsteht, wenn die Demokratie nicht so funktioniert, dass jeder seine Stimme erheben kann, dass überall rationale Diskurse entstehen, welche die drängenden Fragen aufbereiten und das Für und Wider weitgehend verständlich vermitteln, dass dann die Mehrheit entscheidet, und zwar immer in dem Sinn, dass die unterlegenen Meinungen nicht unterdrückt werden, dass den Menschen, welche dann der herrschenden Auffassung unterworfen werden, nichts Unzumutbares aufgehalst wird.

Die Massendemokratie beruht auf der Delegation und der Repräsentation des Volkswillens, indem das Stimmrecht des Einzelnen auf regelmäßig und für hinreichend überschaubare und dennoch stabilisierende Zeitabschnitte gewählte Vertreter übertragen wird. Dass dort Reibungsflächen entstehen, Missbrauch vorkommt, permanenter Machtanspruch einzelner erhoben wird, Klüngelwirtschaft, Parteienarroganz und so viele Übel mehr, spricht nicht für sich schon dafür, dass eine solche Konstruktion dem Wohl des einzelnen Bürgers und des Gesamtwohls nicht dienen kann.

Unabdingbar gehören zur Demokratie aber auch die Gewaltenteilung (von gesetzgebender, ausführender und richtender Gewalt), Rechtsprinzipien wie die Gleichheit vor dem Gesetz, Verfahrensordnungen für die bürokratischen, juristischen und politischen Abläufe, der Richtungsstreit politischer Orientierungen (der auf den Parteien aufruht) und im Grunde (auch wenn sich das noch nicht ganz durchgesetzt hat) auch das Subsidiaritätsprinzip, wonach keine übergeordnete Instanz etwas regeln darf, das nicht ebenso gut die untere lösen kann. Diese Ordnungsstrukturen sollen garantieren, dass für die Menschen unter politischen Herrschaftsprinzipien das größtmögliche Maß an Freiheit und Gerechtigkeit erreichbar wird.

Tatsächlich handelt es sich bei dieser Zeichnung, so überschaubar sie scheint, dennoch um ein Idealbild. So etwas wird nie und nimmer erreichbar sein! Die Wirklichkeit sieht entsprechend auch manchmal und je nach Blickwinkel eher düster aus. Ja, zuweilen mag es so scheinen, als ob die Demokratie eine ganz unerreichbare Fiktion sei. Doch selbst wenn wir uns blind stellen oder uns nur auf die Errungenschaften dieser Herrschaftsform politischer Organisationen in den letzten Jahrhunderten konzentrieren, selbst wenn wir annehmen, wir sind mit der Demokratie immer auf einem Wege, und sagen, diese ist, wie jede politische Auseinandersetzung, ein Prozess stetiger Reformen, müssen wir genau besehen feststellen:

Es fehlt, unabhängig davon, ob wir die optimistische oder ob wir die pessimistische Brille aufsetzen, die Alternative zu dieser miserablen Herrschaftsform. Oder wie Winston Churchill am 11. November 1947 vor dem britischen Unterhaus gesagt hat: »Niemand gibt vor, dass die Demokratie vollkommen und allweise ist. Tatsächlich ist gesagt worden, dass die Demokratie die schlechteste aller Regierungsformen ist, mit Ausnahme all der anderen Formen, die von Zeit zu Zeit versucht worden sind«.

Es bleibt uns gar nichts anderes übrig, als uns mit ihr auseinanderzusetzen und uns in ihr einzurichten, denn jede andere Herrschaftsform steht in weit größeren Verwerfungs-Gefahren. Wir dürfen aber ebensowenig glauben, weil auf dem Verfassungspapier so etwas wie »demokratischer Rechts- und Sozialstaat« steht, könnten wir uns geduldig zurücklehnen, indem wir argumentieren, dass die Dinge ohnehin nicht zu ändern seien oder schon nicht gar so schlimm ausfallen werden.

Jedes politische Geschehen hängt von den Beteiligten ab, die daran mitwirken; und da die Menschen in einem demokratischen Land nicht nur die Empfänger des politischen Geschehens sind, sondern letztlich dessen Akteure, ist es zum Erreichen der Ziele unserer politischen Ordnung, Freiheit und Gerechtigkeit, entscheidend, dass »die Politik« nicht Sache einiger weniger ist, sondern die von allen Betroffenen. Doch wie soll das gehen?

Zur Einbindung weiterer Bevölkerungsteile in politische Entscheidungen werden heute zwei Wege vorgeschlagen: Volksentscheide und basisdemokratische Abstimmungen über das Internet. Das zweite Verfahren ist freilich mitnichten schon der Gegenstand unseres Vorurteils! In beiden Verfahren mangelt es bei komplexen Fragen aber wohl an Sachverstand, sagen die Kritiker. Dieser Sachverstand betrifft die gewöhnlichen politischen Abläufe und rechtliche Erfordernisse, technische Kenntnisse über geplante Projekte, die Möglichkeit des Abwägens des Für und Wider und der alternativen Optionen, die Finanzierungsvoraussetzungen bis hin zu internationalen Konsequenzen, egal ob diese das Handelsrecht, das Kartellrecht oder andere Vereinbarungen betreffen oder sonstige außenpolitische Konsequenzen damit verbunden sind, ja, ob sie die Menschenrechte verletzen.

Wir können davon ausgehen, dass wir von den meisten Menschen damit zu viel verlangen, dass diese mit so unterschiedlichen Voraussetzungen überfordert sind – so wie die politischen Entscheidungsträger freilich auch. Ist den Kritikern also unumwunden recht zu geben?

Wenn wir auf der einen Seite die politische Einmischung und Betätigung als Basis der Demokratie sehen, dann diese aber durch ein Repräsentanten-System verwirklicht sehen wollen und schließlich die Überspannung der zumutbaren Wissensgenerierung anmahnen, wird das nicht alles unter einen Hut zu bringen sein.

Vielleicht liegen aber die Elemente auf unterschiedlichen Ebenen? Vielleicht sind politische Entscheidungen, um die es hier geht, gar keine Sachentscheidungen im obigen Sinn? Denn die Sachentscheidungen gehen immer auf bestimmte Projekte oder eben ihre Alternativen; die politischen Ziele dagegen sind Freiheit und Gerechtigkeit, die für die Demokratie in jedem Fall ohne Alternative sind, denn beides soll den Frieden garantieren, den obersten politischen Wert, wenigstens wie Kant gemeint hat.

Damit ist freilich noch nicht das Verhältnis bestimmt, mit welchen Projekten wir am besten diese Ziele erreichen, denn die politischen Ziele sind ja nicht durch sich selbst erreichbar, sondern durch

Regelungen, Reformen, Infrastrukturmaßnahmen, Sicherstellung der Grundbedürfnisse usf.

Die Demokratie in ihrem Vollzug ist eine so leidige Sache, weil die Meinungsbildungsprozesse und das Gewinnen von Mehrheiten eine arg schleppende Angelegenheit sind. Es zählt bei alledem auch nie die unverblümte Wahrheit – es stimmt wohl, dass die keiner hören will –, sondern die beste Werbestrategie. Politik verkommt zu einer Art merkantilem Wettbewerb, einer Verkaufsveranstaltung – und ganz sonderbar mutet es zuweilen an, wenn das auch noch zugegeben und positiv bewertet wird; da gewinnt jemand offenbar das Preisausschreiben um die beste Meinung und der gewonnene Preis besteht in der Herrschaft über die, welche nicht teilgenommen haben.

Da die Parteien nach dem deutschen Grundgesetz nicht nur verpflichtet sind, an der politischen Meinungsbildung mitzuwirken, sondern auch ihr Wesen als politischer Partei darin besteht, solche Meinungen auch immer schon zu haben, wird es oft schwer, das auseinander zu halten. Deswegen hat die Demokratietheorie die drei staatlichen Gewalten durch die Gewalt der Öffentlichkeit, welche den sogenannten Medien zufällt, ergänzt.

Es handelt sich deswegen um eine demokratische Gewalt, weil die Gewaltenteilung schon der gegenseitigen Kontrolle dient und die vierte Gewalt noch einmal die andern drei kontrollieren soll. Auf der anderen Seite ist das gar keine unmittelbar politische Gewalt, weil sie nicht demokratisch legitimiert ist.

Wenn es dabei aber auch gar nicht mehr um Meinungsbildung und die öffentliche Kontrolle geht, sondern beispielsweise um die Gewinnmaximierung eines rein wirtschaftlich verfassten Medienunternehmens – eine Logik, welche sich in letzter Zeit so weit ausgedehnt hat, dass offenbar die Alternative fehlt (untrügliches Zeichen des Demokratieverfalls, weil es das Politische selbst abschafft und *vollständig* unters Ökonomische subsumiert!) –, sind auch noch sowohl die Meinungsbildungs- als auch die Kontrollfunktion korrumpiert.

Das ist dann gar nichts mehr, hätte man im Mittelalter gesagt, denn wenn etwas eine bestimmte Aufgabe hat, diese aber nicht erfüllt, können und müssen wir darauf verzichten. Und trotzdem wusste man, dass auch das, was gar nichts ist, eine Wirkung haben kann. Es selbst und was dabei herauskommt, ist naheliegender Weise »das Böse«.

Die schnelle moralische Kategorisierung der öffentlichen Medien macht klar, dass wir wieder von einem Idealbild der Demokratie und ihres Institutionengefüges ausgegangen sind, welches der Praxis offenbar nicht genügt; dennoch bleibt nicht ganz einzusehen, warum eine Institution ihre tatsächliche Aufgabe und Funktion nicht erfüllt. Das ist immer dann der Fall, wenn das Handeln nicht auf der Linie dieser Aufgaben steht, wenn vermeint wird, dass ganz andere Aufgaben, zum Beispiel die ökonomischen, dringlicher sind – das gilt auch für alle Privatisierungen öffentlicher Einrichtungen, die Grundbedürfnisse der Menschen erfüllen: die durchweg freilich mögliche Effizienz verkehrt immer die Aufgabenstellung und damit die Funktion der Einrichtung.

Die faktische Nichterfüllung bedeutet aber nun auch nicht, dass die Funktion nicht im Prinzip jederzeit wieder aufgegriffen und erfüllt werden kann. Es ist offensichtlich, dass Meinungsbildungsorgane ein Potential zur Verfügung haben, zu mehreren und unterschiedlichen Funktionen zu dienen. Warum also nicht auch zu ihren angestammten?

Funktionsbereiche sind durchweg eigenartige Gebilde. Sie beruhen immer auf bestimmten technischen Voraussetzungen, die ihre Bedingung bilden, das gilt für das Internet, für Rechtssysteme, für Automaten usf. Technische Bedingungen unterliegen dem Verschleiß, bei physikalischer Grundlage der Abnutzung, bei sozialer der Automatisierung, meist in der Formular-Form. Ihr Erhalt macht eine eigene Funktionalisierung nötig und notwendig, welche durch Menschen geleistet werden muss. Diese Funktionsträger handeln selbst wiederum nicht wie Automaten, sondern setzen sich bestimmte Zwecke in ihrem Handeln, welche den Erhalt der Primärfunktion garantieren, seine Leistung aber eben auch verändern, und das heißt dann manipulieren können.

Solche Manipulationen sind aber keineswegs Fehlverläufe, sondern jederzeit integraler Bestandteil jedes Funktionsgefüges. Diese haben eine eigene Funktion, welche in der fortlaufenden Anpassung des Primärsystems an die jeweilige, sich verändernde Wirklichkeit besteht. Durch das Abweichen von der Primärleistung wird die Gesamtfunktion also paradoxerweise aufrechterhalten. Gleichzeitig ist aber ebenso die Möglichkeit gegeben, die Primärfunktion zu kippen. Die physischen, materiellen oder sozialen Grundlagen können dann für eine andere Funktion genutzt werden. Aufrechterhaltung wie Zweckänderung des Funktionssystems unterliegen damit ständig menschlichen Zwecksetzungen. Das kann die Funktionsbereiche verändern, aber es erhält sie eben auch.

Die technischen Bedingungen ermöglichen das Setzen von Zwecken. Es kann sich dabei durchweg um verschiedene Zwecke handeln, wenn auch wiederum nicht um beliebige. Selbstverständlich dienen die Institutionen aber nicht gerade den Zwecken, die wir uns von ihnen jeweils *wünschen* oder *erhoffen*. Die Benutzung des Internets garantiert also keine bessere Demokratie, weil sie Partizipation grundsätzlich ermöglicht oder erhöhen kann.

Und längst werden das Daten-, das Datensammel- und das Datenauswertungsproblem debattiert. Bei der Diskussion um die Überwachungsmethoden der Geheimdienste treffen wir dann auch auf ein Achselzucken auf der einen Seite: Was sollen Geheimdienste sonst machen, als fernab des Öffentlichen Daten und Informationen zu sammeln? Und außerdem garantiert das Sicherheit für die ganze Welt. Die Empörung darüber auf der anderen Seite dagegen wäre naiv, wenn sie vermeinte, mit einer umfassenden Überwachung aller elektronisch gestützten Kommunikationswege hätte man ja niemals rechnen können.

Das Problem dabei liegt allein in der fehlenden politischen Kontrolle, wodurch globale Menschenrechtsverletzungen möglich und wirklich werden. Überwachung ist ein Ausnahmetatbestand, welcher der richterlichen Genehmigung im Einzelfall bedarf, die pauschale Einräumung zu welchem Zweck auch immer ist grundsätzlich mit der Demokratie nicht zu vereinbaren und schafft sie und den Rechtsstaat ab – nur nebenzu handelt es sich im aktuellen Fall für Deutschland auch noch um mehrere Straftatbestände.[384]

Eine solche Kritik ist freilich vernichtend, sie raubt jeglicher Einigung die Basis, da sich derjenige, der die Demokratie untergräbt, ja als besserer Demokrat versteht, weil er durch seine Maßnahmen die Sicherheit der Demokratie erst ermöglicht. Die Maßhöhe der Kritik ist aber deswegen so schwer zu überspringen, weil sie gerade verhindern soll, dass sie unterboten wird. Im Grunde gilt die gleiche Kritik formal für die EU-Verfassung: Wie soll demokratische

Rechtsstaatlichkeit garantiert werden, wenn die Gewaltenteilung nicht besteht, wenn die legitime Vertretung und Repräsentanz des Volks, das EU-Parlament, nur eine marginale Rolle im politischen System spielt?

Der Missbrauch ist aber, wie wir schon gesehen haben, keine bloße Zweckentfremdung, sondern systemintegrierender Bestandteil der Funktion des technischen Mediums selbst. Die Gefahr besteht auch gar nicht im und durch das System, sondern in den möglichen Zwecksetzungen, zu deren Mittel es dann wird.

Niemand hat tatsächlich ein Interesse am bloßen Missbrauch – es sei denn in krimineller Absicht –, aber sehr schnell finden sich manche mit der Instrumentalisierung eines Systems für andere Zwecke ab oder befördern eine solche. Systemimmanent wird diese Gefahr immer erst, wenn sich die Bedingungen des Funktionsgefüges mit den Interessen, die zur gezielten Manipulation führen, vermengen. Das ist in ökonomischen Kontexten regelmäßig der Fall, weil ökonomische Subsysteme eine Neigung haben, sich auf alle Funktionsbezüge auszudehnen, diese zu manipulieren und zu entfremden.

Gewiss sind in der Wirklichkeit nicht immer alle schrecklichen Möglichkeiten, welche sie bietet, auch realisiert. Wenn wir davon ausgehen, dass die Menschen einen Sinn dafür haben, was das Politische ist und welche Funktion dieses hat, und das dadurch fassen, dass sie meinen, das sei der öffentliche Ausgleich zwischen den Interessen, welche der einzelne hat und angesichts seiner sozialen Existenz haben kann, und den Interessen der Gemeinschaft, in der er lebt, ist das gleichbedeutend mit der Sachlage, dass tatsächlich alle mit der Politik eine bestimmte Funktion verbinden und aufrechterhalten wollen – und das unabhängig vom realen Gebaren der Repräsentanten, der Verhältnisse, der Wirklichkeit, in der wir leben. Zugegeben handelt es sich dabei wieder um ein Idealbild. Dieses bildet aber ein ständiges Korrektiv, das einen Anspruch formuliert, wie die Wirklichkeit sein soll, und das die politische Verhältnisse oder den Zustand ihrer Funktionsbereiche erst bewertbar, kritisierbar und veränderbar macht.

Eine solche mögliche Korrektur erhoffen sich nun die Vertreter unseres Vorurteils. Die Wirklichkeit des Internets ist aber nun nicht einmal in der Hinsicht so beschaffen, dass die große Freiheit der Meinung dort überall hervorgezaubert wird. Es ist nur eine bestimmte, und wie zuweilen scheint, relativ kleine Gruppe, die ihre Meinungen ins Netz platziert und posauniert. Das Selbstverständnis, mit dem behauptet wird, es könnten sich doch alle daran beteiligen, beruht allein auf dem Umstand, dass man selbst es gerade tut. Die Gründe, aus denen nicht jeder sich dort tummeln kann oder will, spielen für diejenigen, welche dazu auffordern, offenbar keine Rolle. Aber was können das für Gründe sein?

Evidenterweise stoßen schon die Voraussetzungen an technische Hindernisse. Jede Differenzierung geht angesichts der bloßen Wahl von »Ja – Nein – Weißnicht« verloren, die Begründung ist an semantische Gehalte geknüpft, welche der binäre Code nur in Ansätzen transportieren kann. Die Netze aber, so scheint es zuweilen, brechen angesichts der Datenmengen und der Verarbeitungsalgorithmen regelmäßig zusammen. Viele können oder wollen ihre politische Integrität im politischen und sozialen Austausch einem solchen Medium nicht anvertrauen, weil sie die technischen Prozesse nicht verstehen. Die versteht freilich niemand vollständig und insofern ist die Weigerung bei entsprechender Sensibilität verständlich. Hinzu kommt das Überwachungsrisiko, das eine der Grundbedingungen von politischen Wahlen, das Geheimnis der Entscheidung, faktisch immer unterläuft.

Wir müssen gar nicht einmal empirisch überprüfen, wer in welcher Form und mit welchen Meinungen sich in der »freien« Welt des Internets in Blog-Beiträgen, Kommentaren usf. betätigt. Ich habe immer die Hoffnung, dass es sich nur um wenige und immer dieselben handelt. Die Blödigkeit der darin enthaltenen Aussagen, die Sammlung ideosynkratischer Meinungen und Vorurteile, die unverblümte Ich-melde-mich-zu-Wort-Attitüde, die Aggressivität, mit welcher der eigene Standpunkt gar nicht zur Disposition stehen darf, sind manchesmal gar zu erschreckend!

Die Totalisierung eines solchen Austausches über elektronische Hilfsmittel produziert ein Heer von Einzelmeinungen und Egoismen. Dadurch wird gerade verhindert, dass sich Sachentscheidungen und politische Entscheidungen herbeiführen lassen, weil sich keiner mehr wirklich um die Fragen bemüht. Die Aussetzung jedes unmittelbaren sozialen Austausches, die völlige Anonymisierung, die freilich vor dem jeweiligen Serverbetreiber und seinen Informationsabnehmern in strahlenden, schier blendenden Lichtkegeln auf jedem einzelnen gleich wieder vollständig konterkariert wird, ist auch nicht dazu angetan, irrige Richtungen und Tendenzen umzukehren.

Die Befürworter der Demokratie durch das Internet führen die Schwarmintelligenz an: Danach verhalten sich soziale Gruppen bei der gemeinschaftlichen Abstimmung des Verhaltens rationaler, als wenn die Entscheidungen über das weitere Vorgehen von Einzelnen für die ganze Gruppe getroffen werden. Dadurch, dass jeder seine Interessen einbringen kann, erfolgt ein Ausgleich der Interessen nur der einzelnen. Die Entscheidung wird allen gerecht.

Dass das zwangsläufig so vonstattengeht, wird freilich bezweifelt. Die Diktatur der Masse, welche auf die populistischsten Argumente, aber nicht auf die besten hört, sowie eine Unterdrückung von Minderheiten drohen, so die Kritiker. Wo liegt die Garantie, dass sich jeder nicht nur eine Meinung bildet, sondern diese angesichts der Komplexität der Sachlage auch begründen kann. Ein solches Verfahren würde dazu führen, dass jeder nur noch rücksichtslos seine Eigeninteressen verfolgen kann. Niemand denkt darin mehr an die Allgemeinheit und deren Wohl – und wenn es einige wenige doch tun, dann werden diese überstimmt.

Der Maßstab für politische Entscheidungen liegt darin, ob sie der Gemeinschaft und ihren Mitgliedern dienen; sie stehen den Interessen, die ich zu einem bestimmten Zeitpunkt zu haben meine – wie soll ich immer alle Folgen bedenken? –, unter Umständen diametral entgegen. Die Aufgabe der *politischen* Meinungsbildung und der daraus hervorgehenden Entscheidungen besteht also gerade darin, dass jeder einzelne die Interessen *aller* bedenkt und das Wohl der Gemeinschaft mit in seine Überlegungen einbezieht. Vor allem die Durchsetzung von Separatinteressen schadet der Demokratie, und im System der populistisch fundierten Entscheidungen geht es nur noch um Separatinteressen!

Die Frage der neueren Demokratie zur Bürgerbeteiligung und ihre verschiedenen Formen und Möglichkeiten (von den allgemeinen Wahlen bis zu Bürgerversammlungen auf kommunaler Ebene), die zum überwiegenden Teil auch realisiert oder sogar rechtlich geregelt und vorgeschrieben sind, wird seit langem diskutiert. Eine relativ neue Form ist das sogenannte Bürgerforum, bei dem eine

bestimmte Anzahl von Bürgern aus verschiedenen Schichten aus-
gelost wird, die sich versammeln, um sich über eine bestimmte
Maßnahme auszutauschen und eine Entscheidung oder Empfeh-
lung auszusprechen. Die Gruppe wird fachlich unterstützt durch
die zuständige Verwaltung und weitere Experten. Das Verfahren
wird moderiert.

Solche Einrichtungen produzieren zumeist keine besseren Ergebnisse, aber die Entscheidungen, wenn sie tatsächlich durchgeführt werden, sind in der Bevölkerung meist besser angesehen und
akzeptiert. Es scheint offenbar, dass die Einführung von Bürger-
beteiligungen dazu führt, dass der Bürger in Bezug auf die kom-
munalen Aufgaben zufriedener reagiert und die Ergebnisse eher
akzeptiert, dass das soziale Engagement verstärkt wird, dass der
Bürger besser sowie intensiver in die Entscheidungsfindung eingebunden wird und dass sogar der behördliche Aufwand durch die
Mitarbeit sinkt.

Es bleibt aber die Frage, wer die Entscheidung zur Umsetzung
trifft. Denn Beratung oder die Erarbeitung von sinnvollen, alternativen Lösungen führen nicht zwangsläufig zur einhelligen Übereinkunft.[385] Es gibt einen nicht zu übersehenden Unterschied zwischen
Sachentscheidungen und politischen Entscheidungen. Sich als Politiker auf Sachzwänge zu berufen, ist eine Bankrotterklärung alles
Politischen.

Wenn es nur um Sachprobleme in der Politik ginge, wäre leicht
ein Algorithmus programmierbar, welcher die besten Lösungen
ausspuckt. Das Politische aber betrifft das Wohl all derer, welche
der regierten Gemeinschaft und inzwischen der ganzen Welt an-
gehören. Das Wohl betrifft dabei die Lebensführung des einzelnen
in Bezug auf alle anderen, und die entzieht sich jeder Operatio-
nalisierung.

Die Entscheidung kann in der repräsentativ verfassten Demokratie den gewählten Vertretern nicht abgenommen werden. Sie
müssen diese treffen und verantworten – der Begriff der politischen
Verantwortung unterliegt derzeit freilich der massiven Erosion!
Die Formen der Bürgerbeteiligung haben nicht den Sinn, die Aufgaben der parlamentarischen Gremien zu übernehmen. Sie ver-
breitern nur die politischen Entscheidungsstrukturen und sollen
die Durchsetzung von Partikularinteressen, vor allem solcher der

ökonomischen Art, wirksam verhindern sowie zuletzt der Figur und dem Gegenstand des Gemeinwohls zur Realisierung verhelfen.

Eine personale Ausweitung der politischen Kräfte scheint überhaupt eine Form zu sein, die Demokratie tatsächlich zu verwirklichen. Ein Verbot des Berufspolitikers, also die gesetzliche Einschränkung der Wiederwahl, würde ebenso wirken können. Aber auch dann wird es die zwei Gruppen geben, von denen die eine das Wohl der Regierten und ihre eigene Integrität im Auge hätte, die andere aber die eigene, schamlose Bereicherung.

Ich hatte von dem Unterschied zwischen einer »Entscheidung in einer Sache« und einer »politischen Entscheidung« gesprochen. Der Begriff des »Politischen« ist auf die sozialen und öffentlichen Bereiche der individuellen Lebensführung bezogen. Der Mensch ist in seiner Lebensführung durch sein Wahrnehmen, durch sein Denken und durch sein Handeln bestimmt. »Politisch« ist damit alles, das beobachtet, reflektiert und getan wird, soweit es sich auf den öffentlichen Bereich und das Miteinander innerhalb einer Gemeinschaft bezieht. Ein politischer Mensch kann also einer sein, der sich informiert und über die politischen Bereiche nachdenkt, ohne irgendetwas weiter zu tun; denn das Nachdenken ist auch eine Tätigkeit.

Die politische Betätigung selbst, der eigentliche Kern des Politischen, kann dann ganz verschieden aussehen. Dieses öffentliche Handeln geschieht innerhalb von Institutionen, Gesellschafts- und Kulturverhältnissen, Traditionen, Umgangsformen, Ideen und Theorien. Die Einzelelemente sind dabei deswegen auch so schwer zu bestimmen, weil sie sich fortwährend wandeln. Damit ist das Politische freilich ein äußerst komplexes Phänomen, das sich in gesellschaftlichen, sozialen, kulturellen und rechtlichen Erscheinungen vollzieht und im Idealfall unter einer transparenten Öffentlichkeit stattfindet, die fortwährend zu allen relevanten Punkten kritisch Stellung bezieht – der reibungslose Ablauf politischer Prozesse ist nicht nur Utopie, sondern ein Katastrophenszenario. Schon Kant hatte das Wesen des politischen Handelns in der »Reform«[386] gesehen.

Auch wenn sich kein politisches Ziel empirisch verwirklichen lässt, so unterliegt das politische Handeln selbst im einzelnen – wie alles Handeln – immer einem Ziel, das von Kant als »Frieden« und von Aristoteles als »das vollkommene Leben der Gemeinschaft« bezeichnet wird. Dass das Internet in solchen Prozessen eine mediale Rolle spielt, ist gar nicht zu bestreiten, dass es selbst für diese Prozesse stehen kann, ist dagegen absurd.

ETÜDE 24

Essen ist Nahrungsaufnahme!

E s gehört zum Erscheinungsbild eines Vorurteils, dessen Analyse für eine philosophische Etüde geeignet ist, dass die profane Meinung sich im Urteil einigt: Was denn sonst? Hier aber gibt es gewiss mindestens zwei Meinungen, denn der Gourmet würde sagen: Essen ist Genuss!

Die Nahrungsaufnahme, die im Zuge der Oralisierung stattfinde, sei eine nebensächliche Funktion, die aber keinesfalls den Sinn und den Hauptgegenstand des Essens ausmache. Der Chor ist sicher vielstimmig und die pragmatische Tonlage würde beispielsweise anmerken, in guten Zeiten sei das korrekt, in schlechten schlichtweg egal (obwohl das performativ bedeuten könnte, den Genuss mit der Moral zu identifizieren, denn auch die könnten wir uns nur in satten Zeiten leisten). Wenn es schmeckt, kommt eben die Lust daran noch hinzu, und es mag sein, dass diese bei einigen überhandnimmt, die Wert darauf legen, zum exklusiven Kreis zu gehören. Aber auch diese würden nicht von der Lust am Tafeln satt, sondern eben durch die Nährstoffaufnahme.

Nun müssen wir schon unterscheiden, was wir meinen, wenn wir solche Urteile fällen: Denn das Vorurteil ist zunächst nur eine Aussage über die Funktion des Essens. Aber auch die Nahrungsaufnahme hat ihre Funktion der Ermöglichung von Stoffwechselprozessen, die Verdauung die Funktion der Gewinnung der brauchbaren Nährstoffe und die Absonderung die Funktion der Beseitigung des un- und dysfunktionalen Rests.

Alles in allem dienen diese Vorgänge der Funktion des Lebenserhalts. Hätten Lebewesen keine solchen Vorgänge der Lebensaufrechterhaltung, wären sie tot und nicht am Leben und damit auch keine Lebewesen mehr. Im Faktischen des Faktischen schließt sich damit der sonst sinnlose Funktionskreis und seine Unterrotationen der physiologischen Prozesse in der Natur. Essen hat also keinen anderen Sinn als den Erhalt von sonst sinnlosen Lebensfunktionen, es besteht in nichts anderem, bedeutet auch nichts weiter mehr. Das hedonistische Ausscheren, das Betonen des Genusses führt dabei auch nicht davon weg, denn die Freude am Essen ist biologisch nichts anderes als der fühlbare Drang, dessen Nichterfüllung die Sache beendet. Oder wir sagen: Ein Leben ohne Freude geht zugrunde. Dann hätte das Essen eine weitere Mittlerfunktion, die aber auch wieder auf das Überleben verweist.

Die andere Bedeutung des Urteils, welche schon anklang, besteht darin, den Prozess des Zuführens bloß zu beschreiben bzw. zu definieren. Das bedeutet: Es gibt kein Essen. Das ist nur ein anderer Ausdruck eben für die Nahrungsaufnahme, wie es kein Wasser gibt, sondern nur H_2O. Oder wir sagen: Essen und Nahrungsaufnahme sind identisch. Das gibt freilich gleichzeitig auch wieder den Sinn dieser Verrichtung an, also deren funktionale Bedeutung.

Diametral entgegen steht die Ansicht des philosophischen Etüdisten, Essen sei ein Selbstzweck. Das können wir schon daran erkennen, dass wir zum Essen nicht nur Wasser, was der Funktion der Nahrungsaufnahme vollkommen genügte, sondern allerlei ausgesuchte Getränke reichen und in uns aufnehmen, oder daran, dass wir die Speisen auf den Tellern anrichten und uns eine Menüfolge überlegen, welche einer inneren Sachlogik folgt, und dass wir nicht alles mit allem kombinieren.

Aber der Selbstzweck des Essens ist schon bedingt durch weitere Selbstzwecke der Zubereitung und der Besorgung von Zutaten. Das erscheint noch überzogener, aber ist ganz einfach zu erklären: Wenn eine Frau sagt, sie gehe shoppen, kann sie alle Fragen ihres Mannes, ob sie einen Pullover, eine Hose, einen Mantel, Schal, Schuhe oder was immer benötige, grundlos verneinen.

So geht auch der Essen-zum-Selbstzweck-Erheber auf den Markt, nicht weil er etwas zum Essen oder Zutaten dafür braucht, sondern weil er die Auslagen betrachtet, sehen will, was es gibt – die Händler wollen und können einem ohnehin nichts anderes verkaufen als das, was sie haben (wie Platon im *Protagoras* sagt[387]). Bemerkt er etwas, das ihm gefällt, das ihn anregt, beschaut er es und kauft das Stück. Er komponiert weiter aus dem anderen Angebot einen wechselseitigen Verweis der typischen Geschmäcker und weiß dann, was er sonst noch braucht, um die Sache abzurunden, sieht sich aber naheliegender Weise unter Umständen dazu genötigt, etwas zu benötigen, was nicht vor Ort zu haben ist, sondern anderswo beschafft werden muss.

Die Funktionalität bloßer Nahrungsaufnahme findet auch hier ihre Grenzen, denn die Suche aufgrund der Erfahrung und des Angebots – die ja nicht notwendig identisch sind – nach dem »Richtigen« ist dafür sinnlos und allzu aufwendig.

Mit dem Nachhauseschleppen der Jagdbeute sind wir noch lange nicht beim Essen und doch haben wir schon einen wichtigen Teil der Kulturleistung dafür erfüllt, ohne den es nicht geht. Da die Essensmittel zubereitet werden müssen, könnte der Eindruck entstehen, ich kaufte diese nur, um sie durch Hitze zu verändern und sie in mich einzuspeisen. Hohe Kulturleistungen dagegen zeichnen sich dadurch aus, dass sie nicht aus einem Zusammenhang von Eigenzwecken bestehen, sondern wir müssen, um solche zu realisieren, von Selbstzweck zu Selbstzweck eilen. Es steht hier alles für sich und die Kombination der Einzelverrichtungen bildet dennoch auch für sich wieder ein großes Ganzes. Daraus ersehen wir, dass ein Essen seine Bedeutung nicht in den wohligen Gefühlen des Schmeckens oder des Sattseins und dessen physiologischer Bedingung der Energiegewinnung für den Körper haben kann.

Was wir in diesem Sinn als Essen bezeichnen – und wir beziehen das Wort sowohl auf die Zutaten wie das Ergebnis und die Tätigkeit – besteht in einer Kaskade von Tätigkeiten, die aufeinander aufbauend gewiss ihre jeweilige Bedingung liefern, deren Interpretation als kausaler Ablauf bis zur Exkrementierung allerdings alles andere als überzeugend sein kann. Zwar können wir die Sache so betrachten und verrichten, aber schön ist das nicht.

Wir haben uns angesehen, wie einer auf den Markt geht, wie er betrachtet und schaut, wie ihn etwas anspringt, wie er überlegt, was damit anzufangen ist, wie er wägt und Alternativen sortiert und kombiniert, wie er weitersucht, bis im Geist schon alles bereitet ist. Die Vorstellung lässt nicht nur ihm, sondern auch uns sogleich das Wasser im Munde zusammenlaufen, den Speichelfluss, der die physiologische Funktion hat, den zermahlenen Brei zu verdünnen und den Schluckvorgang zu erleichtern. Doch die bloße Vorstellung allein nährt uns freilich nicht. Der Funktionskreis läuft an, sein sinniges Werk gut zu verrichten, und läuft dann leer.

Wenn es dabei bliebe, wäre das ziemlich überflüssig. Doch ist der Speichelfluss nur ein physiologischer Ausdruck, ein Begleitphänomen der spezifischen emotionalen Reaktion auf die Lust am Vorstellen. Ich weiß ja, dass ich meine Vorstellung vom schönen Mahl nicht schlucken und verdauen kann. Die physiologische Reaktion zeigt die intentionale Ausrichtung auf den Gesamtzweck an.

Die Einsicht in den Selbstzweck des Besorgens, das Schauen, Nehmen, Prüfen, hat dagegen seine eigene Funktion, die nicht schon auf das Essen, sondern auf die Essensmittel, die man leichthin Zutaten oder Rohstoffe nennt, auf deren eigene Beschaffenheit und Gestalt gerichtet ist. Nicht den Braten halte ich in der Hand, sondern ein Ding ganz eigner Qualität in seinem roten Farbenspiel, der weißen Maserung, in seiner wasserhaltigen Schwere. Und ebenso bei einer Paprika, die in ihrer Frische, Festigkeit und ihrem bitter-süßlichen Geruch schier platzt.

Die Dinge haben ihre Eigenschaften immer für sich selber. Die Finalität, mit der wir sie betrachten, die Veränderung, der wir sie in unseren Zwecken unterwerfen, sind Möglichkeiten, die in ihnen wohnen, wie die Essensmittel Möglichkeiten für mein Essen sind, ob sie noch auf dem Feld, am Markt, in der Tragetüte oder schon in meinem Kühlschrank oder auf dem Brett und Küchenkrepp liegen.

Für unsere Intention bezogen auf diese Dinge ist es nicht irrelevant, in welcher Umgebung wir sie sehen. Ein Salat, an dem kleine Styroporkügelchen kleben, macht auf mich einen anderen Eindruck, als wenn er mit Sand und Erde beschmiert ist. Und auch wenn die Bauern zunehmend ihre Eier, die sie auf dem Wochenmarkt verkaufen – und nicht nur diese –, nicht von den eignen Hühnern, sondern aus der Kiste vom Geflügelhof nehmen, hebt der Kontext des Erwerbs den Eindruck von den Dingen. Betrug ist das erst, wenn ich den Feiler frage und dieser mir ins Gesicht lügt.

Die Eigenschaften der Dinge sättigen sich mehrfach ab, während ich mit ihnen umgehe. Auf die Vorstellung vom Gericht, auf den Erwerb der Essensmittel folgt die Zubereitung und Umwandlung ihrer rohen Gestalt. Der Umgang mit den Dingen, das, was ich dabei fühle, wenn Wasser, meine Finger, Reiben oder Messer sie umspült, umgreift, zerkleinert, ritzt, offenbart je eigene Qualitäten, deren Beachtung ich ihnen schulde.

Das kann nur gelingen, wenn die Mengen nicht zu groß sind. Denn ist ein ganzer Sack Kartoffeln zu schälen, würdige ich sicher nicht jede einzelne. Die Zubereitung eines Essens, das Kochen, kann nur selbstzwecklich sein, wenn es überschaubar ist, wenn ich die

Schritte alle in der Hand habe. Zwar nimmt man gern die Hilfe eines Küchenknechts, der einem die niederen Arbeiten wohl versorgt, aber dem Ganzen fehlt dann etwas von seiner Verrichtung, zumal der Knecht, als ebenso hungriger Mensch, in seiner Tätigkeit rein instrumentalisiert zu werden droht.

Das Essen erfolgt am besten in Gemeinschaft. Für sich allein ringt man sich selten zu so großem Aufwand durch. Bei Kant zu Tisch galt die Divise, dass die Personen ihrer Anzahl nach mindestens so viel als wie die Grazien, also drei, und höchstens so viel als wie die Musen, also neun, sein sollen.

Schmeckt es den Gästen, loben sie den Koch. Für seine Magd fällt wenig ab. Das ist natürlich ungerecht, auch wenn der Zubereitende die Verantwortung für den Genuss vollständig trägt. Ungerecht ist das aber auch gegenüber dem Genossenen selbst. Wenn Essen Eigenzweck ist, dann sind selbstzwecklich nicht nur die Schritte, bis man dorthin gelangt, sondern auch die Speisen, je nachdem um was es sich handelt, in ihrer jeweiligen, ganzen Eigenheit zu loben.

Im Grunde hat man sich vor dem Schwein, dem Rind, dem Lamm, der Staude zu verneigen, die einem das Essen gaben, wie es die Indianer tun – das habe ich einmal gehört –, die mit dem getöteten Tier sprechen, um ihm zu erklären, warum es sterben musste. Das scheint den meisten sicher übertrieben. Doch ganz ohne Respekt für die Tiere, die Pflanzen und die Natur sollten wir auf keinen Fall sein, wenn wir unser Essen zu uns nehmen.

Auch Bernhard Waldenfels möchte davor warnen, »Essen und Trinken mit Prozessen der Nahrungszufuhr, der Verdauung und der Ausscheidung gleichzusetzen«.[388] Der Trieb zum Essen, der Hunger, stellt sich in dieser Lesart dar »als ein primäres Bedürfnis, das wir mit den Anthropoiden teilen«.[389]

Waldenfels macht drei Motive aus, die sich als »Hemmnis«, über Speise und Trank anders zu reden als im Sinne der Nahrungsaufnahme, erweisen: Die orale Zufuhr sei erstens »Lebensnotwendigkeit«, »Selbsterhaltung« und das Phänomen der »Tafelfreuden« bilde zweitens nur ein »Vehikel zur Geselligkeit« (wie Kant sich einmal ausdrückt); und drittens: »Tischsitten sind nicht verallgemeinerungsfähig; sie lassen sich kultivieren, aber nicht moralisieren«.[390] Dem zuletzt Genannten steht entgegen, dass die Genusssucht und die Völlerei als moralische Vergehen gelten, zumal sie einen deutlichen Hang zum Überschießen, zum »*Überflüssigen, Übermäßigen, Luxuriösen*«[391] haben.

Eine solche Reduktion auf ein Primärbedürfnis führt gleich zu einer eigenartigen Form der Überdeterminierung. Waldenfels schreibt: »Faßt man die Sättigung als Erfüllung alimentärer Intentionen beziehungsweise als Befolgung alimentärer Regeln, begleitet von entsprechenden Körper- und Gehirnprozessen, so löst sich das Essen und Trinken auf in *disjecta membra*, in das, was wir selber wollen, in das, was wir tun sollen, und in das, was ohne unser Zutun geschieht«.[392]

Wir essen ohnehin nur, weil wir müssen und wollen. Was sollte der Tätigkeit also sonst noch für eine Funktion innewohnen. Unsere höheren Tätigkeiten, die in der Philosophie immer an die Vernunft gebunden sind, haben allenfalls mittelbar Anteil am Gastrointestinalen, indem dieses die Nährstoffe liefert. Wären wir reine Geistwesen, bräuchten wir auch keine Nahrung. »*Die Götter essen und trinken nicht*«[393] schreibt Waldenfels mit Verweis auf Aristoteles und erweitert mit Descartes: »*Das Cogito ißt und trinkt nicht*, oder in neuerer Diktion: *Das Bewußtsein (das Gehirn) ißt und trinkt nicht*«.[394]

So isst und trinkt der Mensch, weil er ein Lebewesen ist, wie Aristoteles meint, wegen des Tieres im Menschen, wie es bei Kant heißt, oder infolge der Maschine im Menschen, womit Descartes den Menschen endgültig in zwei Teile, einen körperlichen und einen denkenden, zerreißt.[395] Da der Mensch bei Kant noch in ein Zwitterwesen mit Sinnen- und Vernunftanteil zerfällt, überlässt er gern das Essen und das Trinken dem ersteren, das sich aber in seiner »Kultivierung«[396] der Vernunft zu beugen habe. Wie überhaupt die ganze Nahrungsaufnahme nach Kant unter den Geboten der Vernunft steht: Wir müssen essen, auch wenn wir keine Lust dazu haben; ja die Vernunft befiehlt selbst noch den Genuss, weil die freudlose Existenz ihren Naturzweck nach Beförderung des eigenen Glücks und des Wohlergehens der anderen nicht recht erfüllen kann.

Waldenfels möchte das Essen und das Trinken als »ein leibliches und zwischenleibliches Geschehen betrachten, das seine eigenen Ordnungen gebiert und das in allen Stücken überdeterminiert ist wie Trauminhalte, Körpersymptome und traumatische Erlebnisse«.[397] Und so fragt er angesichts der »alimentären Erfahrung«, »wie physiologische, ökonomische, soziokulturelle und religiöse Faktoren zusammenwirken«[398] Schon der »Geschmackssinn unterscheide Genießbares und Ungenießbares«[399] und nach Aristoteles gehe »das Streben *nach etwas* mit der Wahrnehmung *von etwas* Hand in Hand«.[400]

Wir haben das bereits für die Vorbereitungen zum Essen ausgemacht. Doch gilt es freilich mehr noch für das Essen selbst. Im Wahrnehmen dessen, was vor uns auf dem Tisch steht oder auf dem Teller liegt, greifen wir in einer eigenen Weise intentional auf das Vorgelegte aus. Wir sehen und wir riechen es und erkennen schon daran, was es ist, weil wir uns erinnern, solches schon einmal zu uns genommen zu haben.

Selbst die Lust darauf, es zu essen, kann nicht durch den Trieb zur Nahrungsaufnahme allein erklärt werden, auch wenn wir das schon für die primäre Funktion des Ganzen halten. Das Begehren geht auf die Sache, auf den Duft, auf den Gaumen, der schmecken will, gerade das, was vor mir liegt. Manch einer mag dadurch während eines Mahls angeregt werden, aus dem Erinnern und der Phantasie anderes, zuvor einmal Gegessenes herzuerzählen. Dass solche Praxis die anderen stören kann, weil sie die intentionale Richtung ihrer Aufmerksamkeit gerade auf das Vorgesetzte richten und sich nichts anderes vorzustellen wünschen, zeigt nur, dass wir nicht irgendetwas, sondern gerade das verzehren mögen, weil es ist, wie es ist, so aussieht, riecht, schon, weil wir »das Angenehme suchen und nicht nur das Bekömmliche«.[401] »Im *Geschmack* liegt ein Überschuß«,[402] ein »sinnlicher Überschuß, der nie völlig ins Nahrhafte umzusetzen ist, obwohl er zur Ernährung beiträgt«.[403]

Wenn es ganz oberflächlich betrachtet so aussieht, als ob sich Essen und Trinken nur der niederen Sinne bedienen, Geschmack und Geruch, im Gegensatz zum Sinn des Auges und des Hörens, so merken wir in der Vergegenwärtigung der Lust am Essen doch, dass auch das Auge, selbst das Ohr beim Fleischauflegen oder seinem Brutzeln, Gluckern, solange es noch kocht, beteiligt sind. Wenn wir aber noch genauer hinsehen, schießt das Essen noch weiter über seine vermeintlich primäre Funktion hinaus. Waldenfels meint, dass ein solcher Umstand immer einen »mythologischen, symbolischen oder bloß metaphorischen« Gehalt erhält.[404] So betont Augustinus in ganz platonischer Tradition, dass die körperliche Nahrung durch die seelische Nahrung ergänzt werden müsse, und nötigt in *De beata vita* seine Tischgenossen zum Gespräch.

Für Waldenfels liegt in der Erhöhung aber noch mehr: »Es fällt offenbar schwer, den gemeinsamen Genuß von Speise und Trank als Ausdruck einer allgemeinen Zielordnung zu betrachten. Dies würde in der Tat voraussetzen, daß die erwähnten Opferriten ein eigenes Gewicht erhalten und mehr bedeuten als äußere Riten, die ihre ethische Bindekraft von anderswoher beziehen, etwa aus der Verständigung darüber, was gut und böse, gerecht und ungerecht ist«.[405]

Darin erscheint das Essen unter ethischen Gesichtspunkten. Diese betreffen aber nicht die Tischsitten, auch nicht allein die soziale Funktion des Miteinanderessens oder die später erwähnte Vorstellung vom gastronomischen Mahl als Kunstwerk.[406] Worin aber liegt dann die Ethik des verzehrenden Genusses? Worin, wenn wir zudem bedenken, dass der Genuss die Sättigung verzögert oder sogar verzögern soll, wie beim Gourmethaften?[407]

Beim Ausgreifen des Geschmacks und seiner Lust zu essen, haben wir mit Waldenfels schon bemerkt, dass nicht die Lust allein uns motiviert. Lust ist ein eigenartig formaler Begriff für alles, worauf wir Lust haben können. Es gibt eine Verbindung zwischen der Empfindung und dem Genossenen. Wir wollen nicht irgendetwas genießen, sondern immer etwas Bestimmtes. Die Lust richtet sich auf den Gegenstand, die Person, die Tätigkeit, so auch beim Essen auf die Speisen. Im Genuss findet dann etwas statt.

Waldenfels schreibt: »Genießender und Genossenes verändern sich im Genießen«.[408] Sowohl die augenschöne Speise wird im Prozess der Verdauens zu einem Brei, der ganz unansehnlich ist, aber auch wir selbst bleiben nicht dieselben. Die Erinnerung, die nachher abgerufen werden kann, auch wenn sie nicht dasselbe wiederbringt, setzt sich in uns fest, zumindest wenn wir das Essen auch genießen: »Man genießt nicht auf Vorrat«.[409]

Die Sinnenlust, die uns beim Essen überfällt, kann aber auch verführen. Die Völlerei ist eine Todsünde, sie hat aber freilich nichts mit dem Essen zu tun, so wie es sein soll. Die Normierung darin zeigt, dass wir uns auch anders, falsch verhalten können. Der Umstand tauchte schon beim Zubereiten auf, wenn wir bedenken müssen, wie wir mit den Zutaten umgehen. Schon beim Überlegen mischen wir nicht alles zusammen.

Selbst mancher Mensch vom Fach irrt hier, hält sich an Regeln, die den Lebensmitteln nicht gerecht werden, und glaubt z. B., dass immer Zucker an den Essig müsse. Dabei verdirbt uns der Salat. Oder er denkt, er soll in jedem Fall Sahne dem Spinat beigeben, als ob der das bräuchte und ohne diese Zutat nicht recht schmecken könne. Sahne gehört – mit ganz wenigen Ausnahmen – überhaupt nicht in die rechte Küche, es sei denn, ich beschränke mich auf diese als Hauptzutat.

Platon unterscheidet in seinem *Gorgias* wahre Künste und Scheinkünste. Der Kochkunst als Scheinkunst steht die wahre Kunst des Arztes gegenüber. Würden, so schreibt er, Kinder als Richter zwischen Arzt und Koch zu wählen haben, wählten die aus Mangel an Vernunft, weil sie nur auf das Angenehme sehen, den Koch, der eben besser wüsste und ihnen gäbe, was ihnen schmeckt. Der Arzt dagegen quäle sie und sage auch noch, es sei zu ihrem Besten. Wenn sie dann fett und aufgedunsen sind, verklagen sie ihn noch, weil er keine Mittel hat, die ihnen helfen könnten.[410]

Platon spricht von Kindern, weil er deren Vorliebe für Süßigkeiten kennt. Die moderne Lebensmittelindustrie kommt da auf noch raffiniertere Tricks als die antiken Köche, die bis zur Sollbruchstelle von Kartoffelchips gehen und die in uns das süchtige Verlangen nach immer mehr schüren; die Röstung erfolgt dabei so, dass das möglichst angenehme Empfinden des Knackens und Brechens so kurz anhält, dass sich keine rechte Befriedigung darüber einstellen kann, die begehrte Wiederholung aber erst durch den irgendwann und infolge der Übersättigung auftretenden Brechreiz abgewürgt wird. Der Nährwert besteht hier nur im Fett. Aber kaum jemand wird behaupten, dass es sich dabei um Essen handelt.

Auch im *Protagoras* spricht Platon vom Essen in einem sonderbaren Vergleich: Wenn wir auf den Markt gehen, um etwas zu essen zu kaufen, dann geben wir die Lebensmittel in Gefäße, tragen sie nach Hause, und wenn wir selber keine rechte Ahnung haben, fragen wir jemanden, ob das etwas Rechtes ist, das wir erworben haben. Erst dann führen wir uns dieses zu. Wenn wir aber irgendwo belehrt werden sollen, können wir das Wissen nicht mit nach Hause nehmen, um es jemandem zu zeigen, der sich damit auskennt. Denn das Wissen nehmen wir immer gleich in uns auf und tragen es mit uns herum, auch wenn wir es nicht verdauen können. Es verändert uns zu dem Zeitpunkt, sobald wir es hören.[411] Das schließt aber eben nicht aus, dass uns auch das Essen verändert.

Essen steht aber noch in viel weiteren Zusammenhängen, wenn wir es gemeinsam zu uns nehmen. Bei Waldenfels haben wir schon von den Riten gehört, an die wir denken müssen, wenn wir das gemeinsame Essen nicht allein als Ausdruck einer allgemeinen Zielordnung begreifen mögen. Zwar gibt es Familien- und Arbeitsessen, Empfänge, Restaurantverabredungen zum Sich-Kennenlernen usf., aber ob wir nur zu diesen jeweiligen Zwecken gemeinsam essen, steht in Frage. Das lässt sich zwar allgemein behaupten, aber nicht dem gegenüber zugeben, der dann das Missvergnügen hat, der andere am Tisch zu sein. Von außen betrachtet, ist das immer nur ein bestimmtes Verhalten, miteinander zu essen. Für diejenigen, welche am Tisch sitzen, hat das eine viel weitere Bedeutung. Mit einem widerlichen Menschen mögen wir nicht zusammen essen, da verzichten wir lieber auf die notwendige Nahrungsaufnahme.

Wenn wir ein Wissen oder ein vermeintes Wissen in uns aufnehmen, so hatte Platon im *Protagoras* argumentiert, dann verändert uns das in einer Weise, über die wir keine rechte Kontrolle mehr haben. Dieser Gedanke ist bei Waldenfels erweitert: Auch wenn wir Nahrung in uns aufnehmen, verändern wir uns. Die physiologischen Prozesse, die Viszeralempfindungen, die dabei ablaufenden neuronalen Übertragungen sind nicht nur physische Prozesse, sondern betreffen uns immer auch als leibliche Wesen.

Der Leib ist bei Waldenfels eine Art Umschlagplatz von den körperlichen Bewegungen in Bewusstseinsvorgänge, welche Bedeutungen tragen und damit Veränderungen auslösen, die weit über die physiologischen Bedingungen hinausgehen. Evident ist das sowohl für das positive wie für das negative Befinden als Folge bekömmlicher wie abträglicher Nahrung. Die Phänomene sind aber unterbestimmt, wenn wir nur ein Kausalmodell der Ursache-Wirkungs-Beziehungen in physiologischen Vorgängen annehmen, die im Bewusstsein emandieren, welche die umgekehrte Richtung nicht zulassen.

Waldenfels betont, dass wir etwas im Bewusstsein haben, das komplex in den Bildvorstellungen, Erinnerungen, den emotionalen Begleiterscheinungen, den sozialen Beziehungen usf. vorliegt, das immer auch umfassend als Bedeutungsträger fungiert und das wiederum auf die Verdauung wirkt.

Wir sprechen bei der Nahrungsaufnahme dann davon, dass wir uns das Essen »einverleiben«. Waldenfels geht dabei von einer

»*Fremdheit des eigenen Leibes*, die in der Fremdheit eine Art *pars pro toto* findet«[412] aus. Was wir in uns aufnehmen, gehört nicht zu unserem Körper, es ist etwas, das ihm fremd ist. Die Verdauung wandelt das Aufgenommene um, in etwas, das wir zum Leben brauchen.

Wo aber ist die Schnittstelle, an der das Fremde – Waldenfels ist der philosophische Protagonist der Forschung vom »Fremden« – uns zu eigen wird? An welcher Stelle ist die Luft, die wir atmen, noch die Luft der Umgebung und dann die unseres eigenen Blutsauerstoffs? Sind wir die Moleküle, die in uns zirkulieren? Gehören sie uns an? Die Vorstellung ist eigenartig und die Fragen lassen sich nicht entscheiden. Das ist aber genau das Grenzphänomen, das Waldenfels meint: »Was wir genießen, bleibt uns fremd, als etwas, *von dem* wir zehren, ohne es aufzuzehren oder zu besitzen«.[413]

In der Sprache verwenden wir gerne Viszeralmetaphern, die etwas ausdrücken, was sich offenbar anders nicht sagen lässt. So sagen wir, wir haben Hunger nach Liebe oder einen Wissensdurst, jemand übergießt einen anderen mit beißendem Spott, ich schlucke meinen Ärger hinunter, ein Sachverhalt verursacht mir Magengrimmen usf.[414] Auch dabei vermischen wir Bedeutungsträger für unser tägliches Leben und die Auseinandersetzung um diese mit den Viszeralempfindungen und anderen Emotionen.

Die Sozialbeziehung beim Essen haben wir bisher nur gestreift. Etwas für andere zu kochen oder etwas, das ein anderer gekocht hat, zu mir zu nehmen, sind sozial ganz unterschiedliche Phänomene, obwohl sie gegenseitig die höchste Sozialform des Essens bilden. Schon beim »gegenseitigen Anbieten« gibt mir jemand etwas, es kommt von einem anderen Menschen und ist insofern »halbfremde Speise«.[415]

Überhaupt ist das Phänomen der »Gabe« als »Zuvorkommenheit« und »Geben und Nehmen«[416] etwas, das den zwischenmenschlichen Austausch erst stiftet, schon wenn wir dem anderen nur unseren Blick schenken, mehr noch, wenn wir ihm zu essen geben oder davon anbieten. Das gemeinsame »Mahl« und das »Gastmahl«, die »Tischordnung«, der »leere Platz«[417] sind weitere Erscheinungen, welche uns davon überzeugen sollen, dass Essen zwar immer auch Nahrungsaufnahme darstellt, darin aber niemals seine Erfüllung findet.

Literatur

Aristoteles, *Nikomachische Ethik*, übersetzt von Eugen Rolfes, herausgeben und mit Einleitung, Anmerkungen, Register und Literaturhinweisen versehen von Günther Bien, Hamburg [4]1985.

–, *Nikomachische Ethik*, übersetzt von Olof Gigon, München 1991.

–, *Politik*, übersetzt und mit erklärenden Anmerkungen versehen von Eugen Rolfes, Einleitung von Günther Bien, Hamburg [4]1981, Nachdr. 1990.

Honoré de Balzac, »Vorrede zur ›Menschlichen Komödie‹«, in: *Balzac. Leben und Werk*, hg. v. Claudia Schmölders, Daniel Kehl, Zürich 2007, 423–440.

Walter Benjamin, *Literaturgeschichte und Literaturwissenschaft*, Gesammelte Schriften III: Kritiken und Rezensionen 1912–1931, Frankfurt am Main 1991.

–, *Ursprung des deutschen Trauerspiels* (1925), Frankfurt am Main [8]2000.

Richard Benz, »Goethes Leben«, in: *Goethes Werke*, Band XIV (Hamburger Ausgabe: Naturwissenschaftliche Schriften II, Materialien, Register), herausgegeben von Erich Trunz, München 1998, 343–381.

Dieter Birnbacher, Norbert Hoerster (Hg.), *Texte zur Ethik*, München [10]1997.

Ludwig Ernst Borowski, Darstellung des Lebens und Charakters Immanuel Kants«, in: Wer *war Kant? Drei zeitgenössische Biographien von Ludwig Ernst Borowski, Reinhold Bernhard Jachmann und E. A. Ch. Wasianski*, hg. v. Siegfried Drescher, Pfullingen 1974, 27–127.

Reinhard Brandt, »Die Welt ist […]; zu Fall gebracht«, in: Reinhard Brandt, *Warum ändert sich alles?* München 2008, 63–65.

Karl-Heinz Brodbeck, *Die fragwürdigen Grundlagen der Ökonomie. Eine philosophische Kritik der modernen Wirtschaftswissenschaften*, Darmstadt 1998.

Jacob Burckhardt, *Weltgeschichtliche Betrachtungen*, hg. v. Rudolf Marx, Stuttgart 1978.

Joseph Butler, »Eine Widerlegung des Egoismus« (aus: Joseph Butler, *Butler's Fifteen Sermons preached at the Rolls Chapel and A Dissertation on Virtue*, London 1970, 12 (Preface), 100–107 (Sermon XI), 14–15 (Preface); übers. v. Dieter Birnbacher), in: Birnbacher, Hoerster (Hg.), Texte zur Ethik, München [10]1997, 178–189.

Roberto Calasso, *Die Hochzeit von Kadmos und Harmonia*, aus dem Italienischen von Moshe Kahn, Frankfurt am Main 1993.

Ernst Cassirer, *Versuch über den Menschen. Einführung in eine Philosophie der Kultur*, aus dem Englischen übersetzt von Reinhard Kaiser, Hamburg 1996.

Marcus Tullius Cicero, *De finibus bonorum et malorum/Über das höchste Gut und das größte Übel*, Lateinisch-Deutsch, übersetzt und herausgegeben von Harald Merklin, Stuttgart 1989.

–, *Academica. Akademische Abhandlungen. Lucullus*, Lateinisch-Deutsch, Text und Übersetzung von Christoph Schäublin, Einleitung von Andreas Graeser und Christoph Schäublin, Anmerkungen von Andreas Bächli und Andreas Graeser, Hamburg 1995.

–, *De natura deorum. Vom Wesen der Götter*, Lateinisch-Deutsch, herausgegeben, übersetzt und kommentiert von Olof Gigon und Laila Straume-Zimmermann, Zürich 1996.

–, *Tusculanae Disputationes. Gespräche in Tusculum*, Lateinisch-Deutsch, mit ausführlichen Anmerkungen, neu herausgegeben von Olof Gigon, Düsseldorf, Zürich ⁷1998.

–, *De oratore. Über den Redner*, Lateinisch-Deutsch, herausgegeben und übersetzt von Theodor Nüßlein, Düsseldorf 2007.

Fjodor M. Dostojewski, *Die Brüder Karamasoff*, aus dem Russischen von E. K. Rahsin, München 1992.

Brigitte Falkenburg, *Mythos Determinismus. Wieviel erklärt uns die Hirnforschung?* Berlin, Heidelberg 2012.

Kurt Flasch, *Das philosophische Denken im Mittelalter. Von Augustinus bis Machiavelli*, Ditzingen ²2000.

Ludwik Fleck, *Entstehung und Entwicklung einer wissenschaftlichen Tatsache. Einführung in die Lehre vom Denkstil und Denkkollektiv*, Frankfurt am Main 1980.

Harry Frankfurt, »Alternative Possibilities and Moral Responsibility«, in: *Journal of Philosophy* 66(1969), 829–839.

Sigmund Freud, »Über eine Weltanschauung«, XXXV. Vorlesung aus: *Neue Folge der Vorlesungen zur Einführung in die Psychoanalyse*, in: Sigmund Freud, Gesammelte Werke, Bd. 15, Frankfurt am Main 1999, 170–197.

Johannes Fried, *Das Mittelalter. Geschichte und Kultur*, München 2008.

Günter Fröhlich, »Überlegungen zur Argumentationsstruktur in Platons *Protagoras*«, in: *Classica et Mediaevalia. Revue danoise de philologie et d'histoire* 55 (2004), 49–84.

–, *Nachdenken über das Gute. Ethische Positionen bei Aristoteles, Cicero, Kant, Mill und Scheler*, Göttingen 2006.

–, »Die aristotelische *eudaimonia* und der Doppelsinn vom guten Leben«, in: *Archiv für Begriffsgeschichte* 54(2012), 21–44 (2012a).

–, *Anthropologische Wege. Ulmer Stadthausvorträge*, Nordhausen 2012.

–, »Naturalismus, Materialismus, Physikalismus und die Grenzen der Objektivität«, in: ders., *Anthropologische Wege*, a. a. O., 91–115 (2012b).

–, »Entlastung und Verlust. Die kulturwissenschaftliche Funktion von Technik und Institutionen«, in: ders., *Anthropologische Wege*, a. a. O., 157–184 (2012c).

–, »Analyse und Funktion. Die Frage nach der Leitwissenschaft und die Philosophische Anthropologie«, in: ders., *Anthropologische Wege*, a. a. O., 185–225 (2012d).

–, *Theorie der Ethischen Beratung im Klinischen Kontext. Philosophische Grundlegung eines anwendungsbezogenen Modells zur Falldiskussion und Lösung wertbasierter Konflikte*, Würzburg 2014.

–, *Platon und die Grundfragen der Philosophie*, Göttingen 2015.

Thomas Fuchs, *Das Gehirn – ein Beziehungsorgan. Eine phänomenologisch-ökologische Konzeption*, aktualisierte und erweiterte Auflage, Stuttgart [3]2010.

Horst Fuhrmann, *Einladung ins Mittelalter*, München [4]2009.

–, *Überall ist Mittelalter. Von der Gegenwart einer vergangenen Zeit*, München [3]2010.

Arnold Gehlen, *Der Mensch, seine Natur und Stellung in der Welt*, textkritische Edition unter Einbeziehung des gesamten Textes der 1. Auflage von 1940 (Gesammelte Werke Bd. 3,2), herausgegeben von Karl-Siegbert Rehberg, Frankfurt am Main 1993.

Karen Gloy, *Wahrheitstheorien. Eine Einführung*, Tübingen, Basel 2004.

Johann Wolfgang von Goethe, *Goethes Werke*, herausgegeben im Auftrage der Großherzogin Sophie von Sachsen (Sophien- oder Weimarer Ausgabe), Abteilung IV: Briefe, Band 9, herausgegeben von Gustav von Loeper u. a., Weimar 1891.

–, *Goethes Werke*, Band I (Hamburger Ausgabe: Gedichte und Epen I), herausgegeben von Erich Trunz, München 1998a.

–, *Goethes Werke*, Band VIII (Hamburger Ausgabe: Romane und Novellen III), herausgegeben von Erich Trunz, München 1998b.

–, *Goethes Werke*, Band XII (Hamburger Ausgabe: Schriften zur Kunst, Schriften zur Literatur, Maximen und Reflexionen), herausgegeben von Erich Trunz, München 1998c.

Jürgen Habermas, »Gegen einen positivistisch halbierten Rationalismus«, in: Theodor W. Adorno u. a. (Hg.)., Der *Positivismusstreit in der deutschen Soziologie*, Darmstadt [2]1970, 235–266.

Martin Hartmann, *Gefühle. Wie die Wissenschaften sie erklären*, Frankfurt am Main, New York [2]2010.

Heiner Hastedt, *Gefühle. Philosophische Betrachtungen*, Stuttgart 2005.

Martin Heidegger, *Sein und Zeit*, Tübingen ¹⁹2006.

–, *Die Frage nach dem Ding. Zu Kants Lehre von den transzendentalen Grundsätzen*, herausgegeben von Petra Jäger, Gesamtausgabe Bd. 41: Vorlesung aus dem Wintersemester 1935/36, Frankfurt am Main 1984.

Winfried Henke, »Paläoanthropologie – Standortbestimmung einer innovativen Disziplin«, in: *Archäologische Informationen*, 30,1(2007), 1–23.

Herodot, *Historien*, 2 Bände, übersetzt von Walter Marg, München 1991.

Thomas Hobbes, *Leviathan oder Stoff, Form und Gestalt eines kirchlichen und bürgerlichen Staates*, übers. v. Walter Euchner, herausgegeben von Iring Fetscher, Frankfurt am Main ¹¹2002.

Norbert Hoerster, *Was ist Recht? Grundfragen der Rechtsphilosophie*, München 2006.

Christoph Horn, *Augustinus*, München 1995.

Detlef Horster, *Rechtsphilosophie. Zur Einführung*, Hamburg 2002.

David Hume, »Über den Maßstab des Geschmacks«, in: David Hume, *Vom schwachen Trost der Philosophie. Essays*, Auswahl, Übersetzung und Nachwort von Jens Kulenkampff, Göttingen 1997, 73–103.

Hans Joas, *Glaube als Option. Zukunftsmöglichkeiten des Christentums*, Freiburg im Breisgau 2012.

Immanuel Kant, »Beobachtungen über das Gefühl des Schönen und Erhabenen«, in: ders., *Werkausgabe in zwölf Bänden*, Wilhelm Weischedel (Hg.), Bd. II: *Vorkritische Schriften bis 1768. Zweiter Teil*, Frankfurt am Main ¹¹2013a, 821–884.

–, »Kritik der reinen Vernunft«, in: ders., *Werkausgabe in zwölf Bänden*, Wilhelm Weischedel (Hg.), Bd. III/IV: *Kritik der reinen Vernunft*, Frankfurt am Main ¹⁹2012.

–, »Prolegomena zu einer jeden künftigen Metaphysik die als Wissenschaft wird auftreten können«, in: ders., *Werkausgabe in zwölf Bänden*, Wilhelm Weischedel (Hg.), Bd. V: *Schriften zur Metaphysik und Logik I*, Frankfurt am Main ¹²2013b, 109–264.

–, »Beantwortung der Frage: Was ist Aufklärung?«, in: ders., *Werkausgabe in zwölf Bänden*, Wilhelm Weischedel (Hg.), Bd. XI: *Schriften zur Anthropologie, Geschichtsphilosophie, Politik und Pädagogik 1*, Frankfurt am Main ¹⁶2011a, 51–61.

–, »Zum ewigen Frieden. Ein philosophischer Entwurf« (1795/1796), in: ders., *Werkausgabe in zwölf Bänden*, Wilhelm Weischedel (Hg.), Bd. XI: *Schriften zur Anthropologie*, Frankfurt am Main ¹⁶2011b, 193–251.

–, »Anthropologie in pragmatischer Hinsicht«, in: Immanuel Kant, *Werkausgabe* Bd. XII: Schriften zur Anthropologie, Geschichtsphilosophie, Politik und Pädagogik 2, Wilhelm Weischedel (Hg.), Frankfurt am Main ¹⁴2011c, 395–699.

Geert Keil, *Willensfreiheit*, Berlin, New York 2007.

–, *Willensfreiheit und Determinismus*, Stuttgart 2009.

Wolfgang Kersting, *Thomas Hobbes. Zur Einführung*, Hamburg ³2005.

Franz von Kutschera, *Grundfragen der Erkenntnistheorie*, Berlin, New York 1981.

Pierre Simon de Laplace, *Philosophischer Versuch über die Wahrscheinlichkeit*, hg. v. Richard von Mises, Frankfurt am Main ²1996.

Hans Leisegang, *Denkformen*, Berlin ²1951.

Thomas Mann, »Schwere Stunde«, in: ders., *Frühe Erzählungen* (Gesammelte Werke in Einzelausgaben; Frankfurter Ausgabe), herausgegeben von Peter de Mendelssohn, Frankfurt am Main 1981, 376–384.

–, »Goethes Laufbahn als Schriftsteller«, in: ders., *Leiden und Größe der Meister* (Gesammelte Werke in Einzelausgaben; Frankfurter Ausgabe), herausgegeben von Peter de Mendelssohn, Frankfurt am Main 1982, 180–209.

–, »Versuch über Schiller«, in: ders., *Leiden und Größe der Meister*, a. a. O., 368–451.

Odo Marquard, »Inkompetenzkompensationskompetenz? Über Kompetenz und Inkompetenz der Philosophie«, in: ders., *Zukunft braucht Herkunft. Philosophische Essays*, Stuttgart 2003, 30–45.

–, »Lob des Polytheismus«, in: ders., *Zukunft braucht Herkunft*, a. a. O. 46–71.

John Stuart Mill, *Einige ungelöste Probleme der politischen Ökonomie*, hg. v. Hans G. Nutzinger, Einleitungen von Manfred Bischoff, Gert Haller und Hans G. Nutzinger, Frankfurt am Main, New York 1976; engl: »Essays on some unsettled questions of political economy (1844)«, in: *Collected works. Volume 4*, edited by J. M. Robson, Toronto 1967.

Friedrich Nietzsche, »Also sprach Zarathustra. Ein Buch für Alle und Keinen«, in: *Werke in drei Bänden*, Bd. 2, hg. von Karl Schlechta, Darmstadt 1997, 275–561.

–, »Jenseits von Gut und Böse (1986)«, in: ders., *Philosophische Werke in sechs Bänden*, herausgegeben von Claus-Arthur Scheier, Band 1, Hamburg 2013, 1–132.

–, »Unzeitgemäße Betrachtungen I–IV«, in: ders., *Sämtliche Werke*, kritische Studienausgabe in 15 Bänden, hg., von Giorgio Colli und Mazzino Montinari, Band 11, München/Berlin, New York 1999, 157–510.

Heinz Nikolai, »Zeittafel zu Goethes Leben und Werk«, in: *Goethes Werke*, Band XIV (Hamburger Ausgabe: Naturwissenschaftliche Schriften II, Materialien, Register), hrsg. von Erich Trunz, München 1998, 382–535.

Platon, *Werke in acht Bänden*, Griechisch und Deutsch, herausgegeben von Günther Eigler, Darmstadt ³1990.

–, »Protagoras«, in: Platon, *Werke*, a. a. O., Erster Band: bearbeitet von Heinz Hofmann, 85–217.

–, »Gorgias«, in: Platon, *Werke*, a. a. O., Zweiter Band: bearbeitet von Heinz Hofmann, 269–503.

–, »Symposion«, in: Platon, *Werke*, a. a. O., Dritter Band: bearbeitet von Dietrich Kurz, 209–393.

–, »Kratylos«, in: Platon, *Werke*, a. a. O., Dritter Band: bearbeitet von Dietrich Kurz, 395–575.

–, »Theaitetos«, in; Platon, *Werke*, a. a. O., Sechster Band: bearbeitet von Peter Staudacher, 1–217.

Hans Poser, »Erkenntnisgegenstand, Argumentationsstruktur und Weltbild. Zu Leisegangs Phänomenologie der Denkformen«, in: Karen Gloy (Hg.), *Rationalitätstypen*, Freiburg im Breisgau, München 1999, 25–55.

Friedo Ricken, *Philosophie der Antike*, Stuttgart, Berlin, Köln ³2000.

Gerhard Roth, *Das Gehirn und seine Wirklichkeit. Kognitive Neurobiologie und ihre philosophischen Konsequenzen*, Frankfurt am Main 1997.

Erich Rothacker, *Probleme der Kulturanthropologie*, Bonn ³2008.

Max Scheler, *Der Formalismus in der Ethik und die materiale Wertethik. Neuer Versuch der Grundlegung eines ethischen Personalismus* (Gesammelte Werke Bd. 2), hg. v. Maria Scheler, Bern, München ⁵1966.

Friedrich Schiller, »Was heißt und zu welchem Ende studiert man Universalgeschichte? Eine akademische Antrittsrede« in: Friedrich Schiller, *Sämtliche Werke. Vierter Band: Historische Schriften*, München ⁶1980, 749–767.

–, »Ankündigung. Die Horen, eine Monatsschrift, von einer Gesellschaft verfaßt und herausgegeben von Schiller«, in: Friedrich Schiller, *Sämtliche Werke. Fünfter Band: Erzählungen, Theoretische Schriften*, München, ⁹1993, 870–873.

Friedemann Schrenk, *Die Frühzeit des Menschen. Der Weg zum Homo sapiens*, München ⁵2008.

William Shakespeare, »Hamlet«, in: ders., *Sämtliche Werke. Dritter Band: Tragödien*, aus dem Englischen von August Wilhelm Schlegel, Dorothea Tieck, Wolf Graf Baudissin und Nicolaus Delius, Anmerkungen von Dieter Mehl, Wolfgang Riele, Werner Habicht, Düsseldorf, Zürich 2000, 589–701.

Adam Smith, *Der Wohlstand der Nationen. Eine Untersuchung seiner Natur und seiner Ursachen*, aus dem Englischen übertragen von Horst Claus Recktenwald, München ⁹2001.

Jakob Steinbrenner, Stefan Glausauer (Hg.), *Farben. Betrachtungen aus Philosophie und Naturwissenschaften*, Frankfurt am Main 2007.

Władysław Tatarkiewicz, *Geschichte der sechs Begriffe Kunst – Schönheit*

– *Form – Kreativität – Mimesis – Ästhetisches Erlebnis*, aus dem Polnischen v. Friedrich Griese, Frankfurt am Main, 2003.

Thukydides, *Der Peloponnesische Krieg*, hg. v. Peter Georg Landmann, Berlin [3]2011.

Kai Vogelsang, *Geschichte Chinas*, Stuttgart [2]2012.

Wilhelm Vossenkuhl, *Ludwig Wittgenstein*, München 1995.

Frans de Waal, *Der Affe in uns. Warum wir sind, wie wir sind*, München 2009.

–, *Der Mensch, der Bonobo und die Zehn Gebote. Moral ist älter als Religion*, Stuttgart, [2]2015.

Bernhard Waldenfels, »Fremdspeise und Tafelkünste«, in: Bernhard Waldenfels, *Sinne und Künste im Wechselspiel. Modi ästhetischer Erfahrung*, Berlin 2010, 299–317.

Max Weber, *Wirtschaft und Gesellschaft. Grundriss der verstehenden Soziologie*, hg. v. Johannes Winckelmann, Tübingen [5]1980, Nachdruck 2009.

Hans-Ulrich Wehler, *Das Deutsche Kaiserreich 1871–1918*, Göttingen [7]1994.

Oscar Wilde, »Der Verfall der Lüge. Eine Betrachtung«, in: Oscar Wilde, *Werke in zwei Bänden*, Band 1, herausgegeben von Rainer Gruenter, München [6]1996, 393–428.

Ludwig Wittgenstein, *Tractatus logico-philosophicus, Logisch-philosophische Abhandlung* (Werkausgabe Band 1), Frankfurt am Main 1984 (TLP).

Kurt Wuchterl, *Kontingenz oder das Andere der Vernunft. Zum Verhältnis von Philosophie, Naturwissenschaft und Religion*, Stuttgart 2011.

Heinrich Zankl, *Genetik. Von der Vererbungslehre zur Genmedizin*, München, 1998.

Anmerkungen

[1] Das etüdische Unternehmen Bernadin de Saint-Pierres ist dem Vorliegenden in einer Hinsicht sehr ähnlich: Auch er trägt aus verschiedenen Bereichen Wissenstatbestände zum aufklärerischen Zweck zusammen. Allerdings verfällt er, vor allem durch seinen Naturbegriff rousseauscher Prägung, wieder in vorurteilsbeladene Meinungen.

[2] Balzac 2007, 438.

[3] Keil 2009, 7.

[4] Platon, *Theaitetos*, 174a; in der Übersetzung Schleiermachers. Platon wird nach der Stephanus-Ausgabe zitiert.

[5] Heidegger 1984, 3.

[6] Hieraus erklärt sich auch der Titel des Buches, den ich Gerhard Schmid zu verdanken habe. Das Problem der gegenseitigen Abstammung von Affe und Mensch liegt allerdings noch tiefer: Der bekannt Primatenforscher Frans de Waal (vgl. de Waal 2009, 2015.) bewundert seine Bonobos für ihre sozialen Kompetenzen, die ihm viel humaner erscheinen als die Art, wie Menschen miteinander umgehen. Der Bonobo fungiert als Vorbild, von dem der Mensch lernen könne und lernen solle. Das Abstammungsverhältnis kehrt sich also ständig um, wenn wir bedenken, dass die Idee von der Humanität eine menschliche Konstruktion ist, die auf den Affen als deren faktische Realisierung übertragen wird und sich dann wieder von ihm herleiten soll. Ganz ähnlich finden wir das Motiv schon in Nietzsches *Zarathustra*: »Einst wart ihr Affen, und auch jetzt noch ist der Mensch mehr Affe, als irgendein Affe« (Nietzsche 1997, 279; Zarathustra Vorrede 3).

[7] Roth 1997, 71.

[8] Vgl. Schrenk 2008, 81.

[9] Hier spielen Neufunde von Fragmenten oder fast ganzen Skeletten freilich eine besondere Rolle. 2013 sind z. B. in einer Höhle in der Nähe Johannesburgs in Südafrika über 1500 Knochen, Knochenfragmente und Zähne gefunden worden, die insgesamt wohl nur 15 Individuen zugeordnet werden konnten. Der ausgestorbenen Menschenart gab man im September 2015, benannt nach dem Fundort, den Namen Homo naledi. Die Art weist Merkmale auf, welche sowohl eine Verwandtschaft zu Homo als auch zu Australopithecus nahelegen, obwohl sich auch spezifische Eigenentwicklungen zeigen; das heißt, es wird diskutiert, es liege eine Entwicklungslinie vor, die bisher völlig unbekannt war, weil sich Homo

naledi nicht in die gängige anatomische Entwicklung der bisher bekannten Arten einordnen lasse. Dieser Hypothese wurde aber auch schon mit dem Hinweis widersprochen, es könnte sich um eine sehr frühe Form des Homo erectus handeln. Das Alter ist derzeit noch nicht geklärt; Homo naledi dürfte aber älter als eine, wahrscheinlich sogar fast zwei, und deutlich jünger als drei Millionen Jahre alt sein.

[10] Vgl. Henke 2007, 3.

[11] Ebd., 2.

[12] Schrenk 2008, 99.

[13] Ebd., 30.

[14] Vgl. ebd., 71.

[15] Vgl. ebd., 56 f.

[16] Vgl. ebd., 78.

[17] Ebd., 27.

[18] Vgl. ebd., 54 f.

[19] Ebd., 122.

[20] Vgl. ebd., 72 f.

[21] Lamarckismus ist die Lehre davon, dass sich erworbenes Verhalten auf die Nachkommen überträgt. Z. B. hat die Giraffe demnach einen langen Hals, weil sie sich gestreckt hat, um an die oberen Blätter zu kommen, dadurch hatte sie Nachkommen mit einem etwas längeren Hals, die sich auch wieder gestreckt haben, bis die Anzahl der neu hinzugekommenen Wirbel das anatomisch noch erträgliche Maß erreichte. Das Verhalten von Individuen überträgt sich aber nicht auf die Gene, zumindest nicht so, dass es in der Weise gesteuert werden könnte. Die evolutionsbiologische Konstruktion bemüht den Zufall, der eine Gensequenz hervorgebracht hat, die neue Halswirbel oder Ansätze dazu bildet. Nach einigen Generationen hat sich tatsächlich ein vollständiger Wirbel ausgeprägt, der als solcher vollständig weitervererbt wird. Aber das Gen produziert weitere Wirbel und der Hals wird über Jahrtausende hinweg immer länger. Irgendwann hat sich das Gen abgeschaltet, weil nicht immer weitere Halswirbel den Kopf in den Himmel wachsen lassen können. Diese Art hat überlebt, während die anderen an den zu langen Hälsen ausgestorben sind. In der Evolutionsbiologie ist der ungeregelte Zufall mit eingebaut: Eine zufällige Änderung bildet Abnormes aus (aufrechten Gang, Kehlkopf, Sprachzentren, Gehirnwachstum, Farbensehen, Kletterhände), das sich aber angesichts der Umweltbedingungen als überlebensdienlich erweist. Auch bei sich ändernden Umweltbedingungen sorgt die zufällige und spontane Mutation für einen Selektionsvorteil einer bestimmten Mutation. Wäre das nicht so, würde die Art mit der abnormen Ausprägung aussterben. Es braucht also eine bestimmte Anzahl an Individuen,

deren Mutationen im geringsten Maße alles Mögliche durchspielen, damit die eine Art, die sich faktisch durchgesetzt hat, auch überleben konnte. Oder es braucht eben stabile Umweltbedingungen, dann sind die Mutationen ein Luxus, der dennoch zur Ausprägung von allerlei Besonderheiten führen kann. Erworbene Eigenschaften können, das wissen wir inzwischen, zwar nicht über die Gensequenzen, allerdings über die diese Struktur umschlingende Epigenetik, die primär offenbar Steuerungsfunktion hat, weiter vererbt werden. Ob das zur Ausbildung eines weiteren Halswirbels führen kann, ist eher zweifelhaft. Allerdings sind die Abhängigkeiten zwischen den Gensequenzen und der Epigenetik noch wenig bekannt. Der Stress eines Individuums aber codiert sich offenbar über die Epigenetik und kann dann auch weitervererbt werden. Sollte man allerdings irgendwann einmal feststellen, dass die epigenetischen Strukturen unmittelbar den genetischen Code verändern, hätte das Auswirkungen auf die gesamte biologische Begriffsbildung.

[22] Bei Schrenk gibt es eine starke Tendenz, in erster Linie Umweltänderungen für die Fortentwicklung von Lebewesen anzuführen und in zweiter Linie die räumliche Trennung der Arten, die es ermöglicht hat, dass diese unterschiedliche Anpassungsleistungen hervorbringen, ohne sich dabei in die Quere zu kommen.

[23] Vgl. z. B. Keil 2007, 127 f.

[24] Laplace 1932, 1 f.

[25] Vgl. Keil 2007, 125.

[26] Vgl. ebd.

[27] Beim Doppelpendel ist an einem Pendel ein weiteres Pendelgelenk angebracht; die beiden Pendel beeinflussen sich in ihrer Bewegung ständig gegenseitig, wodurch winzige Ausgangsbedingungen beim Anstoßen des Doppelpendels für die Bewegung entscheidend sind. Ebenso beim Drei-Körper-Problem: Die Lage z. B. dreier Kugeln auf einer durch Banden begrenzten Ebene ist bereits nach wenigen Stößen nicht mehr berechenbar, weil sich die Kugeln ständig gegenseitig beeinflussen. Ab einer bestimmten, sehr niedrigen Stoßzahl müssten die Ausgangsbedingungen der Lage der Kugeln so genau angegeben werden, dass man in den Bereich der Heisenberg'schen Unschärferelation kommen würde, was bedeutet, dass die beiden Eigenschaften von bewegten Körpern, Lage und Impuls, nicht exakt bestimmt werden können; entweder ich bestimme die Lage genau oder den Richtungsimpuls, beides gleichzeitig mit hinreichender Genauigkeit geht nicht. Deswegen lassen sich die Bewegungen nicht exakt vorhersagen.

[28] Vgl. Keil 2007, 19.

[29] Vgl. ebd., 28.

[30] Vgl. ebd., 32.

[31] Vgl. ebd., 38.

[32] Vgl. ebd., 31, 101, 120, 122.

[33] Vgl. ebd., 101.

[34] Vgl. ebd., 59.

[35] Vgl. ebd., 123.

[36] Vgl. ebd., 122.

[37] Vgl. Falkenburg 2012, 287 ff. Die vorliegende Etüde ist in vielen Hinsichten dem hervorragenden Buch von Brigitte Falkenburg verpflichtet.

[38] Immer wieder in seiner Schrift *De corpore*; vgl. aber die Einleitung zu seinem Leviathan (Hobbes 2002, 5; und dazu auch Kersting 2005, 72).

[39] Vgl. Falkenburg 2012, 113.

[40] Vgl. ebd., 233.

[41] Ebd., 240 f.

[42] Vgl. ebd., 233 f.

[43] Vgl. ebd.

[44] Ebd., 233.

[45] Vgl. ebd., 235 f.

[46] Vgl. ebd., 301 f.

[47] Ebd., 135, 300.

[48] Vgl. ebd., 298.

[49] Vgl. ebd., 301.

[50] Ebd.

[51] Ebd., 302.

[52] Vgl. die durchweg verständliche Darstellung neuronaler Netze bei Falkenburg 2012, 302–306.

[53] Vgl. Falkenburg 2012, 307.

[54] Ebd., 310.

[55] Ebd., 362, vgl. auch 365.

[56] Vgl. ebd., 165.

[57] Ebd., 313.

[58] Vgl. ebd., 317 ff.

[59] Ebd., 355, 365; vgl. auch 390.

[60] Ebd., 395 f.

[61] Vgl. ebd.

[62] Vgl. Ricken 2000, 23.

[63] Ebd., 57.

[64] Vgl. den Sammelband Steinbrenner, Glausauer 2007.

[65] Fuchs 2010, 45.

[66] Zum grundsätzlichen Problem vgl. auch Fröhlich 2012b.

[67] Vgl. Kutschera 1981, 179 ff.

68 Ebd., 185.

69 Vgl. hierfür und für das Folgende Kutschera 1981, 493 ff.

70 Vgl. auch ebd., 460.

71 Brandt 2008, 63.

72 Vgl. ebd., 64.

73 Ebd.

74 Ebd.

75 Wittgensteins *Tractatus logico-philosophicus*, Satz 1; im Folgenden abgekürzt mit TLP und Satznummer.

76 TLP 7.

77 Vossenkuhl 1995, 47.

78 Vgl. TLP 2.032.

79 Vgl. TLP 1.1 und TLP 2

80 TLP 2.01.

81 TLP 2.033.

82 Vgl. TLP 2.06.

83 Vgl. TLP 2.02.

84 TLP 2.021.

85 TLP 2.1.

86 TLP 2.12.

87 TLP 2.11.

88 TLP 2.13 f.

89 TLP ebd., 2.15.

90 TLP 2.141.

91 Vgl. TLP 2.221.

92 Vgl. TLP 2.223.

93 Vgl. TLP 2.224.

94 TLP 3.1.

95 TLP 4.1272.

96 Vgl. TLP 4.031.

97 Vgl. TLP 4.461 ff.

98 TLP 5.473.

99 TLP 6.51.

100 Vgl. TLP 6.41.

101 Vgl. TLP 6.42.

102 Vgl. TLP 6.421.

103 Vgl. TLP 2.04.

104 TLP 2.063.

105 TLP Vorwort.

106 TLP 6.54.

107 Vossenkuhl 1995, 146.

108 Eine weitere Voraussetzung ist die Quantifizierung der Aussagen durch die Einführung von logischen Quantoren (»es gibt ein … «; »für alle Elemente dieser Klasse gilt …«. usf.) bei Frege.

109 Vossenkuhl 1995, 44.

110 Vgl. TLP 5.02.

111 Vgl. TLP 5.131.

112 TLP 5.135.

113 TLP 5.136.

114 TLP 5.1361.

115 Vossenkuhl 1995, 297.

116 Vgl. TLP 6.37.

117 TLP 6.371.

118 TLP 6.372.

119 Vossenkuhl 1995, 301.

120 Hier und für das Folgende vgl. Zankl 1998.

121 Im August 2012 veröffentlichten Emmanuelle Charpentier und Jennifer Doudna einen Artikel in der Zeitschrift *Science*, in dem sie beschreiben, wie mit Hilfe eines Moleküls namens Cas9 bestimmte Basensequenzen innerhalb eines Gens oder Genoms isoliert, herausgeschnitten und durch eine andere Basenfolge (sogennante Clustered Regulary Interspaced Short Palindromic Repeats; kurz Crispr) relativ präzise ersetzt werden können. Die Technik bietet der Gentechnologie bisher unvorstellbare Möglichkeiten, die auf unser Verständnis von Lebewesen und ihrer Artunterscheidung erhebliche Auswirkungen haben werden. Die angezielten oder zum Teil schon realisierten Manipulationen reichen von genveränderten Pflanzen (die als künstlich erzeugte Produkte nicht mehr von natürlich entstandenen Arten unterschieden werden können), Manipulation von Tierarten, z. B. Zwergschweine, somatischen Therapien sowie Eingriffe in die Keimbahn bis hin zur Schaffung von allen möglichen Hypridwesen. Die Meinung freilich, ein Lebewesen sei identisch mit seinem Genom, wird dabei aber wieder als Vorurteil entlarvt werden.

122 Wenn wir von einem »Sinn« sprechen, kann das mehrere Bedeutungen haben: Wir gebrauchen den Ausdruck in funktionalen Zusammenhängen, wenn wir meinen, dass ein bestimmtes Mittel das Ziel nicht erreicht. Weiter verwenden wir den Ausdruck als wertend. Und drittens sprechen wir in rein semantischen Zusammenhängen vom »Sinn«, wenn wir die Bedeutung meinen. Bei längerem Nachdenken sollte sich aber erschließen, warum wir den einen Ausdruck in so unterschiedlichen Kontexten verwenden.

123 Vgl. schon die Eingangsthesen in Platon, *Kratylos*, 383a-385b.

124 Vgl. Frankfurt 1969.

125 Habermas 1970, 235.

126 Ebd., 251.

127 Habermas schreibt: »Sobald wir überhaupt ein Problem mit dem Ziel diskutieren, rational und zwanglos einen Konsens zu erreichen, bewegen wir uns *in* dieser Dimension umfassender Rationalität, die Sprache und Handeln, Sätze und Einstellungen als ihre Momente in sich begreift« (Habermas 1970, 259).

128 Vgl. besonders die Rekonstruktion bei Poser 1999, 31–39.

129 Poser 1999, 44.

130 Heidegger 2006, 296.

131 Vgl. Benjamin 1991 (Kapitel 106, 2), 2000.

132 Marquard 2003, 30 ff.

133 Vgl. Platon, *Gorgias*, 484cd.

134 Platon, *Symposion*, 203 cd.

135 Ebd., 203 d.

[136] Vgl. zu diesem Vorurteil auch die Etüde 2: Der Weltlauf ist determiniert!

[137] So ähnlich argumentierte Arkesilaos nach Cicero 1995, 38–41 (Academica Lucullus 28).

[138] Kant 2012, Kritik der reinen Vernunft, A 58 f./B 82 f.

[139] Vgl. hierfür und für das Folgende Horn 1995, 39 ff.

[140] Cicero nennt Karneades oft in einem Atemzug mit Aristoteles und lobt dabei dessen rhetorisches Geschick wie eben die Fähigkeit, für beide Seiten zu argumentieren; vgl. hierfür Cicero 1995, 13 (Academica Prolog, 7), 79 (Academica, Rede des Lucullus, 60); Cicero 1996, 9 (De natura deorum I,1), 13 (De natura deorum I,4), 17 (De natura deorum I,11), 221 (De natura deorum II, 162), 247 (De natura deorum III,29), 257 (De natura deorum III,44); Cicero 1998, 121 (Tusculanae disputationes II,9); Cicero 2007, 205 (De oratore II,161), 349 (De oratore III, 80); Cicero 1989, 283 (De finibus III,41).

[141] Vgl. Kutschera 1981, 42 ff.

[142] Vgl. ebd., 29–36.

[143] »Wenn nun jemand ohne Erklärung eine richtige Vorstellung von etwas empfinge, so sei zwar seine Seele darüber im Besitz der Wahrheit, sie erkenne aber nicht. Denn wer nicht Erklärung geben und empfangen könne, der sei ohne Erkenntnis über diesen Gegenstand. Wer aber die Erklärung auch dazu habe, der sei des allen mächtig, und habe alles vollständig zur Erkenntnis beisammen. … Denn was sollte auch die Erkenntnis sein ohne Erklärung und richtige Vorstellung« (Platon, *Theaitetos*, 202bc, d). Gleich im Anschluss an diese Stelle wird das Ergebnis wieder kritisiert (ebd., 202dff.), denn in der Frage, was eine Erklärung genauer ist, kommt man nicht mehr zu einer sinnvollen Rekonstruktion:»Weder also die Wahrnehmung, o Theaitetos, noch die richtige Vorstellung, noch die mit der richtigen Vorstellung verbundene Erklärung kann Erkenntnis sein« (ebd., 210ab). Für eine Rekonstruktion der Stellen und des Problems vgl. Fröhlich 2015, 134–147.

[144] Gloy 2004, 4.

[145] Ebd., 10.

[146] Vgl. ebd., 5.

[147] Ebd., 9.

[148] Ebd.

[149] Ebd., 10.

[150] Niemand weiß diese Geschichten der alten griechischen Mythen und ihre Abwandlungen schöner zu erzählen und zu erläutern als Roberto Calasso (vgl. Calasso 1993).

[151] Wehler 1994, 18.

152 Ebd., 12.

153 Vgl. Burckhardt 1978, 6.

154 Vgl. Cassirer 1996, 266.

155 Vgl. ebd., 285. Später heißt es: »Historische Tatsachen sind charakteristische Tatsachen, denn in der Geschichte … geht es nie allein um Taten oder Handlungen« (ebd., 299).

156 Ebd., 273. Cassirer geht noch einen konsequenten Schritt weiter, wenn er schreibt: »In der Geschichte kehrt der Mensch ständig zu sich selbst zurück« (ebd., 291).

157 Unter einem emphatischen Sinn der Begriffe von Wahrheit, Vernunft, Gott, Sinn, Kunst, Geist oder Ähnlichem verstehe ich die Ansicht, dass das damit jeweils Gemeinte, die Welt und wie der Mensch diese auffassen kann, übersteigt; ihr jeweiliger Sinn ist dann kein immanenter mehr, dem wir uns im Verstehen oder im gegenseitigen Austausch annähern könnten, sondern ein transzendenter und überweltlicher.

158 Nietzsche 1997, 279 (Zarathustra, Vorrede 2).

159 Ebd., 280 (Zarathustra, Vorrede 3).

160 Vgl. ebd., 348 (Zarathustra, Zweiter Teil, Von den Mitleidigen), 498 f. (Zarathustra, Vierter Teil, Außer Dienst »daß ihn das Mitleiden erwürgte«).

161 Ebd., 449 (Zarathustra, Dritter Teil, Von alten und neuen Tafeln 11).

162 Ebd., 500 (Zarathustra, Vierter Teil, Außer Dienst).

163 Ebd., 523 (Zarathustra, Vierter Teil, Vom höheren Menschen 2).

164 Marquard 2003, 50

165 Ebd., 51.

166 Ebd., 54.

167 Vgl. ebd., 55 f.

168 Nietzsche 2013 (Jenseits von Gut und Böse), 112–114 (Nummer 202).

169 Freud 1999, 181.

170 Ebd., 182.

171 Vgl. für das Folgende Joas 2012.

172 In diesem Sinn wird das meistens zitiert, auch wenn es sich als Ausspruch im Roman nicht direkt findet. Die These wird aber mehrfach und in ganz unterschiedlichen Kontexten vorgebracht und diskutiert (vgl. Dostojewski 1992, 103 f., 113 f., 221, 429).

173 Wuchterl 2011, 8.

174 Ebd., 13.

175 Ebd., 14.

176 Ebd.

177 Vgl. ebd., 35 f.

178 Flasch 2000, 22.

[179] Vgl. Fried 2008, 7.

[180] Ebd., 8.

[181] Vgl. ebd., 539.

[182] Kant 2013a, Beobachtungen über das Gefühl des Schönen und Erhabenen A 108 ff.

[183] Fried 2008, 536.

[184] Schiller 1980, 760.

[185] Vgl. Kant 2011, Beantwortung der Frage: Was ist Aufklärung?

[186] Fried 2008, 541.

[187] Vgl. auch ebd., 535.

[188] Kant 2013b, Prolegomena A 11.

[189] Vgl. Fried 2008, 538 f.

[190] Vgl. ebd., 345, 361, 376 und besonders 384.

[191] Vgl. ebd., 21 ff., 539.

[192] Ebd., 541.

[193] Ebd., 357.

[194] Die vielfältigen Stränge der Überlieferung von der Spätantike ins frühe Mittelalter, die schon fast als Programm der mittleren Epoche gedeutet werden, das in der Renaissance wieder aufgegriffen und vollendet wurde – so kann man das Buch an manchen Stellen lesen –, erläutert Fried vor allem im ersten Kapitel »Boethius und der Aufstieg Europas« (vgl. Fried 2008, 11–34).

[195] Vgl. Fried 2008, 355.

[196] Ebd., 557 f.

[197] Vgl. ebd., 349 ff., 376 ff.

[198] Vgl. ebd., 225 f., 356.

[199] Ebd., 350.

[200] Vgl. ebd., 373 ff., 543

[201] Vgl. ebd., 548.

[202] Ebd., 554; vgl. für all das ebd., 549 ff.

[203] Vgl. ebd., 546 f.

[204] Vgl. ebd., 545.

[205] Fried 2008, 547. Flasch betont vor allem für die Zeit zwischen 1277 und 1350 die geistesgeschichtlichen Weichenstellungen für die frühe Neuzeit, welche wiederum die »Genesis der modernen Welt« darstellen (Flasch 2000, 27). Die vielfältigen und verschlungenen Übernahmen, Rückgriffe und Abwertungen gegenüber der mittelalterlichen Welt sind bestens in Fuhrmann 2009 nachzulesen.

[206] Fried 2008, 18.

[207] Flasch 2000, 16; vgl. 26.

[208] Ebd., 17.

[209] Ebd.

[210] Ebd., 21.

[211] Ebd., 26.

[212] Ebd., 22.

[213] Vgl. ebd., 23.

[214] Vgl. ebd., 27 f.

[215] Fuhrmann 2009, 195; vgl. auch 212 f.

[216] Ebd., 197.

[217] Vgl. ebd., 196.

[218] Ebd., 199.

[219] Ebd., 200.

[220] Vgl. ebd., 201.

[221] Vgl. ebd., 204 f., 214 f., 229 f.

[222] Vgl. ebd., 213.

[223] Vgl. ebd., 205.

[224] Vgl. ebd., 125.

[225] Vgl. ebd., 206.

[226] Vgl. ebd., 206 f.

[227] Vgl. ebd., 207.

[228] Vgl. ebd., 208 f., 217, 231 ff.

[229] Ebd., 210.

[230] Ebd., 236.

[231] Aristoteles 1985, *Nikomachische Ethik*, I,3 1096a 6 f.; Gigon übersetzt das sogar mit »etwas Gewaltsames« (vgl. Aristoteles 1991, gleiche Stelle). Im achten Kapitel des fünften Buches der *Nikomachischen Ethik* diskutiert Aristoteles das Geld als Äquivalent positiv (vgl. Aristoteles 1985, *Nikomachische Ethik* V,8 1132b 21–1133b 28).

[232] Mill 1976, 167. »Political Economy presupposes an arbitrary definition of man, as a being who invariably does that by which he may obtain the greatest amount of necessaries, conveniences, and luxuries, with the smallest quantity of labour and physical self-denial with which they can be obtained in the existing state of knowledge« (Mill 1967, 326).

[233] Zum Vollzugscharakter der Glückseligkeit vgl. Fröhlich 2012a.

[234] Wir müssen dieses System freilich ständig auf die ganze Welt und Menschheit erweitern, weil es sonst wieder zu Ungerechtigkeiten führt, wenn einige Gesellschaften auf Kosten von anderen leben; z. B. lebt die westliche Welt immer noch von der mehrfachen Ausbeutung Afrikas über die Rohstoffe bis hin zu den subventionierten, global abhängigen Nahrungsmittelpreisen.

[235] Weber 2009, 12.

[236] Ebd., 13.

237 Ebd., 2.

238 Vgl. ebd., 32.

239 Ebd., 128.

240 Vgl. Brodbeck 1998, 57.

241 Vgl. Aristoteles 1990, Politik I,8, 1256aff.

242 Ebd., 1256b 31–36.

243 Ebd., I,9 1256b 42.

244 Ebd., 1257a 29.

245 Ebd., 1257b 5–7

246 Ebd., 1257b 20–22.

247 Vgl. ebd., 32 ff.

248 Ebd., 1258a 8 f.

249 Ebd., I,10 1258b 1.

250 Ebd., 1258b 3 f.

251 Vgl. Fröhlich 2006, 10, 16.

252 Vgl. Thukydides 2011, 5,84–116.

253 Vgl. Scheler 1966, 270–321.

254 Diese Lehre vom »Vorziehen« und »Nachsetzen« der Werte ist sicher einer der schwierigsten Gedanken bei Scheler. Für seine materiale Wertethik ist diese dennoch zentral, weil die Struktur dieses Vorziehens und Nachsetzens dem individuellen *ordo amoris* (Wertvorzugsordnung) entspricht.

255 Vgl. Scheler 1966, 308.

256 Vgl. ebd., 311.

257 Vgl. Hartmann 2010, 25, 149 f.

258 Vgl. Hastedt 2005, 75 ff.

259 Vgl. ebd., 12–18.

260 Zum Begriff der Funktion vgl. Fröhlich 2012c und 2012d.

261 António Damasio in: *Descartes' Irrtum*, München, Leipzig 1995, 332, zitiert nach Hastedt 2005, 65.

262 Gerhard Roth in: *Aus Sicht des Gehirns*, Frankfurt am Main 2003, 148, zitiert nach Hastedt 2005, 67.

263 Goethe 1998a, 203.

264 Vgl. Hartmann 2010, 122.

265 Hastedt 2005, 141.

266 Vgl. Keil 2007, 120 f.

267 Gehlen 1986, 30, 34, 431.

268 Hoerster 2006, 67; für das Folgende auch 65 ff.

269 Vgl. ebd., 70.

270 Hoerster plädiert freilich für die logische Unabhängigkeit der beiden Thesen (vgl. Hoerster 2006, 75 ff.), und das mit zwei Argumenten:

Selbst wenn es ein »Naturrecht« gäbe« – und damit die Subjektivismus-these falsch ist –, müssten wir dieses vom positiven Recht unterscheiden. Und: Die Subjektivitätsthese kann die Neutralitätsthese nicht ausreichend begründen, weil es sinnvoll sein kann, Normen zu setzen, welche auf in der jeweiligen Kultur allgemein in Ansehen stehende Moralregeln beruhen. Das ist aber wieder nur eine Reminiszenz an die Anwendung und Durchsetzung wegen der allgemeinen Übereinstimmung, es betrifft aber wieder nicht die Rechtssetzung selbst, die immer positiv sein müsse.

[271] Hoerster nämlich tut so, als wenn wir die Neutralitätsthese nicht begründen müssten.

[272] Vgl. Hoerster 2006, 80.

[273] Vgl. ebd., 82 f.

[274] Vgl. ebd., 75 ff., 88.

[275] Vgl. ebd., 92 ff.; vor allem 102.

[276] Vgl. Horster 2002, 9 f.

[277] Vgl. Hoerster 2005, 97, 102.

[278] Das wird freilich bestritten. Das Griechische kennt ja z. B. auch den Begriff des Gesetzes (*nomos*). In Frage steht dabei aber, ob es sich bei dem, was wir heute unter Recht und Gesetz verstehen, um denselben Begriff handelt (vgl. Horster 2002, 13–19).

[279] Dabei darf nicht übersehen werden, dass sich das Problem des Naturrechts erst stellt, als die Vorstellung gewichen ist, dass Gott den Staat und die Herrschaft eingerichtet hat, also in der frühen Neuzeit vor allem ab Hobbes. Die öffentlichen Instanzen mussten von da an vom Menschen aus begründet werden, das Vermögen dazu fand man in der Vernunft. Deswegen besteht ein enger Zusammenhang zwischen dem Naturrecht und dem Vernunftrecht (vgl. Horster 2002, 183 ff.).

[280] Horster kommt auf der Grundlage des Rechtspositivismus von Herbert Lionel Adolphus Hart zu einer Verhältnisbestimmung von Recht und Moral (vgl. Horster 2002, 186).

[281] Cassirer 1996, 212.

[282] Vgl. Cassirer 1996, 215.

[283] Vgl. Wilde 1996, 412, 414.

[284] Vgl. ebd., 418, 421.

[285] Vgl. Tatarkiewicz 2003, 285.

[286] Ebd., 286.

[287] Ebd., 294.

[288] Ebd.

[289] Ebd., 295.

[290] Ebd., 297.

[291] Shakespeare 2000, 625 (Hamlet II,2).

292 Vgl. Tatarkiewicz 2003, 302.

293 Vgl. ebd., 315.

294 Ebd., 308, vgl. auch 315.

295 Cassirer 1996, 221; vgl. auch 226.

296 Ebd., 228.

297 Hume 1997, 73.

298 Ebd., 77.

299 Ebd.

300 Ebd.

301 Ebd., 78.

302 Ebd.; vgl. auch 84.

303 Ebd., 79.

304 Ebd., 87.

305 Ebd., 89.

306 Ebd., 81.

307 Ebd.

308 Ebd., 93.

309 Ebd., 82 f.

310 Tatarkiewicz 2003, 314.

311 Hume 1997, 84.

312 Ebd., 86.

313 Vgl. auch ebd. 93.

314 Vgl. ebd., 88, 90.

315 Ebd., 92.

316 Vgl. ebd., 90 ff.

317 Ebd., 94.

318 Ebd.

319 Ebd., 95.

320 Ebd.

321 Dass nur der Mensch zu bestimmten kognitiven Leistungen (Sprache, begriffliches Denken, Wissenschaft, Geschichte usf.) fähig ist und dass Kunst und die Wahrnehmung von Schönem damit auch nur Sache des Menschen ist, bedarf keiner Begründung. Dass der Umgang zur Herstellung schöner Gegenstände genauso wie ihre Entdeckung ein leiblicher Vollzug ist, scheint dagegen viel weniger bekannt zu sein. Der Leib ist dabei immer die Grenzstelle zwischen objektivem Gegenstand als Körper und reflexiver und emotionaler Auseinandersetzung mit diesem und seiner Umgebung.

322 Platon, *Politeia*, 360c–361d; vgl. auch Fröhlich 2015, 210–215.

323 Smith 2001, I,2, 17. Das Zitat findet sich in schier jedem ökonomischen Lehrbuch und soll den Neoliberalismus begründen. Dass Smith

sich ausschließlich gegen den Merkantilismus seiner Zeit wendet – der Merkantilismus bestand in der staatlich-politischen Protektion des Marktes ausschließlich für Staats- und Regierungsinteressen –, wird dabei fast ebenso häufig, wie der Satz angeführt wird, verschwiegen. Es fällt so gut wie nie jemandem auf, dass die Erwähnung des »Vorteils« im zweiten Satz eklatant dem Kundeninteresse widerspricht, mit dem der Marktliberalismus legitimiert werden soll.

324 Vgl. hierfür und für das Folgende Birnbacher, Hoerster 1997, 164–169, 178–189.

325 Vgl. Butler 1997, 179.

326 Ebd., 181.

327 Ebd., 182.

328 Ebd., 188.

329 »Wenn die Menschen das Prinzip der Selbstliebe in sich ausbilden würden, wenn sie es sich zur Gewohnheit machen würden, innezuhalten und zu bedenken, worin das größte Glück, das sie in diesem Leben erlangen können, besteht, und wenn die Selbstliebe so mächtig und überlegen wäre, daß sie dieses ihr vermeintliches höchstes irdisches Gut konsequent verfolgen würden, ohne sich durch irgendwelche besonderen Neigungen von diesem Ziel ablenken zu lassen, wären damit bereits zahllose Torheiten und Laster vermieden. … Doch trotz mancher Täuschungen, denen sich die Menschen hinsichtlich ihrer wahren Interessen hingeben, wäre sie weniger verhängnisvoll als die Ausschweifungen der Begierde, der Willkür und der Lust. Denn gewiß gibt die Selbstliebe, auch wenn sie sich nur auf die Güter des irdischen Lebens bezieht, eine weitaus bessere Richtschnur an die Hand als die Leidenschaft, die weder Maß noch Grenzen kennt – es sei denn, diese Grenzen würden ihr durch die Selbstliebe oder durch moralische Rücksichten gesetzt« (Butler 1997, 189).

330 Butler 1997, 186; vgl. auch 187.

331 Vgl. ebd., 181.

332 Ebd., 182; vgl. auch 187.

333 Vgl. ebd., 187.

334 Ebd., 183.

335 Ebd., 185.

336 Ebd., 186.

337 Vgl. ebd., 188.

338 Vgl. ebd., 187.

339 Vgl. Rothacker 2008, 11 f.

340 Ebd. 16.

341 Nietzsche 1999, 274 (Unzeitgemäße Betrachtungen II,4).

342 Ebd., 165 (Unzeitgemäße Betrachtungen I,2).

343 Vgl. auch für das Folgende Rothacker 2008, 28 ff.

344 Ebd., 30.

345 Ebd., 31 f.

346 Vgl. auch für das Folgende ebd., 32 ff.

347 Ebd., 42.

348 Nietzsche 1999, 273 (Unzeitgemäße Betrachtungen, II,4).

349 Und wie wir wissen, hat ihm das auch nicht genügt: »Wie haben sich die Deutschen nicht gebärdet, um dasjenige abzuwehren, was ich allenfalls getan und geleistet habe, und tun sie's nicht noch? Hätten sie alles gelten lassen und wären weiter gegangen, hätten sie mit meinem Erwerb gewuchert, so wären sie weiter, wie sie sind« (Goethe 1998c, 404; Maximen und Reflexionen Nr. 279).

350 Goethe 1998c, 400; Maximen und Reflexionen Nr. 256.

351 Bei Kant wird das Chaos der sinnlichen Reize in der *Kritik der reinen Vernunft* durch den Verstand geordnet, den er aber nicht mit dem neurophysiologischen Substrat identifiziert, sondern als etwas, das sich nicht durch die Sinne wahrnehmen und erkennen lässt.

352 Benz 1998, 347.

353 Vgl. Benz 1998, 349.

354 Vielleicht hatte Merck eine besondere Sensibilität, um zu befürchten, dass sich Goethe wegen der Geschichte etwas antun könnte oder er sich wegen seiner Narretei schaden würde. Merck brachte sich 1791 um und es geht immer wieder das Gerücht, Goethe sei dagegen völlig kalt gewesen. In seiner Antwort auf den Brandbrief Mercks schreibt er ihm am Ende seines Briefes vom 10. November 1788 über sein Befinden: »ich bin zufrieden und vergnügt« (Goethe 1891, 54). Das wäre tatsächlich arg, wenn das so zu verstehen wäre, wie es heute dasteht; allein »vergnügt« heißt bei Goethe »begnügt«, also einfach nur »mit allem versorgt«. Der Rest des Briefes ist von tiefem Mitgefühl und aufmunternden Worten geprägt. Zwar hatte Goethe ein eigenartiges Verhältnis zum Tod Nahestehender, als ihn die Hilferufe Mercks erreichten, setzte er sich allerdings auch für ein größeres Darlehen für diesen beim Herzog ein. Merck hatte wegen seiner beruflichen Misserfolge und einem deutlichen Hang zu Depressionen alles schwarz gesehen. Ich glaube nicht, dass man ihm wirklich hätte helfen können – allenfalls durch einen geeigneten Psychotherapeuten, aber einen solchen im heutigen Verständnis gab es damals noch nicht.

355 Vgl. Nikolai 1998, 426.

356 Vgl. Mann 1982, 187, 443.

357 Vgl. ebd., 209.

358 Vgl. ebd., 202.

359 Vgl. ebd., 181 ff., 200.

360 Zitiert nach Mann 1982, 183

361 Mann 1981, 382; vgl. auch Mann 1982, 437.

362 Mann 1981, 383.

363 Ebd., 377.

364 Ebd., 280 f.

365 Ebd., 381.

366 Vgl. ebd., 382

367 Vgl. Mann 1982, 387, 413 f.

368 Vgl. ebd., 203, 445.

369 Vgl. ebd., 429.

370 Vgl. ebd., 378.

371 Vgl. ebd., 380 ff.; vgl. für dies alles auch Schillers Brief an Körner vom 25. Mai 1792.

372 Vgl. Mann 1982, 385.

373 Vgl. ebd., 427, 429, 432

374 Vgl. ebd., 394 ff., 399

375 Vgl. ebd., 418 f.

376 Vgl. ebd., 411, 413, 442 ff.

377 Borowski 1974, 75; vgl. auch Kant 2011c, Anthropologie in pragmatischer Hinsicht, BA 192 ff.

378 Armillarsphären sind astronomische Geräte zur Anordnung der Gestirne und Planeten auf kreisförmigen Bahnen um einen Mittelpunkt, um die gegenseitige Lage der Himmelskörper zu studieren. Ein Astrolabium dient demselben Zweck, mit dem der sich drehende Himmel aber auf einer Scheibe dargestellt und simuliert wird.

379 Vogelsang 2012, 169.

380 Ebd.

381 Goethe 1998b, 27 (Wilhelm Meisters Wanderjahre oder Die Entsagenden, I,2 »Der Lilienstengel«).

382 Schiller 1993, 870 (Ankündigung. Die Horen).

383 Ebd., 871.

384 Vgl. hierzu §§ 202a,b StGB – das Briefgeheimnis und die verbotene Ausspähung von Daten – und § 99 StGB– Verbot der geheimdienstlichen Agententätigkeit.

385 Für den Bereich der Klinischen Ethik habe ich an anderer Stelle ein Modell entwickelt, wie ethische Fragestellungen in Beratungssituationen konsensorientiert gelöst werden können (vgl. Fröhlich 2014).

386 Kant 2011b, Zum ewigen Frieden B 79/A 74, Anm.

387 Platon, *Protagoras*, 313d.

388 Waldenfels 2010, 307.

389 Ebd., 299.

[390] Ebd., 304.
[391] Ebd., 300.
[392] Ebd., 309.
[393] Ebd., 304.
[394] Ebd., 305.
[395] Vgl. ebd., 304.
[396] Ebd., 305.
[397] Ebd., 307.
[398] Ebd., 307.
[399] Ebd., 308.
[400] Ebd.
[401] Ebd., 300.
[402] Ebd., 310.
[403] Ebd.
[404] Vgl. ebd., 305.
[405] Ebd., 303; mit Verweis auf Platon.
[406] Waldenfels 2010, 312; mit Verweis auf Franz Boas.
[407] Vgl. Waldenfels 2010, 312.
[408] Ebd., 313.
[409] Ebd.
[410] Vgl. Platon, *Gorgias*, 464de, 500b, 504c-505b, 521–522a.
[411] Platon, *Protagoras*, 313c-314b; zur Bedeutung dieser Stelle für den gesamten Dialog vgl. Fröhlich 2004.
[412] Waldenfels 2010, 309.
[413] Ebd., 313.
[414] Vgl. ebd., 306.
[415] Ebd., 316.
[416] Ebd., 314 f.
[417] Ebd., 316.

Personenverzeichnis